Christina und Christian Winkler

Entdeckertouren mit dem Wohnmobil

England

Der Süden

Die Anleitung für
einen Erlebnisurlaub

Der Wohnmobil-Verlag

MIX
Papier | Fördert gute Waldnutzung
FSC® C089473
www.fsc.org

2. Auflage 2024
ISBN 978-3-86903-892-6

Titelbild: Scotney Castle (Tour 10)
Bild in vorderer Klappe: Weymouth Harbour (Tour 2)

Reihen-, Umschlaggestaltung und Layoutprinzip/Satzvorgaben: www.martinveicht.de
Karten: Christian Winkler
Fotos, siehe Bildnachweis auf Seite 365
Druck: Beltz Grafische Betriebe GmbH, 99947 Bad Langensalza
Vertrieb: GeoCenter GmbH, 70794 Filderstadt
Herausgeber: WOMO-Verlag, An der Liethe 4, 36452 Kaltennordheim
Telefon +49(0)36946 20691 · verlag@womo.de · www.womo.de
GPS: N 50°36'38.2" E 10°07'55.6"
Autoren-E-Mail: winkler@womo.de

Einladung

Liebe Leserinnen und Leser,

mit dem Erwerb dieses Buches haben Sie bereits den ersten Schritt getan, sich auf eine spannende Wohnmobilreise durch Südengland vorzubereiten.

Wir möchten Sie ermutigen, diesem Vorhaben auch Taten folgen zu lassen. Im Süden Englands erwarten Sie faszinierende Herrenhäuser und Burgen wie Windsor und Knebworth, mystische Stätten wie Stonehenge und großartige weitere Freizeiterlebnisse wie der Safari- und Freizeitpark Longleat. Entdecken Sie dramatische Küstenlandschaften in Devon, weiße Kreidefelsen in Sussex, herrliche Strände und üppig-subtropische Gärten in Cornwall und lebendige Metropolen von Bristol über Oxford bis London.

Ja, das Reisen durch England ist oft etwas anders als am europäischen Festland. Doch die Anpassung an den Linksverkehr geht schnell vonstatten, und die Freundlichkeit und Höflichkeit, die Ihnen nahezu überall, nicht nur im Straßenverkehr, entgegengebracht wird, sind bemerkenswert. Auch, wenn es kaum offizielle, freie Stellplätze gibt, ist die Befürchtung, keine guten Orte für die Nacht zu finden, unbegründet. Indem Sie sich auf eine Vielzahl von Möglichkeiten, wie gemütliche Pubs und gut ausgestattete Mini-Stellplätze der Campingclubs einlassen, können Sie Ihre Reise flexibel gestalten, ohne allzu tief in die Tasche greifen oder ständig Campingplätze aufsuchen zu müssen.

Mit den zehn Touren, Tipps und Informationen in diesem Buch möchten wir Ihnen das nötige Rüstzeug dafür an die Hand geben.

Wir wünschen Ihnen eine erlebnisreiche Zeit und viel Vergnügen auf Ihrer Reise durch Südengland!

Allzeit gute Fahrt, Ihr

Christian Winkler

Tipp: Vergessen Sie nicht, schon vor Ihrer Reise einen Blick in die Gebrauchsanleitung am Beginn und den Infoteil am Ende des Buches zu werfen, die Ihnen beide wertvolle Hinweise für den Urlaub und den Umgang mit diesem Buch liefern. Auch die Einleitung des London-Teils sollten Sie einmal überfliegen, wenn Sie vorhaben dorthin zu reisen.

Inhaltsverzeichnis

Sennen Cove nahe Land`s End, Cornwall – Tour 4

Unsere persönlichen Top Ten

Seven Sisters

Eine atemberaubende Küstenlandschaft mit markanten, weißen Kreidefelsen, spektakulären Ausblicken und Bademöglichkeiten zwischen Eastbourne und Brighton.

Tour 1, Seite 28

Isle of Wight

Die malerische Insel mit ihren charmanten Küstenorten, goldenen Sandstränden und historischen Sehenswürdigkeiten ist eine Art »Best of Südengland« im Miniformat.

Tour 2, Seite 54

Branscombe

Die Küstenwanderung zwischen Branscombe und Beer bietet spektakuläre Ausblicke, Badebuchten und malerische Winkel, perfekt für Naturliebhaber und Wanderbegeisterte.

Tour 3, Seite 98

Dartmouth

Entdecken Sie das charmante Städtchen Dartmouth und Greenwell House, Agatha Christies ehemaliges Zuhause, umgeben von üppigen Gärten und toller Lage am Fluss Dart.

Tour 3, Seite 112

Looe

Das Fischerdorf verfügt über eine malerische Hafenbucht, einen guten Ortsstrand und gemütliche Cafés samt entspannter Atmosphäre, die zum Verweilen einlädt.

Tour 4, Seite 128

... das sollten Sie nicht verpassen!

Tintagel
Ein mystischer Ort mit faszinierender Geschichte, Heimat der legendären Burg von König Artus, umgeben von dramatischen Klippen und einer wilden Küstenlandschaft.
Tour 4, Seite 165

Bath
Ein eleganter Ort, berühmt für seine römischen Bäder, georgianische Architektur und charmanten Straßen, die zum Flanieren und Entdecken historischer Schätze einladen.
Tour 6, Seite 207

Oxford
Die berühmte Stadt mit ihrer reichen Geschichte, weltberühmten Universitäten und prächtigen College-Gebäuden ist voller Kultur und lebendigem studentischem Leben.
Tour 7, Seite 225

London
In der pulsierende Metropole treffen Tradition und Moderne aufeinander, ikonische Sehenswürdigkeiten sowie eine vielfältige Kultur-, Shopping- und Gastronomieszene.
Tour 9, Seite 263

Rhododendronblüte
Ein faszinierendes Naturschauspiel, das im Frühsommer Parks und Gärten wie Leith Hill und Emmet`s Garden in ein farbenprächtiges Meer aus Blüten und Duft taucht.
Tour 9 und 10, ab Seite 321

Gebrauchsanleitung

Reisegebiet

Südengland gehört neben Schottland zu den am meisten besuchten Teilen des Vereinigten Königreichs. Kein Wunder, denn seine natürliche Schönheit und kulturelle Vielfalt ist wirklich bemerkenswert. Die Region bietet einen abwechslungsreichen Mix aus quirligem Leben in den städtischen Gebieten, allen voran natürlich in der Neun-Millionen-Einwohnerstadt London, und noch immer stillen Winkeln, vor allem im mittleren Süwesten.

England Süden erstreckt sich über eine Fläche von rund 58.000 Quadratkilometern und bietet eine Küstenlinie von über 3.000 Kilometern Länge. Von den dramatischen Klippen Cornwalls über die sanften Hügel zwischen Exeter und den Cotswolds bis zu und den malerischen Buchten von Devon, den Gärten Kents und dem Flachland East Anglias erstreckt sich eine Landschaft, die Geschichte, Kultur und Natur in sich vereint.

Geologisch fasziniert Südengland mit vielfältigen Formationen. Die Grafschaften Sussex und Hampshire beherbergen die South Downs, weiße Kreidefelsen und die liebliche Isle of Wight, während vor allem Cornwall mit seiner Mischung aus Rosamunde Pilcher Romantik und dramatischen Küstenlinien beeindruckt.

Auch die kulturelle Identität Südenglands ist äußerst markant. Die Region besitzt eine lange, über 5000 Jahre zurückreichende Geschichte, die von prähistorischen Stätten wie Stonehenge bis zu mittelalterlichen Kathedralen wie der von Salisbury reicht.

Politisch gesehen haben die Regionen Südenglands zwar keinen eigenen Sonderstatus vergleichbar mit Wales oder Schottland, doch gibt es auch hier stark regional geprägte Identitäten, die von den Menschen vor Ort gepflegt werden, vor allem im äußersten Südwesten. Städte wie Cambridge und Oxford, mit ihren

Framlingham Castie, Tour 8

renommierten Universitäten und ihrer historischen Bedeutung, prägen das kulturelle Leben der Region.

Südengland bietet eine tolle Mischung aus Geschichte, Natur und Kultur. Ob Sie die historischen Stätten erkunden, durch die grünen Landschaften wandern oder an den Sandstränden der Küste entspannen möchten – der Süden Englands wird Sie mit seiner Vielfalt und Schönheit begeistern.

Karten, Symbole und Kilometerangaben

Alle WOMO-Reiseführer sind in Touren untergliedert, die gemeinsam mit den wichtigsten Ortschaften auf der **Übersichtskarte** im hinteren Bucheinband dargestellt sind. Einzelheiten zu allen Touren, insbesondere die dort empfohlenen Stell- und Campingplätze, finden Sie in den jeder Tour vorangestellten **Tourenkarten**, deren verwendete **Symbole** auf der hinteren Einbandklappe erläutert sind.

Die **Kilometerangaben** zu Beginn des Textteils jeder Tour sind nur als erste Orientierung gedacht, können aber, je nach genutzten Stell- oder Campingplätzen und von Ihnen ausgewählten Sehenswürdigkeiten, deutlich abweichen.

Stellplätze, Farben und Nummern

Praktische Symbole zeigen die Art des »Stellplatzes« an:

001	**Offizieller Stellplatz**	speziell für Reisemobile ausgewiesener Stellplatz, in England auch Minicampingplätze für bis zu fünf Reisemobile / Wohnwägen
002	**Parkplatz**	für eine Übernachtung geeigneter, aber nicht offiziell ausgewiesener Platz
P	**Parkplatz**	Tagesparkplatz, auf dem das Übernachten verboten ist oder nicht empfohlen wird
003	**Campingplatz**	ausgewiesener, in der Regel privat betriebener, größerer Platz für Reisemobile, Wohnwagen und Zelte.

Auch die **Farbe** eines Stell- oder Parkplatzplatzsymboles hat eine Bedeutung: **Blau** steht für Bademöglichkeiten in natürlichen Gewässern. **Grün** kennzeichnet einen Platz, an dem Wanderungen beginnen und dort meistens beschildert sind. **Olivgrün** eingefärbt sind die Campingplätze. **Hellgelb** sind alle Plätze an Pubs und Gaststätten und **Orangegelb** die übrigen Plätze ohne die vorgenannten Merkmale. Nur Plätze mit durchlaufender **Nummer** sind zur Übernachtung geeignet. Diese Plätze werden im Text entsprechend ihrem vorgenannten Zweck farbig unterlegt und stehen oftmals in einem **Stellplatzkasten**, zusammen mit den wichtigsten Informationen.

Zum Verständnis der **GPS-Daten**, der Geräteeinstellung und dem elektronischen Bezug der Daten erfahren Sie genauere Einzelheiten im hinteren Buchteil bei den Tipps.

Max. WOMOs meint die Kapazität von Stellplätzen, bei öffentlichen Parkplätzen die geschätzte Anzahl, die man Anwohnern und anderen Verkehrsteilnehmern noch zumuten kann oder die Wohnmobilen explizit zur Verfügung steht. Diese Angaben hängen aber auch von den Dimensionen Ihres eigenen Fahrzeuges ab. Längst nicht alle im Buch erwähnten Parkplätze kommen für Wohnmobile im Lastwagen- oder Reisebusformat infrage. Wenn nicht anders erwähnt, sind aufgeführte Parkgelegenheiten aber wenigstens noch für Fahrzeuge mit einer typischen Länge um die sieben Meter nutzbar.

Bei offiziellen Stellplätzen nennen wir die **Öffnungszeiten** und gehen auf die **Ausstattung** der Plätze ein, insbesondere die Möglichkeit der Ver- und Entsorgung, eines Stromanschlusses (wobei nicht zwingend jeder Gast einen freien Steckdosenzugang findet), von Toiletten, Duschen und Mülleimern. All dies kann bei Campingplätzen erwartet werden. Sofern nicht anders vermerkt, werden daher nur zusätzliche Merkmale, wie etwa WiFi, Waschmaschinen oder Einkaufsmöglichkeiten am Platz erwähnt. Unter **Beschreibung** wird Ihnen Näheres zur Beschaffenheit, der Lage und der Nutzungseignung mitgeteilt. Es wird Ihnen verraten, wenn wir Stellplätze für **klappstuhlgeeignet** halten, weil Sie dort, zumindest zum Zeitpunkt der Recherche, Tisch und Stühle aufstellen können. Kein inoffizieller WOMO-Parkplatz in diesem Buch ist dafür geeignet, sich tagelang wie auf einem Campingplatz aufzuhalten, schon gar nicht mit Markise, Stühlen und Grill.

Das angegebene **Preisniveau** ist nur eine Orientierung und bezieht sich bei den Campingplätzen auf ein WOMO mit zwei Erwachsenen in der preiswertesten und in der teuersten Zeit – ohne Kurtaxe, Hund, Kind oder sonstige Zusatzleistungen.

Der letzte Stichpunkt ist die Beschreibung der **Zufahrt**. In Zeiten der GPS-Navigation halten wir die Darstellung knapp – es sei denn uns ist bekannt, dass die Anfahrt zu einem Platz mithilfe des Navis Probleme bereitet – was aber nicht aus allen Himmelsrichtungen garantiert werden kann.

Wanderungen und Stadtrundgänge

Wir schildern im Buch die Streckenführung, bei Wanderungen auch die Länge und / oder die benötigte Wanderzeit. Diese Beschreibungen sind für Wanderstrecken grün und für Stadtrundgänge grau unterlegt.

Restaurants

Leider erweisen sich Hinweise auf empfehlenswerte Restaurants und Cafés manchmal als kurzlebig, schon ein Wechsel des Kochs kann viel bewirken. Ein paar bewährte haben wir dennoch im

Fließtext für Sie ausgewählt und an entsprechender Stelle kenntlich gemacht.

Top Ten, Sehenswürdigkeiten, Tipps und Infos

Mit den Seiten sechs und sieben dieses Reiseführers soll Ihre Neugier geweckt werden. Dort haben wir **zehn Orte** aufgeführt, die uns persönlich gut gefallen und die wir nicht nach einem Ranking, sondern nach der Reihenfolge in den Touren beziffert haben.

Bei den **Öffnungszeiten** nennen wir, soweit bekannt, die Kassenöffnungszeiten und geben in der Regel die nicht ermäßigten Preise für eine erwachsene Person an.

Die **Tipps und Infos** am Ende des Buches machen Sie mit den Besonderheiten der Reiseregion vertraut. Dort finden Sie auch verschieden **Anreisewege** und allgemeine Angaben. Auch finden Sie dort sehr wichtige Angaben zu britischen Campingclubs und touristischen Organisationen, die gerade bei einer Reise nach England, schon im Vorfeld durchgelesen und gegebenenfalls noch von zu Hause aus gebucht werden können.

Reiseführer und der Zahn der Zeit

Gerade bei den freien Stellplätzen, aber auch anderen Angaben kommt es in der Lebensdauer einer gedruckten Auflage immer wieder zu Veränderungen. Es lohnt sich deshalb stets ein kurzer Blick ins Forum des WOMO-Verlages (www.womo.de).
Wir versorgen Sie dort mit aktuellen Informationen. Sie können aber auch selbst dabei helfen, Hinweise für alle Leser aktuell zu halten, indem Sie melden, wenn sich irgendetwas (auch Restaurants, Wanderwege etc.) verändert hat, vor allem, wenn ein Platz nicht mehr existiert oder Verbote bestehen, oder wenn Sie etwas Neues entdeckt haben. Sie erreichen uns über die Mailadresse winkler@womo.de.

Strandleben in Bude, Tour 5

Tour 1
Tour 10
Tour 2
Crawley
East Grinstead
Tunbridge Wells
Staplehurst
Ashford
Monks Horton
Densole
Hawkinge
Dover
Dover Castle
White Cliffs
Folkestone
Battle of Britain
Hythe
Port Lympne
Lympne
West Hythe
New Romney
Dungeness
RH&DR Railway
RHSP
Lydd
Camber
Rye Bay
Rye
Iden
Tenterden
Cranbrook
Wadhurst
Bodiam Castle
Bodiam
Bateman's
Burwash
Roberts-bridge
Kent-Sus. Railway
Heathfield
Netherfield
Battle
1066
Brede
Guestling Green
Hastings Castle
Hastings
Aquarium
Bexhill
Pevensey Bay
Eastbourne
Seven Sisters
Hailsham
Pole-gate
Alciston
Alfriston
Drusillas
New-haven
Seaford
Glyndebourne
Glynde Place
Uckfield
Crow-borough
Lewes
Ouze
Stanmer
Monk's
Rodmell
Paradise Park
Peacehaven
Rottingdean
Brighton
Worthing
East Preston
Little-hampton
Ferring
Arundel
South Downs N.P.
Storrington
Arun
Pulborough
West Chiltington
Billingshurst
Southwater
Horsham Mus.
Horsham
Leonardslee
Nyman's
Hand-cross
Crawley Down-borough
Wakehurst
Ardingly
Haywards Heath
Sheffield Park
Burgess Hill
10 km
N

Sussex

380 km

Die Grafschaft Sussex empfängt Sie in England mit weißen Kreidefelsen, den berühmten Seebädern Eastbourne und Brighton, historischen Schauplätzen zwischen Battle und Hastings, herrschaftlichen Gärten, Burgen und den Wohnsitzen interessanter Persönlichkeiten wie Virginia Woolf und Rudyard Kippling. Highlights sind:

- **Dover Castle**
- **Bodian Castle**
- **Seven Sisters**
- **Brighton**
- **Bunte Gärten von East Sussex**
- **Arundel Castle**

Zunächst kommen Sie aber mit der Fähre in Dover oder per Zugpassage durch den Eurotunnel in Folkestone an und müssen dringend an eines denken: ***Ab jetzt wird links gefahren!***

Dover *(116.970 Einwohner)*
Die Industriestadt am Ärmelkanal ist auf den ersten Blick keine Schönheit. Laut und hektisch, voller Schwerlastverkehr, Bussen und Pkws, die Tag und Nacht zu Englands wichtigstem Fährterminal drängen. Es gibt aber einige Ziele, die es genauer anzusehen lohnt, vor allem in der Peripherie. Wenn Sie spät am Abend ankommen, werden Sie zunächst einen Übernachtungsplatz benötigen. Eine unproblematische Möglichkeit, zumindest für die Nacht, gibt es aber direkt am Strand von Dover, ein WOMO-Pub etwas außerhalb.

001 Dover – *Marina Parade*

GPS: N 51°07'24" E 1°19'01", Marina Parade, CT16 1LG. **Max. WOMOs:** 10+. **Ausstattung:** Tagsüber Toiletten, einige Mülleimer, sonst keine Einrichtungen. **Beschreibung**: Mehrere Parkstreifen hinter der Strandbucht von Dover, auf denen ausschließlich das Über-Nacht-Stehen von Wohnmobilen zwischen 18.00 und 9.00 Uhr erlaubt ist. Eben, kein Schatten, eher belebt, rund 700 m in die Ortsmitte. **Preis**: 11 £ mit Parkautomat. **Zufahrt**: Vom

Hafen oder der A20 kommend gleich am Ortsbeginn von Dover links Richtung Hotels, Restaurants und Seafront abbiegen. **Hinweis**: Weitere Parkplätze in Dover, auf denen kein Übernachtungsverbot angegeben ist und die auch tags nutzbar sind (Beschilderung und Gebühren beachten) sind der Woolcomber Car Park, N 51°07'34" E 1°19'05", St. James Street, CT16 1QF und der Maison Dieu Car Park, N 51°07›43" E 1°18'43", Maison Dieu Road, CT16 1RU.

002 Swingate – Swingate Inn (Chef de Mumbai)

GPS/Kontakt: N 51°08'54" E 1°20'18", Deal Road, CT15 5DP, Tel. 01304 20 40 43. **Max. WOMOs:** 2 – 3. **Ausstattung:** Keine Einrichtungen. **Beschreibung**: Asphaltparkplatz neben dem Pub in Alleinlage, eben, teils Schatten, nachts ruhig, Montag Ruhetag, etwa 3 km außerhalb. **Preis**: Gegen Einkehr und auf Anfrage kostenfrei. **Zufahrt**: Vom Hafen kommend im Kreisverkehr links in Richtung Canterbury abzweigen und am nächsten Kreisverkehr die dritte Ausfahrt in Richtung Deal nehmen, dort rechter Hand.

Auch wenn man vom Meer den besten Blick auf die Kreidefelsen ***White Cliffs of Dover*** hat und Sie vielleicht schon das ein oder andere Foto von Bord Ihrer Fähre schießen konnten, lohnt die Fahrt hinauf zum Besucherparkplatz. Vom Visitor Centre aus führen markierte Wege oberhalb der imposanten Felsen entweder zum rund 600 Meter entfernten Aussichtspunkt mit Blick auf Küste und Hafen oder Sie wählen die längere Variante bis zum **Leuchtturm South Foreland** aus viktorianischer Zeit mit kleinem Café *(etwa 3 km, Leuchtturmführung möglich)*. Unterwegs passieren Sie die Fan Bay, vor deren Strand gleich mehrere historische Schiffe untergegangen sind. Infotafeln geben dazu Auskunft. Ein besonderes Erlebnis verspricht das ***Fan Bay Deep Shelter*** oberhalb der Bucht. Der in den 40er-Jahren erbaute Tunnelkomplex diente als Wohnraum für die an ihren Flakgeschützen stationierten Soldaten. Erst seit wenigen Jahren ist ein geführter Rundgang mit Taschenlampe möglich *(N 51°07'49" E 1°19'59", Upper Road, CT16 1HJ, www.nationaltrust.org.uk, Parkplatzzufahrt teils steil und eng, 7.00 – 19.00 Uhr Uhr, Eintritt frei, 5 £ Parkgebühr, National Trust-Mitglieder frei, Fan Bay Deep Shelter Apr. – Okt Fr. – Mo. 11.00 – 15.00 Uhr, genaue Zeiten am Ticketoffice des Visitor Centres, Eingang 40 Gehminuten entfernt, 10 £, National Trust-Mitglieder frei)*.

Am Weg hinauf zu den Kreidefelsen haben Sie bereits das zweite Wahrzeichen der Stadt passiert. **Dover Castle** thront unübersehbar auf einer Anhöhe. Schon seit mehr als 2000 Jahren besteht die Burg und wurde in ihrer heutigen Form um 1180 durch Henry II. errichtet. Sie gehört zu den größten und besterhaltenen Anlagen in ganz England, unter anderem aufgrund ihrer strategisch bedeutenden Lage, die bis ins 20. Jahrhundert hinein militä-

Dover Castle

rischen Zwecken diente. Kein Wunder also, dass man neben den mittelalterlichen Mauern auch Geschützstellungen des Ersten und ein unterirdisches Hospital aus dem Zweiten Weltkrieg zu sehen bekommt. Planen Sie unbedingt genug Zeit ein, die Anlage ist wirklich umfangreich und es gibt viel zu sehen. Die enge Auffahrt mit niedrigem Torhaus und schmaler Brücke ist nur etwas für kleinere Fahrzeuge wie Kastenwagen bis maximal drei Meter Höhe, hohe und breite Fahrzeuge müssen im Ort parken und zur Burg aufsteigen, Angaben zu passende Parkplätze finden Sie bei Stellplatz 001 *(N 51°07'41" E 1°19'10", Canons Gate Rd., CT16 1HU, www.english-heritage.org.uk, Apr. – Okt. 10.00 – 17.00 Uhr, sonst abweichende Zeiten nur am Wochenende, 20,90 £, English Heritage-Mitglieder frei)*

Wer sich die Stadt Dover ansehen möchte, sollte sich das **Roman Painted House** nicht entgehen lassen. Um das Jahr 200 erbaut, war es eine Art Hotel für Reisende, die den Kanal gekreuzt hatten. Als rund 70 Jahre später ein neues, größeres Fort von den Römern an gleicher Stelle erbaut wurde, musste das Haus weichen. Einige Räume blieben aber intakt und wurden vollständig unter den neuen Gebäuden begraben. Heutige Besucher erhalten so die Möglichkeit, das größte römische Mosaik nördlich der Alpen oder zahlreiche bemalte Wandverkleidungen zu betrachten, die in 25-jähriger Arbeit freigelegt wurden. Parken können Sie an einem der zuvor angegebenen Parkplätzen oder dem an der Russell Street *(N 51°07'30" E 1°18'59", New Street, CT17 9AJ, www.theromanpaintedhouse.co.uk, Apr. – Sept. Di. – Sa. 10.00 – 17.00 Uhr, So ab 13.00 Uhr, 4 £)*.

Im nahen **Dover Museum** mitten im Zentrum informieren Sie sich dann auf Wunsch noch über die Geschichte der Stadt und das mit rund 3000 Jahren älteste, seetaugliche Schiff der Welt *(Market Square, CT16 1PH, www.dovermuseum.co.uk, Mo. – Sa. 9.30 – 17.00 Uhr, Apr. – Sep. auch So. 10.00 – 15.00 Uhr, Eintritt frei)*. Zur Einkehr

empfehlen sich ganz in der Nähe das ***Cullins Yard*** *(11 Cambridge Rd, CT17 9BY)*, ***Blakes of Dover*** *(52 Castle St., CT16 1PJ)* oder ***The White Horse*** *(St. James Street, CT16 1QF)*.

Folkestone *(51.990 Einwohner)*
In Folkestone starten Sie, wenn Sie die Britischen Inseln durch den Eurotunnel erreicht haben. Die Stadt selbst ist nicht allzu spannend, es gibt aber viele Einkaufsmöglichkeiten, um sich zum Reisestart mit lokalen Lebensmitteln einzudecken. Auch Übernachtungsmöglichkeiten steht bereit sowie Tagesparkplätze an der Uferstraße, zum Beispiel bei N 51°04'41" E 1°11'09", Marine Parade, CT20 1QH. Wer Interesse an der militärischen Geschichte des Landes hat, findet schon gegen Ortsbeginn an einem ehemaligen Militärflugplatz das **Battle of Britain Museum** mit der landesweit größten Ausstellung an Zweiter-Weltkrieg-Memorabilien, wie Flug- wie Fahrzeuge, Waffen, Bildmaterial und über 600 Teile abgestürzter britischer und deutscher Bomber *(N 51°06'48" E 1°09'06", Aerodrome Rd., CT18 7AG, Hawkinge, Apr.– Mitte Nov. 10.00 – 16.00 Uhr, Mai – Sep. bis 17.00 Uhr, 10 £, www.kbobm.org)*. Ganz ähnliche Interessen bedient das **Battle of Britain Memorial**, direkt an der Einfallstraße, das sich aber mehr als Aktivitäts- und Erinnerungzentrum wie als Museum versteht. Herzstück ist das interaktive »Scramble Experience« *(N 51°05'56" E 1°12'17", Aerodrome Rd., CT18 7AG, Hawkinge, 10.00 – 17.00 Uhr, Okt. – Feb. meist nur Di. – So. bis 16.00 Uhr, Eintritt frei, Scramble Experience 7 £, www.battleofbritainmemorial.org)*.

003 Folkestone – Camping and Caravanning Club Site

GPS/Kontakt: N 51°05'38" E 1°12'18", The Warren, CT19 6NQ, Tel. 01303 25 50 93, www.campingandcaravanningclub.co.uk.

Blick auf Dover, oben: im Zentrum von Dover

Öffnungszeiten: Ostern – Ende Okt. **Ausstattung**: Wifi, Waschmaschine / Trockner, Abspülgelegenheit, Shop. **Beschreibung**: Sehr schön gelegener Platz unterhalb der Stadt an den Klippen. Stellflächen auf Schotter und Rasen, fast eben, teils schattig, ruhig, toller Meerblick, Strandzugang, etwa 2,4 km außerorts. Hauptsaison mindestens 2 Nächte. **Preis**: Für Mitglieder des Camping und Caravanning Clubs 21,90 – 31.60 £, sonst etwa 20% Aufschlag. **Zufahrt**: Von der A20 Richtung Folkestone abbiegen. Am Kreisverkehr links Richtung Harbour und strikt geradeaus, schließlich links auf schmaler Straße der Beschilderung zum Platz folgen.

004 Folkestone – The Valiant Sailor

GPS/Kontakt: N 51°05'48" E 1°11'59", New Dover Rd., CT18 7JJ, Tel. 07707 83 60 89. **Max. WOMOs:** 2 – 3. **Ausstattung**: WiFi. **Beschreibung**: Asphaltparkplatz neben dem Pub mit Biergarten, an der Hauptstraße, eben, teils Schatten. **Preis**: Gegen Einkehr und auf Anfrage kostenfrei. **Zufahrt**: Von der A20 Richtung Folkestone abbiegen. Direkt an der Einfallstraße rechter Hand. **Hinweis**: Eine Alternative dazu wäre die ***Black Horse Farm Caravan Club Campsite*** etwas weiter nördlich, N 51°07'57" E 1°09'32", 385 Canterbury Rd., CT18 7BG, Densole, ganzjährig, alle Einrichtungen, ab 27 £.

Port Lympne Reserve

Nahe dem kleinen Ort Lympne befindet sich mit dem **Port Lympne Reserve** ein ziemlich außergewöhnlicher Zoo. Neben Laufwegen, auf denen man Affen, darunter den seltenen Bergland-Gorillas, Raubtieren, wie den riesigen Berberlöwen, und Nashörnern begegnet, wird man für den zweiten Teil des Zoos auf echte Safaritrucks verladen und durch die thematisch getrennten Bereiche Asien und Afrika gefahren. Die dort lebenden Tiere bewegen sich frei um die Fahrzeuge herum und lassen, mitten in England, echtes Savannen-Feeling entstehen. Wasserbüffel, Giraffen, Gazellen und Wildhunde sind nur einige der Spezies, denen Sie ganz nahekommen können. Schließlich erkunden Sie auch noch einen Dinosaurierwald und herrschaftliche Gartenanlagen unterhalb des parkeigenen Hotelrestaurants, wenn Sie möchten (*N 51°04'53" E 1°00'39", Aldington Road, CT21 4LR, Apr. – Okt. 9.30 – 18.00 Uhr, Nov. – März nur bis 16.00 Uhr, 32 £, www.aspinall-foundation.org/port-lympne*). Ein nahe gelegenes WOMO-Pub gibt es am Weg nach Hythe.

005 Hythe – Botolphs Bridge Inn

GPS/Kontakt: N 51°07'26" E 1°00'57", Botolphs Bridge Rd., CT21 4NL, Tel. 01303 26 73 46. **Max. WOMOs:** 1 – 2. **Ausstattung**: WiFi.

Port Lympne

Beschreibung: Dorfpub in Alleinlage, kleinerer, ebener Asphaltparkplatz neben dem Fluss, ruhig, vorherige telefonische Anfrage empfohlen. **Preis**: Gegen Einkehr und auf Anfrage kostenfrei. **Zufahrt**: Von Port Lympne über Lympne und West Hythe in Richtung Küste fahren, am Weg nach Dymchurch, passieren Sie das Pub direkt. **Hinweis**: Als Alternative bietet sich der große Parkplatz in Dymchurch an, nichts Besonderes, aber er ist nachts kostenlos, N 51°01'30" E 0°59'44".

Dungeness

Die Gegend um Dungeness ist in vielerlei Hinsicht bemerkenswert – einzigartig in Großbritannien, wird sie als Wüste deklariert und besteht, Meile für Meile, aus nichts als Kieseln. Sie gilt sogar als größte reine Kiesellandschaft der Erde. Eine recht schöne Rundfahrt entlang der Landzunge startet in New Romney links ab Richtung Littlestone und dann immer der Küste nach. Unterwegs gibt es weitere Übernachtungsmöglichkeiten.

006 Littlestone – New Romney Caravan Park

GPS/Kontakt: N 50°58'39" E 0°57'48", 105 Clark Rd., TN28 8PB, Tel. 01797 36 22 47, www.thefamilyparksgroup.co.uk. **Öffnungszeiten**: Ganzjährig. **Ausstattung**: WiFi, Restaurant und Bar, Spielplatz, Animationsangebot. **Beschreibung:** Direkt am Ortsrand gelegener Platz mit vielen Mobilheimen und kleinem Touring-Bereich, sauber, eben, gute Ausstattung, kein Schatten. **Preis**: 30 – 38 £. **Zufahrt**: Nach Littlestone einfahren, an der Uferstraße rechts halten und durch die Clark Road rechts bis zum Platz. **Hinweis**: Für eine schnelle Übernachtung sind für WOMOs unter 7 m auch die kostenlosen Parkflächen ganz im Norden der Uferstraße denkbar, N 50°59'20" E 0°58'17", Coast Road.

007 Greatstone – The Jolly Fisherman

GPS/Kontakt: N 50°58'08" E 0°57'45", The Parade, TN28 8ST, Tel. 07791 51 39 57. **Max. WOMOs**: 3 – 4. **Ausstattung**: Keine Einrichtungen.

Beschreibung: Asphaltparkplatz neben dem Restaurant, eben, kein Schatten, direkt am wilden Strand. Außenterrasse, nachts ruhig. **Preis**: Gegen Einkehr und auf Anfrage kostenfrei. **Zufahrt**: Direkt an der Uferstraße in Greatstone. **Hinweis**: Ein Örtchen weiter können kürzere Wohnmobile bis etwa 6 m auch am öffentlichen Lade Parkplatz in Lydd-on-Sea stehen solange sie nur eine Bucht benötigen, N 50°56'55" E 0°57'59", Coast Rd., TN29 9PE.

Vorbei an vielen windschief wirkenden und irgendwie seltsam planlos in den Raum gestellten Fischerhütten und Urlaubslodges können Sie bis zur Landspitze nahe dem Leuchtturm gelangen. An warmen Tagen lässt sich der Platz gut zum Ausspannen am Strand nutzen, es findet sich immer ein einsames Plätzchen. Baden ist allerdings verboten. Problematisch wird Mancher dabei nur das unschön im Hintergrund prangende Atomkraftwerk empfinden. Die Engländer stören sich daran nicht weiter und scheinen Erinnerungsfotos genauso gern mit Meiler wie mit Leuchtturm im Hintergrund zu machen. Wer mag, kann mit der **RH&DR Railway**, der kleinsten Personeneisenbahn der Welt eine Runde drehen oder sich schon von einem der vorgelagerten Orte wie Romney oder Hythe bis zum Ende dieser Landzunge befördern lassen, statt das WOMO zu bemühen *(wechselnde Zeiten und Preise auf der Website www.rhdr.org.uk)*. Parkplätze gibt es beispielsweise bei N 50°54'50" E 0°58'12", The Round House Rd., TN29 9NB.

Wer etwas genauer in die einmalige Flora und Fauna mit über 600 teils endemisch auftretenden Arten eintauchen möchte, wird am Weiterweg Richtung **Lydd** noch am **RSPB Resort Dungeness** stoppen wollen. Die Schotterpiste zum Besucherzentrum zweigt links von der Hauptstraße ab. Vom Parkplatz am Ende können Sie auf einem zwei Meilen langen Rundweg mit sechs Ausgucken Tümpel, Marschland und Röhricht überblicken. Schlangen, Vögel, seltene Tageslichtmotten und viele interessante Pflanzen werden dabei vorgestellt und können selbst entdeckt werden *(Dungeness Rd., TN29 9PN, www.rspb.org.uk, 9.00 – 21.00*

Bei Dungeness

Am Camber Beach

Uhr, Visitor Centre Apr. – Okt. 10.00 – 17.00, Winterhalbjahr nur bis 16.00 / 17.00 Uhr, 5 £).

Gegenüber der Einfahrt liegt der kurze, frei begehbare **Willow Trail** mit zwei weiteren Ausgucken. In **Lydd** können Sie dann zu einem Stellplatz abbiegen.

008 Lydd – Herons Park

GPS/Kontakt: N 50°55'57" E 0°54'28", Dengemnarsh Rd., TN29 9JH. **Max. WOMOs:** 5. **Öffnungszeiten:** Ganzjährig. **Ausstattung**: Ver- / Entsorgung. **Lage**: Ebene Parkflächen neben dem zugehörigen Campingplatz, kein Schatten, ruhig, abgelegen, Kartbahn und Wassersportanlage benachbart, klappstuhlgeeignet. **Preis**: 12 £, zahlbar mittels angegebenem QR-Code. Für 10 – 15 £ mehr bietet der zugehörige Campingplatz mehr Ausstattung. **Zufahrt**: In Lydd beschildert links zum Park abbiegen, die Plätze befinden sich dort ausgeschildert neben dem Campingplatz.

Bei **Camber** erreichen Sie erneut die Küste. Der Ort besteht zu mehr als 50 Prozent aus einem Mobilheim-Park, hat aber einen ganz schönen Sandstrand. Auch als »Tourer« kommen Sie dort mit dem Wohnmobil unter, wenn Ihnen der Ort besonders gefällt. Wer am bei Kitesurfern beliebten Strand mal »nur so« anhalten möchte, wird durch penetrante Höhenbarrieren entlang der Straße davon abgehalten. Nur am Western Car Park wird Ihnen auf Anfrage meist der Höhenbarriere geöffnet, wenn Sie sich melden und die gerade aufgerufene Tagesgebühr bezahlen, N 50°56'10" E 0°47'15", New Lydd Road. Ansonsten folgt 500 Meter weiter rechts noch ein frei nutzbarer Parkstreifen.

Rye *(16.380 Einwohner)*
Die einstige Hafenstadt gehörte im Mittelalter zum politisch wie wirtschaftlich wichtigen Bündnis »Cinque Ports«. Das half ihr allerdings wenig gegen die stetig wiederkehrenden Angriffe, meist

von Meeresseite her, bei denen sie mehr als einmal geplündert und dem Erdboden gleichgemacht wurde. Später machte Rye dann als verrufenes Schmugglernest Schlagzeilen. Doch je stärker der Hafen versandete, desto mehr versank auch Rye in der Bedeutungslosigkeit. Vielleicht konnte es sich aber gerade deswegen seinen historischen Ortskern bewahren. Ein Gästemagnet, der jährlich reichlich Besucher anspült.

Ein geeigneter Parkplatz findet sich zwischen Bahnhof und dem ehemaligen Marktplatz. Da Tickets für 24 Stunden verfügbar sind und es keine speziellen Verbote gibt, können Sie auch die Nacht überbleiben. Wenn es Ihnen dort zu voll oder zu belebt ist, den probieren Sie es am privaten Parkplatz eines Waschanlage, direkt am River Brede oder am ***Kings Head Pub*** im Norden des Ortes.

009 **N 50°57'11" E 0°44'01"**, Rope Walk, TN3 7AB, Tickets 2,50 £ für 24 Stunden

009a **N 50°56'54" E 0°43'48"**, Winchelsea Rd., TN31 7EL, tags 6 £, nachts 10 £

009b **N 50°57'36" E 0°44'01"**, Rye Rd., TN31 7NH, frei gegen Einkehr

Unterwegs in Rye

Für einen Rundgang durch das Städtchen starten Sie beispielsweise am Ende des Parkplatzes rechts am **Rope Walk**. Er führt den **Conduit Hill** entlang direkt in die Altstadt hinauf. Rechtsherum schlendern Sie durch die **High Street** mit recht vielen Geschäften. In einem leichten Bogen zieht die Straße den Verlauf der ehemaligen Stadtmauer nach, die an anderen Stellen bis heute vorhanden ist. Die Straße öffnet sich schließlich zu einem Platz hin. Dort finden sich zwei empfehlenswerte Lokale wie das ***Standard Inn*** *(The Mint, TN31 7EN)* und ***The Cobbles Tea Room*** *(1 Hylands Yard TN31 7EN)*. Rechts können Sie ein paar Meter hinab zum Fluss Brede schlendern, dort befindet sich auch das **Heritage Centre** mit der **Touristeninformationsstelle**. Zurück am Platz zieht sich die kopfsteingepflasterte **Mermaid Steet** den

Hügel hinauf. Sie gilt nicht zu Unrecht als schönste Gasse Ryes. Namensgebend ist das linker Hand gelegene Mermaid Inn. Es war einst wichtigster Treffpunkt zwielichtiger Geschäftemacher und Verbrecher. Heute können Sie gefahrlos eintreten, um das noch recht intakte Bild eines Hauses aus dem 16. Jahrhundert zu erleben. Auch das gegenübergelegene **House Opposite** kam zu einiger Bekanntheit, denn wer zum Mermaid Inn wollte, landete oft fälschlicherweise dort. Am Ende der Straße biegen Sie nach rechts in die **West Street** ab. Dort treffen Sie auf das backsteinerne **Lamb House**. Es war das Zuhause der Schriftsteller Henry James und später E.F. Benson. Schön ist der stille kleine Garten mit seinen Rosen, Lilien und dem Teich – eine Oase der Ruhe in der geschäftigen Ortsmitte *(TN31 7ES, www.nationaltrust.org.uk, März – Okt., Fr. – Di. 11.00 – 17.00 Uhr, 8,50 £, National Trust-Members frei).*

Die Richtung beibehaltend gelangen Sie zur **Kirche Saint Mary** am Church Square, die Sie einmal halb umrunden. Bemerkenswert ist die Turmuhr von 1560, die soll die älteste im ganzen Land sein.

Ein Stück nach rechts versetzt steht der mächtige **Ypres Tower**. Er stammt aus dem 13. Jahrhundert und war ursprünglich Teil einer ganzen Burganlage. Später wurde er lange Zeit als Gefängnis genutzt. Vom Gun Garden unterhalb sieht man weit hinaus in die Umgebung. Im Turm selbst ist ein Museum untergebracht, das unter anderem die Geschichte des Fünf-Häfen-Bundes beleuchtet. Die Sicht vom Balkon ist einen Blick wert *(TN31 7HE, www.ryemuseum.co.uk, Apr. – Okt. 10.30 – 17.00 Uhr, sonst bis 15.30 Uhr, 4 £).* Entlang des **Church Square** und dann rechts durch **Market Street** und **East Street** kommen Sie noch zum **Rye Castle Museum**. Im einstigen Schlachtereigebäude sind viele Gegenstände zur Geschichte des Ortes ausgestellt, darunter auch der erste Feuerwehrwagen von 1745, der ganze 120 Jahre im Einsatz war *(TN31 7JY, www.ryemuseum.co.uk, Apr. – Okt. 10.30 – 17.00 Uhr, sonst nur bis 15.30 Uhr, 5 £).* Geradeaus die Straße hinab gelangen Sie zurück zum Parkplatz. Am Weg dorthin treffen Sie noch auf erwähnenswerte gastronomische Adressen, wie das ***The Union Steakhouse*** *(East Street, TN31 7JY)*, und ***Webb's at the Fish Café*** *(17, Tower St., TN31 7AT).* Am Weg zu Bodiam Castle folgen dann weitere interessante Übernachtungsörtlichkeiten

Gasse in Rye

010 Brede – Dogwood Cottage

GPS/Kontakt: N 50°56'21" E 0°35'39", Crackle St., TN31 6DY, Tel. 01424 88 35 70, www.dogwoodcamping.co.uk. **Max. WOMOs:** 5. **Öffnungszeiten:** Ganzjährig. **Ausstattung**: Ver- / Entsorgung, Toilette / Dusche, Mülleimer, Abspülgelegenheit, kleiner Shop. **Beschreibung**: Gepflegter kleiner Grasplatz, schattig von Bäumen eingerahmt im Dorf Brede, ruhig, recht eben, klappstuhlgeeignet. **Preis**: 15 – 28 £. **Zufahrt**: Ab Rye nordwestlich Richtung Broad Oak fahren und dort links nach Brede abbiegen. **Hinweis**: Nur für Mitglieder des Camping- und Caravanning Clubs, Vorabreservierung empfohlen. **Hinweis 2**: Nur für kleine WOMOs bis etwa 6,50 m. Alternativ können Camping und Caravanning Club-Mitglieder die ***Eagles Garth*** Site in Northiam weiter nördlich mit ähnlicher Ausstattung anfahren, N 50°59'51" E 0°37'45", Stoddards Lane, Beckley, TN31 6UE, Tel. 01797 25 34 94, ganzjährig, 17 – 25 £.

011 Ewhurst Green – Bramley Organic Farm

GPS/Kontakt: N 50°59'21" E 0°32'09", Castle Oast, TN32 5RJ, bramley-organic-farm.business.site. **Max. WOMOs:** 5. **Öffnungszeiten:** Ganzjährig. **Ausstattung**: Ver- / Entsorgung. **Beschreibung**: Einfache Campingwiese an einer Farm zwischen Obstbäumen, teils etwas Schatten, nicht ganz eben, klappstuhlgeeignet. **Preis**: 12 £. **Zufahrt**: Ab Rye nordwestlich Richtung Broad Oak und dann weiter über Cripps Corner Richtung Bodiam fahren, dort, etwa 1,5 km nach Staplecross rechter Hand. **Hinweis**: Alternativ kommen Sie am Pub ***White Dog Inn*** in Ewhurst Green unter, entweder gegen Einkehr am Parkplatz oder auf dem Campingfeld mit Strom, Toiletten und Duschen für 20 £, N 50°59'35" E 0°33'28", Ewhurst Ln., TN32 5TD, Tel. 01580 83 02 64.

Bodiam Castle

Für ein paar Kilometer verlassen Sie nun die Küstenregion und fahren auf teils schmalen, aber gut bewältigbaren Straßen zum **Bodiam Castle**. Das von einem Wassergraben umgebene Bauwerk aus dem 14. Jahrhundert ist eine der schönsten Burgen in England und ein echtes Postkartenmotiv. Während es von außen weitgehend unversehrt ist, sind im Inneren nur mehr Bruchstücke erhalten geblieben. Sie können dennoch einige Türme und Wehrgänge auf den Spuren der Ritter, die hier einst wachten, erkunden. Bemerkenswert ist auch das Torhaus mit der imposanten hölzernen Pforte, die im Original erhalten ist. Versäumen Sie nicht, beim Zugang über den Steg einen Blick ins Wasser zu werfen, die riesigen Zierkarpfen, die dort mit den meist kleineren Enten um das Futter streiten, sind legendär! Im Außengelände der Burg sind außerdem oft Stände von Schmieden oder Marketendern in historischen Kostümen aufgebaut, die zu Aktivitäten einladen und Geschichten von einst erzählen. Im Info Centre

Bodiam Castle

gibt es dann noch ein kleines Burgmuseum und einen Tea Room *(N 51°00'02" E 0°32'25", TN32 5UA, www.nationaltrust.org.uk, Feb. – Dez. 10.00 – 17.00 Uhr, Parken 4 £, Eintritt 10 – 13 £ nach Jahreszeit, National Trust-Members frei).*

Am Parkplatz hinter dem **Castle Inn**, gleich gegenüber der Burg-Einfahrt, können Sie gegen Einkehr die Nacht verbringen.

012 **N 51°00'02" E 0°32'23"**, Main Road, TN32 5UB, Tel. 01580 83 03 30.

Falls Ihnen von der Burg aus schon eine vorbeidampfende historische Lok aufgefallen ist und Sie Lust bekommen haben, selbst einmal mitzufahren: Die Museumsbahn ***Kent & East Sussex Railway*** verkehrt im Sommer regelmäßig ab Bodiam bis Tenterden weiter im Landesinneren *(Bahnhof bei N 50°59'48" E 0°32'25", www.kesr.org.uk)*. Ein weiteres Stück Bahnstrecke erschließt den historischen Bahnhof in **Robertsbridge** mit Parkmöglichkeit bei N 50°59'08" E 0°28'10".

013 Etchingham – *Squibs Farm*

GPS/Kontakt: N 50°59'57" E 0°26'19", Ludpit Ln., TN31 6DY, Tel. 07831 89 00 86, www.campingandcaravanningclub.co.uk. **Max. WOMOs:** 5. **Öffnungszeiten:** Ganzjährig. **Ausstattung**: Ver- / Entsorgung, Mülleimer. **Beschreibung**: Einfache Wiese an der Zufahrt zu einer Farm in Alleinlage, sehr ruhig, nicht ganz eben, kein Schatten, klappstuhlgeeignet. **Preis**: 7 – 8 £. **Zufahrt**: Robertsbridge in westliche Richtung durchfahren, gegen Ende rechts in die Ludpit Lane bis zur Farm nach knapp 2 km abfahren. **Hinweis**: Nur für Mitglieder des Camping und Caravanning Clubs, Vorabreservierung empfohlen.

Rosengarten von Bateman`s House

Bateman ´s
Ein lohnender Abstecher, noch ein Stück weiter nach Nordwesten, führt Sie dann zum jakobinischen Haus **Bateman's**, einst Heim des Schriftstellers Rudyard Kipling und seiner Familie. Sein Werk »Dschungelbuch« ist auch heute noch aus kaum einem Kinderzimmer wegzudenken, für andere seiner Werke erhielt er im Jahr 1907 sogar den Literatur-Nobelpreis. Das Innere des Hauses wurde weitgehend so belassen, als ob die Familie gleich von einem Ausflug zurückkehren würde. Der sehenswerte Garten mit schönem Café ist voller bunter Blumen, einem Teich und man kann einen Spaziergang bis zur historischen, alten Mühle am nahen Bach machen. Am Ende fällt es nicht schwer zu verstehen, warum Kipling gerade dieses abgelegene Haus wählte und es nach der ersten Besichtigung sofort kaufte *(N 50°59'24" E 0°22'46", Bateman's Ln., TN19 7DS, Burwash, www.nationaltrust.org.uk, Feb. – Dez. 10.00 – 16.00 Uhr Haus 11.00 – 15.30 Uhr, Apr. – Okt. je eine Stunde länger, 10 £, National Trust-Mitglieder frei).*

Battle *(6.170 Einwohner)*
Battle ist vor allem eines: Schauplatz des vielleicht wichtigsten Kampfes um England überhaupt. Als Schlacht bei Hastings am 14. Oktober 1066 ging er in die Geschichte ein. Dabei besiegten die von Frankreich aus eingefallenen Normannen unter Wilhelm dem Eroberer die bis dahin herrschenden Angelsachsen unter König Harald II. – wäre die Schlacht anders ausgegangen, wäre die englische Kultur, Sprache und auch die Bedeutung des Königreiches für die Weltgeschichte sicher eine andere geworden. Als Erinnerung und um Buße zu tun, ließ Wilhelm nach seinem Sieg anstelle des Kriegsschauplatzes eine riesige Kathedrale, Battle Abbey, erbauen. Deren Überreste und das einstige Schlachtfeld können Sie unter dem Titel ***1066 Battle of Hastings*** und unter-

In Battle

stützt durch eine deutschsprachige, spannende Audioguide-Führung täglich besichtigen, ein kostenpflichtiger Parkplatz steht ebenfalls bereit *(N 50°54'54" E 0°29'06", Park Ln., TN33 0AD, www.english-heritage.org.uk, Apr. – Okt. 10.00 – 17.00 Uhr, sonst meist nur am Wochenende bis 16.00 Uhr, 12,70 £, English Heritage-Mitglieder frei)*. Gute Restaurants in Battle sind das ***Mrs. Burton's*** *(2 High St., TN33 0AE)*, ***Bluebell's Tearoom****(87 High St., TN33 0AQ)*, sowie das ***Chequer's Inn*** *(Lower Lake, TN33 0AT)*.

014 Battle – *Riverdale Cottage*

GPS/Kontakt: N 50°54'47" E 0°32'34", Kent St., TN33 0SF, Tel. 01424 75 69 32, www.campingandcaravanningclub.co.uk. **Max. WOMOs:** 5. **Öffnungszeiten**: Apr. – Okt. **Ausstattung**: Ver- / Entsorgung, Strom, Toilette / Dusche, Spülgelegenheit. **Beschreibung:** Sehr schöner Rasenplatz auf einem ruhigen, nicht ganz ebenen Grundstück mit Farmtieren, etwas Schatten, etwas schmale Zufahrt. **Preis:** 12 – 20 £. **Zufahrt**: Ab Battle in östliche Richtung bis zur A21 fahren, dort rechts in Richtung Hastings halten, nach rund 2 km rechts. **Hinweis**: Nur für Mitglieder des Camping und Caravanning Clubs, Vorabreservierung empfohlen. **Hinweis**: Nicht-Mitglieder finden am ***Carr Taylor Vineyard*** drei einfache Stellplätze für 10 £, nur Wasser, Vorabanruf obligatorisch, N 50°54'51" E 0°33'48", Wheel Ln., TN35 4SG, Tel. 01424 75 25 01.

Hastings *(92.860 Einwohner)*
Mit Düsseldorf, Pforzheim und Schwerte pflegt das klassische englische Seebad Hastings gleich drei Städtepartnerschaften nach Deutschland. Die größten Zeiten des Tourismus liegen

schon etwas zurück, dennoch ist der bei Sprachschülern beliebte Ort mit seiner fünf Kilometer langen Strandpromenade bis heute recht bekannt. Nicht gerade wohnmobilfreundlich sperren Höhenbarrieren die großen Parkplätze an der Küstenstraße vollständig ab. Somit bleibt nur die Hoffnung, einen Längsparker zu ergattern, wenn nicht vorne am Strand, dann etwas zurückversetzt und mit steiler, schmaler Zufahrt hinter der Burg zwischen **Castle Hills Rd.** und **Priory Rd.** bei N 50°51'29" E 0°35'15" – oder in der **Falaise Road** bei N 50°51'21" E 0°34'09". Neben der Strandpromenade sind die »Net Shops« einen Blick wert. Das sind schwarze, hoch aufragende Bretterbuden, in denen die Fischernetze zum Trocknen aufgehängt werden, denn der Strand bietet bei Flut dafür einfach nicht genug Platz. Weitere Anziehungspunkte sind die Ruinen von **Hastings Castle** mit schönem Blick zur Küste hinab sowie mehrere alte Tunnel und Katakomben ganz in der Nähe, die einst von Schmugglern und Seeräubern genutzt wurden. Sie werden, mit Lichtinstallationen und lebensgroßen Puppen ausgestattet und werden als ***Smugglers Adventure*** vermarktet *(Burg: Castle Hill Rd., TN34 3QZ, Apr. – Okt. 10.00 – 17.00 Uhr, 4,75 £, Smugglers Adventure: St. Clement's Caves, TN34 3HY, smugglersadventure.co.uk, Apr. – Okt. 10.00 – 17.30 Uhr, Mitte Febr. – März / Nov. nur bis 16.30 Uhr, 11,75 £, Kombitickets mit Aquarium möglich).*

Nicht weit entfernt steht am Strand, ganz im Osten der Promenade, das **Blue Reef Aquarium** mit beeindruckendem Unter-Wasser-Tunnel (*Rock-a-Nore Rd., TN34 3DW, www.hastingsaquarium.co.uk, 10.00 – 17.00 Uhr, 15 £).*

Neben dem Aquarium befinden sich ferner auch noch ein **Schiffswrack- und Fischereimuseum,** ***Maggie's Fish and Chips*** *(8 Rock-a-Nore Rd., TN34 3DW)* sowie gegenüber die ***East Hill Cliff Railway***. Diese Standseilbahn befördert Sie auf einen östlich des Ortes gelegenen Aussichtshügel oberhalb der Klippen. Ein Stück weiter westlich gelangen Sie hinter dem Wasserpark und

Hastings Castle

Adventure-Minigolfanlagen über die High Street in die Altstadt oder in die Neustadt von Hastings, beide links vom Burghügel. Kulinarisch werden Sie dort im ***The Crown*** *(64 All Saints St., TN34 3BN)*, bei ***Webbe's Rock-a-Nore*** *(1 Rock-a-Nore Rd., TN34 3DW)*, im ***Two Bulls Steak House***, *(61c High St., TN34 3EJ)* und im ***Hanushka Coffee House*** *(28 George St., TN34 3EA)* fündig. Für Krimi-Fans lohnt außerdem ein Blick ins ziemlich schaurige **True Crime Museum** *(Palace Court, TN34 1JP, www.treucrimemuseum.co.uk, 10.00 – 17.00 Uhr, 9.50 £)*.

Die kleinen Küstenorte **Normans Bay** und Pevensey Bay geben im Anschluss Gelegenheit, einen etwas ruhigeren Platz am Wasser zu finden.

015 Normans Bay – Camping and Caravanning Club Site

GPS/Kontakt: N 50°49'18" E 0°22'44", Coast Rd., BN24 6PR, Tel. 01323 76 11 90, www.campingandcaravanningclub.co.uk. **Öffnungszeiten**: Ostern – Okt. **Ausstattung**: WiFi, Waschmaschine / Trockner, Spielplatz, Spülgelegenheit, Shop. **Beschreibung:** Flacher, schattenloser Platz direkt am langen Sandstrand, gepflegt, gute Lage, gut 1000 m in die Ortsmitte. Hauptsaison mindestens 2 Nächte. **Preis:** 23,60 – 34,10 £ für Clubmitglieder, Nicht-Mitglieder zahlen rund 20% mehr. **Zufahrt**: Über die A259 nach Pevensey Bay fahren, dort links in die Coast Road abzweigen und beschildert bis zum Platz. **Hinweis**: Camping- und Caravanning Club.Mitglieder können auch den etwas weiter im Hinterland gelegenen Stellplatz an der ***Little Downash Farm*** anfahren, abgesehen von Strom bietet er für 20 £ einfaches Campingplatzniveau, N 50°50'52" E 0°16'34", Rickney Ln., BN27 2RN, Hailsham, Tel. 07763 51 45 66, www.littledownash.co.uk, Apr. – Sep.

Eastbourne *(103.750 Einwohner)* und die Seven Sisters

Vieles, was für Hastings gilt, trifft auch auf Eastbourne zu. Das Seebad ist allerdings noch ein ganzes Stück größer und mit einem intakten, zentralen Pier versehen, an der benachbarten Freiluftbühne finden im Sommer mehrmals wöchentlich musikalische Darbietungen aller Art statt und es gibt eine recht lebendige Innenstadt. Sprachstudenten und Senioren stellen das Gros der Gäste. Man wird das Gefühl nicht los, dass die Stadt schon bessere Tage gesehen hat. Möchten Sie halten, müssen Sie auf einen Längsparker entlang der **Grand Parade** hoffen oder es mit deutlich besseren Chancen an deren Verlängerung **Kind Edward`s Parade** versuchen, N 50°45'19" E 0°16'27". Alternativ fahren Sie in die Stadt hinein, der Parkplatz am Bahnhof bietet in der Regel Kapazitäten, jedoch mit etwas umständlich zu entrichtender Parkgebühr *(N 50°46'16" E 0°16'56", Commercial Rd.)*. Für eine Einkehr empfehlen sich beispielsweise ***The Marine*** *(61 Seaside, BN22 7NE)*,

The Crown and Anchor *(15 Marine Parade, BN21 3DX)*, ***Nelson Coffee*** *(15 Station Parade, BN21 1BE)* und ***Bill's Restaurant*** *(153 Terminus Rd., BN21 3NU)*. Auf ein Eis schauen Sie beim **Famoso Ice Cream Parlour** vorbei *(30 Marine Parade, BN22 7AY)* und für eine Nacht ist der Campingplatz ***Bramley Park*** die beste stadtnahe Möglichkeit.

016 **N 50°48'45" E 0°14'06"**, Wannock Rd., BN26 5PH, Tel. 07763 83 25 25, www.bramleyparkcamping.co.uk, Apr. – Okt., 20 £.

Gleich hinter Eastbourne schwingt sich die Küstenstraße wieder die Klippen hinauf, um links ab Richtung **Beachy Head** einen der eindrucksvollsten Abschnitte von Englands Uferlinie zu erschließen. Ab hier beginnt der **Southern Downs National Park**, der auf knapp 160 Kilometern bis nach Winchester die meeresnahe Landschaft schützt. Einen Parkplatz finden Sie nahe dem **Countryside Visitor Centre** bei N 50°44'29" E 0°15'12" an der Beachy Head Road. Im Inneren wird eine kostenfreie Ausstellung zur Gegend mitsamt ihrer Flora und Fauna sowie zum Leuchtturm unterhalb der Klippen gezeigt *(Apr. – Sep. und Sa. / So. im Okt. 10.00 – 16.00 Uhr, restlicher Okt. 13.00 – 16.00 Uhr, Nov. Sa. / So. 11.30 – 14.30 Uhr)*. Am benachbarten **Beachy Head Hotel** dürfen Restaurantgäste außerhalb der Hauptsaison über Nacht am Parkplatz bleiben.

017 **N 50°44'23" E 0°15'03"**, Beachy Head Road, BN20 7YA, Tel. 01323 72 80 60

Noch viel schöner als die Ausstellung ist allerdings das eigene Erleben. Dazu machen Sie sich zu einer Kurzwanderung Richtung Lighthouse auf. Der Blick hinab zum 115 Meter tiefer gelegenen Turm ist atemberaubend. **Achtung**: Wagen Sie sich nicht zu nah

Pier in Eastbourne

Leuchtturm am Beach Head

an die Abbruchkante! Die Kreidefelsen sind in dieser Gegend äußerst instabil und brechen regelmäßig weg. Entweder gehen Sie zurück zum Fahrzeug und fahren zum nächsten Halt, dem Burling Gap, wo sich die Klippen etwas absenken, oder machen eine Wanderung dorthin, die Rückfahrt können Sie später wahlweise mit dem Bus bestreiten.

Nirgends kann man die Erosion und den Landverlust besser beobachten als am **Birling Gap**. Noch stehen die letzten vier Reihenhäuser einer einst doppelt so langen Wohnanlage. Auf Schaubildern aus den letzten 120 Jahren kann man sehen, wie Wind und Meer die Felsen schon so weit abgetragen haben, dass der einst komfortable Abstand zu den Klippen völlig weggeschmolzen ist. Über eine Stahltreppe gelangen Sie vom Café, welches aus Sicherheitsgründen ebenfalls bereits nach hinten verlegt wurde, hinab an den Kieselstrand, der bei Sonnenanbetern, Badegästen an warmen oder Spaziergängern an kälteren Tagen gleichsam beliebt ist. Rechts sind die als **Seven Sisters** bekannten sieben Felsklippen gut zu erkennen. Nach links sollten Sie nicht zu weit gehen, da der Weg aufgrund herabfallender Steine und schnellen Gezeitenwechsels nicht sicher ist.

Wanderungen zum Seven Sisters Beach

Ein paar schöne Wanderwege oberhalb der Klippen und zu einem weiteren Strand verlaufen durch den **Seven Sisters Country Park** ein Stück weiter westlich in Richtung Brighton. Fahren Sie dazu bis zum Parkplatz am Visitor Centre bei N 50°46'30" E 0°09'11" an der A259, alternativ etwas zurückversetzt auch gegenüber bei N 50°46'33" E 0°09'05". Der in einer Flusslandschaft markierte Park Trail führt in rund 4,8 Kilometern neben dem Fluss Cuckmere bis an den vorgelagerten Kiesstrand. Zunächst steigt der Weg rund 800 Meter leicht an, fällt dann zu den Klippen und zum Strand hin aber wieder ab. Letzteren erreichen Sie nach einigen steilen Stufen. Von dort haben Sie einen schönen Blick auf die Klippen östlich von Ihnen. Der Rückweg erfolgt direkt neben dem Flussbett. Alternativ können Sie auch den einfachen **Beach Trail** wählen, der ebenfalls zum Strand und wieder zurückführt, dies allerdings nicht als Rundweg *(Länge in dem Fall rund 3,2 km)*. Je nach Wasser- und Gezeitenstand können Sie den Fluss, kurz bevor er ins Meer mündet, auch überqueren und auf der gegenüberliegenden Seite zurückwandern. Sie enden dann am schönen Pub ***Cuckmere Inn***, von dem es noch ein kurzer Marsch entlang der Straße zurück zum Ausgangspunkt ist.

Wenn Sie nach der Wanderung Lust auf einen ruhigen Picknickplatz haben, empfiehlt es sich, gleich hinter dem Visitor Centre ein paar Hundert Meter entlang der Litlington Road bis zum **Friston Forest Car Park** zu fahren. Ruhig und gemütlich parkt und sitzt man an schönen Tagen auf der Wiese oder Picknickbänken an einer Waldlichtung bei N 50°46'54" E 0°09'07". Wer noch Energie hat, kann eine kleine Runde entlang des ***White Horse View Trails*** gehen. Er bietet gute Sicht auf ein in den Hügel gekratztes Pferdeabbild *(Länge rund 2,5 km)*.

Alfriston *(760 Einwohner)*
Kurz darauf in **Seaford** zweigt rechts eine kleine Straße nach Alfriston ab. Das schmucke Dorf ist einen Rundgang wert, leider sind die beiden offiziellen Parkplätze für Wohnmobile gesperrt. Abhilfe schaffen die von der Hauptdurchfahrt etwas zurückversetzten Anliegerstraßen The Furlongs und North Road *(etwa bei N 50°48'38" E 0°09'10")*. **Achtung**: Die Fahrwege im Ort sind teils sehr schmal. Wer über Nacht bleibt, kommt auf dem Campingplatz am Ortsanfang unter.

018 Alfriston – Alfriston Camping

GPS/Kontakt: N 50°48'16" E 0°09'02", Cuckmere Rd., BN26 5TN, www.alfristoncamping.com. **Öffnungszeiten**: Apr. – Okt. **Ausstattung**: Wasser, jedoch keine Entsorgung, teils Strom, Toilette / Dusche, Spülgelegenheit. **Beschreibung**: Mehrere einfache Campingwiesen am Ortsrand, recht schöne Lage, teils schattig, nicht ganz eben,

Birling Gap, Seven Sisters

manchmal etwas laut, 450 m in den Ort. **Preis:** 24 £.
Zufahrt: Am Ortsbeginn von Alfriston, dort, wo die Hauptstraße eine starke Rechtskurve macht, links abbiegen. Nach 250 m links.

Neben der schönen Bausubstanz locken mehrere Cafés im Ort, wie das ***Badgers Tea House*** *(North St., BN26 5UG)* oder das ***Singing Kettle Teahouse*** *(6 Waterloo Square, BN26 5UD)*. Außerdem ist das **Clergy House** einen Besuch wert. Das mittelalterliche Wohnhaus aus dem 14. Jahrhundert mit seinem stillen Wildblumengarten befindet sich etwas abseits, östlich der Hauptstraße. Es war 1896 das erste Anwesen, das an den National Trust überschrieben wurde *(The Tye, BN26 5TL, www.nationaltrust.org.uk, Ostern – Okt. Fr. / Sa. 10.30 – 16.30 Uhr, 8,50 £, National Trust-Mitglieder frei)*.

Etwas weiter nordöstlich des Ortes können Sie in Richtung **Lullington** zum ***Long Man of Wilmington*** fahren. Das etwa 70 Meter hohe Bodenkratzbild zeigt einen Mann mit zwei Speeren. Es wurde 1710 wiederentdeckt, sein Entstehungszeitpunkt ist unbekannt. Zur besseren Sichtbarkeit sind die Umrandungen heute mit weißen Betonblöcken markiert. Leider gibt es kaum Parkmöglichkeiten. Es bleibt nur ein sehr holpriger Schotterplatz neben der Straße mit Aufsitzgefahr, N 50°48'31" E 0°10'22", Chapel Hill.

Nördlich von Alfriston folgt dann noch **Drusillas Park**. Der kleine Zoo ist vor allem mit Kindern einen Halt wert und wurde mit seinen auf junge Besucher zugeschnittenen Attraktionen zu einer der Top-Ausflugs-Adressen in East Sussex gewählt – neben den Tieren gibt es auch noch einen »Hello Kitty Secret Garden« *(N 50°49'27" E 0°09'45", Alfriston Rd., BN26 5QS, www.drusillas.co.uk, Sommerhalbjahr 10.00 – 18.00 Uhr, Winter nur bis 17.00 Uhr, ab 27.50£)*. Ein nahes, WOMO-freundliches Pub ist das ***Berwick Inn***.

019 **N 50°50'23" E 0°09'59"**, Station Rd., BN26 6SZ, Tel. 01323 87 00 18, Übernachtung auch bei Nicht-Einkehr möglich, Preis pauschal 15 £.

Bevor Sie in Höhe **Lewes** links wieder in Richtung Küste lenken, können Opernfans vorher noch einen Besuch von **Glynde Place** bei Glyndebourne in Betracht ziehen. Die Privatbühne hat sich über die Jahre zu einer der ersten Adressen Südenglands gemausert und zieht jährlich Tausende Besucher an, Abendgarderobe ist hier allerdings Pflicht *(Tickets online auf www.glyndebourne.com)*.

Monk`s House

Vom Autobahnkreisel der A27 führt eine schmale Straße dann Richtung Kingston und nach Rodmell hinüber. Die Warnung »Maximal zwei Meter Breite« können Sie in dem Fall missachten, sie soll in erster Linie Lkws fernhalten und bezieht sich nicht auf

Clergy House, Alfriston

eine spezielle Engstelle. So kommen Sie zum **Monk's House**, dem ehemaligen Wohnsitz der Schriftstellerin Virginia Woolf. Das kleine, aus dem 17. Jahrhundert stammende verwitterte Cottage wurde von der Schriftstellerin und ihrem Mann Leonard von 1919 bis zu dessen Tod 1969 bewohnt. Einige Räume des bescheidenen Zuhauses und der wilde, aber romantisch-schöne Garten können besichtigt werden. Dabei steigen Sie auf Wunsch auch tiefer in das bewegte, mutige, aber auch immer am Rande des Wahnsinns balancierende Leben Woolfs und der sie umgebenden Bloomsbury Group ein. Wohnmobile müssen schon vor Erreichen des Hauses an der Zugangsstraße längsseitig parken, die Straße ist später zu schmal und es gibt Höhenbarrieren *(etwa ab N 50°50'12" E 0°00'49", BN7 3HF, Rodmell, www.nationaltrust.org.uk, Apr. – Okt. Fr. / Sa. 12.30 – 17 Uhr, Mai – Sep. auch Do., 9,50 £, für National Trust-Mitglieder frei).*

Newhaven *(135.080 Einwohner)*
Nicht mehr weit ist es nun zur Hafenstadt Newhaven. Am Ortsbeginn wirbt der **Paradise Park** um Gäste. Es ist eine Mischung aus Gartenerlebnis, mit formellen Pflanzungen, kleinen Fischtümpeln, Springbrunnen und tropischen Gewächshäusern, einem erdgeschichtlichen Museum und Dinosaurierpark plus großem Spielareal für Kinder. Insgesamt keine so schlechte Mischung für Familien, wo jeder etwas findet, das ihn interessiert. Kurz danach an der Mole gibt es dann einen guten Übernachtungsplatz *(N 50°48'09" E 0°03'16", Avis Rd., BN9 0DH, www.paradisepark.co.uk, 9.00 – 18.00 Uhr, 10,99 £)*

020 Newhaven

GPS: N 50°46'55" E 0°03'19", Fort Rd., BN9 9DN. **Max. WOMOs:** 10–12. **Ausstattung**: Keine Einrichtungen. **Beschreibung**: Offizieller Stellplatz an der Hafeneinfahrt und Mole von Newhaven auf einem weitläufigen Parkplatz. Suchen Sie sich selbst den Ort, der Ihnen am meisten zusagt,

entweder an der Hafenmauer oder weiter hinten auf einer Grünfläche, Kiesstrand fußläufig erreichbar, Pub direkt an der Einfahrt, 1,5 km in die Ortsmitte. **Preis:** 10 £. **Zufahrt**: Im Ort den Fluss Ouse überqueren, unmittelbar danach links halten und erneut die dritte Straße links an der Ampel, South Rd., wählen. Bis zum Parkplatz ganz am Ende durchfahren. **Hinweis:** Sie müssen bis spätestens 17.00 Uhr da sein, denn spätestens dann (manchmal schon etwas früher) macht der Parkwächter Feierabend. Er muss Ihnen aber die Höhenbarriere öffnen. Sie werden dann bis zum nächsten Morgen gegen 9.00 Uhr »eingesperrt«

Neben dem Strand gelangen Sie vom angegebenen Parkplatz auch ganz einfach zum direkt dahinterliegenden **Newhaven Fort**. Es wurde in den 1860er-Jahren auf Empfehlung der Royal Commission erbaut, um als größte Verteidigungsanlage Sussex' die Südküste zu schützen. 1962 wurde es aufgegeben, danach entstand dort ein Museum. Die gesamte, direkt ins Kliff getriebene Anlage kann somit von Ihnen inspiziert werden *(N 50°47'02" E 0°03'18", Fort Rise, BN9 9DW, www.newhavenfort.org.uk, Mitte Feb. –Okt. 10.00 – 17.00 Uhr, 8 £)*. Etwas zu Essen erhalten Sie in der Nähe im ***The Hope Inn*** *(West Pier, BN9 3DN)* und im ***The Ark*** **(***West Quay, BN9 9BP)* etwas weiter im Ort gelegen.

Wenn Sie zu spät dran waren, um am Stellplatz in Newhaven noch Einlass zu finden, oder sowieso ein Pub für die Nacht bevorzugen, können Sie die ***Telescombe Cliffs Tavern*** kurz vor Brighton an der Hauptstraße A259 ansteuern.

021 **N 50°47'41" W 0°01'07"**, 405 South Coast Rd., BN10 7AF

Brighton *(276.300 Einwohner)*
In Brighton finden Sie Parkmöglichkeiten direkt an der Uferstraße, die von WOMOs jeder Größe nutzbaren Buchten am Westende sind allerdings nur von 20.00 bis 9.00 nutzbar, da sie sonst strikt für Busse reserviert sind, die Schrägparker weiter östlich sind auch tags gegen Gebühr nutzbar, haben aber fast alle den Nachteil nur Fahrzeugen bis etwa 6,50 Metern Länge Platz zu bieten.

022 **ab N 50°49'00" W0°07'09"**, Madeira Drive, BN2 1EN, nur 20.00 – 9.00 Uhr, kostenfrei

022a **N 50°49'01" W0°07'17"**, Madeira Drive, BN2 1EN, kostenpflichtig 9.00 –20.00 Uhr, sonst frei, maximal 22 £

Tagesparkplätze finden Sie ansonsten mit etwas Glück entlang der erhöht verlaufenden Strandpromenade *(Marine Parade oder Kingsway)* oder am **Preston Park** *(N 50°50'38" W0°08'45", BN1 6LA, The Ride)*. Die einzige Campsite am Ort ist die des Caravan Clubs.

(Nacht)parkplatz 022

023 Brighton – Brighton Caravan Clubsite

GPS/Kontakt: N 50°49'15" W 0°05'52", East Brighton Park, BN2 5TS, Tel. 01273 62 65 46, www.caravan-club.co.uk. **Öffnungszeiten**: Ganzjährig. **Ausstattung**: Campingplatzüblich. **Beschreibung**: Großer, sehr gepflegter Campingplatz am östlichen Ortsrand im East Brighton Park. Plätze auf Schotter, Beton und Rasen, 2,8 km in die Ortsmitte. **Preis:** Ab etwa 38 £, Caravan Club Mitglieder ab etwa 25 £. **Zufahrt**: Am Ortsbeginn von Brighton rechts Richtung Roedean School abzweigen. Dann geradeaus, bis rechts der Campingplatz angeschrieben steht.

Unterwegs in Brighton

Im bekanntesten Seebad Großbritanniens ist eigentlich immer etwas los. Wochenendausflügler, Urlauber und Sprachschüler sowie die wachsende Einwohnerzahl tragen dazu bei, dass der Ort unter anderem die größte Dichte an Clubs, Bars und Restaurants im ganzen Land ausweist. Weltberühmt ist der Brighton Pier und natürlich der Royal Pavillon, der wohl außergewöhnlichste Palast in ganz Europa.

Wenn Sie sich einen wirklich umfassenden Eindruck von der Stadt machen wollen, empfiehlt sich, eine Runde mit dem **Sightseeing-Bus** zu drehen. Auf 15 Stationen werden Sie in rund 50 Minuten zu allen interessanten Punkten gefahren, auch zu weniger leicht erreichbaren, wie den schönen, ruhigen **St. Ann's Well Gardens** im Nordwesten der Stadt oder dem neuen Prestigeprojekt **Brighton Marina** ganz in Südosten mit vielen Cafés und Restaurants. Die Haupthaltestelle befindet sich am Pier, Sie können aber auch schon nahe Ihrem Stellplatz am Madeira Drive zusteigen *(www.city-sightseeing.com, Apr. / Mai und Sa. / So. im Okt. 10.00–17.45 Uhr alle 60 Min., Juni – Sept. Mo. – Fr. 10.00 – 18.15 Uhr, Sa. / So. bis 19.45 Uhr im Hop-on- / Hop-off-Service, 20 £)*. Wenn Sie lieber per pedes zu einem Rundgang durch Brightons Zentrum starten möchten, halten Sie sich zunächst an der Uferstraße auf den berühmten Brighton Pier zu.

Die von Anfang an als Vergnügungsmeile geplante Seebrücke wurde im Mai 1899 eröffnet. Damals gab es gleich drei Piers, die ins Meer ragten und vor allem für reiche Gäste gedacht waren. Man wollte, statt Baden zu gehen, dem Wasser nur mit einem Boot oder auf einem Pier ganz nahekommen. Bis 2002 standen noch zwei davon; der West Pier ging damals aber in Flammen auf, heute ist nur mehr ein Rest des Stahlskeletts zu sehen. Der noch existierende **Brighton Pier** wurde ursprünglich von einem Theater geziert, das die Hauptattraktion stellte. Es ist längst abgerissen und hat Spielarkaden und einem ganzen Rummelplatz mit diversen Fahrgeschäften Platz gemacht. Dazu kommt eine Vielzahl an Ständen, die sich um den Hunger und Durst der Besucher kümmern. Laut, bunt und schrill, ist der Pier nicht jedermanns Sache, allein für den Blick auf die Stadt und den an schönen Tagen dicht bevölkerten Kiesstrand links und rechts davon ist er aber eine Stippvisite wert *(Mo.–Fr. etwa 10.00–21.00 Uhr, Sa./So. bis 22.00 Uhr, www.brightonpier.co.uk).*

Den besten Blick auf die Stadt, das Meer und die Umgebung mit dem Southern Downs Nationalpark aus der Vogelperspektive bietet aber eindeutig der 2016 eröffnete ***Brighton i360-Tower***, etwa in Höhe des alten West Piers, direkt am Strand. Für die Aussichtsfahrt steigen Sie in eine Art gläsernen Aufzug im XXL-Format und werden damit Stück für Stück entlang eines mittigen Stahlturms bis in 173 Meter Höhe befördert. Von dort genießen Sie einen 360-Grad-Rundumblick. Gut 100 Kilometer schweift der Blick von oben in die Ferne – entsprechende Sicht natürlich vorausgesetzt. An der integrierten Bar können Sie währenddessen einen Aperitif oder einen Kaffee sowie Snacks genießen, rund 25 Minuten dauert der Spaß. Im zugehörigen Gebäude finden Sie eine Ausstellung über den Bau, Shop und Snackbar. Für alle, denen das nicht genug Kick ist, werden Kletter- und Abseilabenteuer am Turm angeboten oder Sie können statt in der Kapsel zu bleiben in schwindelerregender Höhe auf ihr herumspazieren *(King's Rd., BN1 2LN, www.brightoni360.co.uk, täglich, jedoch wechselnde Zeiten je nach Jahreszeit, im Sommer teil bis 22.00 Uhr, regulär 17,95 £, weitere Erlebnisse siehe Website).* Gleich neben dem Turm bietet das **Upside Down House** die Möglichkeit lustige Fotos zu schießen, Schwindelgefühl inklusive *(www.upsidedownhouse.co.uk, Mo.–Fr. 10.00–18.00 Uhr, Sa./So. bis 20.00 Uhr, 6,95 £).*

Brighton i360-Tower

Zurück am Pier sehen Sie, wenn Sie landseitig nach schräg rechts schauen, schon die nächste Attraktion. Im Aquariumbau von 1872, also noch aus viktorianischer Zeit, präsentiert heute die **Sealife**-Kette einen Meereszoo im besonderen

Royal Pavillon

Ambiente. Alt und neu erschaffen gemeinsam ein ganz besonderes Erlebnis, bei dem man beispielsweise durch und über ein Großbecken mit Haien und Meeresschildkröten gehen kann oder einen Rochenpool findet *(Marine Parade, BN2 1TB, www. visitsealife.com/brighton ab 10.00 Uhr und saisonabhängig bis 16.00 / 17.00 / 18.00 Uhr, ab 19 £ bei Onlinebuchung).*

Über die **Steine Gardens**, den Platz, der schräg dahinterliegt, und die anschließende Grünfläche gelangen Sie zum **Royal Pavillon**. Um in den wie aus einem indischen Märchen stammenden Palast zu gelangen, gehen Sie noch ein Stück nach Norden und dann linksherum, durch das **North Gate**, in die **Pavillon Gardens**. Zuvor können Sie rechts noch der **Brighton Museum & Art Gallery** neben dem Veranstaltungszentrum Brighton Dome einen Besuch abstatten. Kunst, lokale Geschichte und wechselnde Sonderausstellungen aus aller Welt bilden die Kernthemen der interessanten Ausstellung *(BN1 1EE, www.brightonmuseums.org.uk, Di.–So. 10.00–17.00 Uhr, 5,20 £).*

Der Eingang zum Palast befindet sich dann schräg gegenüber. Er war das Spielzimmer des exzentrischen Königs George IV., der den Palast schon vor seiner Regentschaft noch als Prinz erbauen ließ. Mit Absicht stand er mitten in der Stadt, wenig abgeschirmt und gut erreichbar, denn George liebte das pralle Leben, Partys und Pomp. All das konnte er in Brighton, weit genug vom Hof entfernt, ausleben. All dem frönte er ausgiebig im Palast, den er, seinen persönlichen Vorlieben nach, im indischen Stil errichten ließ. Das Innere ist aufwendig, meist mit asiatisch anmutenden Motiven gestaltet, und steigert sich von der Eingangshalle bis zum Speisesaal furios. Mithilfe eines deutschsprachigen Audioguides erfahren Sie viel zum Leben des Prinzen, zum Bauwerk und der Zeit, als er der Mittelpunkt des gesellschaftlichen Lebens in Brighton war. Auch Königin Victoria wird erwähnt, die als Nachfolgerin von George in den Palast zog, ihm aber weit weniger abgewinnen konnte. Was der eine liebte, war ihr ein Dorn im Auge: zu nah an den Menschen, zu wenig Ruhe und Abgeschiedenheit… *(http://brightonmuseums.org.uk, Apr.–Sep. 9.30–17.45 Uhr, sonst 10.00–17.15 Uhr, 18 £).*

Verlassen Sie den Palast und halten Sie sich links und dann durch die **North Lane** nach rechts, erreichen Sie links von Ihnen das als **The Lanes** bekannte teils verkehrsfreie Gebiet voller kleiner Gassen. Wie eine englische Version einer mediterranen Stadt führen die schmalen, verschachtelten Laufwege kreuz und quer, was leicht zu Orientierungsschwierigkeiten führen kann. Boutiquen und individuelle Geschäfte sind typisch für das Viertel. Auch gastronomisch sind Sie hier richtig aufgehoben, zum Beispiel im ***Riddle and Finns*** *(128 Meeting House Ln., BN1 1HB)*, im ***64 Degrees*** *(53 Meeting House Ln., BN1 1HB)*, im ***English's of Brighton*** *(29 East St., BN1 1HL) oder der Veggie-Va-*

TOUR 1

riante ***Food for Friends*** *(17 Prince Albert St., BN1 1HF).*

Wenn Sie ausgiebig umhergeschlendert sind, sollten Sie irgendwann auf die **Prince Albert Street**, **Bartholomews Street** oder **East Street** stoßen, denen Sie dann in südöstliche Richtung folgen. Am Ende erreichen Sie entweder die Uferstraße oder die **Steine Gardens** erneut. Von dort finden Sie sicher zu Ihrem Fahrzeug zurück.

Noch ein Hinweis zum Schluss: Falls Sie streifenfrei bräunen möchten: Neben dem regulären Strand gibt es am östlichen Ende des Madeira Drive einen der wenigen offiziellen FKK-Strände Englands.

Abstecher ins Hinterland – zu East Sussex bunten Gärten

Wenn Sie der englischen Gartenkunst etwas abgewinnen können, interessiert Sie vielleicht dieser kleine Abstecher ins Hinterland. Dazu halten Sie sich erneut Richtung Lewes, das Sie auf dieser Tour schon einmal passiert haben, und dann auf der **A275** nordwärts in Richtung der **Sheffield Park and Gardens**. Unterwegs treffen Sie auf Übernachtungsmöglichkeiten.

024 Ringmer – *Oakside Farm*

GPS/Kontakt: N 50°54'34" E 0°04'42", Green Lane, BN8 5AD, Tel. 07791 55 00 12, www.campingandcaravanningclub.co.uk. **Max. WOMOs**: 5. **Öffnungszeiten**: Apr. – Anfang Nov. **Ausstattung**: Ver- / Entsorgung, Mülleimer. **Beschreibung**: Große, recht ebene Wiese, durch Hecken geschützt, ruhig, gegenüber einer Farm gelegen, einfach aber sauber, klappstuhlgeeignet. **Preis:** 12 – 15 £. **Zufahrt**: Ab Lewes auf der A26 in Richtung Uckfield fahren, dann beschildert rechts ab nach Ringmer und bei erster Gelegenheit wieder links in die Norlington Lane fahren, dann bis zum Platz rechts nach rund 2,5 km. **Hinweis**: Nur für Mitglieder des Camping und Caravanning Clubs, Reservierung empfohlen. **Hinweis2**: Camping- und Caravanning Club-Mitglieder finden bei Uckfield noch eine Alternative, die ***Beeches Place Farm***, N 50°58'11" E 0°04'08", Beeches Farm Rd., TN22 5QD, Tel. 01825 76 93 59, www.campingandcaravanningclub.co.uk, Apr. – Okt., 15 – 22 £ inkl. Strom.

Sheffield Park ist über Jahrhunderte entstanden und trägt, unter anderem, die Handschrift des genialen Landschaftsgärtners »Capability« Brown, der im 18. Jahrhundert als größtes Gartenbaugenie seiner Zeit galt und die Grundgestaltung der Sheffield Gardens vornahm. Rund um die vier Seen im Zentrum befinden sich Anhöhen, Baumgruppen und Wasserspiele; jeder Besitzer des Sheffield-Anwesens hat im Lauf der Zeit seine Spuren hinterlassen. Auch der weitläufige Park ringsum, der teilweise vom Fluss Ouze begrenzt wird, bietet schöne Rundwege, auf denen sich viele Fluginsekten und Vögel beobachten lassen (N 50°59'50" E 0°00'46", Uckfield, TN 22 3QS, www.nationaltrust.org.uk, 10.00 – 17.00 Uhr, Nov. – Feb. nur bis 16.00 Uhr, 15 £, National Trust-Mitglieder frei).

Sheffield Park

Um nach **Wakehust Place** zu kommen, sollten Sie nicht nur dem Navigationsgerät vertrauen, sondern auch einen Blick in die Straßenkarte werfen – allzu kleine Straßen bedeuten meist ein langsameres und mühevolleres Vorankommen, als wenn Sie die etwas besser ausgebauten, selbst gewählten Varianten nehmen, auch wenn diese ein paar Kilometer Umweg bedeuten. In Wakehurst angekommen, betreten Sie einen botanischen Garten mit dem weltgrößten Saatgut-Konservierungsprojekt der Erde. 2010 wurde ein erster Meilenstein geschafft: Rund zehn Prozent aller bekannten Pflanzenarten waren zu diesem Zeitpunkt eingelagert. Der National Trust betreibt die Anlage in Kooperation mit den Royal Botanic Gardens Kew, die ihren Hauptsitz in London haben. Rund um die Saatgutbank mit eigenem Ausstellungsbereich können Besucher das abwechslungsreiche Wald- und Seengebiet samt lebenden Skulpturen und Weidetunnel durchstreifen. Es umfasst ein Arboretum, formelle Gärten, ein Haus aus elisabethanischer Zeit und vieles mehr *(N 51°04'05" W 0°05'04", Selsfield Rd., RH17 6TN, www.kew.org, März–Okt. 10.00–18.00 Uhr, sonst bis 16.30 Uhr, 16,50 £).*

Gleich südlich davon befindet sich ein Womo-Pub gegenüber den ***South of England Showgrounds*** der Agricultural Society. Die Veranstaltungen, die dort stattfinden, sind vielleicht einen weiteren Stopp wert; informieren können Sie sich über das aktuelle Veranstaltungsprogramm auf der Website www.seas.org.uk.

025 Ardingly – The Gardeners Arms

GPS/Kontakt: N 51°03'36" W 0°05'09", Selsfield Rd., RH17 6TJ, Tel. 01444 89 23 28. **Ausstattung**: Keine Einrichtungen. **Beschreibung**: Schönes Food-Pub an der nachts ruhigen Hauptstraße. Großer Asphalt- und Schotterplatz neben dem Haus, Biergarten, familienfreundlich, 1,3 km in den Ort. **Preis**: Gegen Einkehr und auf Anfrage kostenfrei. **Zufahrt**: Direkt südlich von Wakehurst, nur wenige Hundert Meter entfernt. **Hinweis**: Eine Alternative bietet das Pub ***Prince Albert***, östlich von Crawley, mitten in Copthorne, Copthorne Bank, RH10 3QX, Tel. 01342 71 27 02.

Nymans

Auch am Weg nach **Nymans** denken Sie bitte daran, auf die Straßenwahl zu achten und etwas größeren Fahrwegen im Zweifelsfall den Vorzug zu geben. Das Anwesen war einer der ersten an den National Trust gestifteten Gärten und das Zuhause der Künstlerfamilie Messel mit Wurzeln im hessischen Darmstadt und gehört zu einem der Schönsten. Erforschen Sie das weitläufige und abwechslungsreiche Anwesen voller versteckter Ecken und überraschender Perspektiven, in die Nähe und ins weitläufige Umland. Außergewöhnlich ist auch das Wohnhaus, in dem der Kameramann Oliver Messel Gäste wie die Filmdiva Vivian Westwood willkommen hieß: Es ist in die Ruinen einer Kirchenruine gebaut worden – eine wirklich interessante Symbiose aus Neu und Alt *(N 51°03'08" W 0°12'01", B2114, RH17 6EB, Handcross, www.nationaltrust.org.uk, Apr. – Okt. 10.00 – 17.00 Uhr, Haus 11.00 – 16.00 Uhr, im Winter nur Garten, 18 £, National Trust-Mitglieder frei)*. Wenn Sie nun noch einkaufen möchten oder einen Bummel durch eine Fußgängerzone machen wollen, bevor Sie zurück zur Küste fahren, ist die Kleinstadt **Horsham** dafür keine schlechte Wahl. Vom zentralen Parkplatz bei N 51°03'39" W 0°19'39" in der **Denne Road** sind Sie im Nu im Zentrum oder im sich direkt anschließenden beliebten **Horsham Museum**. Es unterhält Abteilungen zu Kunst, Kostümen, Schmuck und Spielwaren, aber auch zu Themen wie »Verbrechen und Bestrafung«, sowie ein Kuriositätenkabinett *(9 Causeway, RH12 1HE, Mo. – Sa. 10.00 – 17.00 Uhr, Eintritt frei, www.horshammuseum.org)*. Den kleinen oder größeren Hunger stillen Sie im ***Horsham*: *Bill's*** *(Market Square, RH12 1EU)* oder im ***Miller & Carter*** *(Unit 17 Piries Place, RH12 1EH)*

Eine letzte sehenswerte Gartenanlage folgt dann südöstlich der Stadt mit den **Leonardslee Lakes and Gardens**. Diese 240 Hektar große Anlage bietet eine faszinierende Mischung aus natürlicher Schönheit, historischer Pracht und botanischer Vielfalt. Auf einem Rundgang erkunden Sie verschiedene Bereiche, wie den verschlungenen Steingarten, passieren ein Wallaby-

Leonardslee Lakes and Gardens

Gehege, exotische Pflanzen und passieren die namensgebenden, stillen Seen, die eingebettet in einem grünen Tal liegen. Die reiche Geschichte geht bis ins 19. Jahrhundert zurück, nur dadurch ist eine so gewachsen-gestaltete Umgebung möglich. Ein Besuch dieses zeitlosen Ortes spricht Naturliebhaber, Geschichtsinteressierte und Fotografen gleichermaßen an. Zum Abschluss wartet dann noch eine Puppenhausausstellung und ein Café auf Interessierte. Letzteres serviert auch einen Afternoon Tea oder stellt Picknickkörbe zusammen. Im ehemaligen Herrenhaus ist ein Restaurant und Gästehaus untergebracht *(N 51°01'17" W 0°15'43", Brighton Rd., RH13 6PP, www.leonardsleegardens.co.uk, März – Okt 9.00 – 17.00 Uhr, sonst bis 16.00 Uhr, 14,50 £).*

026 Henfield – *Brighthams Farm*

GPS/Kontakt: N 50°56'53" W 0°18'24", Bines Rd., RH13 8EQ, Tel. 01403 71 34 69, www.campingandcaravanningclub.co.uk. **Max. WOMOs**: 5. **Öffnungszeiten**: Apr. – Okt. **Ausstattung**: Ver- / Entsorgung, Strom, Mülleimer. **Beschreibung**: Große Wiese neben der Farm in Alleinlage, etwas uneben, teils etwas Schatten, durch Bäume geschützt. **Preis:** 15 – 18 £. **Zufahrt**: Von Leonardslee südlich auf der A281 bis Shermanbury fahren, dort rechts nach Partridge Green abfahren und am Ende links halten bis zur Farm nach rund 700 m. **Hinweis**: Nur für Mitglieder des Camping und Caravanning Clubs, Reservierung empfohlen. **Hinweis 2**: Ein weiterer Campin- und Caravanning Club-Platz folgt dann in Findon mit der ***Wild Heart Hill Site***, N 50°52'13" W 0°25'09", Long Furlong, BN14 0RJ, Tel. 07968 81 00 67, www.campingandcaravanning-club.co.uk, Apr. – Okt., 12 – 25 £ zusätzlich inkl. WiFi und Dusche.

027 Patching – The World`s End Pub

GPS/Kontakt: N 50°50'243" W 0°27'30", Arundel Rd., BN13 3UQ, Tel. 01903 87 13 46. **Max. WOMOs**: 2 – 3. **Ausstattung**: Keine Einrichtungen. **Beschreibung**: Größeres Pub mit flachem Asphaltparkplatz vor, neben und hinter dem Haus, teils schattig, Gastgarten, nachts recht ruhig. **Preis:** Bei Einkehr und auf Anfrage kostenfrei. **Zufahrt**: Von der A24 aus Richtung Horsham kommend am Kreisverkehr bei Findon rechts abfahren und dann am Kreisverkehr vor der Autobahn die letzte Ausfahrt nach Patching nehmen, das Pub kommt hier rechter Hand. **Hinweis**: Ist Ihnen ein Campingplatz lieber, schauen Sie an der ***Ecclesdan Farm*** gleich um die Ecke vorbei, N 50°50'073" W 0°27'55", Water Ln., BN16 4ER, Angmering, Tel. 07766 23 46 27, www.ecclesdanfarm.co.uk, Ostern – Mitte Okt., 21 – 39 £, nur WOMOs bis max. 7 m Länge.

Arundel *(3.410 Einwohner)*
Egal ob Sie unsere Extratour mitgemacht haben oder direkt ab Brighton nach Westen gefahren sind, stoßen beide Wege bei **Worthing** wieder aufeinander. Bevor Sie mit Arundel zum letzten Ziel auf dieser Tour gelangen, können Sie noch einen kurzen Schwenker zum Meer einplanen. Wohnmobile parken tagsüber an der Uferstraße, der lange, breite Kiesstrand liegt dort direkt vor Ihnen, N 50°48'18" W 0°25'58", Marine Drive, BN12 4QN.

Arundel Castle, auf einer Anhöhe am Fluss Arun erbaut, blickt weit in die South Downs hinein. Das in Privatbesitz befindliche Schloss wurde Ende des 11. Jahrhunderts gegründet und wird damit seit fast 1000 Jahren von den Dukes of Norfolk bewohnt. Einige Bauabschnitte, Bergfried und Torhaus, Vorwerk und der untere Teil des Bevis-Turms, sind noch im Originalzustand. Viele andere Bereiche wurden in den 1870er- bis 1890er-Jahren im gotischen Stil neu geschaffen. In der Burg begegnen Sie der Familiengeschichte der Bewohner bis in die Gegenwart und können die kostbare Ausstattung, kreiert von Künstlern wie van Dyk, Gainsborough oder Canaletto, betrachten. Die Schnitzereien und Möbel in der Bibliothek gehören zum Besten, was an Interieur im Regency-Stil hergestellt wurde. Auch außerhalb der Burg gibt es noch viel zu entdecken: Neben der Fitzgerald-Kapelle aus dem 14. Jahrhundert mit der Familiengruft sind vor allem die wunderschönen Gärten erwähnenswert. Thematisch sortiert finden Sie Rosengarten, Kapellgarten, Schnittgarten und ein viktorianisches Gewächshaus mit exotischen Frucht- und Gemüsepflanzen. Die Wasserspiele an »Oberons Palast«, italienische Terrassen und Pflanzungen von Palmen, Bananen, Kaiserkrone und Blumenrohr bleiben in Erinnerung *(Mills Rd., BN18 9AB, www.arundelcastle.org, Apr. – Okt. 10.00 – 17.00 Uhr, Privaträume ab 12.00 Uhr, Tickets nach Umfang unterteilt: nur Garten / plus Bergfried und Repräsentationsräumen/ plus Privaträumen / plus Turnierkampf 15 – 31 £)*. Gegenüber

Arundel Castle

dem Burgeingang befindet sich ein großer Parkplatz mit ausgewiesenen WOMO-Stellplätzen im begrünten hinteren Bereich. Von 18.00 bis 8.00 Uhr wird die Einfahrtschranke geschlossen und das Über-Nacht-Parken ist nur nach Genehmigung der Parkwächter erlaubt, die aber in der Regel erteilt wird. Ist niemand vor Ort, ist auf den Infotafeln eine Telefonnummer notiert. Vom Parkplatz ist man nach 200 Metern im Ortszentrum mit einigen Geschäften und Restaurants, wie Oder Sie wählen eines der Restaurants direkt im Ort, wie das ***The Parsons Table*** *(2 Castle Mews, BN18 9DG)*, ***Butlers*** *(25 Tarrant St., BN18 9DG)* oder das ***Motte and Bailey Café*** *(49 High St., BN18 9AG)* um nur Einige zu nennen.

028 **N 50°51'16" W 0°33'07"**, Mill Rd., BN18 0UJ, Mitte März – Mitte Dez., tags max. 5 £, nachts 10 £, tags Toiletten

Letzte Station auf Tour Eins ist das **WWT Arundel Wetland Centre** nur wenig weiter. Dort können Sie Otter auf einer Boots-Safari sehen, Gänse von Hand füttern und von stillen Verstecken andere Wildtiere in ihrem natürlichen Lebensraum beobachten. Kinder wie Erwachsene, die sich für Natur begeistern, kommen bei einem Besuch auf ihre Kosten. Genügend Zeit sollten Sie mitbringen, denn anders als in einem Zoo muss man manchmal warten, bis sich die tierischen Bewohner blicken lassen *(N 50°51'49" W 0°33'07", Mill Rd., BN18 9PB, www.wwt.org.uk/wetland-centres/arundel Apr. – Mitte Okt. 9.30 – 17.30 Uhr, sonst bis 16.30 Uhr, 13,60 £)*. Für eine Übernachtung können Sie nun noch die **Camping- and Caravanning Club Site** in Slindon anfahren.

029 **N 50°52'05" W 0°38'26"**, Slindon Park, BN182 0RG, Tel. 01243 81 43 87, www.campingandcaravanningclub.co.uk, Ostern – Sep., 15,90 – 22,90 €, ohne Club-Mitgliedschaft etwa 30 Prozent Aufschlag.

Tour 2

Aldershot
Farnham
Haslemere
Petworth
Bignor
Roman Villa
Arundel
Tour 1
Bognor Regis
Midhurst
Singleton
Kingley Vale
Chichester
Cathedral
Somerley
Selsey
South Downs N.P.
Southbourne
Roman Palace
West Wittering
Bracklesham Bay
Petersfield
Waterlooville
Havant
South Hayling
Spinnaker Tower
Dockyards
Portsmouth
Wickham
Fort Nelson
Bishop's Waltham
Portchester
Portchester Castle
Gosport
Ryde
Quarr Abbey
St. Helens
Bembridge
Yaverland
Sandown
Shanklin
The Solent
Eastleigh
Southampton
Fareham
Osborne House
Monkey Haven
Newport
Sh. Chine
Andover
Winchester
Cathedral
City Museum
Warsash
Tudor House
Fawley
Cowes
Carisbrooke Castle
Modell Vill.
Donkey S.
Godshill
Mottisfont Abbey
Broadlands
Wildlife Park
Beaulieu
Mottistone
Brighstone
Yarmouth
Freshwater
Atherfield Bay
Brighstone Bay
Mottisfont
Lopcombe C.
Lockerley
Romsey
Totton
Ashurst
Lymington
Yarmouth Castle
Isle of Wight
Compton Bay
Colwell Bay
The Needles
Amesbury
Woodhenge
Stonehenge
Old Sarum
Plaitford
Minstead
Lyndhurst
Brockenhurst
Setley
Boldre
New Forest N.P.
Ringwood
Christchurch
Christchurch Bay
Avon
Winterbourne
Wilton
Salisbury
Ferndown
Bournemouth
Poole
Wimborne Minster
Studland Bay
Swanage Bay
Studland
Swanage
Cashmoor
Longleat
Semley
Old Wardour Castle
Ludwell
Tarrant Key.
Kingston Lacey
RSPB
Arne
Corfe C.
Lytchett Minster
Sandford
Wareham
Church K.
Kingston
Kimmeridge Bay
Kimmeridge
Stourton
Stourhead
Wincanton
Gillingham
Shaftesbury
Gold Hill Museum
Blandford Forum
Puddletown
East Knighton
Lulworth
Piddlehinton
Dorchester
Moreton
Osmington
Cerne Abbas Giant
Max Gate
Maiden
Museen
Cerne Abbas
Sea Life
Nothe Fort
Weymouth
Weymouth Bay
Fortuneswell
Visitor Centre
Tour 3
Abbotsbury
Water Park
Chesil Beach
10 km

Hampshire, Dorset, Isle of Wight
760 km

In und rund um die Countys West Sussex, Hampshire, Wiltshire und Dorset lernen Sie interessante Städte kennen, machen sich einen Eindruck von uralten Kultstätten wie Stonehenge und gelangen zu einigen schönen Küstenregionen, die Fischerdörfer, Strände und viel Natur bieten. Verpassen Sie nicht:
- **Historic Dockyards of Portsmouth**
- **Isle of Wight mit The Needles und Osborne House**
- **New Forest National Park**
- **Stonehenge**
- **Longleat**
- **Bournemouth und Poole**
- **Corfe Castle und die Kimmeridge Bay**

Sie können mit Tour Zwei direkt in Chichester beginnen, wenn Sie von Arundel auf der Schnellstraße **A27** nach Westen weiterfahren. Wir möchten Ihnen aber vorher noch eine kleine Runde ins Landesinnere vorschlagen.

Bignor *(100 Einwohner)*
Gleich hinter Arundel finden Sie einen nächsten Stellplatz direkt angrenzend an der recht befahrenen Straße **B2139**. Kein Traumplatz, aber auch nicht die schlechteste Wahl, wenn Sie freistehen möchten, Sie können alternativ auch auf ein Pub zurückgreifen.

030 Houghton – *Houghton Hill Car Park*

GPS: N 50°53'29" W 0°34'03", B2139. **Max. WOMOs:** 1 – 2. **Ausstattung**: Keine Einrichtungen. **Beschreibung**: Besserer Rastplatz neben der Straße, asphaltiert, teils schattig, 5,8 km von Arundel entfernt. **Zufahrt**: Arundel in nördliche Richtung auf der A284 verlassen. Dann am Kreisverkehr die dritte Ausfahrt Richtung Storrington wählen. Nach etwa 550 m links. **Hinweis**: Im nahen Bury können Sie auch am Squire & Horse Pub übernachten, N 50°54'31" W 0°34'00", Bury Hill, RH20 1PF.

Inmitten ländlich genutzter Flächen liegen nahe dem Dorf Bignor dann die Ausgrabungen einer römischen Villa. Auf der schmalen Straße müssen Sie, immer den Schildern nach, rund drei Kilometer zurücklegen, wenn Sie die schönen, recht gut erhaltenen Mosaike aus dem dritten und vierten Jahrhundert ansehen möchten. Vor allem für sie ist die **Bignor Roman Villa** bekannt. Falls Sie sich

Petworth House

dagegen entscheiden, haben Sie später aber nochmals die Möglichkeit, ein Römerhaus auf dieser Tour zu sehen *(N 50°55'14" W 0°35'49", Bignor Ln., RH20 1PH, www.bignorromanvilla.co.uk, Mai – Okt. 10.00 – 17.00 Uhr, Juni – Sep. bis 18.00 Uhr, 10 £)*.

Petworth House
Ihr nächstes Ziel heißt dann Petworth House. In dem repräsentativen Anwesen kommen Kunstliebhaber auf ihre Kosten, denn es beherbergt die wichtigste Gemäldesammlung im Besitz des National Trusts. Werke von Blake, Titian oder van Dyk werden gemeinsam mit Skulpturen aus verschiedenen Epochen gezeigt. Ansonsten wandeln Sie durch die ehemaligen Wohnbereiche des dritten Earl von Egremont, die im starken Kontrast stehenden Bedienstetenräume, Küchen und den großen, sehenswerten Park – eine weitere Landschaftsarbeit von Lancelot Capability Brown *(N 50°59'41" W 0°36'41", London Rd., GU28 9LR, www.nationaltrust.org.uk, Mitte März – Anfang Nov. 11.00 – 17.00 Uhr, Parken 4 £, 13.50 £, National Trust-Mitglieder frei)*

Am Ortsparkplatz von Petworth ist es möglich, die Nacht zu verbringen, doch Vorsicht, einige Straßen im Ort sind äußerst schmal – oder Sie steuern gleich den schönen Campingplatz bei Graffham an.

031 N 50°59'07" W 0°36'38", Zufahrt über Market Square, nachts kostenfrei

032 **Graffham – *Camping and Caravanning Club Site***

GPS/Kontakt: N 50°57'34" W 0°39'41", Great Bury, GU28 0QF, Tel. 01798 86 74 76, www.campingandcaravanningclub.co.uk.
Öffnungszeiten: Ostern – Okt. **Ausstattung**: Teils WiFi, Waschmaschine / Trockner, Spülgelegenheit. **Beschreibung**: Weitläufiger, über kleine Waldlichtungen verteilter, idyllischer Platz, schattig, etwas uneben, auf

Rasen / Erde, sehr holprige Zufahrt, rund 1000 m ins Dorf mit Pub. **Preis**: 20,30 – 29,90 £ für Clubmitglieder, sonst rund 20% Aufpreis.
Zufahrt: Von Petworth südlich auf der A285 Richtung Chichester fahren, dann rechts nach Graffham abbiegen und den Campingplatzschildern folgen. **Hinweis**: An Wochenenden und in der Hauptsaison mindestens zwei Nächte Aufenthalt.

Midhurst *(7.330 Einwohner)*
In Midhurst steuern Sie schließlich wieder südlich auf die Küste zu, können aber zuvor noch einen Blick in den **South Downs National Park Centre** werfen. Wenn Ihnen die Gegend gefällt, können Sie sich dort mit Informationen, Broschüren und Kartenmaterial eindecken. Falls der kleine Parkplatz vor dem Haus voll sein sollte, gibt es einen weiteren etwas zurückversetzt, fast gegenüber hinter dem Busterminal, auf dem auch eine Übernachtung möglich wäre *(North St., GU29 9DH, www.southdowns.gov.uk, Mo. – Do. 9.00 – 16.30 Uhr, Fr. bis 16.00 Uhr, So. nur saisonal)*. Wenn Sie noch Zeit haben, drehen Sie ruhig eine Runde durch den Ort, er ist recht hübsch. Zur Einkehr bieten sich ***Fitzcane`s*** *(North St., GU29 9DJ)*, ***Garton`s Coffee House*** *(Market Square, GU29 9NJ)* und das ***Wheatsheaf*** *(Wool Ln., GU29 9BX)* an.

Bevor Sie Chichester erreichen, kommen Sie nun noch an den erwähnenswerten **West Dean Gardens** vorbei. Es ist eine der größten Gartenanlagen im Land und bietet Bereiche wie eine edwardianische Pergola, einen ummauerten und einen restaurierten versunkenen Garten. Kurz zuvor passieren Sie ein WOMO-Pub *(N 50°54'33" W 0°46'06", A286, PO18 0RX, www.westdean.org.uk/gardens, März – Okt. Mo. – Fr. 10.30 – 17 Uhr, Sa. / So. ab 9.00 Uhr, sonst bis 16 Uhr, 7,50 – 12 £ nach Jahreszeit)*.

Midhurst und Parkplatz 033

033 **N 50°59'22" W 0°44'15"**, North Street Carpark, GU29 9DZ, Midhurst

034 Singleton – *The Partridge Inn*

GPS: N 50°54'40" W 0°45'10", Charlton Rd., PO18 0EY, Tel. 01243 81 12 51. **Max. WOMOs:** 2 – 3. **Ausstattung**: WiFi, sonst keine Einrichtungen.

Beschreibung: Nettes Gastropub im Dorf mit Gastgarten und größerem, ebenen Parkplatz auf Schotter, nachts ruhig. **Zufahrt**: An der Straße zwischen Midhurst und Chichester in Singelton linker Hand.

Chichester *(23.730 Einwohner)*
Die Stadt Chichester ist interessant genug »einfach nur so« einen kleinen Stadtbummel einzulegen. Kommt unterwegs Hunger auf, versuchen Sie das ***Bill's*** *(3 Buttermarket, PO19 1QL)*, das ***Cloisters Kitchen*** *(Cathedral Cloisters, PO19 2PX)* oder die ***Park Tavern*** *(11 Priory Rd., PO19 1NS)*.

Hauptattraktion ist aber zweifelsfrei die 900 Jahre alte **Kathedrale**. Sie befindet sich direkt im Zentrum, welches Sie von einem der zahlreichen Parkplätze rund um die Innenstadt schnell zu Fuß erreichen, zum Beispiel bei N 50°50'07" W 0°46'25" an der Market Road. Sehenswert ist der Mix aus Alt und Neu, normannischen, viktorianischen und zeitgenössischen Einflüssen im Inneren *(West St., PO19 1PX, www.chichestercathedral.co.uk, Mo. – Sa. 9.00 – 17.00 Uhr, So. 12.30 – 14.30 Uhr, Spende 5 £)*.

Chichester Cathedral

Im Umkreis gibt es weitere interessante Anlaufpunkte. Westlich der Stadt können Sie zum **Kingley Vale** fahren. Das Naturschutzgebiet umfasst einen der schönsten Eibenwälder Europas. Zu ihm gehören auch einige echte Baum-Methusalems, mit 6000 bis 9000 Jahren die wohl ältesten Lebewesen der Britischen Inseln. Auch 14 historische Monumente und eine artenreiche Flora und Fauna verstecken sich in dem Gelände. Ein rund 5,5 Kilometer langer Rundweg erschließt es ab dem Wanderparkplatz West Stoke, den Sie auch zum Übernachten nutzen können.

Unweit Chichesters, entlang der weiterführenden **A27**, haben Sie außerdem die Möglichkeit zur Besichtigung einer römischen Villa an den **Fishbourne Roman Palace and Gardens**. Noch eine Spur umfangreicher als die Villa in Bignor und samt gestalteten Außenanlagen kein schlechter Zwischenstopp, wenn Sie sich für Archäologie interessieren. Die Überreste sind bis zu 2000 Jahre alt *(N 50°50'15" W 0°48'38", Roman Way, PO19 3QR, www.sussexpast.co.uk, März – Okt. 10.00 – 17.00 Uhr, Feb. / Nov. bis Mitte Dez. bis 16.00 Uhr, 13 £, English Heritage Mitglieder 50 % Nachlass)*

035 Chichester - *West Stoke*

GPS: N 50°52'21" W 0°49'46", Downs Rd., PO18 9BE. **Max. WOMOs:** 1 – 2. **Ausstattung**: Keine Einrichtungen. **Beschreibung**: Recht großer Schotterparkplatz am Naturschutzgebiet Kingley Vale, kein Schatten, nachts meist ruhig, 6,7 km außerorts. **Zufahrt**: Von der Ringstraße in Chichester nordwestlich auf der B2178 Richtung Funtington fahren. Nach dem Dorf rechts zum National Nature Reserve und nach West Stole abbiegen. Nach rund 1 km rechts. **Hinweis**: Camping- and Caravanning Club Mitglieder können auch die nahe ***Woodlands Farm*** zur Übernachtung nutzen, Clay Ln., PO18 8AB, Tel. 01243 57 30 94, www.campingandcaravanningclub.co.uk, 9 – 10 £.

036 Chichester – *Camping and Caravanning Club Site*

GPS/Kontakt: N 50°50'41" W 0°54'11", 345 Main Rd., PO10 8JH, Southbourne, Tel. 01243 37 32 02, www.campingandcaravanningclub.co.uk. **Öffnungszeiten**: Feb. – Mitte Nov. **Ausstattung**: WiFi, Waschmaschine / Trockner, Spülgelegenheit. **Beschreibung**: Flacher, gepflegter Schotter- und Rasenplatz, nicht überall ganz ruhig, da etwa nah an der Hauptstraße, kein Schatten, verkehrsgünstige Lage. **Preis**: Camping- und Caravanning Club Mitglieder 26,10 – 37,80 £, sonst rund 20 % mehr. **Zufahrt**: Direkt an der A259 in Richtung Portsmouth rechter Hand. **Hinweis**: An Wochenenden und in der Hauptsaison mindestens zwei Nächte Aufenthalt.

West Wittering *(2.770 Einwohner)*
Südlich von Chichester führt die an schönen Tagen leider sehr stark befahrene **A286** zu den Küstenorten ***East*** und ***West Wittering***. Sie sind vor allem bei Tagesausflüglern beliebt, da sie die schönsten Strände der Gegend bieten. Die Landzunge bei West Wittering bietet einen auch bei Flut existierenden schönen weißen Sandstrand, an dem man Spaziergänge unternehmen kann – und natürlich auch baden *(Kostenpflichtiger Parkplatz bei N 50°46'32" W 0°54'21", West Strand, PO20 8AJ)*.

Falls Sie länger bleiben wollen, finden Sie eine ganze Reihe Campingplätze an der Zufahrtsstraße. Gut und preislich im Rahmen ist die Stubcroft Farm.

037 East Wittering – *Stubcroft Farm*

GPS/Kontakt: N 50°46'27" W 0°51'28", Great Bury, PO20 8PJ, Tel. 01243 67 14 69, www.stubcroft.com. **Öffnungszeiten**: Ganzjährig.

Ausstattung: Waschmaschine / Trockner, Shop. **Beschreibung**: Mittelgroßer, recht ebener Rasenplatz in zweiter Reihe hinter dem Ort, ruhig, sauber, kaum Schatten, rund 1000 m bis zum Strand. **Preis**: 35 – 38 £. **Zufahrt**: Auf der B2198 Richtung East Wittering fahren, dann beschildert rechts zum Farm abfahren. **Hinweis**: Camping- and Caravanning Club Mitglieder nutzen alternativ die ***Everdean Site*** zur Übernachtung, N 50°46'12" W 0°49'52", Almodington Ln., PO20 7JU, Tel. 01243 51 26 33, www.campingandcaravanningclub.co.uk, Apr. – Okt., campingplatzähnliche Ausstattung, »Adults only«, 25 £.

Hayling Island

Die durch eine Brücke mit dem Festland verbundene **Insel Hayling** hat zwar nur Kieselstrände zu bieten, ist aber vielleicht trotzdem interessant für Sie. Vor allem an schönen Tagen haben Sie bei Querung des Fahrstegs eine wunderbare Sicht auf die Bucht **Langstone Harbour**. Genau am Beginn befindet sich das aussichtsreiche ***Ship Inn*** gleich am Wasser. Gästen wird das Übernachten in der Regel gestattet. Der nächste Stellplatz auf einer öffentlichen Fläche lässt nicht lange auf sich warten. Nur wenige Hundert Meter nach der Überfahrt können Sie links, kurz vor einer Tankstelle, in eine Nebenstraße abzweigen. Sie führt zu einer Marina, der kleine Parkplatz kommt dort linker Hand.

038 **N 50°50'15" W 0°58'51"**, 77 Langstone Rd., PO9 1RD, Havant, Tel. 02392 47 17 19, www.shiplangstone.co.uk

039 **N 50°49›56" W 0°58'30"**, Northney Rd., Hayling Island, Vorsicht bei hohem Gezeitenstand, dann besteht Überflutungsgefahr

Portsmouth *(208.400 Einwohner)*

Die 200.000-Einwohner-Stadt Portsmouth liegt auf der Insel **Portsea Island** und gehört zu den wichtigsten Fährhäfen des Landes. Im Zweiten Weltkrieg stark beschädigt, war sie in den folgenden Jahren als unschöne Industriestadt verrufen. Doch daran

West Wittering

hat sich einiges geändert. Über 130 Millionen Pfund wurden für die Umgestaltung der alten Dockanlagen verwendet. Das Ergebnis kann sich durchaus sehen lassen. Bevor Sie in die Innenstadt fahren, können Sie in den Hügeln hinter der Stadt zuvor noch auf einer Anhöhe, gleich neben der Festung Widley aus dem 19. Jahrhundert, die Nacht verbringen. Der Hauptparkplatz ist zwar mit einer Höhenbarriere versperrt, an den Parkstreifen davor gibt es aber keinerlei Verbote, genauso wie am Parkplatz gegenüber, an dem oft ein Burger-Foodtruck steht. Noch ein Stück näher stehen Sie an der Solent Marina. Achtung: Portsmouth besitzt inzwischen eine Clean Air Zone. Bislang sind nur gewerbliche Fahrzeuge betroffen, werfen Sie dennoch sicherheitshalber vor der Einfahrt einen Blick auf die aktuellen Bestimmungen.

Parkplatz 039

040 **N 50°51'15" W 1°03'53"**, Widley Walk oder N 50°51'13" W 1°03'39", Portsdown HillRd., PO6 3LS

041 Portsmouth – *Port Solent Marina Keep*

GPS/Kontakt: N 50°50'23" W 1°05'48", Port Way, PO6 4TP, Tel. 023 92 21 06 06. **Max. WOMOs:** 3 – 4. **Ausstattung**: Keine Einrichtungen. **Beschreibung**: Gepflasterte Parkflächen vor dem Marinagebäude am großen Hafen mit verschiedenen Restaurants. Relativ ruhig, eben, kaum Schatten, nachts ziemlich ruhig. Die Genehmigung muss telefonisch eingeholt werden. **Zufahrt**: Von der A27 in Richtung Cosham abfahren, dann am Kreisverkehr die zweite Ausfahrt nehmen und immer geradeaus, bis Sie die Autobahn unterqueren. Danach in den Port Way links abbiegen und bis zum Parkplatz auf der rechten Seite fahren.

Unterwegs in Portsmouth

Zunächst brauchen Sie einen zentralen Parkplatz in Portsmouth, das ist leider gar nicht so einfach. Die meisten sind mit Höhenschranken bestückt oder zu Parkhäusern ausgebaut worden. Die besten Möglichkeiten sind wohl der nicht gerade üppige **Harbour Car Park** in der **Havant Street** bei N 50°47'53" W 1°06'20", natürlich wie immer gebührenpflichtig und wenn zwei Parkbuchten benötigt werden, müssen diese unbedingt auch gezahlt

Spinnaker Tower, rechts: HMS Victory in den Historic Dockyards

werden. Oder Sie versuchen den gegenüber dem Fährterminal zur Isle of Wight in der **Gunwharf Road** bei N 50°47'39" W 1°06'15". In den südlich daran anschließenden Straßen besteht ebenfalls die Möglichkeit, einen Parkplatz am Straßenrand zu finden.

Vom Fährterminal aus starten Sie den Rundgang. Unmittelbar rechts neben den Abfertigungsgebäuden können Sie auf einen schmalen Durchgang zum **Millennium Walkway** schlüpfen und dann am Wasser, vorbei an modernen Wohnhäusern, auf das Wahrzeichen des »neuen Portsmouth« zugehen. Der modern gestaltete **Emirates Spinnaker Tower** mit seinen 170 Metern Höhe ist nicht zu übersehen. Seit der Eröffnung 2005 haben sich schon über fünf Millionen Besucher per Lift auf die Aussichtsplattformen in 100, 105 und 110 Meter Höhe transportieren lassen. Sie erschließen eine 350-Grad-Sicht, also fast ringsum, auf Stadt, Küste und die Insel Wight in nicht allzu weiter Ferne. Vom untersten Deck aus können Sie per iView-Display oder mit einem Audioguide mehr über die Stadt und Landschaft zu Ihren Füßen erfahren, die Informationen sind auch auf Deutsch verfügbar. Oder Sie testen Ihre Schwindelfreiheit auf einer Glasbodenbrücke. Deck Zwei beherbergt ein Café und das nach oben geöffnete, höchstgelegene Deck Drei lässt Sie den Wind in den Haaren fühlen... *(Gunwharf Quays, PO1 3TT, www.spinnakertower.co.uk, 10.00–17.30 Uhr, 16,25 £, 10 % Ermäßigung für English Heritage Mitglieder, 30 % mit einem gültigen Fährticket zur Isle of Wight)*.

Direkt hinter dem Turm schließt sich das teilüberdachte **Gunwharf Quays Outlet Centre** mit über 100 Markengeschäften an. Durch die tolle Lage am Meer und mit vielen Freiflächen und zahlreichen Cafés aufgelockert, ist er auch für Shoppingmuffel eine kleine Runde wert *(PO1 3TZ, www.gunwharf-quays.com)*.

Hinter dem Centre auf der Straße The Hard nach links passieren Sie das Pub ***Ship Anson*** *(10 The Hard, PO1 3DT)*. Dann gelangen Sie nach wenigen Metern zu einer zweiten Hauptattraktion Portsmouths, den **Historic Dockyards**. Auf dem riesigen Hafengelände mit seinen Docks und alten Lagerhallen ist ein äußerst interessantes Museum entstanden, das ganze elf Einzelattraktionen umfasst. Selbst wenn Sie mit dem Thema Schifffahrt bislang nichts anfangen konnten, wird Sie die umfangreiche Ausstellung, in der über 800 Jahre Marinegeschichte zusammenfasst sind, begeistern können. Absolute Highlights sind sicher die voll begehbaren Schiffe: Die **HMS Victory**, eines aus Admiral Nelsons Flotte, auf dem bis heute eine Crew Dienst tut, und die **HMS Warrior** von 1860, ein Kriegsschiff mit Stahlpanzer, das niemals in ein Gefecht verwickelt wurde. Auch die neueste Attraktion sollten Sie nicht verpassen: Nachdem es ganze 400 Jahre am Meeresboden gelegen hatte, haben Archäologen ein Schiff Heinrichs VIII. geborgen und samt den umfangreichen noch vorhandenen Ausrüstungsgegenständen für die Öffentlichkeit zugänglich gemacht. Geschützt durch eine futuristisch anmutende Halle sind die Überreste der **Mary Rose** dort zu erleben und viele mit ihr verknüpfte Geschichten werden plastisch wiederbelebt. Zusätzlich finden Sie auf dem Gelände mit der **HMS M.33** ein weiteres, kleineres Kriegsschiff aus dem Ersten Weltkrieg, das Museum für Marinegeschichte, eine Ausstellung zum Thema Schiffsbau im **Boathouse 4** sowie eine »Action-Area« für Kinder mit Laser Quest Parcours und anderen Stationen. Ein Schiff verbindet die Dockyards regelmäßig mit dem nur wenige Hundert Meter entfernten Ort **Gosport** auf der gegenüberliegenden Seite der Hafenbucht. Ihr Ticket gilt auch dort für das **Royal Navy Submarine Museum** samt dem begehbaren, letzten verbliebenen U-Boot aus dem Zweiten Weltkrieg, der HMS Alliance. Im benachbarten **Firepower Museum** werden Torpedos, andere Geschütze und sogar eine Atombombe ausgestellt. Noch mehr Marinegeschichte gibt es im einige Kilometer entfernt gelegenen **Royal Marines Museum** in Eastney zu erleben das Sie später mit Ihrem Ticket auch noch besuchen können *(Victory Gate, PO1 3LJ, Gosport: Haslar Jetty Rd., PO12 2AS, Eastney: Eastney Espalanade, PO4 9PX, www.historicdockyard.co.uk, Apr.–Okt. 10.00–18.00 Uhr, sonst bis 17.00 Uhr; Tickets behalten ein Jahr ihre Gültigkeit, je nach Ticketumfang 34–44 £)*.

Nach Verlassen des Museumsgeländes gehen Sie auf dem gleichen Weg zurück oder könnten sich alternativ links über die **Queen Street** noch ins Ortszentrum aufmachen. Rund 1200 Meter sind es bis zur Fußgängerzone **Commercial Road** und dem angrenzenden **Cascade Shopping Centre**. Von dort führt der schnellste Rückweg zum Ausgangspunkt durch den südwestlich angrenzenden **Victoria Park**, dann links entlang der **Anglesea Road** mit der **Anglican Cathedral** und rechts in die **Lombardi Street**. Dort treffen Sie zum Schluss noch auf das beliebte Restaurant ***Abarbistro*** *(58, White Hart Rd., PO1 2JA)*.

Wenn Sie im Anschluss an Ihren Stadtrundgang noch Lust auf weitere Sehenswürdigkeiten haben, fahren Sie über Lombardi Street, Duisburg Way und South Parade zu den am Südende der Insel im Ortsteil **Southsea** ansässigen Attraktionen. Sie stoßen dort auf das **D-Day Museum** *(Clarence Esplanade, PO5 3NT, www.*

theddaystory.com, 10.00–17/17.30 Uhr, 14,35 £, 10 % Online-Ermäßigung), denn von Portsmouth aus starteten die Alliierten im Zweiten Weltkrieg zur Landung in der Normandie. Auch das **Blue Reef Aquarium** liegt dort in der Nähe *(Clarence Esplanade, PO5 3PB, www.bluereefaquarium.co.uk/portsmouth, 10.00–17.00 Uhr, 14,35 £)*. Dann folgen die kostenfreien, hübsch bepflanzten **Southsea Rock Gardens** *(Clarence Esplanade, PO5 3ST)*, das **Southsea Model Village** *(Eastney Esplanade, PO4 9RU, www.southseamodelvillage.biz, 10.30–16.30 Uhr, 6 £)* und das **Cumberland Naturhistorische Museum** *(Eastney Parade, PO4 9RF, www.portsmouthnationalhistory.co.uk, Di.–So. 10.00–17.00 Uhr, Eintritt frei)*. Mehr erfahren Sie bei Interesse auf den jeweils angegebenen Websites.

Ausflug zur Isle of Wight *(141.610 Einwohner)*
Die nur durch einen recht schmalen Meeresarm vom Festland getrennte Insel gehört zu den beliebtesten inländischen Urlaubsrefugien der Briten. Entsprechend voll kann es auf der nur 20 mal 35 Kilometer großen Landscholle im August werden. Ist dann noch »Cowes Week«, eine der weltweit wichtigsten Segelveranstaltungen, sollte man sich den Besuch mit dem Wohnmobil gut überlegen. Zu allen anderen Zeiten können Sie auf dem Eiland aber eine wirklich gute Zeit verleben, schöne Strände erobern und einige der vielen interessanten Sehenswürdigkeiten kennenlernen – der Ruf als englisches Urlaubsparadies kommt schließlich nicht von ungefähr. Auch wenn es so gut wie keine freien Stellplätze gibt, kommen Sie mit Campingplätzen, Club-Sites und Pub-Stopps sehr gut über die Runden – sofern Sie die Kosten für die rund 40-minütige Überfahrt nicht scheuen... Der beste Anbieter ist hier die Fährgesellschaft **Wightlink**. Verbindungen bestehen von und nach Portsmouth aus nach **Fishbourne** oder von der Westseite der Insel ab **Yarmouth** nach **Lymington**. So ließe sich bei der Rückreise ein Stück Wegstrecke abkürzen und Sie gelangen von der Insel direkt in den New Forest Nationalpark *(Wightlink-Terminal in Portsmouth bei N 50°47'33" W 1°06'16", Gunwharf Rd., www.wightlink.co.uk, bis zu 25 Überfahrten täglich, Preise je nach Datum / Uhrzeit und Wohnmobilgröße Hin- und Zurück etwa ab 150–450 £)*.

Unterwegs zur Isle of Wight mit Wightlink

Wenn Sie eine Rundtour im Uhrzeigersinn über die Insel machen, kommen Sie an folgenden Sehenswürdigkeiten, lohnenswerten Orten

und empfehlenswerten Stell- und Campingplätzen vorbei, die wir Ihnen zumindest gekürzt vorstellen möchten:

042 **Ryde – *Kite Hill Park*, N 50°43'24" W 1°13'14"**, Firestone Corpse Rd., PO33 4LQ, Tel. 01983 88 32 61, www.kitehillfarm.co.uk, März – Okt., 20 – 25 £

Quarr Abbey

Quarr Abbey: Ein großes, bis heute betriebenes katholisches Kloster der Benediktiner – eine Seltenheit im anglikanischen England. Es gibt ein Visitor Centre, einen netten Tea Room und Tiergehege *(N 50°43'48" W 1°12'21", Quarr Rd., PO33 4ES, Ryde, www.quarrabbey.org).*

Ryde Beach: Schöne, vom Ort locker eingerahmte flache Sandbucht mit großem Parkplatz *(N 50°43'38" W 1°08'37", Appley Ln., PO33 1ND, Ryde).*

043 **St. Helens – *Fakenhill Farm*, N 50°42'04" W 1°06'28"**, Eddington Rd., PO33 1XS, Tel. 01983 71 95 75, www.fakenhamfarmcampsite.co.uk, März – Okt., 18 – 20 £, nur für Camping- and Caravanning Club-Mitglieder

St. Helen`s Beach: Schmale aber schöne Sandbucht an weitgehend unverbautem Küstenstreifen, im nördlichen Bereich am schönsten, leider nur wenige Parkplätze *(N 50°42'04" W 1°05'59", zweiter Parkplatz etwas zurückversetzt, Duver Rd., PO33 1YB, Ryde).*

St. Helen`s Beach

Bembridge Beach: Langer Sand- und Kiesstrand im Landschaftsschutzgebiet, zum Spazierengehen schöner als zum Baden *(N 50°41'39" W 1°05'31", Embankment Rd., PO35 5NZ, Bembridge).*

Yaverland Beach und Wildheart Animal Sanctuary: Sandbucht neben den Kliffs, nur bei Ebbe richtig schön, daneben befindet sich der für seine Tiger, Löwen und Jaguare bekannte Zoo mit Tierauffangstation *(Strandparkplatz bei N 50°39'40" W 1°08'13", Zooparkplatz gegenüber, Yaverland Rd., PO36 8QB, Sandown, www.wildheartanimalsanctuary.org, Sommer 10.00 – 17.00 / 18.00 Uhr, sonst bis 16.00 Uhr, 14 £).*

044 **Sandown – *Old Barn Touring Park*, N 50°38'48" W 1°11'34"**, Newport Rd., PO36 9PJ, Sandown, Tel. 01983 96 64 14, www.oldbarntouring.co.uk, März – Okt., 21 – 33 £

Shanklin: Netter Ort mit einigen urigen, reetgedeckten Häusern. Guter, vom Ortskern durch einen Aufzug erreichbarer Strand unterhalb der Klippen. Ein besonders schöner Weg vom Ort hinab führt durch die ***Shanklin Chine***. Die Klamm mit ihren Farnen und Riesenrhabarber wirkt wie ein verwunschener Ort aus einer anderen Zeit, schöne Blicke und Informationen zur Umgebung inklusive. Besonders sehenswert ist das nach Einbruch der Dunkelheit, wenn die Klamm im Sommer bunt beleuchtet wird, es gibt auch gastronomische Versorgung und an verschiedenen Tagen musikalische Darbietungen *(Ortsparkplatz in der Chine Ave. bei N 50°37'34" W 1°10'41", PO37 6AQ, Klamm: 3 Chine Ave., PO37 6BW, www.shanklinchine.co.uk, Apr. – Okt. 10.00 – 21.00 Uhr, Juli – Aug. bis 22.00 Uhr, 9,50 £, Ticket ist immer für 7 Tage gültig).*

Strand unterhalb der Shanklin Chine

045 **Shanklin – *Big Mead Carpark*, N 50°37'19" W 1°10'58"**, Church Road, PO37 6QY, Shanklin, an diesem Parkplatz am Ortsausgang ist eine einmalige, unauffällige Übernachtung bislang möglich

046 **Shanklin – *Dairymans Daughter Cottage*, N 50°39'30" W 1°13'37"**, A3056, PO30 3AR, Tel. 01983 86 53 18, ganzjährig, 7 – 10 £, nur für Camping and Caravanning Club-Mitglieder

Godshill mit Model Village: Sehenswertes Dorf mit einem szenisch aufgestellten, beliebten Miniaturland *(Parken in der Hollow Ln. bei N 50°37'58" W 1°15'07", Model Park: High St., PO38 3HH, Godshill, www.modelvillagegodshill.co.uk, Apr. – Okt. 10.00 – 17.00 Uhr, Aug. bis 18.00 Uhr, Febr. bis 16.00 Uhr, 7 £).*

Parkplatz Chine Avenue und Shanklin-Schlucht

Donkey Sanctuary: Über 100, meist gerettete Esel und Ponies, die gestreichelt, teils gefüttert und gestriegelt werden können *(N 50°37'36" W 1°13'26", Lower Winstone Farm, PO38 3AA, Wroxall, www.iowdonkeysanctuary.org, 10.00 – 16.30 Uhr, Eintritt frei, aber Spende erwünscht).*

047 **Wroxall – *Appuldurcombe Gardens*, N 50°37'12" W 1°13'39"**, Appuldurcombe Rd., PO38 3EP, Tel. 01983 85 25 97, www.appuldurcombegardens.co.uk, März – Nov., 23 – 41 £.

048 **Ventnor – *St. Boniface Downs*, N 50°36'17" W 1°11'29"**, Downs Ln., PO38 1AH und zuvor, Parkmöglichkeiten an einer Aussichtsstraße, nur für kleinere, wendige WOMOs, da die Auffahrt steil und schmal ist.

Ventnor Botanic Garden und Steephill Cove Beach: Parken am Botanischen Garten mit vielen subtropischen Pflanzen, die im Inselmikroklima bestens gedeihen, schräg darunter gelegen befindet sich die schöne, mediterran anmutende Sandbucht *(N 50°35'24" W 1°13'36", Undercliff Dr., PO38 1UL, Ventnor, www.botanic.co.uk, 10.00 – 17.00 Uhr, Winterhalbjahr nur bis 16.00 Uhr, 10,50 £).*

049 **Ventnor – *New Bank End Farm*, N 50°35'14" W 1°14'24"**, Undercliff Drive, PO38 1UW, Tel. 01983 85 26 49, www.

Mottistone Gardens und Campingplatz 052

campingandcaravanningclub.co.uk, ganzjährig, 8 – 10 £, nur für Camping and Car. Club-Mitglieder

St. Catherine's Lighthouse und Black Gang Chine: Beliebter Ausflugsort mit wilden, unbebauten Klippen und Wanderpfaden, am Wasser vom Leuchtturm getoppt. Weiter westlich Klippen mit rötlich schimmerndem Sandstreifen davor *(Parkplatz am Ende der sehr schmalen Old Blackgang Rd. bei N 50°34'50" W 1°18'09", Niton. Besser ab dem Black Gang Chine Aussichts- und Wanderparkplatz bei N 50°35'18" W 1°18'27", A3055. Von dort Wanderung entlang der Klippen. Oder gleich am folgenden Parkplatz des Black Gang Chine Theme Parks, falls Sie Interesse an einem Besuch haben).*

050 Niton – *Buddle Inn*, N 50°34'45" W 1°17'28", St. Catherine's Rd., PO38 2NE, Tel. 01983 73 02 43, Vorabanruf erwünscht.

051 Chale – *Paradise Cottage*, N 50°36'20" W 1°19'32", Westside Ln., PO38 2LD, Tel. 01983 55 13 75, www.campingandcaravanningclub.co.uk, Juni – Sep., 10 – 20 £, nur für Camping and Carav. Club- Mitglieder.

Mottistone Gardens: Romantisch-verwunschener Garten rund um ein altes Herrenhaus in einem abgeschiedenen Tal mit üppigen, teils ungewöhnlichen Pflanzungen *(N 50°39'11" W 1°25'51", B3399,*

Südküste der Isle of Wight

Oben und unten: Landmark-Attraction The Needles

PO30 4EA, Brighstone, www.nationaltrust.org.uk, Mitte März – Okt. 10.30 – 17.00 Uhr, 8 £, National Trust-Mitglieder frei).

052 **Broghstone – *Grange Farm*, N 50°38'12" W 1°24'26"**, Military Rd., PO30 4AD, Tel. 01983 74 02 96, www.grangefarmholidays.com, März – Okt., 22 – 42 £

Compton Beach and Bay: Lange, einsame und wilde Sandbucht unterhalb der Klippen *(N 50°39'19" W 1°27'58", A3055, PO30 4HB, Freshwater, www.nationaltrust.co.uk).*

The Needles Landmark Attraction mit Old Battery und Alum Bay: Im äußersten Westen der Insel befindet sich eine markante Felsformation mit einer oberhalb gelegenen Befestigungsanlage aus dem 19. Jahrhundert, die vom National Trust verwaltet wird. Es verkehren Auflugsbusse oder Sie können zu Fuß gehen. Ausgangspunkt sind die Parkplätze der Needles Landmark Attrac-

Osborne House

tion. Neben einem der besten Aussichtspunkte ist dort eine Art dauerhafter Jahrmarkt mit allerlei Attraktionen entstanden, sowohl für Junge als auch ältere Besucher. Unter anderem gehören Mini-Karts, Karussells, Adventuregolf, aber auch eine Glasbläserei sowie ein Süßigkeitenladen, beide mit ständigen Schau-Vorführungen, zum Angebot. Hauptattraktion ist aber der Sessellift, der Sie mit ein wenig Gänsehautfeeling zur darunterliegenden Alum Bay und zurück transportiert. Am schönen Kiesstrand lässt sich baden, die Aussicht genießen oder ein Boot zu den markanten Kalksteinnadeln nehmen *(Parken bei N 50°40'00" W 1°33'58", Alum Bay New Rd., PO39 0JD, Needles Landmark Attraction: www.theneedles.co.uk, wechselnde Öffnungszeiten, mindestens 10.00 – 16.00 Uhr, im Sommer länger, Lift 8 £, Attraktionen 2 – 6 £, Saver-Punkte-Tickets verfügbar, Ausflugs- und Speedboote Ostern – Okt., Festung: Mitte März – Okt. 10.30 – 17.00 Uhr, 8 £, National Trust-Mitglieder frei, www.nationaltrust.org.uk).*

053 **Freshwater – *Heathfield Camping*, N 50°41'21" W 1°31'34"**, Heathfield Rd., PO40 9SH, Tel. 01983 40 78 22, www.heathfieldcamping.co.uk, Mai. – Sep., 23 – 42 £

054 **Northwood – *Camp Wight*, N 50°42'06" W 1°26'27"**, 20 Coronation Ave., PO41 0XP, Tel. 07748 84 42 42, www.campwight.co.uk, ganzjährig, 20 £

055 **Calbourne – *Water Mill*, N 50°40'53" W 1°24'46"**, B3401, PO30 4JN, Tel. 01983 53 12 27, www.campingandcaravanningclub.co.uk, ganzjährig, 12 – 15 £, nur für Camping and Carav. Club-Mitglieder.

Yarmouth Castle: 1547 fertiggestellte Artilleriefestung im Hafen

Monkey Haven

von Yarmouth mit historischen Räumen und guter Aussicht von der Geschützplattform *(Parken bei N 50°42'15" W 1°29'59", Quay St, PO41 0PB, www.english-heritage.org.uk, Yarmouth, meist 11.00 – 17.00 Uhr, Winter geschlossen, 5,90 £, English Heritage-Mitglieder frei).*

056 **Yarmouth – *The Mount*, N 50°42'23" W 1°29'35"**, High St., PO41 0RB, Parkmöglichkeiten an einer kleinen Sackgasse am Rande Yarmouths, nachts 2 £, nahe Fähranleger.

Carisbrooke Castle: Inbegriff einer romantischen Burg, einst Befestigung, Gefängnis und Königsresidenz, samt edwardianischen Gartenanlagen *(N 50°41'13" W 1°18'56", Castle Hill, PO30 1XY, www.english-heritage.org.uk, Newport, 10.00 – 17.00 Uhr, Nov. – Feb. meist nur Sa. / So. bis 16.00 Uhr, 11,30 £, English Heritage-Mitglieder frei).*

057 **Northwood – Travellers Joy, N 50°44'27" W 1°19'19"**, 85 Pallance Rd., PO31 8LS, Tel. 01983 29 80 24.

Osborne House: Unbedingt sehenswerter einstiger Privatsitz von Königin Victoria und Albert mit privaten Appartements, opulenten Gärten, Schweizer Hütte, eigenem Strand und der Möglichkeit zu intimen Einblicken ins royale Leben *(N 50°44'56" W 1°16'23", York Ave., PO32 6JX, East Cowes, www.english-heritage.org.uk, 10.00 – 17.00 Uhr, Winter bis 16.00 Uhr, 18,10 £).*

058 Whippingham – *The Folly Inn*, N 50°44'01" W 1°16'49"
Folly Ln., PO32 6NB, Whippingham, Tel. 01133 40 41 66

Monkey Haven: Liebevoll gemachte Rettungsstation für Affen, in der viele verschiedene Primaten vom Totenkopfäffchen bis zum Gibbon untergebracht sind und in beobachtet werden können. Bei der täglichen Fütterung und während Gesprächsrunden erfahren Besucher mehr über die Tiere und an allen Gehegen werden umfangreiche Informationen bereitgehalten. Außer den Affen gibt es noch einige gerettete Vögel sowie verschiedene Insekten und Reptilien zu sehen und einen Tearoom *(N 50°42'20" W 1°15'44", Five Acres Farm, Staplers Rd., PO30 2NB, Newport, www.monkeyhaven.org, etwa Mitte Feb. – Anfang Nov. 10.00 – 16.00 Uhr, Apr. – Sep. bis 17.00 Uhr, 15,95 £).*

Butterfly World: Ganz in der Nähe gelegene Freiflugvoliere mit zahlreichen tropischen Schmetterlingen *(N 50°42'41" W 1°15'14", Five Acres Farm, Staplers Rd., PO30 2NB, Newport, www.butterflyworldiow.com, Mitte März – Okt. 10.00 – 16/16.30 Uhr, 9,90 £).*

059 Wootoon – *Woodmans Arms*, N 50°43'01" W 1°14'43"
119 Station Rd., PO33 4RQ, Tel. 01983 88 27 85

Portchester *(10.760 Einwohner)*
Nachdem Sie Portsmouth verlassen haben, erreichen Sie die Stadt Portchester am Ende der Bucht Portsmouth Harbours. In exponierter Lage, ganz am äußersten Ende einer Landzunge, liegen die Überreste des **Portchester Castle**. Schon seit dem 3. Jahrhundert, damals ursprünglich von den Römern erbaut, befindet sich eine Befestigung an dieser Stelle, die in den folgenden Jahrhunderten immer wieder aus-, um- und neu gebaut wurde. Fundstücke und eine Audiotour erzählen aus der Vergangenheit dieses geschichtsträchtigen Ortes *(N 50°50'15" W 1°06'57", Church Rd., PO16 9QW, www.english-heritage.org.uk, Apr. – Okt. 10.00 – 17.00 Uhr, sonst meist nur Sa. / So. bis 16.00 Uhr, 7,70 £).*

Nördlich der Autobahn **M27** befindet sich eine weitere große Befestigungsanlage. **Fort Nelson** stammt allerdings erst aus dem 19. Jahrhundert und ist heute ein Ausstellungsort der Royal Armouries. Wälle, Mauern, Munitionsbunker und unterirdische Geheimgänge prägen die Anlage. Auch eine Sammlung von Artilleriegeschützen gibt es – alles eine Frage des Interesses. Ein Campingplatz ist nur wenige Kilometer entfernt *(N 50°51'36" W 1°08'10", Portsdown Hill Rd., PO17 6AN, www.royalarmouries.org, Apr. – Okt. 10.00 – 17.00 Uhr, sonst Di. – So. bis 16.00 Uhr, Eintritt frei).*

060 Warsash – *Dibles Park*

GPS: N 50°51'04" W 1°17'02", 5 Dibles Rd., SO31 9SA, Tel. 01489 57 52 32, www.diblespark.co.uk. **Öffnungszeiten:** Ganzjährig. **Ausstattung**: Campingplatzüblich. **Beschreibung**: Kleiner Mobilheimpark mit wenigen Schotterplätzen für Tourer. Gepflegt, geschützt, eben, nachts ruhig, in Ortsrandlage. **Preis**: 22 – 25 £. **Zufahrt**: Von der M27 an der Ausfahrt Sarisbury auf die A27, wechseln, im Kreisverkehr links nach Warsash halten und den Campingplatzschildern folgen. **Hinweis**: Die Pubalternativ befindet sich etwas weiter westlich in Butlocks Heath und heißt ***Cottage Pub***, N 50°52'48" W 1°20'23", Woolston Rd., SO31 5FN, Tel. 023 80 45 63 10. **Hinweis**: Camping und Caravanning Club-Mitglieder können auch das schön am Wasser gelegene ***Ocean House*** anfahren, N 50°52'51" W 1°21'56", 2 Abbey Hill, SO31 5FB, Southhampton, Tel. 07910 42 82 40, Apr. – Dez., 10 £.

Winchester *(124.300 Einwohner)*
Mit seinen 40.000 Einwohnern ist Winchester heute nur mehr von regionaler Bedeutung. Vor 1000 Jahren war das anders, denn zwischen 827 und 1066 war der Ort unter den Angelsachsen Hauptstadt des Königreichs Wessex und für über 100 Jahre sogar von ganz England. Auch große Namen wie John Keats und Jane Austin sind mit ihm verknüpft. Besucher kommen heute in erster Linie wegen der mächtigen, um 1079 erbauten **Winchester Cathedral**, in der Letztere bestattet wurde. Auch andere Spuren dieser Zeit finden sich noch. Ein zentraler Parkplatz liegt an der **Lower Brock Street** bei N 51°03'48" W 1°18'37" *(Vorsicht: enge Ein- und vor allem Ausfahrt)*. Gleich gegenüber gelangen Sie zur Fußgängerzone **Market Lane** und der dahinterliegenden Kathedrale. Wenn Sie das Innere sehen möchten, müssen Sie ein Ticket erstehen *(Cathedral Cl., SO23 9LS, www.winchester-cathedral.org.uk, Mo. – Sa. 9.00–17.00 Uhr, So. 12.30 – 15.00 Uhr, 12,50 £, Audioguides verfügbar)*.

Das **Winchester City Museum** zur Stadtgeschichte befindet sich am nordwestlichen Ende des Kirchplatzes gleich in der Nähe. Gleich nach dem verkehrsberuhigten Bereich können Sie die **High Street** am Kreisverkehr dann noch links zum Verwaltungsbereich der Stadt hin verlassen. Dort steht auch die mittelalterliche **Great Hall** mit dem anschließenden Queen Eleanor's Garden. Die Halle ist vor allem für den darin aufgehängten runden Tisch bekannt: angeblich der von König Artus und seiner sagenumwobenen Tafelrunde. Tatsächlich stammt er aber aus dem 14. Jahrhundert und wurde erst später unter König Heinrich VIII. mit Bildern und den Namen der zugehörigen Ritter bemalt, um die Legende zu unterstreichen *(Castle Ave., SO23 8PJ, etwa 10.00 – 17.00 Uhr, Eintritt frei)*. Im direkten Umkreis befindet sich dann auch noch eine ganze Reihe weiterer, kleinerer Museen: Je nach Interessenlage können Sie dem **Westgate-Stadttormuseum**, dem **Royal Green**

Mottisfont Abbey

Jackets Museum oder dem nepalesischen **Gurkha Museum** einen Besuch abstatten. Gute Adressen um in der Stadt etwas zu Essen sind ***Forte Kitchen*** *(78 Parchment St., SO23 8AT)*, ***The Old Vine*** *(8 Grest Minster St., SO23 9H)* und die ***Chesil Rectory*** *(1 Chesil St., SO23 0HU)*.

Außerhalb der Stadt stehen Sie ziemlich abgelegen und nur über schmale Straßen erreichbar kostenlos an den Parkplätzen des **Farley Mount Country Park**, beispielsweise am **Juniper Car Park**. Verschiedene Wanderwege führen durch den Country Park; einen auffälligen Punkt in der Landschaft stellt das südlich gelegene, skurrile **Horse Monument** dar. Der asymmetrisch spitz zulaufende Bau soll an ein Pferd namens »Beware Chalk Pit« erinnern, das unterhalb begraben liegt: Der Wundergaul soll 1733 einen acht Meter Sturz in eine Kreidegrube überlebt und im Folgejahr ein großes Pferderennen gewonnen haben.

061 **N 51°03'42" W 1°25'05"**, SO21 2JG, alternativ gibt es auch zuvor schon zwei Parkflächen ab N 51°03'37" W 1°24'09"

Mottisfont Abbey

Die Richtung haltend, können Sie auch die idyllisch an einem Flusslauf gelegene **Mottisfont Abbey** mitnehmen. Aus einer aufgelösten mittelalterlichen Abtei hervorgegangen ist das Haus mit einer recht bunten Mischung aus Kunst und Tinnef ausgestattet und bietet einige interessante, teils skurrile Fakten und einen schönen Walled Garden. Die weitere Umgebung lädt zu ausgedehnten Spaziergängen ein *(N 51°02'20" W 1°31'59", Mottisfont Ln., SO51 0LP, Mottisfont, www.nationaltrust.org.uk, Garten 10.00 –16.00 Uhr, im Sommer teils bis 20.00 Uhr, Haus 11.00–16/16.30 Uhr, 17–20 £, National Trust-Mitglieder frei)*.

Bevor Sie nach Southampton kommen, passieren Sie dann noch das **Broadlands Estate**. Es ist Sitz der adeligen Mountbat-

Southampton

tens Family und gibt Gelegenheit, einmal einen Blick in ein bis heute existierendes, normalerweise nicht touristisch vermarktetes Anwesen zu werfen – zumindest wenn Sie zur rechten Zeit vor Ort sind. Lediglich für jeweils zwei Wochen werden im Frühjahr und Sommer Interessierten die Türen in beschränktem Rahmen geöffnet, die aktuellen Daten erfahren Sie über die Website *(N 50°59'13" W 1°29'42", Bypass Rd., SO51 9DZ, Romsey, www.broadlandsestates.co.uk, zwischen 12.00 und 17.00 Uhr, 14 £).*

062 Upper Timsbury – *Oak Field*

GPS: N 51°02'00" W 1°30'10", Manor Farm Lane, SO51 0NT, Tel. 01794 36 80 41, wwwwww.campingandcaravanningclub.co.uk. **Max. WOMOs**: 5. **Öffnungszeiten:** Apr. – Okt. **Ausstattung**: Ver- / Entsorgung, Mülleimer. **Beschreibung**: Einfache Farmwiese am Rand eines kleinen Dorfes, leicht abfallend, etwas Schatten, ruhige, ländliche Lage, klappstuhlgeeignet. **Preis**: 8–10 £. **Zufahrt**: Von der A3057, südlich von Mottisfont, nach Osten in Richtung Michelmersh abfahren, dann immer geradeaus in die Zielstraße, dort angeschrieben. **Hinweis**: Nur für Camping- und Caravanning Mitglieder, tel. Reservierung empfohlen.

063 Ampfield – *Meadowbrook Farm*

GPS: N 51°00'31" W 1°26'31", A3090, SO51 9BD, Tel. 07977 30 20 77. **Max. WOMOs**: 5. **Öffnungszeiten:** Ganzjährig. **Ausstattung**: Ver- / Entsorgung, Mülleimer. **Beschreibung**: Einfache Farmwiese gleich neben dem Three Trees Campingplatz, eben, recht ruhig, klappstuhlgeeignet, etwa 10 km außerhalb von Southampton. **Preis**: 10 £. **Zufahrt**: Von der A3057 links in Richtung Winchester und Industrial Estate abfahren, dann links auf die A3090 wechseln, der Platz kommt kurz danach rechts. **Hinweis 1**: »Adults only«-Platz, nur Gäste ab 18 Jahren gestattet. **Hinweis 2**: Sie kommen auch am Pub ***The Wheatsheaf*** gegen Einkehr unter, N 51°01'14" W 1°27'58", Braishfield Rd., SO51 0QE, Tel. 01794 36 86 52.

Sequoia-Bäume und Wildpferde im New Forest National Park

Southampton *(254.360 Einwohner)*
Die Industrie- und Hafenstadt Southampton versprüht eher spröden Charme. Sie ist laut, verkehrsreich und das Zentrum wirkt teils etwas heruntergekommen, somit gibt es auf den ersten Blick wenig Grund, hier Halt zu machen oder gar länger zu verweilen. Auf der anderen Seite wurde ein Quartier rund um die alte Stadtmauer in jüngerer Zeit saniert und bietet nun mit dem Shoppingkomplex **Westquay** im Zentrum ein modernes Einkaufsparadies *(Harbour Parade, SO15 1QF)*. Ganz in der Nähe können Sie am **Quays South Car Park** parken, N 50°54'03" W 1°24'29", Harbour Parade, SO15 1ST. In fußläufiger Entfernung davon lohnt außerdem ein Abstecher zum südlich gelegenen **Tudor House**. Das mehr als 800 Jahre alte Fachwerkhaus lässt Sie ins Leben einstiger Bewohner eintauchen und vermittelt Wissen zur Geschichte der Stadt *(Bugle St., SO14 2AD, www.tudorhouseandgarden.com, Mo. – Do. 10.00 – 15.00 Uhr, Sa. / So. bis 17.00 Uhr, 7 £)*. Das gutgemachte **Sea City Museum** ein paar hundert Meter nördlich des Einkaufszentrums beleuchtet unter anderem die Geschichte der Titanic, die von hier aus zu ihrer ersten und letzten Atlantikquerung aufbrach. Es bietet aber auch darüber hinaus viele interaktive Stationen zur Schifffahrts- und Meeresgeschichte *(Havelock Rd., SP14 7FY, www.seacitymuseum.co.uk, 10.00 – 17.00 Uhr, 10,50 £)*. Um länger in der Umgebung zu verweilen, sollten Sie die Stadt aber besser hinter sich lassen und in Richtung New Forest National Park fahren.

New Forest National Park
Das schöne, 2005 zum Nationalpark erklärte Gebiet ist für seine sanft geschwungene Landschaft mit einem Mosaik aus Heideflächen und Waldstücken bekannt. Ursprünglich war es ein königliches Jagdrevier. Damwild, Hirsche und chinesische Muntjaks leben bis heute frei darin, aber vor allem die zahlreichen wilden New-Forest-Ponys werden Ihnen auffallen. Da jederzeit eines auf der Straße vor Ihnen auftauchen kann, ist vorausschauendes Fahren ratsam.

In **Ashurst** finden Sie sowohl erste Campingmöglichkeiten, die im ganzen Gebiet reichlich vorhanden sind, sowie WOMOfreundliche Pubs. Schon kurz zuvor zweit links die Straße in Richtung **Beaulieu** ab.

064 **Forest Inn, N 50°53'46" W 1°30'49"**, Lyndhurst Rd., SO40 7DU, Tel. 023 80 29 39 62 oder ***The Happy Cheese***, N 50°53'30" W 1°31'24", Lyndhurst Rd., SO40 7AR, Tel. 023 80 29 39 29.

065 Ashurst – *Camping in the Forest*

GPS/Kontakt: N 50°53'22" W 1°31'48", 158 Lyndhurst Rd., SO40 7AR, Tel. 01590 63 16 41, www.campinginthenewforest.com. **Öffnungszeiten**: Mitte März – Sep. **Ausstattung**: Waschmaschine / Trockner, Spülgelegenheit. **Beschreibung**: Toller Platz am Rand des New Forest. Mit vielen Stellplätzen auf großen Wiesenflächen, teils auch auf Schotter, meist schattig durch Baumbestand, nicht ganz eben, keine Hunde erlaubt, 1000 m in den Ort. **Preis**: 21 – 38 £. **Zufahrt**: Statt links Richtung Beaulieu abzubiegen, auf der A35 weiter geradeaus fahren. Platz kommt am Ende von Ashurst auf der linken Seite.

Wenn Sie für die Weiterfahrt die **Deerleap Lane** ab Cobury gewählt haben, kommen Sie zum **New Forest Wildlife Park**. Der Schwerpunkt liegt auf in Europa heimischen Wildtieren, wie Fuchs, Luchs, Otter oder Wolf. Kinder können sich nach Herzenslust am Abenteuerspielplatz austoben *(N 50°53'07" W 1°30'00", SO40 4UH, www.newforestwildlifepark.co.uk, Apr. – Sep. 10.00 – 17.30 Uhr, sonst bis 16.30 Uhr, 14,75 £)*.

Schräg gegenüber der Parkeinfahrt befindet sich der **Deerleap Carpark**, ein recht großer Wanderparkplatz, von dem aus Sie zu einem Spaziergang durch den New Forest aufbrechen können.

Deerleap Rundweg (etwa 90 Min.)

Starten Sie vom Weg am Ende des Parkplatzes. Er verläuft auf einem breiten Gras- und Heidestreifen zwischen bewaldetem Gebiet. New-Forest-Ponys und Vieh weiden oft in diesem Bereich. Nach gut 1500 Metern wählen Sie die erste Möglichkeit durch ein Tor rechts in den Wald hinein. Dabei überqueren Sie einen Trittsteig und folgen dem Weg bergab, über eine kleine Brücke, und biegen nach links. Dann stoßen Sie auf eine Kreuzung mit einem Kiesweg. Gehen Sie nach links und folgen Sie dem Pfad nach oben. Dort verlassen Sie das Waldgebiet erneut durch ein Tor. Sie sind nun wieder von Heide umgeben und halten sich rechts, um die Bahnbrücke zu überqueren. An einer Gabelung gehen Sie links, durchqueren ein weiteres, kleines Waldstück und halten sich danach erneut links. Nach Bahnunterführung und Kreuzen des Beaulieau-Bachs an einem Wegkreuz nach schräg links vorne weiter. Wenn Sie nach einer Weile wieder auf Wald treffen, wählen Sie an der Gabelung den Weg nach links und bei der nächsten Gabelung nach rechts. Dieser führt Sie zurück zum Parkplatz.

Beaulieu Anwesen mit Hochbahn und Motor Museum

Das wunderschön im Naturpark gelegene Anwesen **Beaulieu** bietet gleich eine ganze Reihe an Sehenswertem. Herzstück und Hauptanziehungspunkt für die meisten Besucher ist sicherlich das **National Motor Museum**. Es versucht die Entwicklung der Motorisierung in Großbritannien von ihren Anfängen bis heute nachzuzeichnen. Dies gelingt mit einer riesigen Menge an Fahrzeugen, von den ersten Veteranen bis zu aktuellen Modellen und einigen Bild- und Tondokumenten. Ein besonderes Augenmerk wird beispielsweise auf die 1920er-Jahre gelegt, das »Goldene Zeitalter«, in dem britische Automobilhersteller wie Pilze aus dem Boden schossen, ganze 149 Marken gab es damals. Sie sehen Kleinwagen, Luxuslimousinen, Rennwagen und Nutzfahrzeuge. Auch einige Motorräder gehören zur umfangreichen Sammlung. In zwei Extrahallen wird eine Tonbildschau für Fans der Serie »Top Gear« präsentiert und berühmte Filmautos gezeigt, wie Mr. Beans Minicooper. Wenn Sie möchten, können Sie auch mit einer Einschienen-Schwebebahn über das Gelände gleiten. Weiter hinten am Grundstück wandeln Sie durch einen viktorianischen Blumen- und Küchengarten zum Herrenhaus der Anlage. Es geht auf eine im 14. Jahrhundert gegründete Abtei zurück und ist Heim der Dukes of Montagu. Eine Vielzahl an Zimmern über zwei Stockwerke können Sie besichtigen. Selbst das bis heute regelmäßig genutzte Speisezimmer der Familie ist an vielen Tagen geöffnet. Vorbei an einer kleinen Geheimdienstausstellung mit Schwerpunkt Zweiter Weltkrieg erreichen Sie dann die **Beaulieu Abbey**. Das einst von Zisterziensermönchen gegründete Kloster ist heute halb Ruine, halb Ausstellung *(N 50°49'28" W 1°27'31", Hatchett Ln., SO42 7ZN, www.beaulieu.co.uk, Juni–Sep. 10.00–18.00 Uhr, sonst bis 17.00 Uhr, 24,50 £)*.

Durchfahren Sie noch für einige Meilen den schönen Nationalpark und machen Sie an einem der zahlreichen Parkplätze ein Picknick oder eine kleine Wanderung, die dort jeweils angeschrieben sind. Zum Beispiel westlich ab dem **Blackwater Carpark** durch das angrenzende Arboretum mit Sequoiabäumen bei N 50°50'27" W 1°37'16", Rhinefield Ornamental Drive., SO42 7HR. In **East Bouldre** treffen Sie ansonsten auf das übernachtungsgeeignete ***Turfcotters Arms***, in **Lymington** das ***Borough Arms***. Der Ort ist auch der Anlegehafen, wenn Sie von der Isle of Wight direkt in Richtung Nationalpark weitergefahren sind und lohnt mit seiner hübschen High Street und den Gassen rund um den Quay Hill einen Zwischenstopp.

066 **Turfcutters Arms, N 50°48'10" W 1°28'13"**, East Boldre Rd., SO42 7WL, Tel. 01590 61 23 31,

066a **Borough Arms, N 50°53'30" W 1°31'24"**, 39 Avenue Rd., SO41 9GP, Tel. 01590 67 28 14.

067 Brockenhurst – *Long Meadow Campsite*

GPS/Kontakt: N 50°50'16" W 1°35'03", Lyndhurst Rd., SO42 7QH, Tel. 01590 62 24 89, www.longmeadowcampsite.com. **Öffnungszeiten**: März – Nov. **Ausstattung**: WiFi, sonst campingplatzüblich. **Beschreibung**: Schön im Grünen gelegener Platz mit einem Teil auf Schotter, einem auf Rasen, recht eben, kaum Schatten, 3 km nach Brockenhurst, 5 km bis Lyndhurst. **Preis**: 24 – 37 £. **Zufahrt**: An der Straße zwischen Brockenhurst und Lyndhurst linker Hand.

Zuletzt erreichen Sie mit **Lyndhurst** noch ein echtes Schmuckstück. Das lebendige, teils leider etwas überlaufene Dorf punktet mit seiner malerischen Lage, ländlichem Charme und eine guten Anzahl an Pubs und Läden. Im **New Forest Heritage Centre** können Sie sich über den Nationalpark und weitere Wandermöglichkeiten in der Umgebung informieren, ein größerer Parkplatz befindet sich angrenzend bei N 50°52'17" W 1°34'33", Gosport Ln., SO43 7BF.

068 Lyndhurst – *Denny Wood Campsite*

GPS/Kontakt: N 50°51'41" W 1°31'36", Beaulieu Rd., SO43 7FZ. **Öffnungszeiten**: Apr. – Sep. **Ausstattung**: Campingplatzüblich. **Beschreibung**: Naturnaher, ruhiger Rasenplatz mitten im New Forest, teils schattig durch Baumbestand, nicht ganz eben. Keine Hunde erlaubt, 1,6 km in den Ort. **Preis**: 15 – 30 £, zuletzt 15% Discount für Camping und Caravanning-Mitglieder. **Zufahrt**: In Lyndhurst rechts auf die A35 und dann erneut rechts auf die Beaulieu Road einbiegen. Nach rund 1,5 km rechts. **Hinweis**: Die ortsnahe Pub-Alternative heißt gegen Einkehr ***The Crown Stirrup***, N 50°51'43" W 1°34'22", 12 Clay Hill, SO43 7DE, Tel. 023 80 28 40 09. **Hinweis 2**: Camping und Caravanning-Mitglieder können exklusiv die gut ausgestattete ***Minstead Manor Farm*** nutzen, N 50°53'08" W 1°36'25", 12 Clay Hill, SO43 7GA, Tel. 023 80 28 37 06, Apr. – Okt., 22 – 30 £.

TOUR 2

Salisbury *(41.820 Einwohner)*
Die Kleinstadt im Bezirk Wiltshire gehört zu den schönsten in Südengland und besitzt ein wirklich hübsches Zentrum mit einigen Sehenswürdigkeiten, ohne zu museal zu wirken. Für einen Rundgang finden Sie den **Central Carpark** als zentrumsnächsten geeigneten Parkplatz bei N 51°04'21" W 1°47'56", Mill Stream Approach, SP1 3SL, zwar keine direkte Empfehlung, aber ohne Nachtparkverbot und damit nach einem abendlichen Besuch denkbar. Besser kommen Sie allerdings hier unter:

069 Salisbury – Camping and Caravanning Club Site

GPS/Kontakt: N 51°05'11" W 1°48'07", Hudson`s Field, SP1 3SA, Tel. 01722 32 07 13, www.campingandcaravanningclub.co.uk.
Öffnungszeiten: Ganzjährig. **Ausstattung**: WiFi, Waschmaschine / Trockner, Spülgelegenheit, kleiner Shop. **Beschreibung**: Flacher Rasenplatz in Ortsrandlage, kein Schatten, ruhig, etwa 1,7 km ins Zentrum, Bushaltestelle an der Hauptstraße. **Preis**: 21,90 – 31,60 £, Nicht-Mitglieder des Clubs zahlen rund 30 % Aufpreis. **Zufahrt**: In Salisbury auf der nördlichen Ausfallstraße Richtung Amesbury fahren. Kurz vor Ortsende links hinter dem Rugby Club. **Hinweis**: In der Hauptsaison und an Wochenenden zwei Tage Mindestaufenthalt.

Unterwegs in Salisbury

Für einen Stadtrundgang gehen Sie vom angegebenen Parkplatz am Südende durch den **Avon Approach** und dann rechts durch die **Castle Street** zum Marktplatz der einstigen Textilstadt. Dienstag und Samstag werden bis heute Buden aufgebaut und dann kommt Leben in die sonst etwas leblose Fläche. Am Rand finden Sie mit dem ***Market Inn*** *(16 Butchers Row SP1 1EP)* ein gutes Restaurant. Gehen Sie nun bis zum Ostende des Platzes und dort hinter der Guildhall mit der **Touristeninformation** rechts in die Queen Street und dann rechts in den **New Canal**. Dort können in das Stadteinkaufszentrum **Old George Mall** wechseln. Es entstand aus einstigen Pferdeställen. Am Ende nach links geht es durch das Stadttor und die High Street zur **Salisbury Cathedral**. Der mächtige Kirchenbau aus dem 14. Jahrhundert steht dem von Winchester in kaum etwas nach. Auffällig ist die reich verzierte Westfassade. Der 123 Meter hohe Kirchturm ist der höchste in ganz England und musste wegen statischer Probleme bereits mehrfach nachgearbeitet werden. Vielleicht möchten Sie sich zu einer Rast im Park ringsum niederlassen oder im ***Refectory Café*** einkehren *(193 West Walk, SP1 2EZ)*, es ist direkt in den südlichen Kreuzgang integriert. Wenn Sie auch das Innere ansehen möchten, wird Eintritt fällig. Zu den wichtigsten Artefakten zählt eine der letzten vier noch existierenden Ausgaben der Magna Carta von 1215, auf der

Salisbury Cathedral

bis heute die englische Gesetzgebung beruht. Sie befindet sich als Mittelpunkt einer Ausstellung im Kapitelsaal. Auch geführte Touren werden angeboten *(6 The Close, SP1 2EJ, www.salisburycathedral.org.uk, Mo.–Sa. 9.00–17.00 Uhr, So. 12.00–16.00 Uhr, im Winterhalbjahr teils kürzer, 11 £)*.

Verlassen Sie die Grünfläche gegenüber dem Eingangsportal gelangen Sie auf den **West Walk**. Gleich links befindet sich das **Salisbury Museum** mit allerlei Informationen zur Stadtgeschichte *(65 Cathedral Close, SP1 2 EN, 10.00–17.00 Uhr, www.salisburymuseum.org.uk, 9 £)*. Nach rechts kommen Sie zum Haus des ehemaligen britischen Premierministers von 1970 bis 1974, Sir Edward Heath, **Arundells**. Auch wenn das Thema für Sie vielleicht weniger interessant sein mag als für Briten, ist das schöne Anwesen, das in Teilen auf das 13. Jahrhundert zurückgeht, mit seinem hübschen Stadtgarten, den original ausgestatteten Räumen und Sammelgegenständen Heaths, wie Bildern, Keramiken und Modellschiffen, einen Blick wert *(59 Cathedral Close, SP1 2EN, www.arundells.org, Mitte März–Anfang Nov. Sa.–Mo. 10.00–17.00 Uhr, 10 £, nur Gärten 3,50 £)*. Direkt daneben befindet sich noch das militärisch geprägte ***The Rifles Berkshire and Wiltshire Museum***.

Rechts vor Ihnen befindet sich nachfolgend ein begrünter kleiner Platz. An dessen Ende steht **Mompesson House**. Das Stadthaus aus dem 18. Jahrhundert entführt in eine vergangene Zeit. Vor einigen Jahren war es Teildrehort der Verfilmung von »Sinn und Sinnlichkeit« aus der Feder von Jane Austin. Auch der **Walled Garden** im Hinterhof ist hübsch, ein kleines, aber sympathisches Haus, das Sie, zumindest wenn Sie National-Trust-Mitglied sind, besuchen sollten *(Choristors Squre, SP1 2EL, www.nationaltrust.org.uk, Mitte März–Okt. und Dez. Fr.–Di. 11.00–16.00 Uhr, 9 £, nur Gärten 1 £, National Trust Members frei)*.

Rechts neben dem Haus führt die **High Street** erneut ins eigentliche Ortszentrum hinein. Vorbei am Café ***Bosten Tea Party*** *(13 High St., SP1 2NJ)* halten Sie sich am Ende rechts und gelangen so über die **Silver Street** in den verkehrsberuhigten Bereich. An dieser Stelle steht das schöne alte Fachwerkhaus des ***Haunch of Venison***-Pubs *(1 Minster St., SP1 1TB)*, davor das auffällige Marktkreuz **Poultry Cross**. Gegen Ende der nun mit **Butcher Row** benannten Straße treffen Sie erneut auf die Guildhall, dahinter den Marktplatz von dem aus Sie zurück zum Parkplatz finden.

Stonehenge

Nördlich der Stadt, an der **A345**, liegen die Überreste von **Old Sarum**, dem »Ur-Salisbury«. Das eisenzeitliche Fort ist kaum zu übersehen. Die beeindruckenden Befestigungen bestehen aus zwei Erdwällen, die durch einen Graben getrennt sind. Schon 400 v.Chr. wurde die Anlage wohl errichtet und später von den Römern übernommen. Doch auch die Sachsen und Normannen hinterließen ihre Spuren. In der Mitte erhebt sich ein weiterer befestigter Hügel, dort, wo die Königsburg Wilhelms des Eroberers stand. Außerhalb dieses inneren Rings lag die Stadt, und auch die erste Kathedrale von Salisbury aus dem Jahr 1092 stand hier. Ihre Fundamente sind noch gut erkennbar. Sie können zum Parkplatz inmitten des befestigten Bereichs fahren und von dort aus die Anlage erkunden *(N 51°05'35" W 1°48'08", Castle Rd., SP1 3SD, www.english-heritage.org.uk, Apr. – Okt. 10.00 – 17.00 Uhr, sonst meist bis 16.00 Uhr, 5,90 £, English Heritage-Mitglieder frei).*

Stonehenge

Nur rund 17 Kilometer nördlich von Salisbury gelangen Sie zur wohl berühmtesten Sehenswürdigkeit Großbritanniens außerhalb Londons. Der Steinkreis Stonehenge ist UNESCO-Weltkulturerbe und jedes Kind hat irgendwann einmal ein Bild dieses monumentalen Bauwerks aus grauer Vorzeit gesehen. Ein klein wenig müssen Sie sich aber noch gedulden, denn kurz zuvor liegt noch eine Art kleiner Bruder an Ihrer Wegstrecke.

Woodhenge ist eine weitere Kultstätte, die schon 2300 Jahre v.Chr. erbaut wurde. Ursprünglich waren Stämme in sechs konzentrischen Ringen anstelle der heute stellvertretend angebrachten kurzen Steinsäulen in den Boden gerammt worden. In der Mitte stand wohl ein rundes Gebäude. Welche zeremoniellen Funktionen tatsächlich durch das Bauwerk erfüllt wurden, ist bis heute ein Rätsel. Einige Vermutungen und Erklärungen liefern die Infotafeln am Eingang des Platzes *(Zugang kostenfrei, www.english-heritage.org.uk)*. Am kleinen Parkplatz neben dem Kultplatz können ein bis zwei kleinere WOMOs die Nacht verbringen.

070 **N 51°11'24" W 1°47'06"**, Fargo Rd., SP4 7AR

Während man früher die Überreste von **Stonehenge** noch begehen konnte und bis vor wenigen Jahren das Bauwerk und der Besucherparkplatz direkt daneben an der Straße lagen, ist das Gebiet mittlerweile abgesperrt und ein rund zwei Kilometer entferntes Besucherzentrum eröffnet worden. Es soll der 4500 Jahre alten Stätte einen Teil ihres Kontexts und ihrer Ehrwürdigkeit zurückgeben, die vorher verloren gegangen waren. Auch der lange Anfahrtsweg, die schon damals bestehende »Avenue«, wurde somit wiederbelebt. Ausgerüstet mit Audioguide, auch auf Deutsch, werden Sie zunächst durch eine Ausstellung geführt, auf der Sie multimedial in den Steinkreis geführt werden und ihn im Laufe der Jahreszeiten erleben. Danach treffen Sie neben allerlei Gegenständen aus dem neolithischen Zeitalter auch auf ein 5500 Jahre altes Skelett und viele Schautafeln, die erklären, wie und warum Stonehenge errichtet wurde – zumindest nach aktuellem Konsens. Im Außengelände wurde ein Dorf der Zeit nachgebaut und im Anschluss verkehren Zubringerbusse zum eigentlichen Highlight, dem Steinkreis. Alternativ können Sie auch einen Spaziergang dorthin machen, der allerdings an vielen Tagen zur Völkerwanderung ausartet. Wie stark die Anlage auf Sie wirkt, wird neben dem Wetter nicht zuletzt mit dem Gästeansturm bei Ihrem Besuch zu tun haben. Wenn schon Hauptsaison, ist es daher ratsam, möglichst früh oder spät am Tag anzureisen, wenn das Gros der Busse mit Tagesausflüglern und Schulklassen nicht mehr vor Ort ist. Da neuerdings Tickets mit festgelegter Besichtigungszeit ausgegeben werden, macht es Sinn, schon online einen passenden Zeitpunkt zu buchen *(N 51°11'06" W 1°51'33", A360, SP4 7DE, www.english-heritage.org.uk, 9.30 – 17.00 Uhr, 20,90 £, English Heritage- und National Trust-Mitglieder frei)*.

Wer auf sämtlichen Komfort verzichten kann, kommt erstaunlicherweise bislang für eine reine Übernachtung an einer kleinen Straße mitten im Stonehenge-Gelände unter, doch Vorsicht, es gibt ein paar tiefe Schlaglöcher. Oder Sie nehmen doch lieber den angegebenen Pub- oder Campingplatz.

071 **Ab N 51°11'24" W 1°47'06"**, The Drove, SP4 7DE.

Tierische Begegnungen in Longleat

072 Winterbourne Stoke – *Stonehenge Campsite*

GPS/Kontakt: N 51°09'51" W 1°53'50", Berwick Rd., SP3 4TQ, Tel. 07786 73 47 32, www.stonehengecampsite.co.uk. **Öffnungszeiten**: Ganzjährig. **Ausstattung**: WiFi, Waschmaschine / Trockner, kleiner Shop, Wanderwege ins nahe Naturreservat. **Beschreibung**: Flache, durch Hecken unterteilte Schotter- und Rasenplätze, gepflegt, kein Schatten, 500 m bis in den kleinen Ort. **Preis**: 20 – 25 £. **Zufahrt**: Am Ende von Winterbourne links zum Platz abfahren. **Hinweis**: Mitte Juni findet neben dem Platz ein Musikfestival statt. **Hinweis 2**: Auch etwas weiter am ***Bell Inn*** in Wylye können Sie über Nacht bleiben, N 51°08'21" W 1°59'25", High St., BA12 0QZ.

Longleat

Nahe der Stadt **Warminster** befindet sich **Longleat**. Das prächtige Herrenhaus selbst, erbaut im elisabethanischen Stil im 16. Jahrhundert, beeindruckt mit seiner majestätischen Architektur und seinen kunstvoll gestalteten Gärten. Besucher können auf Touren die opulenten Innenräume erkunden, die mit historischen Kunstwerken und kostbaren Antiquitäten gefüllt sind, und mehr über die Geschichte der Familie Thynn erfahren, die das Anwesen seit Generationen bewohnt. Doch Longleat bietet nicht nur Kultur und Geschichte, sondern auch einen der größten Safari Parks in Europa. Er war der erste seiner Art außerhalb Afrikas und beheimatet eine Vielzahl von exotischen Tieren, darunter Löwen, Giraffen, Elefanten und Nashörner. Sie können auf einer etwas zehn Kilometer langen Runde mit dem eigenen Auto oder einem Safari-Bus durch das weitläufige Gelände fahren und die Tiere in ihrer natürlichen Umgebung beobachten. Zusätzlich zu den Safari-Abenteuern bietet das Gelände noch eine ganze Reihe weiterer Attraktionen, wie einen großen Abenteuerspielplatz, Labyrinth, Boots- und Zugfahrten zu Seelöwen, Pinguinen und Gorillas und Tierbegegnungen verschiedenster Art, darunter mit echten Publikumslieblingen wie Koalas. Es gibt außerdem eine ganze Reihe an gastronomischen Einrichtungen und wechselnde Ausstellungsbereiche, in denen zuletzt eine aufwendig animierte Dino-Show zu sehen war. Die Kombination aus historischer Pracht und Tiererlebnissen garantiert jedenfalls ein unvergessliches Erlebnis für die ganze Familie, das am Ende den Eintritt rechtfertigt und problemlos einen ganzen Tag füllt. Wollen Sie gleich über Nacht bleiben, gibt es einen eher hochpreisigen Campingplatz des Caravan Clubs am Gelände *(N 51°11'22" W 2°14'49", BA12 7NW, www.longleat.co.uk, Apr. – Okt. 10.00 – 18.00 Uhr, Mitte Juli – Aug. bis 19 Uhr, sonst saisonal wechselnde Öffnungszeiten an 2 – 6 Tagen bis 17.00 Uhr, 42,95 £).*

Stourhead Gardens

Einige Kilometer südlich liegen auf über 1000 Hektar die Parkanlagen und Gärten von **Stourhead**. Schon 1740 öffnete der Landschaftspark erstmals seine Pforten und wurde auch damals schon als eine Art Kunstwerk angesehen. Daran hat sich nichts geändert. Rund um einen idyllisch angelegten See gruppieren sich Tempel, Grotten und exotische Bäume, bunt blühende Rhododendren im Frühling und ebenso bunt leuchtende Blätter im Herbst. Auch das zugehörige Haus im palladianischen Stil können Sie mitsamt seiner Einrichtung besuchen *(N 51°06'20" W 2°18'57", High St., BA12 6QF, Stourton, www.nationaltrust.org.uk, Apr. – Okt. 9.00 – 18.00 Uhr, sonst bis 17.00 Uhr, Haus nur 11.00 – 16.30 bzw. 15.30 Uhr, Nov. – Feb. teils nur Garten bis 15.00 Uhr, 20 £, National Trust-Mitglieder frei).*

Stourhead Gardens

TOUR 2

Old Wardour Castle

Gar nicht so leicht zu finden ist das wunderschön neben einem See in die Landschaft eingebettete **Old Wardour Castle**. Die abgelegene Burgruine steuern Sie am besten von der **A350** aus und über den Ort Semley an. Schon deswegen, weil viele Bahnunterführungen von Norden her nicht auf WOMO-Größe ausgelegt sind und bei spätestens drei Meter Durchfahrtshöhe Schluss ist. Wenn Sie schließlich die schmale Zufahrt zur Burg gemeistert haben, erwartet Sie eine Luxusvilla des 14. Jahrhunderts oder das, was man sich damals darunter vorstellte. Im Bürgerkrieg zerstört, erlebte die Ruine im 18. Jahrhundert eine zweite Blüte, als reiche Städter durch den verklärt-romantischen Zeitgeist von Gemäuern wie Wardour Castle beinahe magisch angezogen wurden. In jüngerer Zeit war sie dann Vorbild für die Burg im Film »Robin Hood« mit Kevin Costner. Sie können heute, mit Audioguides ausgestattet, die verschiedenen Stockwerke, die Grotte und Außenanlagen selbst unter die Lupe nehmen *(N 51°02'14" W 2°05'23", SP3 6RR, Tisbury, www.english-heritage.org.uk, Apr. – Okt. 9.00 – 17.00 Uhr, sonst Sa. / So. bis 16.00 Uhr, Erw. 5,90 £, inkl. Audioführer, English Heritage-Mitglieder frei).*

073 Gillingham – *East Lawn Farm*

GPS/Kontakt: N 51°03'41" W 2°14'22", SP8 5QN, Tel. 07399 42 62 16, www.campingandcaravanningclub.co.uk. **Max. WOMOs**: 5. **Öffnungszeiten**: März – Okt. **Ausstattung**: Ver- / Entsorgung, Toilette / Dusche, Mülleimer, Spülgelegenheit. **Beschreibung**: Wiese mit Picknickbank und Feuerplatz am hinteren Ende eines Farmgeländes, ruhige Alleinlage, recht eben, ruhig, klappstuhlgeeignet, 3,3 km außerhalb von Gillingham. **Preis**: 15 – 19 £. **Zufahrt**: Von der A350 Richtung Shaftesbury rechts auf die A303 wechseln und dann nach der Tankstelle links und sofort wieder rechts Richtung West Knoyle fahren, Platz kommt hier nach rund 6,5 km links. **Hinweis**: Nur für Camping und Caravanning Club-Mitglieder, tel. Reservierung empfohlen.

Shaftesbury *(9.160 Einwohner)*

Nächster größerer Ort ist die hübsche Marktgemeinde Shaftesbury. Parken können Sie bei N 51°00'26" W 2°11'53" in der Blake Street, kleinere Fahrzeuge auch bei N 51°00'24" W 2°11'39" in der Angel Lane. Das nette kleine Zentrum befindet sich direkt südlich, beziehungsweise westlich an die Parkplätze angrenzend und ist oval angeordnet. Es gibt mehrere Cafés und Restaurants, auch eine **Touristeninformationsstelle**. Die meisten Besucher zieht es aber zum Stadtratsgebäude mit dem befestigten Uhrturm in der Mitte. Es liegt am südwestlichen Eck der Innenstadt. Dahinter fällt der Straßenzug **Gold Hill** recht steil ab. Er gilt als einer der schönsten und originärsten im ganzen Land. Tatsächlich scheint die Zeit vor vielen Jahrzehnten stehen geblieben zu sein, wenn man von oben hinabblickt. Das kleine **Gold Hill Museum** erzählt Geschichten zur Stadt und Hügel *(www.goldhillmuseum.org.uk, Apr. – Okt. 10.30 – 17.30 Uhr, Eintritt frei)*.

Nur eine Straße weiter am **Park Way** befindet sich der Zugang zur **Shaftesbury Abbey**, die mit ihrem Klostermuseum und Garten ähnlich viele Besucher anzieht *(www.shaftesburyabbey.co.uk, Apr. – Okt. 10.00 – 16.00 Uhr, Eintritt frei, Spende erwünscht)*. Empfehlenswerte Gastroadressen sind der ***Salt Cellar*** *(2 Gold Hill, SP7 8LY)*, ***The Grosvenor Arms*** *(High St., SP7 8JA)* und ***Ugly Duckling Café*** *(Swans Yard, SP7 8JQ)*. Einen schönen Übernachtungsplatz mit Weitblick und Spaziermöglichkeit zu einer aussichtsreich gelegenen Baumgruppe am Hochplateau gibt es am National-Trust-Grundstück **Win Green** unweit der Stadt,

074 Charlton – Win Green

GPS: N 50°59'01" W 2°06'38", Donhead Hollow. **Ausstattung**: Keine Einrichtungen. **Beschreibung**: Großer Schotterparkplatz des National Trusts ohne Nachtparkverbot mit weitem Blick über das Land auf einer Anhöhe. Abfallend, etwas holprige Zufahrt, rund 9 km außerhalb. **Zufahrt**: Von Shaftesbury auf der A30 nach Osten bis Ludwell fahren, dort rechts abbiegen. Nach rund 2,5 km zweigt links die Schotterzufahrt zum Parkplatz ab. **Hinweis**: Die Camping und Caravanning-Club Alternative für Mitglieder heißt hier ***Ye Olde Wheelwrights***, N 51°00'23" W 2°07'28", A30, SP7 9HH, Tel. 07591 71 23 72, www.campingandcaravanningclub.co.uk, ganzjährig, 25 £.

Kingston Lacy

An der gleichen Straße erreichen Sie wenig später auch **Kingston Lacy**, das ehemalige Heim der Bankes-Familie. Es wurde 1981 an

Gold Hill in Shaftesbury

TOUR 2

den National Trust übereignet. Ziel war es, einen italienischen Palazzo nachzubauen und diesen im Osten Dorsets passend zu etablieren. Zur Ausstattung gehören einige ungewöhnliche Souvenirs aus dem Familienbesitz, die größte private Sammlung ägyptischer Artefakte in England und Gemälde von Ruben, Titian und Brueghel. Im riesigen Park gibt es einen japanischen Garten, Spazierwege durch weites Baumland, Spielplätze für die Kinder und noch einiges mehr zu entdecken *(N 50°49'01" W 2°01'50", BH21 4EA, Wimborne Minster, www.nationaltrust.org.uk, März–Okt. Park 9.30–17.00 Uhr, Haus 10.30–16.00 Uhr, sonst nur 9.30–16.00 Uhr, 19 £, National Trust-Mitglieder frei).*

In Richtung **Wimborne Minster** treffen Sie wenig später auf einen Parkplatz ohne Übernachtungsverbot oder kehren im ortsnäheren ***Horns Inn*** ein.

075 **N 50°48'15" W 2°00'46"**, Pamphill, BH21 4EE

076 **N 50°48'37" W 1°58'30"**, Burt's Hill, BH21 7AA, Wimborne, 01202 88 35 57.

Bournemouth und Poole *(337.420 Einwohner)*
Die beiden, längst zusammengewachsenen Städte am größten Naturhafen Großbritanniens, dem Poole Harbour, sind ein beliebtes Ausflugs- und Urlaubsrefugium. Nicht zu unrecht, denn die Mischung aus Strand, Stadt und sehenswerter Umgebung sind tatsächlich ziemlich attraktiv. Mit der **Sandbank Peninsula**, dem **Poole Quay**, dem langgestreckten **Shore Road Beach** und dem quirligen Zentrum von Bournemouth gibt es Einiges zu sehen und entdecken. Wenn Sie nur einen Tagesausflug machen, finden Sie geeignete Parkplätze beispielsweise in Bournemouth am **Queens Road Car Park**, N 50°43'20" W 1°53'37", Queens Rd., BH2 6BE unweit der Altstadt, in Poole am **Sandbanks Carpark**, N 50°41'19" W 1°56'24", Banks Rd., BH13 7QQ, direkt am Strand oder an der **Poole Harbourside**, N 50°42'42" W 1°58'29", Catalina Dr., BH15 1UX. Auch der schattige **Branksome Chine Carpark**, ebenfalls am Strand gelegen, kommt in Frage, die Zufahrt ist jedoch etwas schmal und steil, N 50°42'39" W 1°54'22", Pinewood Rd., BH13 6FB. Am erst- und letztgenannten Parkplatz wäre die Übernachtung theoretisch möglich. Besser stehen Sie aber meist in der Peripherie, mit zahlreichen Möglichkeiten.

Queens Road Car Park

077 Christchurch – *Meadowbank Holidays*

GPS/Kontakt: N 50°45'02" W 1°48'32", BH23 2PQ, Tel. 01202 48 35 97, www.meadowbank-holiday.co.uk. **Öffnungszeiten**: März – Okt. **Ausstattung**: Campingplatzüblich. **Beschreibung**: Großer Mobilheimpark mit angeschlossener Touring-Sektion am River Stour, teils schattig, eben, ruhige Ortsrandlage, Bushaltestelle an der nahen Hauptstraße. **Preis**: 25 – 39 £. **Zufahrt**: Aus Richtung Wimborne Minster kommend immer der B3073 zum Flughafen und weiter nach Christchurch folgen. Dort nach dem Kreisverkehr rechts in die Old Barn Road abbiegen und bis zum nach rechts beschilderten Platz fahren.

078 Bournemouth – *Yeomans Road*

GPS/Kontakt: N 50°45'25" W 1°50'25", Yeomans Rd., SP8 5QN, Tel. 01202 52 04 38, www.campingandcaravanningclub.co.uk. **Max. WOMOs**: 5. **Öffnungszeiten**: Apr. – Sep. **Ausstattung**: Ver- / Entsorgung, Strom, Toilette, Mülleimer. **Beschreibung**: Sehr große, etwas holprige und wilde Wiese mit Scheunentor (Zahlencode) an der Einfahrt, teils Schatten. Ruhige Lage, klappstuhlgeeignet, Bushaltestelle etwa 600 m entfernt nahe dem Einkaufszentrum. **Preis**: 12 – 30 £. **Zufahrt**: Achtung, Zufahrt nur von Süden aus möglich. Aus Richtung Wimborne Minster kommend immer der B3073 Richtung Flughafen folgen, dann aber in Parley Cross rechts Richtung Bournemouth abfahren. Nun bis zum vierten Kreisverkehr, dort links Richtung Yeomans und am nächsten Kreisverkehr geradeaus in die kleine Sackgasse fahren. Platz kommt dort am Ende rechter Hand **Hinweis**: Nur für Camping und Caravanning Club-Mitglieder, tel. Reservierung empfohlen. Eine zweite Certificated Location des Clubs liegt ganz in der Nähe, ***Parley Glade***, N 50°46'20" W 1°52'48", Church Ln., BH22 8TR, Tel. 07816 79 03 01, www.campingandcaravanningclub.co.uk, ganzjährig, 12 – 20 £.

079 Poole – *Sweet Home Inn*

GPS/Kontakt: N 50°43'43" W 1°57'49", 25 Ringwood Rd., BH14 0RF, Tel. 01202 68 37 16. **Max. WOMOs**: 1 – 2. **Öffnungszeiten**: Ganzjährig. **Ausstattung**: Keine Einrichtungen. **Beschreibung**: Kleinerer Asphaltparkplatz neben dem Pub mit Gastgarten, nicht ganz leise, nur für kleinere Fahrzeuge unter 7 m, Anruf vorab erbeten, Bushaltestelle und Minimarkt benachbart. **Preis**: Bei Einkehr und auf Anfrage kostenfrei. **Zufahrt**: Ab Winbourne Minster der Beschilderung über die A349 nach Poole folgen. Nun immer geradeaus, auch am sehr großen Kreisverkehr, danach heißt die Straße A35. Nach einer Kwik Fit Werkstatt links und am Kreisverkehr erneut links in die Zielstraße abfahren.

Rundfahrt durch Poole und Bournemouth

Statt Ihr WOMO zu bemühen, ist es beim Gewühl kleiner und einbahngeregelter Straßen deutlich einfacher und stressfreier, für eine Besichtigung den örtlichen Sightseeingbus zu nutzen, der so ziemlich alle interessanten

Punkte ansteuert und unterwegs auch viele interessante Fakten zu den Städten vermittelt. Von allen genannten Parkplätzen aus lässt sich eine Haltestelle nach überschaubarer Gehstrecke erreichen, die wir weiter unten auch angeben *(www.citysightseeing-bournemouth.co.uk, alle Haltepunkte online ersichtlich, Apr.–Ende Sep., Abfahrten 10.00–17.00 Uhr mindestens stündlich, 24h-Ticket 16 £, für 48 h 20 £, auch in Kombination mit Bootstour erhältlich).* Eine zweite Möglichkeit wären sonst noch die im Ort verteilten Mieträder und -scooter zu nutzen, wenn Sie sich mit dem Bus nicht anfreunden können.

Bei unserer Beschreibung der Stadt orientieren wir uns hier an den Haltestellen des Sightseeing Busses:

· »Bournemouth Pier«, mit der Touristeninformationsstelle, dem Pier, Innenstadtstrand, gastronomischen Betrieben und den neu gestalteten Lower Gardens, die bis zum Marktplatz führen und dem Unterwasserzoo **Oceanarium** gleich daneben *(Pier Approach, BH2 5AA, www.oceanarium.co.uk, je nach Saison 10.00–16.00 / 17.00 / 18.00 Uhr, 15,90 £, Ermäßigungen bei Onlinebuchung).*

· »Bournemouth Square« für die geschäftige Innenstadt von Bournemouth mit dem Marktplatz und der Fußgängerzone.

· »West Overcliff Drive« für den Weg durch die Schlucht Alum Chine zum darunter gelegenen Strand mit den **Tropical Gardens**.

· »Westbourne« für das alte Geschäftszentrum von Bournemouth mit kleinen Läden, hier Zustieg ab dem Parkplatz Queen Road.

· »Branksome Chine« für den Zustieg ab dem Parkplatz Branksome Chine mit zugehörigem Strandabschnitt.

· »Canford Cliffs« für den Besuch der schönen, subtropischen Gartenanlage **Compton Acres** *(164 Canford Street, BH13 7ES, www.comptonacres.co.uk, Apr.–Okt. 10.00–18.00 Uhr, sonst bis 16.00 Uhr, 9,95 £)*

· »Flaghead Chine« für einen schönen, schattigen Schluchtenweg zum

Surferstrand an den Sandbanks, oben Bournemouth Zentrum

Strand, von dort Spaziergang zu den Sandbanks.
· »Sandbanks Beach Shore Road« – der Name ist Programm – der beste Badestrand am Beginn einer ins Meer ragenden Halbinsel mit Surfsport.
· »Sandbanks Beach Main Car Park« für einen weiteren Zugang zum Strand und den angegebenen Parlplatz Sandbanks.
· »Whitecliff Recreation Grounds« – für eine große, teils neu gestaltete Parkanlage am Meer.
· »Poole Quay« – für den schön gestalteten Hafenbereich von Poole mit vielen Restaurants, Läden und Booten zu Ausflugsfahrten in die Bucht. Ein Ziel wäre die gleich vor Ihnen liegende naturgeschützte Insel **Brownsea**. Sie ist bekannt für ihre Austernfischer, Eisvögel und roten Eichhörnchen, die Sie auf einem Rundgang beobachten können. Auch ein Visitor Centre, das zu den Rundwegen und aktuellen Veranstaltungen auf dem Eiland informiert, ist vorhanden *(www.nationaltrust.org.uk, Boote fahren ab Poole Quay oder Sandbanks, www.nationaltrust.org.uk, Mitte März – Okt. etwa alle 30 Min. von 10.00 – 17.00 Uhr, von Feb. – Mitte März nur Sa. / So. bis 16.00 Uhr, Überfahrtspreis ab etwa 13,50 £, Inselzutritt 10 £, dieser ist für National Trust-Mitglieder frei)* In der Nähe befindet sich auch das interessante, stadtgeschichtliche Poole Museum *(4, High St., BH15 1BW, www.poolemuseum.co.uk, 10.00 – 17.00 Uhr, Eintritt frei).*
· »Balter Park Harbourside Walk« – für den Zustieg ab dem Parkplatz Poole Harbourside..

Umrunden Sie nun die Bucht, um auf die südwestlich gelegene Halbinsel rund um Corfe Castle zu gelangen. Eine Möglichkeit unterwegs noch einmal für die Nacht unterzukommen, bietet das schöne, reetgedeckte Pub ***Bakers Arms*** gleich am Roundabout der A35 in Höhe **Lytchett Minster**.

080 **N 50°44'01" W 2°03'55"**, Dorchester Rd., BH16 6JF, Tel. 01202 62 29 00

Arne Nature Reserve

Unterhalb von Poole reckt sich die beliebte Ferienregion der Purbeck-Halbinsel ins Meer. Hinter Wareham können Sie links einer Stichstraße zum **Arne-Naturreservat** folgen. Das vom RSPB gemanagte Gelände besteht weitgehend aus Heideflächen und alten Eichenwäldern. Vor allem zum Beobachten von Vögeln und Insekten kommen viele Besucher. Im Sommer hält man nach Grasmücken, Nachtschwalben und 22 Libellenarten Ausschau. Im unterhalb gelegenen **Poole Harbour** suchen Jahr für Jahr Tausende Vögel, Enten und Gänse nach Futter. Auch Fischadler kommen regelmäßig zu Besuch. Nähere Informationen zu aktuellen Sichtungen und den Wegen durch das Reservat erhalten Sie an der Besucherhütte am Ende des Parkplatzes *(N 50°41'23" W 2°02'30", Arne Rd., Wareham, www.rspb.org.uk, Parkplatz 8.30 Uhr bis Sonnenuntergang, 5 £).* Statt bis ganz zur Hauptstraße A35 zurückzufahren, können Mutige von Arne aus schon auf halbem Weg links ab die Soldier Road zur Weiterfahrt Richtung **Corfe** nehmen. Die Straße beginnt an einem Viehgitter und führt auf einer sehr schmalen, aber wunderschön gelegenen Straße durch das **Hartland Moor** mit einigen Wanderwegen beidseitig.

Zurück an der Hauptstraße gibt es dann noch den Platz **Norden Farm Camping**. Er befindet sich kurz vor **Corfe Castle**.

081 **N 50°38'44" W 2°04'08"**, A531, BH20 5DS, Tel. 01929 48 00 98, www.nordenfarm.com, Corfe Castle, März–Okt., 11,50–22,50 £

Corfe Castle *(1.430 Einwohner)*
Schon von Weitem sehen Sie die Überreste der majestätisch auf einem Felsen thronenden königlichen Festung. Sie wurde bereits 1646 von Parlamentariern im Bürgerkrieg zerstört, doch an Faszination haben die Ruinen kaum verloren. Parkmöglichkeiten befinden sich direkt unterhalb. Nur der Vollständigkeit halber sei erwähnt, dass es auch ein Modelldorf neben der Burg gibt sowie eine Museumsbahn, die im Sommer regelmäßig bis Swanage stampft *(Parken bei N 50°38'30" W 2°03'33", Burg: The Square, BH20 5EZ, www.nationaltrust.org.uk, Apr.–Sep. 10.00–18.00 Uhr, März / Okt. bis 17.00 Uhr, sonst bis 16.00 Uhr, 13 £, National Trust-Mitglieder frei, mehr zum Modelldorf und zur Bahn unter corfecastlemodelvillage.co.uk und swanagerailway.co.uk)*.

Das hübsche Dorf hinter der Burg mit seinen alten Steinhäusern und der historischen Kirche ist einen Rundgang wert. Störend kann nur der Verkehr werden, denn Corfe Castle ist Dreh- und Angelpunkt der Halbinsel. Alle östlich verlaufenden Straßen beschreiben einen Bogen und kommen wieder hierhin zurück. In der Umgebung treffen Sie selbstverständlich auch auf eine ganze Reihe Übernachtungsmöglichkeiten und haben hier einmal mehr die Auswahl aus verschiedenen Optionen. Die besten Campingplätze liegen südlich des Ortes.

Corfe Castle

082 Corfe Castle – *Woodhyde Campsite*

GPS/Kontakt: N 50°37'18" W 2°02'16", Valley Rd., BH20 5HT, Tel. 01929 48 02 74, www.woodhyte.co.uk. **Öffnungszeiten**: März – Okt. **Ausstattung**: Campingplatzüblich. **Beschreibung**: Großer flacher Rasenplatz mit mehreren Feldern und einigen Schotterplätzen, kaum Schatten, in der Hauptsaison belebt, sonst recht ruhig, Corfe Castle ist fußläufig erreichbar, enge Bahnunterführung am Weg (max. 3,2 m Höhe und 2,7 m Breite). **Preis**: 24 £. **Zufahrt**: Corfe in südliche Richtung durchfahren, nach der Bahnüberführung rechts zum Platz abbiegen. **Hinweis**: Eine gute Alternative ist die kurz darauffolgende ***Quarr Campsite***, N 50°37'09" W 2°00'52", Quarr Farm Rd., BH19 3DY, Tel. 07772 67 48 42, www.quarrcamping.co.uk, Mai bis Sep., 28 £.

083 Church Knowle – *Church Farm*

GPS/Kontakt: N 50°38'13" W 2°05'05", BH20 5NG, Tel. 01929 48 01 51, www.campingandcaravanningclub.co.uk. **Max. WOMOs**: 5. **Öffnungszeiten**: Apr. – Okt. **Ausstattung**: Ver- / Entsorgung, Toilette / Dusche, Spülgelegenheit, Mülleimer, klappstuhlgeeignet. **Beschreibung**: Ziemlich schräge, aber schön gelegene Rasenfläche an einer Farm in Ortsrandlage, kaum Schatten, meist ruhig, Wanderwege nach Corfe Castle. **Preis**: 10 – 20 £. **Zufahrt**: In Corfe direkt vor der Burg rechts abbiegen, dann immer geradeaus bis in den nächsten kleinen Ort, dort rechter Hand vor der Kirche. **Hinweis**: Nur für Camping- und Caravanning Club Mitglieder, tel. Reservierung empfohlen. Eine zweite Certificated Location des Clubs gleich um die Ecke ist, ***Chiplands***, N 50°37'56" W 2°06'12", Church Ln., BH20 5NX, Tel. 01929 48 15 46, www.campingandcaravanningclub.co.uk, Jun. – Okt., 15 – 16 £.

084 Norden – *Halfway Inn*

GPS/Kontakt: N 50°39'27" W 2°05'17", A351, BH20 5DU, Tel. 01929 48 04 02. **Max. WOMOs**: 2 – 3. **Öffnungszeiten**: Ganzjährig. **Ausstattung**: Keine Einrichtungen. **Beschreibung**: Landpub neben der Hauptstraße mit ebenem Schotterparkplatz und kleinem Biergarten. **Preis**: Bei Einkehr und auf Anfrage kostenfrei. **Zufahrt**: Direkt an der A351 zwischen Wareham und Corfe Castle, dort wo die Soldier Street auf die Hauptstraße stößt. **Hinweis**: Auch das *New Inn* in Church Knowle ist bestens auf WOMO-Gäste eingestellt, es bietet gleich eine Campingwiese, Toilette und Dusche, verlang dafür aber pauschal 12,50 £, N 50°38'08" W 2°05'20", Tyneham Rd., BH20 5NQ, Tel. 01929 48 03 57.

Studland Bay *(410 Einwohner)*
Gleich nach der Burg links ab führt der Fahrweg zur **Studland Bay** mit einem schönen langen Strand. Ganze sechs Kilometer goldener Sand machen den Streifen zu einem der beliebtesten Baderefugien Südenglands. Am rechten Ende wird die Bucht vom Steinmassiv **Old Harry Rocks** begrenzt, am spitz zulaufenden Ende links schließen sich nur durch eine schmale Durchfahrt getrennt die Poole Sandbanks an. Mehrere Parkplätze nehmen auch größere Fahrzeuge auf, am besten eignet sich der am nördlichen Abschnitt **Knoll Beach** *(N 50°39'06" W 1°57'17", Ferry Road, BH19 3AH, Studland, Parkgebühren je nach Aufenthaltsdauer, National Trust-Mitglieder frei).*

Selbst wenn kein perfektes Badewetter sein sollte, lohnt ein Aufenthalt, denn direkt nördlich des Parkplatzes schließt sich das schöne **Studland Heath Nature Resort** mit vielen Pfaden durch die Natur an. Am Sandabschnitt davor befindet sich Englands bekanntester, fast ein Kilometer langer FKK-Strand.

Nur für den Fall, dass es am Hauptstrand voll ist und Sie keinen Parkplatz bekommen, können Sie es auch ganz am Ende der Landzunge in Höhe **Shell Bay** versuchen. Die Schotterfläche liegt rechts neben der Fährzufahrt zu den Poole Sandbanks – eine Abkürzung zur Straße, falls Sie dorthin zurück möchten *(N 50°40'35" W 1°57'08", Fähringfos unter sandbanksferry.co.uk).*

Weiter südlich liegt der Ort **Swanage** an der Küste, den Sie auch auf einer schönen Küstenwanderung zu Fuß erreichen.

Wanderung: Von der Studland Bay nach Swanage *(6,8 km)*

Ausgangspunkt der Wanderung ist der südlichste Parkplatz Studlands in der **Manor Road** bei N 50°38'32" W 1°56'52".

Gehen Sie am Pub Bankes Arms vorbei und nehmen Sie den Weg nach links, der mit einem Coast-Path-Zeichen markiert ist, sobald Sie die öffentlichen Toiletten erreichen. Die Tour verläuft nun zur Küste hin durch wildes Grasland. Im Frühling wachsen Tausende von Wildblumen auf dem nicht mehr bewirtschafteten, vom National Trust gepflegten Gebiet. Immer wieder haben Sie freien Blick zurück zur Studland Bay und der Stadt Poole ganz am Ende. Die Kreidefelsen unter Ihnen sind in diesem Bereich Heimat vieler Seevögel. Die größte Kormoran-Kolonie von Dorset lebt beispielsweise gleich neben der Felsformation Old Harry, die Sie an der Landspitze erreichen – ein beliebtes Fotomotiv.

Folgen Sie dem Pfad einfach immer weiter bis zu den ersten Ausläufern von Swanage. Außer bei sehr hoher Flut oder schlechtem Wetter können Sie an dieser Stelle auch einen steilen Weg hinab zum Strand wählen und dort für rund 200 Meter entlanglaufen, bevor Sie, rechts hinauf, wieder dem offiziellen Weg folgen. Dieser biegt nun zwischen den Häusern in den Ort hinein. Gehen Sie auf der **Ballard Street** weiter bis zu einem Geschäft mit Briefkasten, dort biegen Sie scharf nach links auf die **Redcliffe Road**. Gehen Sie weiter, bis die Straße in die **Ulwell Road** übergeht. Sie können nun noch ein wenig in dem beliebten Urlaubsort umherstreifen, sich den viktorianischen Pier oder den Wellington Clock Tower ansehen, der bis 1867 Teil der London Bridge in der Hauptstadt war, bevor Sie den Küstenbus Nummer 50 zurück nach Studland nehmen.

Wenn Sie mit dem Auto in Swanage ankommen, finden Sie Parkplätze, um sich den Ort anzusehen, am ehesten entlang der Küstenstraße. Für die Weiterfahrt nehmen Sie am Ende des Ortes links die Straße **B3069**, zumindest wenn Sie noch eine Übernachtungsgelegenheit suchen. Dort befindet sich der Campground **Tom's Field**.

085 **N 50°36'23" W 2°00'30"**, Tom's Field Rd., BH19 3HN, Langton Matravers, Tel. 01929 42 71 10, www.tomsfieldcamping.co.uk, Ostern – Okt., 24 – 29 £

Kimmeridge Bay *(110 Einwohner)*
Sie kommen am Ende der Rundfahrt über die Purbeck-Halbinsel wieder nach Corfe Castle und setzen Ihre Tour nun links über **Church Knowle** fort.

Schöner als die Fahrt auf der Hauptstraße ist dann die Variante entlang der Küste. Sie ist wegen ihres Reichtums an Fossilien aus der Dinosaurierzeit als **Jurassic Coast** bekannt und stellt Englands einziges Weltnaturerbe dar. Bei **Kimmeridge** finden Sie einen Stellplatz. Dann können Sie zur privaten Bucht hinabfahren. Ob die Maut von 12 £ lohnt, müssen Sie, je nach Wetter, Gezeitenstand und Vorlieben, selbst entscheiden.

086 Kimmeridge

GPS: N 50°37'12" W 2°07'01". **Max. WOMOs:** 1 – 2. **Ausstattung**: Keine Einrichtungen. **Beschreibung**: Parkplatz neben der Zufahrtsstraße nach Kimmeridge links unterhalb eines Felsvorsprungs. Im hinteren Bereich durch Bäume nicht von der Straße einsehbar, schattig, 500 m außerorts, nicht ganz eben. **Zufahrt**: Von Church Knowle weiter Richtung Kimmeridge fahren. Kurz vor dem Ort auf der linken Seite.

Lulworth *(1.470 Einwohner)*
Über militärisches Gelände geht es dann auf einem schmalen Teerband, das nicht immer für zivilen Verkehr freigegeben ist, bis nach Lulworth. Der Ort teilt sich in einen Ost-, West- und Küstenteil namens Lulworth Cove auf. In der Tourismuswerbung heißt es, nicht ganz zu Unrecht, dass man an nun an einem der schönsten Flecken der Erde angekommen ist. Sicher ist jedenfalls, dass es weit schlechtere gibt. Zuerst kommen Sie nach East

Durdle Door

Lulworth mit dem **Lulworth Castle**. Das aus dem 17. Jahrhundert stammende Gebäude gehört zu den schönsten der Region. Ursprünglich als Jagd- und Lustschloss des Hochadels errichtet, ist es schon seit mehreren Hundert Jahren im Besitz der Familie Weld. 1929 brannte es komplett aus, wurde gemeinsam mit dem English Heritage danach aber teilrenoviert. Vom Turm aus haben Sie einen tollen Blick entlang der »Jurassic Coast«, die sich von hier bis fast nach Exmouth erstreckt. Auch eine Kirche, Kapelle, Park, Wald und Spielplatz gilt es rund um die Burg zu entdecken, ein zugehöriges Café versteht sich da von selbst *(N 50°38'16" W 2°12'14", Cockles, BH20 5QS, East Lulworth, www.lulworth.com, März – Dez. So. – Fr. 10.30 – 17.00 Uhr, die Burg selbst ist auch an einigen Do. / Fr. im Sommer wegen Veranstaltungen geschlossen, der Park bleibt dann geöffnet, 6,80 £, English Heritage-Mitglieder frei).*

Der größte Ortsteil West Lulworth ist Sitz einer Army Base. Sie können ihn getrost durchfahren und direkt hinab zur **Lulworth Cove** schaukeln. Vom Großparkplatz sind es nur wenige Hundert Meter durch den hübschen, wenn auch touristisch stark frequentierten Ort hinab zum fast kreisrunden Naturhafen *(N 50°37'13" W 2°15'11", Main Road, BH20 5RJ, Parkgebühr).* Wenn Sie dann am Boat Shed Café ganz vorne rechts über den Hügel aufsteigen, können Sie eine kleine Runde aus dem Spaziergang machen und unterwegs noch einen Blick in das zerklüftete **Stair Hole** wagen. Rechts führt der Weg dann wieder zum Parkplatz. Das kleine, kostenlose **Museum of Jurassic Marine Life** klärt über Geschichte und Natur der Gegend auf.

Wenn Sie noch ein Stück wandern möchten und einen etwas anstrengenden Anstieg nicht scheuen, können Sie auch noch westlich des Parkplatzes zur Felsformation **Durdle Door** gehen. Das spektakuläre Felstor zwischen **Man O' War** und **Durdle Beach** ist die Anstrengung wert. Wem das zu viel ist, der kann trotzdem den Anblick genießen, denn es gibt auch einen weiteren Parkplatz gleich oberhalb bei N 50°37'27" W 2°16'04", direkt hinter dem Holiday- und Camping Park, falls Sie über Nacht bleiben möchten.

Zurück an der Hauptstraße liegt in **Winfrith Newburgh** das Pub ***The Red Lion*** mit einer angeschlossenen Campsite. Ein weiterer, gut ausgestatteter Campingplatz befindet sich einige Kilometer weiter nördlich.

087 Lulworth – *Durdle Door Holiday Park*

GPS/Kontakt: N 50°37'36" W 2°16'06", Main Rd., BH20 5PU, Tel. 01929 40 02 00, www.durdledoor.co.uk. **Öffnungszeiten**: März – Dez. **Ausstattung**: WiFi, Waschmaschine / Trockner, Restaurant, kleiner Shop. **Beschreibung**: Durch Hecken parzellierte Schotterstellplätze, teils etwas schräg, neben der Strandzufahrtsstraße, tags belebt, nachts ruhig, 250 m hinter der Strandbucht. Hoher Preis, dafür Premiumlage. **Preis**: 36 – 63 £. **Zufahrt**: Wie im Text beschrieben an der Lulworth Cove neben dem Parkplatz.

088 **N 50°40'15" W 2°16'08"**, A352, DT2 8LE, Winfrith, Tel. 01305 85 28 14, www.redlionwinfrith.com, richtiger kleiner Campground hinter dem Pub, Apr. – Okt., 25 £

089 Moreton – *Camping and Caravanning Club Site*

GPS/Kontakt: N 50°42'06" W 2°18'44", Station Rd., DT2 8BB, www.campingandcaravanningclub.co.uk. **Öffnungszeiten**: Mitte Apr. –Okt. **Ausstattung**: WiFi, Waschmaschine / Trockner, kleiner Shop, Abspülgelegenheit. **Beschreibung**: Geschützt gelegener und gepflegter Rasen- und Schotterplatz, teils schattig, eben, ruhig, Pub und Bahnhof benachbart. **Preis**: 23,60 – 34,10 £, Nicht-Mitglieder zahlen rund 30 % Aufpreis. **Zufahrt**: Von der A352 rechts nach Moreton anfahren, dort nach der Bahnlinie rechts. **Hinweis**: Am Wochenende und in der Hauptsaison zwei Nächte Mindestaufenthalt.

Richtung Westen geht es dann vorbei am Ort **Osmington** mit einem weißen, in den Felsen geritzten Pferd am Berghang, Richtung Weymouth. Wenn Sie die Augen offenhalten, dann können Sie es sogar rechts von der Hauptstraße aus bei der Durchfahrt sehen.

Weymouth *(55.540 Einwohner)*
Der klassische englische Urlaubsort Weymouth ist weder verträumt und pittoresk, sondern eine richtige Stadt mit Verkehr, urbaner Bebauung und entsprechender Infrastruktur. Das ist

vielleicht nicht jedermanns Sache, er besitzt aber eine große, teils verkehrsberuhigte Innenstadt mit vielen Einkaufsgelegenheiten, eine schöne, lange Promenade mit der bunten **Jubilee Clock**, dem Wahrzeichen Weymouths, und einen gut erreichbaren Sandstrand gleich unterhalb. Das, plus ein gewisses Maß an Amüsement in einer Mischung aus Spielhallen, Kirmes und Fish-and-Chips-Buden, ergibt ein im Königreich beliebtes Ganzes. Die »Bespaßungsmaschine« läuft aber noch in einem erträglichen Maße. Für das Zentrum parken Sie am besten ganz vorne an der Landspitze am Großparkplatz der **Esplanade** bei N 50°36'34" W 2°26'53", die tagsüber eigene WOMO-Buchten zur Verfügung stellt. Von hier aus bummeln Sie durch die Fußgängerzone, am schönen Kanal zum Yachthafen hinüber oder an den Weymouth Beach. Sie finden in der Umgebung auch eine ganze Reihe an guten Restaurants, wie ***Bennett`s Fish and Chips*** *(14 Trinity Rd., DT4 8TJ)*, ***The George Bar*** *(2 Custom House Quay, DT4 8BE)*, ***The Gloucester*** *(96 Esplanade, DT4 7AT)*, den ***Cactus Tea Room*** *(34 Esplanade, DT4 8DJ)* und den ***Suttons Coffee Shop*** *(6 St. Alban St., DT4 8BZ)*.

Sie können auch zur gegenüberliegenden Kanalseite spazieren und dort durch den **Nothe Park** das gleichnamige **Nothe Fort** erkunden. Es stammt aus dem 19. Jahrhundert und diente bis in den Zweiten Weltkrieg als Verteidigungsanlage *(Barrack Rd., DT4 8UF, www.nothefort.org.uk, März–Nov. 10.30–16.00 Uhr, Feb. meist nur Sa. / So., 9,95 £)*.

Ein weiterer Anlaufpunkt schon am Beginn der Stadt mag der Parkplatz am **Lodmoor Country Park** sein. Neben einer Miniatur-Parkbahn und einem Abenteuerminigolfplatz locken vor allem das große **Sealife**-Aquarium und **SandWorld** Besucher an. Dort werden von Sandkünstlern riesige Skulpturen aus dem fein vergänglichen Material erbaut, die erstaunlich stabil sind: Es kommt auf die richtige Mischung mit Wasser an, dann entstehen mannshohe Dinosaurier und Elefanten, Löwen und natürlich Schlösser *(Parken bei N 50°37'27" W 2°26'43", Greenhill, DT4 7SL, Sealife: www.visitsealife.com/weymouth, 11.00 – 16.00 Uhr, im Sommer teils 9.30*

Blick auf Weymouth von der Isle of Portland, oben rechts Weymouth Beach

–17.00 Uhr, 27 £, Rabatt bei Onlinebuchung, Sandworld: www.sandworld.co.uk, Apr.–Okt. 10.30–16.30 / 17.30 Uhr, 8,75 £.

Einem Urlaubsort angemessen ist die Dichte an Übernachtungsbetrieben groß, eine gute Möglichkeit ist die

090 Chickerell – *East Fleet Touring Park*

GPS/Kontakt: N 50°37'36" W 2°16'06", Fleet Ln., DT3 4DW, Tel. 03300 53 70 00, www.awayresort.co.uk. **Öffnungszeiten**: März–Okt. **Ausstattung**: WiFi, Waschmaschine / Trockner. **Beschreibung**: Großer, gepflegter Platz direkt am Meer mit leicht abfallenden Stellflächen, tolle Lage, ruhig, kein Schatten. **Preis**: 16–29 £. **Zufahrt**: Auf der B3157 in Richtung Abbotsbury fahren, dort links ab angeschrieben.
Hinweis: Das Pendant für Camping und Caravanning Club-Mitglieder ganz in der Nähe heißt ***Moor Farm***, N 50°37'52" W 2°31'12", B3157, DT3 4EA, Tel. 01305 75 93 22, ganzjährig, 15–20 £.

Falls es Sie schließlich noch bis auf die vorgelagerte **Isle of Portland** zieht, sollten Sie die Fahrt bis ganz zur Spitze machen. Dort befindet sich auf einem schmalen Felsstreifen mit dem **Bill Portland and Visitor Centre** der meistbesuchte Leuchtturm Englands *(N 50°30'58" W 2°27'22", Portland Bill Rd., DT5 2JT, Apr.–Okt., 8 £).* Außerdem haben Sie bei der Rückfahrt eine beeindruckende Aussicht auf Weymouth und die vorgelagerten Strände.

Falls Sie, statt noch Richtung Dorchester zu fahren, anschließend gleich an der Küste entlang Richtung Abbotsbury weiterfahren wollen, kommen Sie am Westende von Weymouth an **Bennetts Water Gardens** vorbei. In dem von Teichen und Seen durchzogenen, rund 3,2 Hektar großen Areal dreht sich alles um Seerosen. Einheimische sowie exotische Arten blühen zwischen Frühsommer und Herbst überall auf den Wasserflächen und geben dem Garten somit ein echtes Alleinstellungsmerkmal. Auch ein Tropenhaus und ein Museum für Lokalgeschichte gehören zum Paket *(N 50°36'59" W 2°29'40", Putton Ln., DT3 4AF, Chickerell, www.bennettswatergardens.com, Apr. – Sep., So. – Do. 10.00 – 16.00 Uhr, Juni – Aug. auch Fr., 11,50 £)*. Etwas weiter finden Sie unterwegs einen schön gelegenen Campingplatz mit Meerblick.

Dorchester *(21.370 Einwohner)*
Die historische Marktstadt wirkt auf den ersten Blick etwas grau und fällt vor allem durch den dichten Verkehr auf. Dabei ist das Zentrum mit Fußgängerzone durch große, zentrale Parkplätze, auch speziell für Wohnmobile, am **Top O' Town Car Park** *(N 50°42'53" W 2°26'33", Britport Rd., DT1 1RR)* gut zu erreichen und besitzt eine ganze Menge ungewöhnlicher Ausstellungen. Gleich sieben Museen tummeln sich jeweils in Laufweite voneinander entfernt, das Militärmuseum **The Keep** in einer alten Festung befindet sich gleich nebenan *(Barrack Rd., DT1 1RN, www.keepmilitarymuseum.org, 10.00 – 16.30 Uhr, sonst Di. – Sa. 10.00 – 16.30 Uhr, 7,50 £.)*.

Auch alle anderen liegen rund um die zentrale **South Street**, die Sie rund 450 Meter westlich des angegebenen Parkplatzes finden. Dort ist auch Dorchesters **Touristeninformation** untergebracht. Neben dem traditionellen **Dorset County Museum** in einem alten Kirchenbau mit Abteilungen zur Region sind das ein **Dinosauriermuseum**, ein **Teddybärmuseum**, ein **Terracotta-Armee-Museum**, eine **Tutenchamun-Ausstellung** und eines zum Thema **Mumien** gleich nebenan *(Dorset Country Museum: High West St., DT1 1XA, www.dorsetcountymuseum.org, 10.00 – 17.00 Uhr, 14 £, Onlinerabatt erhältlich. Dinomuseum: Icen Way, DT1 1EW, www.thedinosaurmuseum.com; Teddymuseum: High East St., DT1 1JU, www.teddybearmuseum.co.uk; Terracotta-Museum: Eastgate, DT1 1JU, www.terracottawarriors.co.uk; Tutenchamun-Museum: High West St., DT1 1UW, www.tutankhamunexhibition.com; Mumien-Museum: Alington St., www.mummiesexhibition.co.uk; für die letzten fünf gibt es den Gold Saver Pass. Sie zahlen dann nur den Preis für zwei Museen, haben aber zu allen fünf Zutritt; alle Apr. – Sept. 10.00 – 16.00 Uhr, sonst meist nur Sa. / So., www.world-heritage.org.uk)*

Etwas außerhalb liegt **Maiden Castle**, eines der größten und komplexesten eisenzeitlichen Forts in Europa. Es hat den Umfang von 50 Fußballfeldern. Seine noch immer existierenden Erdwälle boten Hunderten Einwohnern Schutz. Schautafeln erläutern die Funktionen und ehemaligen Bauten. Schon seit 3500 v.Chr. war die Anlage in Betrieb, ihre heute noch erkennbaren Konstruktionen wurden im 1. Jahrhundert v.Chr. errichtet. Nicht nur ein Spaziergang durch die heute als Schafsweide genutzte Anlage können Sie machen, sondern auch am Parkplatz die Nacht verbringen *(N 50°41'57" W 2°28'15", Maiden Castle Rd., DT2 9EY, www.english-heritage.org.uk, frei zugänglich).*

Der vielleicht bekannteste Sohn der Stadt ist der Schriftsteller Thomas Hardy gewesen. Wenn Sie noch Lust haben, auf seinen Spuren zu wandeln, interessiert Sie vielleicht sein Haus **Max Gate** am Ostende der Stadt *(N 50°42'27" W 2°25'11", Carne View Rd., DT1 2AB, www.nationaltrust.org.uk, Mitte März – Okt. Mi. / Do. und Sa./So. 10.30 – 16.30 Uhr, 10 £, National Trust-Mitglieder frei).*

Auch sein unweit davon entferntes Geburtshaus **Hardy`s Cottage**, ist für Besucher geöffnet. Es ist ein typisches, reetgedecktes Landhaus seiner Zeit mit Bauerngarten in schöner Natur. Auch dort gibt es am Parkplatz bislang kein Nachtparkverbot, per Parkautomat wird tagsüber eine kleine Gebühr fällig *(Öffnungszeiten und Eintritt wie Max Gate, www.nationaltrust.org.uk).*

091 Higher Bockhampton – Thorncombe Farm

GPS/Kontakt: N 50°43'27" W 2°23'38", Bockhampton Ln., DT2 8QH, Tel. 01305 26 05 74, www.thorncombefarm.co.uk. **Öffnungszeiten**: Mai – Sep. **Ausstattung**: Campingplatzüblich. **Beschreibung**: Gemütlicher kleiner Farm-Campingplatz, kein Schatten, ruhig, Farmprodukte zu verkaufen. **Preis**: 17 – 24 £. **Zufahrt**: Die Zufahrtsstraße Cuckoo Ln. am Hardy`s Cottage noch ein Stück weiter geradeaus bis zum Platz fahren.

Cerne Abbas Giant

Ein letzter Abstecher auf Tour Zwei führt Sie zum **Cerne Abbas Giant**. Das riesige Abbild einer in den Kalkstein geritzten, rund 55 Meter hohen Figur gibt bis heute Rätsel auf. Ist es ein neolithisches Fruchtbarkeitssymbol? Zeigt es den Helden Herkules und stammt aus römischer Zeit? Oder hat sich Oliver Cromwell einen Scherz erlaubt? Wenn Sie mitraten wollen, finden Sie einen Aussichtsparkplatz bei N 50°48'46" W 2°28'50", Duck St., DT2 7LA in Cerne Abbas. Ein Picknickplatz liegt nur wenige Meter die Straße hinab links. Am Weg zum oder vom Giganten gibt es unterwegs einen letzten Pub-Stellplatz am ***Thimble Inn*** für maximal zwei Fahrzeuge.

Cerne Abbas Giant

092 **N 50°46'36" W 2°24'25"**
High St., DT2 7UE, Piddle hinton, Tel. 01300 34 82 70

Tour 3

Tour 2
Martinstown
Weymouth
Fortuneswell
Abbotsbury
Chesil Beach
Swanery and Subtropical Gardens
Burton Bradstock
Bridport
Eype
Charmouth
Seatown
Lyme Regis
Axminster
Chard
Seaton
Colyton
Beer
Branscombe
Donkey Sanct.
Honiton
Sidbury
Sidmouth
Ladram Bay
Ottery St. Mary
Colaton R.
Budleigh Salterton
Woodbury
Exmouth
A la Ronde
Broadclyst
Killerton
Exeter
Exminster
Nadderwater
Dawlish
Labrador Bay
Teignmouth
Shaldon
Babbacombe Bay
Bygone Museum
Model Village
Torquay
Paignton
Dartmouth Railway
Tor Bay
Brixham
Coleton Fishacre
Dartmouth
Kents Cav.
Zoo
Chudleigh K.
Kingsteignton
Bovey Tracey
Newton Abbot
Castle Drogo
Tors
Berry P. Castle
Greenway
Dittisham
Blackpool
Start Bay
Torcross
Totnes
Totnes Castle
Woodlands
Kingsbridge
Widdon Down
Ashburton
Buckfastleigh
Salcombe
Malborough
Bantham
Bigbury Bay
Modbury
Ivybridge
Cornwood
Sparkwell
Dartmoor Zoo
Plympton
Plymouth
Barbican
Aquarium
Plymstock
Wembury
Wembury Bay
Saltash
Yelverton
Buckland Abbey
Milton Combe
Tour 4
Tavistock
Princetown
Prison Museum
Merrivale
Mary Tavy
Lydford
Lydford Gorge
Okehampton
Dartmoor N.P.
10 km
N

South Devon
690 km

Ursprüngliche Küstendörfer und herrliche Sandstrände finden Sie auf Tour Drei durch Devons Süden genauso wie lebendige Städte und natürlich eine ganze Reihe Herrenhäuser, Parks und Gärten verschiedenster Art. Wer Natur und Wandern liebt, wird auch im weiten Dartmoor National Park auf seine Kosten kommen. Erforschen Sie:

- **Küstenorte zwischen Seaton und Sidmouth**
- **Exeter**
- **Dartmoor National Park und Castle Drogo**
- **Dartmouth und Greenway House**
- **Küste bei East Prawle**

Abbotsbury *(4.100 Einwohner)*
Zunächst müssen Sie aufpassen, dass Sie die kleine Abfahrt links von der **A35** in Richtung Abbotsbury und damit zurück zur Küste nicht verpassen. Gleich am Ortsbeginn stoßen Sie hinter dem Pub The Swan auf den großen Ortsparkplatz. Es ist möglich, dort tags wie nachts zu parken.

093 N 50°39'55" W 2°35'51", Rodden Row, DT3 4JL, Abbotsbury, 24 Stunden / 8 Pfund

Es gibt gleich eine ganze Reihe sehenswerter Plätze in der Umgebung. Zunächst können Sie sich auf Wunsch den Ort selbst ein wenig näher ansehen, der mit seinen alten Steinhäusern durchaus lohnend ist. Kurz danach biegen Sie links zur Hauptattraktion **Abbotsbury Swannery** ab. Es ist die einzige betreute Höckerschwan-Kolonie der Welt. Schon seit 600 Jahren werden dort Schwäne gezüchtet. Ursprünglich durch ein Kloster betreut und als Nahrungsmittel gedacht, hat sich daraus ein Naturreservat und eine Touristenattraktion entwickelt, in der je nach Jahreszeit mehr als 600 Schwäne leben. Sie können bei einem Rundgang die Tiere bei der Brut und Aufzucht beobachten und zu festgelegten Zeiten bei der Fütterung zusehen oder auch mithelfen. Ein beeindruckendes Erlebnis, nicht nur für Kinder. Interessant ist, dass traditionell alle Schwäne Großbritanniens dem Königshaus gehören. Es gibt nur drei Ausnahmen – die bei Weitem größte stellt diese Swannery dar *(N 50°39'36" W 2°35'56", New Barn Rd., DT3 4JG, www.abbotsburyswannery.co.uk, Mitte März – Okt. 10.00 – 17.00 Uhr, 12,50 £)*.

Etwas weiter außerhalb Richtung Westen ist der Weg zu den **Subtropical Gardens** angeschrieben. Sie wurden erstmals 1765 als

Abbotsbury Swannery

Küchengarten für die erste Countess von Ilminster angelegt. Sie war es auch, die Pflanzenjäger ausschwärmen ließ, um tropische und andere nicht auf der Insel heimische Gewächse zu importieren, und sie in ihren Garten integrierte. Seit damals sind noch einige mehr dazugekommen und das Gelände umfasst mittlerweile rund 20 Hektar. Neben dem vielen Grün sind die begehbare burmesische Seilbrücke sowie die Aussichtspunkte hinab zur Jurassic Coast und auf die historische St. Catherine's Chapel, unweit entfernt auf einem Hügel, echte Höhepunkte eines Rundgangs *(N 50°39'50" W 2°37'10", Bullers Way, DT3 4LA, www.abbotsburygardens.co.uk, Mitte März – Okt. 10.00 – 17.00 Uhr, Nov. – Mitte Dez. und Jan. – Mitte März bis 16.00 Uhr, 6,25 £).*

Folgen Sie der Garten-Zufahrtsstraße bis zum Ende, kommen Sie zum kilometerlangen Kiesstrand von Abbotsbury mit recht großem Parkplatz. Wenn Sie nach all den Aktivitäten Hunerg haben, sind der ***Old School House Tea Room*** *(1 Back St., DT3 4JP)*, die ***Abbotsbury Tea Rooms*** *(26 Rodden Row, DT3 4JL)* und das ***Swan Inn*** *(9 Market St., DT3 4JR)* keine schlechte Wahl.

Jurassic Coast

Auf den folgenden Kilometern haben Sie immer wieder die Möglichkeit, zu Parkplätzen am Meer hinabzufahren. Die erste gute Gelegenheit dafür ist der Abschnitt **Cogden Beach** mit etwas feinerem Kies als noch zuvor in Abbotsbury. Er wird vom National Trust betreut, hat eine Stellfläche nahe der Hauptstraße und Sie müssen ein paar Hundert Meter hinabwandern, N 50°41'41" W 2°42'22", B3157.

Noch etwas feiner und schon mit Sand vermischt wird der Kiesstrand dann nahe **Burton Bradstock** am vorgelagerten **Hive Beach**. Auch dort gibt es bei N 50°41'50" W 2°43'18" in der **Beach Road** einen großen Tagesparkplatz und außerdem mehrere Strandcafés. Einen schönen Blick zusammen mit guter Ausstattung und recht fairen Preisen vereint ein naher Campingplatz etwas außerhalb des Ortes.

Subtropical Gardens

094 Bridport – *Graston Farm*

GPS/Kontakt: N 50°42'30" W 2°42'17", Annings Ln., DT6 4NG, Tel. 01308 89 76 03, www.grastonfarm.co.uk. **Max. WOMOs**: 5. **Öffnungszeiten**: Ganzjährig. **Ausstattung**: Ver- / Entsorgung, Strom, Toilette / Dusche, Mülleimer, WiFi. **Beschreibung**: Ebene Schotterflächen in einem schönen, gepflegten Grundstück vor einer Farm, ruhige Lage, klappstuhlgeeignet, etwas schmale Zufahrtstraße, etwa 1,8 km außerhalb Burton Bradstock. **Preis**: 22 – 24 £. **Zufahrt**: In Burton Bradstock am Anchor Inn rechts Richtung Shipton Gorge abbiegen und die 3. Straße rechts, Annings Lane, bis zum Platz nach rund 1,7 km rechts. **Hinweis**: Nur für Mitglieder des Camping- und Caravanning Clubs, tel. Reservierung empfohlen.

095 Burton Bradstock – *Graston Corpse Holiday Park*

GPS/Kontakt: N 50°42'26" W 2°42'46", Annings Ln., DT6 4QP, Tel. 01308 42 69 47, www.wdlh.co.uk. **Öffnungszeiten**: Ende März – Mitte Nov. **Ausstattung**: WiFi, Waschmaschine / Trockner, kleiner Shop. **Beschreibung**: Schöne, freie Lage hinter einem kleineren Mobilheimpark zwischen den Feldern mit Meerblick, nahe zum Strand, teils Schotter, etwas Schatten, 1500 m in den Ort. Mindestens zwei Nächte Aufenthalt. **Preis**: 25 – 29. **Zufahrt**: In Burton Bradstock am Anchor Inn rechts Richtung Shipton Gorge abbiegen und die 3. Straße rechts, Annings Lane, bis zum Campingplatz nach rund 1,2 km rechts.

Wenn Sie »Ihren Strand« noch nicht gefunden haben, bietet sich in **Seatown** dann die nächste Gelegenheit mit Parkplatz bei N 50°43'23" W 2°49'21" in der Sea Hill Lane, bevor Sie die beiden etwas größeren Orte **Charmouth** und **Lyme Regis** erreichen. Ersterer hat neben Strand und Klippen auch ein kleines **Heritage Coast Centre** im Angebot. Dort können Sie Fossilien ansehen, die allesamt gleich hier unterhalb des Klippengesteins und vom Wasser freigespült am Strand entdeckt wurden. Wenn Sie selbst unter die Fossilienjäger gehen möchten, können Sie eine geführte

Sammlertour mitmachen, die von hier aus organisiert wird, oder selbst unterhalb der Kliffs Ihr Glück versuchen. Den "Fossiliensammlercode" sollten Sie dabei immer im Auge haben: So darf man beispielsweise keine Stücke gewaltsam aus dem Fels herausstemmen, sondern nur nehmen, was leicht von Boden oder Wand lösbar ist. Mit den meisten WOMOs bis maximal 3,5 Tonnen parken Sie am ersten Parkplatz links, die vorderen beiden sind für Fahrzeuge über drei Tonnen gesperrt *(N 50°44'06" W 2°54'03", Lower Sea Ln.)*.

096 Charmouth – *Camping and Caravanning Club Site*

GPS/Kontakt: N 50°45'53" W 2°57'06", Scotts Ln., DT6 6DB, Tel. 01297 329 65, www.campingandcaravanningclub.co.uk. **Öffnungszeiten:** Mitte Feb. – Anfang Nov. **Ausstattung**: WiFi, Waschmaschine / Trockner, Shop, Spielplatz. **Beschreibung**: Sehr gepflegter Platz, teils mit Hecken parzelliert, auf Schotter und Rasen, eben, ein wenig Schatten.
Preis: 26,10 – 37,80 £ für Camping- und Caravanning Club Mitglieder, sonst 30 % Aufpreis. **Zufahrt**: In Charmouth auf die A35 Richtung Axminster abbiegen, dort rechts nach Hawkchurch abfahren zum Platz linker Hand. **Hinweis**: Auch das Pub Railway Inn etwas weiter südlich bietet Übernachtung gegen Einkehr, N 50°23'48" W 3°33'22", Dartmouth Rd., TQ5 0LL, Tel. 01803 84 47 02. **Hinweis 2**: Clubmitglieder können auch die Budget-Variante Manor Fields Farm wählen, N 50°44'00" W 2°56'24", Colway Ln., DT7 3BD, Tel. 01297 44 51 36, www.campingandcaravanningclub.co.uk, März – Okt., 11 – 15 £.

Lyme Regis *(3.740 Einwohner)*
Vorbei an der Zufahrt zum Wood Farm Caravan Site und dann links auf die **A3052** gelangen Sie zu einem großen Tagesparkplatz mit Extrabereich für Wohnmobile *(N 50°43'45" W 2°55'53", Charmouth Rd., DT7 3DW, alternativ am Ortsende auch bei N 50°43'28" W 2°56'27", Pound St., DT7 3HZ)*.

An der Jurassic Coast bei Burton Bradstock

Ein Teil des örtlichen Strandes wurde hier sogar mit angeschüttetem, reinem Sand versehen, um Badegäste anzulocken. Mehr Besucher kommen allerdings der Fossilien wegen nach Lyme Regis. Noch erfolgversprechender als im benachbarten Charmouth scheint ein Ausflug zu den hiesigen Klippen; noch mehr Fossilien gibt es im **Lyme Regis Museum** zu sehen, gleich neben der **Touristeninformation** am östlichen Ende der Promenade. In dem außergewöhnlichen Backsteingebäude werden Sie darüber hinaus auch mit Abteilungen zur lokalen und Literaturgeschichte sowie Gemälden unterhalten *(Bridge St., DT7 3QA, www.lymeregismuseum.co.uk, 10.00–17.00 Uhr, Winter nur Di.–So., 7,95 £).*

Natürlich starten auch hier geführte Fossilienwanderungen und sie können obendrein ein wenig durch die recht nette Hauptstraße flanieren, Einkehren können Sie im ***Volunteer Inn*** *(31 Broad St., DT7 3QE)*, ***The Whole Hog*** *(6a Broad St., DT7 3QD)*, ***The Harbour Inn*** *(23 Marina Parade, DT7 3JF)* oder ***The Millside Restaurant*** *(1 Mill Ln., DT7 3PU).*

097 Colyton – *Shiphay Farm*

GPS/Kontakt: N 50°44'36" W 3°03'54", Lisham`s Drain, EX24 6EU, Tel. 01297 55 36 99, www.campingandcaravanningclub.co.uk. **Max. WOMOs**: 5. **Öffnungszeiten:** März–Okt. **Ausstattung**: WiFi, Waschmaschine / Trockner, Shop, Spielplatz. **Beschreibung**: Einfache, nichts ganze ebene Wiese gegenüber einer Farm, Pub im kleinen Ort. **Preis**: 7 £. **Zufahrt**: Von der A3052 rechts nach Colyton abfahren, dort an der Bücherei rechts und bis zum Platz nach der kleinen Brücke am Ortsende links. **Hinweis**: Nur für Camping- und Caravanning Club Mitglieder, tel. Reservierung empfohlen. **Hinweis 2**: Das ***Hunters Lodge Inn*** in **Raymond Hill** erlaubt ebenfalls Übernachtungen, N 50°45'44" W 2°58'02", Charmouth Rd., EX13 5SZ, Tel. 01297 332 86.

Branscombe und Beer *(1.800 Einwohner)*
«Verborgen in einem schmalen, zum Strand hin abfallenden Tal zwischen den Klippen duckt sich ein altes Dorf, in dem die Zeit stehen geblieben scheint, in die Landschaft." Tatsächlich trifft es die Werbung des National Trusts für das ihm unterstellte Branscombe ganz gut. Nur ein paar verstreute Häuser, eine der letzten noch betriebenen handwerklichen Kunstschmieden das Landes, eine restaurierte Wassermühle und ein Café in der alten Bäckerei, dazu viel freie Landschaft, Felder, Wald, Strand und die dramatischen Klippen – fertig ist eine hübsche Erlebniswelt, die man sich

allerdings hart erkaufen muss. Die Zufahrtsstraße ist äußerst schmal und lässt auch geübte WOMO-Fahrer zwischendurch mal tief Luft holen. Zur Beruhigung sei gesagt, dass sie größtenteils als Einbahnweg verläuft und sich sogar Linienbusse hinabquälen. Eine gute, allerdings nicht sehr große Parkgelegenheit befindet sich neben der Schmiede bei N 50°41'32" W 3°08'16" *(kostenpflichtig, National Trust-Mitglieder frei)*. Der Parkplatz direkt am Strand ist meist mit einer Höhenbarriere blockiert. Eine Alternative wäre die Fahrt ins benachbarte ehemalige Schmugglernest **Beer**, dort gibt es recht große Parkgelegenheiten vor einem Campingplatz *(etwas enge, aber machbare Zufahrtsstraße, N 50°41'39" W 3°05'43", Common Hill, EX12 3AX)* und von dort aus einen sehr schönen Küstenweg bis Branscombe, den Sie selbstverständlich auch andersherum begehen können.

Rundwanderung von Beer nach Branscombe *(etwa 9,5 km)*

Südlich des Parkplatzes in Beer beginnt der Küstenpfad, knickt dann unterhalb des Campingplatzes auf freies Feld ab und zieht sich dann, mit tollen Blicken zurück zu den Stränden von Beer, oberhalb der Klippen entlang.

Strand bei Beer, oben Schmiede in Branscombe

Am Hooken Cliff teilt sich der Pfad dann und sie können entscheiden, ob Sie rechts weitergehen oder den Under-Cliff-Path nach links einschlagen, etwas ausgesetzter und steiler, aber für den Hinweg die aus unserer Sicht bessere Wahl. Er steigt ab und schlängelt sich dann immer neben dem langen, einsamen Strand dahin, hier und da gibt es kleine Wege nach unten. Bei einem kleinen Mobilheimpark treffen Sie dann auf die Fahrpiste, der Sie weiter nach Osten folgen, bis Sie dann, links ab, über eine Viehweide den Branscombe Beach mit dem Sea Shanty Beach Café ansteuern. Wenn Sie noch bis Branscombe weitergehen möchten, wählen Sie am besten der direkt hinter dem Café rechts ansteigenden Schotterweg entlang des Baches, der schließlich in die kleine Mill Lane mündet. Am Ende links gelange Sie zum National Trust Parkplatz und dem Forge Cottage mit dem dahinter gelegenen urigen Tea Room.

Für den Rückweg (oder Start am Brancombe) gehen Sie auf bekanntem Weg zunächst ein Stück zurück nach Osten, dann rechts in die Mill Lane und immer geradeaus bis zum Strandcafé, dort links und über die Viehweide ansteigend der Küste nach. Diesmal queren Sie aber die Zufahrtsstraße zum Mobilheimpark und steigen auf gut markiertem Weg kurz ziemlich steil dem Upper Cliff Path folgend den Hügel hinauf. Oben warten Bänke für eine kurze Verschnaufpause, dann geht es gemächlich über grüne Wiesen und mit schöner Sicht auf die Küste zurück bis zum Parkplatz am Campingplatz. Wenn Sie etwas Weg abkürzen möchten, können Sie an einem markanten Ferienhaus mit Turm links auf den Anfahrtsweg wechseln, der Sie noch etwas schneller, dafür weniger aussichtsreich, zurück zum Ausgangspunkt bringt. Wer nun noch einen Abstecher in den Ort Beer machen möchte, folgt dem Common Hill abwärts ins kleine Zentrum mit Pubs, Cafés und Strand.

Strand am Küstenpfad

Mögen Sie Esel? Vielleicht haben Sie dann Interesse, am Weg von Branscombe zurück Richtung Hauptstraße noch einen Halt am **Donkey Sanctuary** einzulegen. Die vielen zotteligen Gesellen lassen sich streicheln und beobachten. Es gibt auch Gelegenheit, sich über die Arbeit des Tierasyls näher zu informieren. Zugang und Parken sind kostenlos, über eine Spende freut man sich aber, Sie müssen ja nicht gleich eines der Tiere adoptieren – auch wenn es möglich ist *(N 50°41'46" W 3°11'31", Northern Ln., EX10 0NU, 9.00 Uhr bis zur Dämmerung, www.thedonkeysanctuary.org.uk).*
Von der **A3052** folgt dann .

098 Salcombe Regis – *Salcombe Camping Park*

GPS/Kontakt: N 50°41'45" W 3°12'19", EX10 0JH, Tel. 01395 51 43 03, www.salcombe-regis.co.uk. **Öffnungszeiten:** Ende März – Ende Okt. **Ausstattung**: WiFi, Waschmaschine / Trockner, Spielplatz, kleiner Shop, Sporteinrichtungen. **Beschreibung**: Großzügig angelegter Platz mit ein paar Mobilheimen und vielen, meist auf Schotter angelegten Parzellen, teils Meerblick, meist eben, etwas einfach, schöne ruhige Lage. **Preis**: 31 – 39 £. **Zufahrt**: Ab der A3052 den braunen Campingplatzschildern links ab folgen, andere Straßen in Richtung Küste sind zu schmal oder führen nicht zur Einfahrt des Platzes.

Sidmouth *(13.260 Einwohner)*
Links ab ist nun der Urlaubsort Sidbury angeschrieben. Wenn Sie Zeit und Lust haben, noch ein wenig durch ein paar kleine, teils verkehrsberuhigte und von Läden und Cafés gesäumte Straßen zu bummeln, in der Markthalle am Hauptplatz frischen Fisch zu kaufen oder vielleicht am beliebten Sand-Kies-Strand zu pausieren, ist er keine schlechte Wahl – nutzen Sie die Gelegenheit. Zwei passende Parkflächen gibt es noch dazu, ortsnäher am **Bedford Lawn Car Park** N 50°40'41" W 3°14'26", Station Rd., EX10 8PN, et-

Sidmouth Beach, oben Sidmouth Ort

A la Ronde

was weiter ab dem großen **Manor Road Car Park**, N 50°40'36" W 3°14'47", EX10 8RR. Von dort gelangen Sie nach kurzem Fußweg in westliche Richtung auch zum schönen, etwas ruhigeren Jacob`s Ladder Beach. Ein Stellplatz liegt ein kleines Stück weiter im Hinterland, ein WOMO-Pub direkt am Ortsende. Zur Einkehr im Ort laden unter anderen das ***Mocha*** *(Prospect Place, EX10 8AS)*, ***Anchor Inn*** *(Old Fore St., EX10 8LS)* und der ***Someday Something Tea Room*** *(14, Church St., EX10 8LZ)*.

099 Sidmouth – *Springfield Farm*

GPS/Kontakt: N 50°43'52" W 3°12'59", Sidbury, EX10 0QJ, Tel. 01395 59 72 29, www.campingandcaravanningclub.co.uk. **Max. WOMOs**: 5. **Öffnungszeiten**: Apr. – Okt. **Ausstattung**: Ver- / Entsorgung, Strom, Mülleimer. **Beschreibung**: Leicht abfallender Wiesenplatz zwischen den Hügeln, ruhig, , klappstuhlgeeignet, mit Hecken begrenzt, kaum Schatten, Farmtiere ringsum, sehr beschaulich. **Preis**: 15 – 17,50 £. **Zufahrt**: Ab Sidmouth auf der A375 nach Norden in Richtung Honiton fahren, dann links ab Richtung Sid Valley Hotel, dort links nach 200 m. **Hinweis**: Nur für Mitglieder des Camping – und Caravanning Clubs, tel Reservierung empfohlen. **Hinweis 2**: Eine Pubalternative bietet das historische ***Blue Ball Inn*** am Ortsrand bei N 50°42'08" W 3°13'17", Trow Hill, EX10 9QL, Tel. 01395 51 40 62, Parkplatz gegenüber.

Exmouth *(3.210 Einwohner)*
Zum letzten Mal können Sie dann bei **Budleigh Salterton** an den Strand der Jurassic Coast fahren, ein großer Parkplatz steht bei N 50°37'49" W 3°18'47" am Ende der **Granary Lane** bereit.

Dann folgt die Exeter vorgelagerte, kleinere Schwesterstadt Exmouth. Ganz nett, aber kein Muss, dafür finden Sie übernachtungsgeeignete Parkplätze direkt im Ort. Am Nordende liegt das außergewöhnliche Anwesen **A la Ronde**. Die Cousinen Jane und Mary

Parminter ließen es sich 1796 nach der Rückkehr von einer ausgedehnten Europareise errichten. Schon von außen sieht man dem fast runden, 16-seitigen Haus an, dass es alles andere als gewöhnlich ist. Im Inneren bestätigt sich dieser Eindruck: Allerorts aufgestellte Reiseerinnerungen, Wandschmuck aus Federbändern und Glitzer sowie eine mit rund 25.000 Muscheln geschmückte Galerie sind nur einige der vielen *(N 50°38'33" W 3°24'34", Summer Ln., EX8 5BD, Exmouth, www.nationaltrust.org.uk, Mitte März – Okt. Di – So. 10.30 – 17.30 Uhr, 10 £, National Trust-Mitglieder frei).*

100 Exmouth – *Echelon Car Park*

GPS: N 50°36'42" W 3°24'14", Queen`s Drive, EX8 2AY.
Max. WOMOs: 6 – 8. **Ausstattung**: Keine Einrichtungen.
Beschreibung: Asphalt-Schrägparker mit ausreichend Raum nach hinten, um auch WOMOs bis max. 7 m unterzubringen, direkt an der Straße, aber nachts aber ruhig, zwischen Park und Strand. **Preis**: 24 h / 11 £. **Zufahrt**: Von der A376 kommend Exmouth bis an die Uferstraße fahren, dort links halten und bis zum Parkplatz fahren. **Hinweis**: Eine Alternative im Hinterland bietet für Mitglieder des Camping- und Caravanning Clubs beispielsweise die ruhige ***Rydon Farm***, N 50°40'31" W 3°24'46", Queen`s Drive, EX5 1LB, Tel. 01395 23 23 41, ganzjährig, 10 £.

Rydon Farm

Exeter *(130.810Einwohner)*
Bevor Sie in die große Stadt einfahren, bietet sich wenige Kilometer nördlich noch ein Besuch des schönen Anwesens **Killerton House** an. 1944 ging es nach fast 200 Jahren im Besitz der Acland-Familie als Schenkung an den National Trust über. Grund dafür war aber nicht wie in so vielen anderen Fällen eine erdrückende Erbschaftssteuerlast, sondern die politische Überzeugung des letzten Eigentümers Sir Richard, der als Parlamentarier in London ein Zeichen gegen Großgrundbesitz und Gutsherrenmentalität setzen wollte. Auch eine eigene Partei gründete er dafür – die allerdings nicht allzu bestand. Heute können Sie aus diesem Grund das intime Familienheim samt einer umfangreichen Ausstellung zum Thema "Mode im Wandel der Zeit" im Obergeschoss besichtigen. Im verborgenen Wandschrank werfen sich nicht nur Kinder in "Kleider der Epochen" und posieren anschließend für Fotos. In Killerton ist auch der Landschaftspark von großem Interesse: Viele verschiedene Rundwege führen durch Obstplantagen, vorbei an Rhododendren und Magnolien bis zu einem

erloschenen Vulkan und einer eisenzeitlichen Befestigungsanlage. Karten zum Wegenetz erhalten Sie am Eingang. Gleich nebenan im Dorf **Broadclyst** können Sie dann noch die **Clyston Mühle** besichtigen *(N 50°47'29" W 3°27'08", EX5 3LE, Killerton, www.nationaltrust.org.uk, Anwesen Mitte Feb. – Okt. 10.00 – 17.00, Haus nur 11.00 – 16.00 Uhr, 14 £, sonst nur Außenanlagen, 9,40 £, Post und Mühle: Mai – Sep. Fr- – Mo. 13.00 – 16.00 Uhr, 5 £, National Trust-Mitglieder frei).*

Rund um Exeter finden Sie auch weitere Stellplätze, vor allem Pubs. Der erste befindet sich gleich nahe Killerton, die anderen beiden westlich und südwestlich der Stadt. Kleinere WOMOs können auch den **Magdalen Carpark** zur Übernachtung anfahren, bei maximal 6,50 m ist aber aufgrund der engen Einfahrtskurve aber Schluss.

101 **N 50°43'15» W 3°31'25»**, 3 Magdalen Rd, EX2 4SU, 1,10 Pfund pro Stunde, nachts frei

102 **Red Lion Inn, N 50°45'59" W 3°26'39"**, Church Close, EX5 3EL, Broadclyst, Tel. 01392 46 12 71.

103 **Blue Ball Pub, N 50°42'32" W 3°27'50"**, Clyst Rd., EX2 7JLL, Exeter, Tel. 01392 87 34 01.

104 Nadderwater – *Exeter View Stables Eco Site*

GPS/Kontakt: N 50°43'55" W 3°34'20", EX4 2JE, Tel. 07895 18 50 83, www.exeterviewstables.uk. **Max. WOMOs**: 6. **Öffnungszeiten**: Apr. – Okt. **Ausstattung**: Versorgung, einfache Toilette / Dusche, Spülgelegenheit. **Beschreibung**: Einfacher kleiner Platz, abfallende Wiese, ruhig, uneben, weite Sicht, klappstuhlgeeignet, tel. Reservierung empfohlen. **Preis**: 23 £. **Zufahrt**: Das Zentrum direkt südlich des Flusses Exeter über die Okehampton Street in westliche Richtung verlassen. Immer geradeaus bis zum Ortschild Nadderwater, dort nach schräg rechts halten und bis zum Platz fahren, Achtung, das letzte Wegstück ist schmal und steil, für sehr große, schwere Wohnmobile ungeeignet.

Rundgang durch Exeter

Um sich Exeter genauer anzusehen, müssen Sie zunächst entscheiden, ob Sie es wagen wollen, mit dem Wohnmobil ins Zentrum zu fahren, oder lieber einen P&R-Platz ansteuern, um dann bequem mit dem Bus in die Innenstadt zu gelangen. Sie finden eventuell am Parkplatz in der **Howell Road** bei N 50°43'40" W 3°31'40", EX4 4EY eine nutzbare Lücke. Auch der noch recht zentrumsnahe **Parking Michael Browning Way** mit Busbereich kommt in Frage *(N 50°42'52" W 3°31'49", Michael Browning Way, EX2 8AY)*. Alternativ steuern Sie einfach den **Matford-P&R-Parkplatz** südlich Exeters bei N 50°41'41" W 3°31'15", in der Matford Park Road, EX2 8NL an. Der Pendelbus "Green" fährt etwa im 12-Minuten-Rhythmus bis zum Halt **South Street** an

Exeter Cathedral

der **Exeter Cathedral**.

Stadt Exeter zählt zu den attraktivsten im Land und hat eine ganze Reihe interessanter Bauwerke, schöner Straßenzüge und umfangreicher Einkaufsmöglichkeiten zu bieten. Je nach Laune können Sie sich einer der kostenlosen, mehrmals täglichen und mit wechselnden Schwerpunkten stattfindenden **Red Coat Walking Tours** anschließen, um mehr über Exeter zu erfahren. Start ist an der **Hooker Statue** am **Cathedral Green**, von Ihrer Bushaltestelle aus gleich ums Eck in Sichtweite zur Kirche *(täglich bis zu zwei Führungen, Infos in den ausliegenden Flyern oder unter www.exeter.gov.uk)*.

Wenn Sie sich lieber selbst auf den Weg machen, gehen Sie den **Cathedral Yard** entlang, um einen Blick auf oder in das große Kirchenschiff zu werfen. Die Arbeiten an dem ursprünglich romanischen Bau begannen 1114. Zwischen 1270 und 1350 wurde dann nochmals im großen Stil umgebaut und vergrößert. Das Ergebnis war die gotische Kathedrale, die Sie heute sehen *(1 The Cloisters, EX1 1HS, www.exeter-cathedral.org.uk, Mo. – Sa. 9.30 – 16.45 Uhr, So 12.00 – 15.00 Uhr, 7,50 £)*. Zu einer ersten Rast lädt das Café ***Eat on the Green*** ein *(2 Cathedral Close, EX1 1EZ)*. An der St. Martin Church am nördlichen Eck des Kathedralplatzes verlassen Sie den Ort dann über den intimen **Catherine Square**. Dort befinden sich die Ruinen der historischen **St. Catherine's Chapel**, ein ehemaliges Armenhaus von 1457. Es wurde während des schwersten Bombenangriffs auf die Stadt im Mai 1942 während des Zweiten Weltkriegs von deutschen Bombern zerstört und bleibt seitdem als Mahnmal erhalten. Auch das beliebte ***Lloyd's Lounge*** liegt gleich nebenan *(Catherine Square, EX1 1EU)*. Am Ende des Platzes rechts und dann gleich wieder links durchqueren Sie ein großes, verkehrsfreies Shoppingareal, errichtet als eine Art Open-Air-Mall.

Halten Sie sich nach dem "Giraffe"-Restaurant rechts auf den Roman Walk. Am Ende des Weges erreichen Sie linker Hand die Touristeninformation der Stadt, die Sie nicht auslassen sollten. Hier erhalten Sie umfangreiches Infomaterial, unter anderem auch zu drei Heritage-Trails. Anhand dieser Faltblätter gehen Sie von hier an selbst geführt auf eine Historienrunde durch die Stadt. Zusätzlich werden auch Wegstrecken zu den Themen "Essen", "Cafékultur" und "Boutiqueshopping" bereitgehalten.

Wenn Ihnen stattdessen eine Kurzvariante ausreicht, wechseln Sie nach dem Haus links zum Halbrund der **Paris Street**. Dort erreichen Sie den unscheinbaren Eingang zur zweiten großen Attraktion der Stadt, den **Underground Passages**. Das unterirdische Labyrinth wurde schon ab dem 14. Jahrhundert zur Wasserversorgung der Stadt erbaut und in den Folgejahren immer weiter um- und ausgebaut. Nachdem Sie zunächst eine interessante Ausstellung zur Geschichte von Stadt und Tunneln ansehen, startet die eigentliche Tour mit einem zehnminütigen Infofilm, auf Wunsch mit deutschen Untertiteln. Danach geht es, mit Helmen ausgerüstet, durch die dunklen Gänge. Achtung, an einigen Stellen wird es sehr schmal und niedrig, wer unter Klaustrophobie leidet, sollte sich die spannende Führung daher besser sparen *(2 Paris St., EX1 1GA, www.exeter.gov.uk/passages, Führungen laufend, Beginn Do.–So. 11.00–15.00 Uhr, 7,50 6 £)*.

Am Haus mit der ovalen Fassade schwenken Sie dann links in die zentrale **High Street**. Wenn Sie möchten, können Sie rechts über die **Queen Street** noch einen Abstecher zum **Royal Albert Memorial Museum** machen. In dem schönen, palastartigen Stadthaus gibt es eine umfangreiche Sammlung, vor allem naturhistorischer Art. Aber auch eine Galerie, eine ägyptische und eine Altertumsabteilung gehören zum Angebot *(Queen St., EX4 3RX, www.rammuseum.org.uk, Di.–So. 10.00–17.00 Uhr, Eintritt frei)*. Auch das ***Devon Café*** *(88 Queen St., EX4 3RP)* finden Sie am Weg.

Zurück an der High Street stehen Sie kurz darauf vor der **Guildhall**, dem ältesten öffentlichen Gebäude Großbritanniens. Es ist bis heute in Benutzung. Bankette und Sitzungen der County-Verwaltungen werden beispielsweise abgehalten. An anderen Tagen können Sie jederzeit vorbeischauen, einige Räume sind frei zugänglich. Dahinter befindet sich eine Shopping-Mall.

Werfen Sie dann noch im Anschluss rechts einen Blick in die **Parliamant Street**. Diese winzige Gasse, in der kaum zwei Personen aneinander vorbeikommen, galt bis vor wenigen Jahren als schmalste Straße der Welt und stellt einen Durchgang zur dahinterliegenden Waterbeer Street dar.

An der nächsten Kreuzung von der High zur South Street erreichen Sie linker Hand wieder Ihre Bushaltestelle und können zum P&R-Parkplatz zurückfahren. Oder Sie halten sich geradeaus noch hinab in Richtung Fluss **Exe**. Rund um den Platz **The Quay** ist dort in den letzten Jahren ein hübsches Eck entstanden, das einen Blick lohnt. Auch ein Visitor Centre ist vorhanden und es werden auch dort zwei- bis dreimal pro Woche kostenfreie Rundgänge angeboten *(The Quay, EX2 4AN)*. Für die gastronomische Versorgung sorgen etwa das ***Prospect Inn*** *(The Quay, EX2 4AN)* und das ***On The Waterfront*** *(4 Southside Warehouse, EX2 4AP)*.

Underground Passages in Exeter

Castle Drogo

Dartmoor National Park, Ostteil

Auf der **A30** in westliche Richtung fahren Sie nun bis Whiddon Down. Dort können Sie am Pub ***The Post Inn*** übernachten.

105 N 50°43'04» W 3°51'21", Exeter Rd., EX20 2QT, Whiddon Down, Tel. 01647 23 12 42.

Außerdem erreichen Sie dort bereits die östlichen Ausläufer des **Dartmoor National Parks**. Nicht entgehen lassen sollten Sie sich das bemerkenswerte **Castle Drogo** mit Umgebung. Die Burg sieht zwar alt aus, wurde aber erst im 20. Jahrhundert im Auftrag des exzentrischen Julius Drewe erbaut. Er war Besitzer einer der seinerzeit größten Handelsketten auf den Britischen Inseln und ließ sich die Burg vom bekannten Architekten Edwin Lutyens errichten, dramatisch am Rande des Dartmoors mit Blick auf die darunterliegende Teign-Schlucht gelegen. 1911 begonnen, wurde der Bau erst 1930, ein Jahr bevor Drewe 75-jährig starb, fertiggestellt. Es ist bis heute die jüngste Burg und das letzte komplett aus Granit gefertigte Gebäude Englands. Da die Dachkonstruktion leider fehlgeplant war und fast von Anfang an leckte, musste das Haus in den letzten zehn Jahren großflächig saniert werden, um es zuverlässig gegen Wasserschäden abzusichern. Inzwischen sind die Arbeiten aber abgeschlossen. Werfen Sie auch einen Blick in die Gärten und die gleich benachbart gelegene Schlucht, die beide zum Gesamterlebnis gehören. Ein schöner Rundweg startet direkt am Parkplatz, Vorsicht, die Anfahrtsstraßen sind teils ziemlich schmal *(N 50°41'51" W 3°48'20", EX6 6PB, Drewsteignton, www.nationaltrust.org.uk, Ende Feb. – Okt. 10.00 – 17.00 Uhr, Haus 10.30 – 16.30 Uhr, Winter meist nur Sa./So. , 15 £, National Trust-Mitglieder frei).*

Teign-Valley-Runde *(etwa 5,5 km)*

Folgen Sie ab dem Parkplatz den Schildern zum **Teign Valley Estate** entlang der Zufahrt. Halten Sie sich rechts auf den **Hunters Path**, der Sie einige Stufen hinabführt und dann zu einem schmalen Tor. Gehen Sie nach links, beschildert mit **Fingle Bridge**. Sie passieren Überreste der Befestigung **Sharp Tor** zu Ihrer Rechten und kommen etwas weiter zu einem Durchgang zwischen zwei Granitpfosten, dem **Hunters Gate**. Nach 50 Metern nehmen Sie den rechten Pfad, später eine Straße, weiter Richtung **Fingle Bridge**. Die Gegend am Fluss bietet sich für einen Halt an, auch das Pub **Fingle Bridge Inn** liegt gleich neben der Brücke.

Queren Sie diese und gehen Sie am Parkplatz mit Toilette unmittelbar rechts. Durch eine Wiese gehen Sie auf eine Holzbrücke zu und folgen dem anschließenden Weg, immer dem Fluss folgend, zurück. Dabei kommen Sie an einem Wasserkraftwerk vorbei und danach am **Whiddon Deer Park** mit einer Herde Damwild. Am Ende des umzäunten Bereichs klettern Sie über einen steinernen Tritt und wechseln an einer Hängebrücke erneut die Flussseite. Flussabwärts erkennen Sie die Überreste des alten Drogo-Wehrs. Die bisherige Richtung haltend, schließen Sie sich nun dem diesseits verlaufenden **Fishermans Path** an. Erst links, dann rechts den Schildern zum **Castle Drogo** nach. Nahe dem Gibb-Haus wird der Weg zur Fahrstraße, Sie gehen bergauf weiter, bis Sie ein Holztor zwischen zwei Eichen auf der rechten Seite erreichen. Rechts ab folgen Sie den Hunters-Path-Schildern vorbei an der Burg. Über die Stufen am Ende kommen Sie zu Ihrem Ausgangspunkt zurück.

Bevor Sie vorübergehend das Dartmoor wieder verlassen, finden Sie rechter Hand Ihrer Route ein beliebtes Freizeit- und Wanderareal mit den namensgebenden Wasserfällen **Becky Falls**. Das rund 20 Hektar große Gelände ist touristisch gut erschlossen. Neben drei verschiedenen Rundgängen und einer Klettertour gibt es Gastronomie, Streichelzoo und verschiedene Shows, vor allem für Kinder, die täglich angeboten werden *(N 50°36'24" W 3°45'22", Manaton, TQ13 9UG, Bovey Tracey, www.beckyfalls.com, Mitte Feb. – Okt. 10.00 – 17.00 Uhr, 9,75 £).*

Nicht weit entfernt befinden sich bei der Felsformation **Heytor** dann noch ein **Nationalpark-Visitor-Centre** und, ein Stück weiter, die Überreste der mittelalterlichen Moorsiedlung **Hound Tor**. Wenn Sie dort noch vorbeischauen möchten, steuern Sie erst den **Heytor Car Park** und später den **Swallerton-Gate-Parkplatz** an. Zu den Dorfüberresten sind es ab dort rund 750 m bergauf. *(www.english-heritage.org.uk, Heytor: N 50°34'52" W 3°44'43", B3387, TQ13*

Heytor

9XT, März – Okt. 10.00 – 17.00 Uhr, sonst Do. – So. 10.30 – 15.30 Uhr, Hound Tor: N 50°35'55" W 3°46'57", TQ13 9XQ, Zugang frei)

TOUR 3

Teignmouth *(15.310 Einwohner)*
Bevor Sie bei Teignmouth wieder das Meer erreichen, müssen Sie das Ortsgebiet von **Newton Abbot** und **Kingsteignton** durchfahren. Keine der beiden Städte ist von größerer touristischer Bedeutung, allerdings liegen am Weg dorthin ein paar gute Pub-Übernachtungssports.

106 **Claycutters Arms, N 50°35'06" W 3°37'59"**, B3344, TQ13 0EY, Chudleigh Knighton, Tel. 01626 85 33 45.

107 **Sandygate Inn, N 50°33'40" W 3°36'01"**, Lower Sandgate, TQ12 3PU, Kingsteignton, Tel. 01626 35 46 79.

Teignmouth ist, wie die ganze Küstenregion dieser Gegend, von mildem Klima und oftmals gutem Wetter verwöhnt und entspricht damit so gar nicht dem Klischee des nebligen, regnerisch-kalten Englands, an das viele Mitteleuropäer denken. Kein Wunder also, dass an der Promenade Palmen wachsen und der Ort schon seit vielen Jahrzehnten ein beliebtes Seebad ist – auch wenn der Besucherandrang über die letzten 20 Jahre etwas abgeebbt ist. Gäste möchte man heute nicht mehr nur mit einem Pier und dem schönen Kiesstrand locken, sondern setzt auf die recht stattliche Zahl an Läden, Restaurants, Pubs und Cafés, die sich rund um **Bank** und **Wellington Street** angesiedelt haben, wie dem ***Crab Shack On The Beach*** *(3 Queen St., TQ14 8BY)*, ***The Oystercatcher Café*** *(12 Northumberland Place, TQ14 8DD)*, ***Finley Brown's Café*** *(24 Bank St., TQ14 8FN)* und ***Old Java Coffee House*** *(2 Den Rd., TQ14 8AJ)*. Je nachdem wo Ihre Hauptinteressen liegen, finden Sie einen Parkplatz nah am Geschäftszentrum bei N 50°32'45" W 3°29'59" in der **Quay Road**, das strandnahe Pendant dazu befindet sich unweit in

Teignmouth

der **Powderham Terrace** bei N 50°32'34" W 3°29'49".

Über die große Brücke hinter der Teign-Flussmündung kreuzen Sie dann hinüber nach **Shaldon** und bleiben weiterhin auf der Küstenstraße. Dabei kommen Sie an einem Parkplatz direkt an der Straße vorbei, der zum **RSPB Nature Reserve Labrador Bay** gehört. Auch wenn Sie nur kurz zwischenstoppen, ein guter Platz, um den Ausblick auf die Küsten und hinüber zur Jurassic Coast zu genießen. Die Wanderwege sind vor allem für Vogelbeobachter zu empfehlen: In dem Schutzbereich unterhalb lebt eine endemisch vorkommende Ammer-Art, die mit etwas Glück aufgespürt werden kann, außerdem sieht man oft Wanderfalken und eine beträchtliche Anzahl bunter Schmetterlinge *(N 50°31'26" W 3°30'36", A379, TQ1 4TP)*.

Torquay *(52.040 Einwohner)*
Anschließend erreichen Sie Torquay, einen weiteren beliebten Badeort an der Küste Devons. Am interessantesten ist der eingemeindete nördlichste Ortsteil Babbacombe.

Unterwegs in Torquay

Parken Sie an der **St. Marychurch Road** links ab bei N 50°28'58" W 3°31'18" und setzen Sie von dort an Ihren Weg zu Fuß fort. Je nach Interessenlage finden Sie direkt am Parkplatz das **Babbacombe Model Village and Gardens**. Mit viel Liebe zum Detail wurden auf dem Gelände alle möglichen Szenen aus dem britischen Leben der letzten 60 Jahre in Szene gesetzt – und das alles im Miniformat. Über 400 Häuser und ganze 13.000 Figuren beleben Szenen wie beispielsweise Stonehenge, Burgen, Strände – samt Nudistenbereich, Fußballstadien und einem Zoo. Wer mag, kann mit Forscherbögen gezielt auf die Suche nach bestimmten Charakteren gehen. Zum Gelände gehört außerdem ein 4D-Kino *(Hampton Ave., TQ1 3LA, ab 10.00 Uhr, je nach Monat bis 16.00/17.00 Uhr, Hauptsaison auch Nachtöffnung bis etwa 22.00 Uhr, 19,50 £, Onlinerabatt möglich, www.model-village.co.uk)*.

Wenn Sie am hinteren Ende des Parkplatzes die linke Straße, **Cliffside Road**, hinabgehen, erreichen Sie bald die **Babbacombe Cliff Railway**. Als eine Art Schrägaufzug verkehrt die kleine Bahn schon seit 1926 und befördert Strandgäste zum darunterliegenden **Oddiscombe Beach** und auch wieder nach oben *(Babbacombe Downs Rd., TQ1 3LF, Ende Feb. – Dez, meist 10.00 – 16.00 Uhr, Hin und Zurück 3,50 £, www.babbacombecliffrailway.co.uk)*. Alternativ können Sie natürlich auch zu Fuß hinabgehen, der gewundene Weg verläuft gleich daneben. Unten erwartet Sie eine schöne Sand-Kies-Strandbucht, von der bei Flut allerdings fast nur die betonierten Befestigungsstufen übrig sind. Beliebt ist dort das ***Three Degrees West Café***.

Wer Tropsteinhöhlen mag, kann außerdem einige hundert Meter südlich von Babbacombe die **Kents Caverns** besuchen *(N 50°28'05" W 3°30'11", 91 Ilsham Rd., TQ1 2JF, www.kents-cavern.co.uk, nur mit Führung, ab 10.30 Uhr, 16 £)*.

Wenn Sie Zeit und Lust haben, auch noch das belebte Zentrum Torquays zu sehen, ist eine gute Möglichkeit dorthin zu gelangen eine Wanderung entlang des Küstenpfades. Sie können direkt am oberen Ende des Strandes

Küstenpfad bei Torquay

nach Süden starten und erleben rund um das vorgereckte Kap einen besonders schönen Wegabschnitt. Folgen Sie einfach den Markierungen bis zum großen Hafen. Für den Rückweg können Sie die Buslinien 22 und 32 nehmen, die Sie zurück in die **Fore Street** bis fast an Ihren Parkplatz bringen.

Dort befindet sich das **Bygones Victorian Museum**. Die Ausstellung hat sich, ganz dem Namen nach, all dem verschrieben, was einst war und nicht mehr ist: Memorabilien und Nostalgika, von Produktverpackungen, 50er-Jahre-Sammlungen und alten Spielautomaten bis zu Militaria aus den Weltkriegen. Absolutes Highlight ist aber ein komplett nachgebauter Straßenzug aus viktorianischer Zeit. Ganze 15 Geschäfte und neun Wohnräume können von Besuchern erforscht werden *(Fore St., TQ1 4PR, www.bygones.co.uk, 10.00–16.00 Uhr, Apr.–Okt. bis 17.00 Uhr, 13,50 £)*. Falls Sie nach alldem Hunger bekommen haben, werden Sie rund um die Fore Street fündig. Je nach Appetit und Geldbeutel empfehlen sich das ***Bay Tree Café*** *(3 Babbacombe Rd., TQ1 3SB)*, ***The Silver Goose*** *(9 Fore St., TQ1 4PU)*, das ***Driftwood Café*** *(55 Fore St., TQ1 4PU)* und das ***Crown and Sceptre*** *(2 Petitor Rd., TQ1 4QA)*.

Paignton *(67.490 Einwohner)*
Auch der anschließende Ort Paignton bietet Strand, Pier und Amüsement. Viele Gäste kommen aber, um entweder eine Bahnfahrt mit der **Dartmouth Steam Railway** zu machen *(mehr unter www.dartmouthrailriver.co.uk)* oder den schönen **Paignton Zoo** zu besuchen. Er gehört zu den größten und beliebtesten im Land, beheimatet mehr als 2000 Tiere und hat sich auch international einen Namen für die Nachzucht und Haltung besonders seltener Spezies gemacht. Spitzmaulnashörner, Tieflandgorillas und Sulawesi-Makaken sind nur einige publikumswirksame Beispiele dafür *(N 50°25'42" W 3°35'00", Totnes Rd., TQ4 7EU, www.paigntonzoo.org.uk, je nach Jahreszeit 10.00–16.30 / 18.00 Uhr, 22,50 £)*.

Speziell für Sie sind außerdem das Womo-Pub ***The Parkers Arms*** und der nahe Campingplatz ***Broadleigh Farm Park*** interessant.

108 Peignton – *Broadleigh Farm Park*

GPS/Kontakt: N 50°25'03" W 3°37'01", Coombe House Ln., TQ9 6PU, Tel. 01803 78 21 10, www.broadleighfarm.co.uk. **Öffnungszeiten**: Apr. – Okt. **Ausstattung**: WiFi, Waschmaschine / Trockner, kleiner Shop. **Beschreibung**: Flacher Rasenplatz auf drei Feldern, ruhig, neben einer Farm, etwa 3 km außerorts. **Preis**: 21 – 29,50 £. **Zufahrt**: Peignton über die A385 Richtung Totnes verlassen, dann am Ortsende links Richtung Stoke Gabriel abfahren und der Straße immer geradeaus bis zum Platz folgen. **Hinweis**: Auch das Pub Railway Inn etwas weiter südlich bietet Übernachtung gegen Einkehr, N 50°23'48" W 3°33'22", Dartmouth Rd., TQ5 0LL, Tel. 01803 84 47 02.

Entweder fahren Sie nun direkt südlich in Richtung **Kingswear** und setzen dort mit der kleinen Pendelfähre nach Dartmouth über *(etwa 7.00 – 22.00 Uhr, etwa 11 £)* und besuchen vorher vielleicht das **Coleton Fishacre** Anwesen – oder nehmen den weiter unten beschriebenen Weg über Totnes. Vorsicht, die Zufahrtsstraße zum National Trust Besitz ist äußerst schmal und setzt vor allem bei Gegenverkehr gute Nerven und voraus... Belohnt werden Sie mit dem stattlichen Landhaus der D`Oyly Carte Familie, Gründer der Savoy Hotelkette, und erfahren etwas über ihre teils tragische Geschichte. Entgegen anderer Anwesen, wirkt die Einrichtung beinahe bürgerlich und ist im Stil der 1920er Jahre gehalten. Die Gärten bieten schöne Aussichtspunkte und umfassen Pflanzen aus allen Teilen der Welt *(N 50°20'50" W 3°32'09", Brownstone Rd., TQ6 0EQ, Ende Feb. – Okt. 10.30 – 17.00 Uhr, sonst nur Sa. / So., 15 £)*.

Totnes *(9.210 Einwohner)*

Auch wenn sich das **Berry Pomeroy Castle** tief in ein bewaldetes Tal duckt und Sie es somit nicht schon von Weitem erkennen können, fahren Sie kurz vor Totnes nur rund einen Kilometer daran vorbei. Vielleicht haben Sie ja Lust, an der stattlichen Ruine mit ihrer bunt-intriganten Geschichte einen Halt einzulegen? Die im 15. Jahrhundert erbaute und später erweiterte Burg war einst das größte und prächtigste Anwesen Devons und das Zuhause der Familien Pomeroy und Seymour. Als es, nie ganz vollendet, im 17. Jahrhundert aufgegeben wurde, machte es sich in der Folgezeit durch blutrünstige Gespenstergeschichten als Spukschloss einen Namen. Auf einer Audiotour erfahren Sie mehr dazu und können anschließend das Gehörte bei einem Spaziergang im Park oder einer Rast im Café wieder verdauen *(N 50°26'36" W 3°38'23", TQ9 6LJ, www.english-heritage.org.uk, Apr. – Okt. 10.00 – 17.00 Uhr, sonst nur Sa. / So. bis 16.00 Uhr, 6,80 £, English Heritage-Mitglieder frei)*. Bei Totnes erwarten Sie dann ein Übernachtungsplatz.

109 Totnes – *Longmarsh Car Park*

GPS: N 50°25'31" W 3°40'41", Steamer Quay Rd., TQ9 5UH.
Max. WOMOs: 6 – 8. **Ausstattung**: Keine Einrichtungen.
Beschreibung: Größerer Asphaltparkplatz ohne Übernachtungsverbot, ruhige Lage am Fluss, Bushaltestelle in der Nähe, eben, teils schattig.
Preis: 5 – 10 £ (da jede genutzte Parkbucht gezahlt werden muss)
Zufahrt: Von der A385 kommend in Totnes links Richtung Steamer Quay halten und dort bis zum hintersten Parkplatz fahren.

Die alte Marktstadt lohnt einen Rundgang. Mit ihren engen Gassen und alten Häusern im Kern rund um **Fore** und **High Street** bietet sie einige hübsche Bauwerke, wie das über die Straße ragende **Eastgate**, die **Saint Mary Church** oder das elisabethanische Haus mit Museum. Auch Skurriles gibt es zu sehen, wie das kurz vor dem Tor liegende Time House mit "Bedarf für Zeitreisende", einige Cafés und am Ende der Straße die Überreste des massiven, runden **Totnes Castles** *(Castle St., TQ9 5NU, www.english-heritage.org.uk, Apr. – Okt. 10.00 – 17.00 Uhr, sonst nur Sa. / So .bis 16.00 Uhr, 5,50 £, English Heritage-Mitglieder frei).*

Zum Parken eignen sich neben dem vorgenannten Übernachtungsparkplatz auch gut die Stellflächen am Morrison's Supermarket, direkt am Fluss Devon und nahe dem Beginn der **Fore Street** *(N 50°25'56" W 3°40'59", Coronation Rd., TQ9 5GN)*. Sie sind mit "Pay & Display"-Automaten ausgerüstet und somit für Nichtkunden nutzbar. Auch die Touristeninformation befindet sich hier. Gastrotipps in Totnes sind das ***Pie Street*** *(26 High St., TQ9 5RY)*, das ***Rumour*** *(30 High St., TQ9 5RY)*, das ***The Wild Fig Deli*** *(53 Fore St., TQ9 5NJ)* und das ***King William IV*** *(45 Fore St., TQ9 5HN)*.

Dartmouth *(6.350 Einwohner)*
Die schönste Weiterfahrt Richtung Dartmouth erfolgt über die kleinen, flussnahen Dörfer wie Tuckenham und Cornworthy. Die Straßen sind allerdings sehr schmal und damit nur für kleinere Campingbusse geeignet. Mit größeren Fahrzeugen wählen Sie besser den Umweg über A381 und A3122.

So kommen Sie auch am Familien-Themenpark **Woodlands** vorbei. Vor allem Kinder sind von der Mischung aus Zoo, Falknerei, Vergnügungspark mit Outdoor- und Indoorfahrgeschäften und mehr als zehn Themen-Spielplätzen begeistert *(N 50°21'34" W 3°40'16", A3122, TQ9 7TQ, Blackawton, www.woodlandspark.com, Apr. – Okt. 9.30 – 17.00 / 18.00 Uhr, sonst nur Sa. / So. mit Teilöffnung*

Blick auf Dartmouth, links Krabbenfischer in Dartmouth bei der Arbeit

zu vergünstigten Preisen von 14,95 £, 24,95 £, bei Onlinebuchung etwa 20% Ermässigung). Ein Stück weiter, am Womo-Pub ***Sportsmans Arms*** macht die Hauptstraße einen Rechtsknick.

110 N 50°21'31" W 3°38'40", A3122, TQ9 7DE, Blackawton, Tel. 1803 71 22 31

Wenn Sie sich geradeaus halten, nehmen Sie einen Abstecher in das hübsche Flussdorf **Dittisham** mit. Der Grund für diese Extratour ist aber nicht nur der Ort, sondern die einzige Möglichkeit, mit einer Personenfähre zum wunderschön gelegenen ehemaligen Haus der Schriftstellerin Agatha Christie überzusetzen – die reguläre Zufahrt ab Paignton ist für Womos nämlich gesperrt *(ein alternativer Zugang ist via Dampfzug ab Paignton oder Flusskreuzfahrt ab Dartmouth möglich).* Einmal angekommen, gibt es zwei geeignete Parkplätze, die aufgrund der schmalen und recht steilen Zufahrten allerdings schon etwas Mut voraussetzen: einmal direkt im Ort bei N 50°22'55" W 3°36'02", **The Level**, und einmal am Fluss in der **Ham Lane** bei N 50°23'04" W 3°35'54", jeweils mit Toiletten.

Die kleine Fähre startet über den pittoresken Fluss vom Pier aus. Läuten Sie einfach die Glocke, der Fährmann holt Sie dann ab *(Apr. – Sept. 9.00 – 17.00 Uhr, sonst 9.30 – 16.00 Uhr, 3 £.).*

Nach kurzem, ansteigendem Fußweg erreichen Sie dann Christies **Greenway Estate**. Sie selbst beschrieb den Ort als "schönsten auf der ganzen Welt". Auch wenn es nicht durchgängig bewohnt wurde, war es über viele Monate der Sommer- und Weihnachtssitz der Familie, an dem mit Freunden Feste gefeiert, ausgespannt, geschrieben und Sport getrieben wurde. Neben dem komplett ausgestatteten Haus erwarten Sie ein schöner Garten und ein weitläufiges Waldstück mit verschiedenen Wegeangeboten, die immer wieder Blicke auf die tolle Flussland-

Blackpools Sands

schaft darunter gewähren. Sogar eine Runde Softball am alten Tennisplatz können Sie bei gutem Wetter spielen (*Greenway Rd., TQ5 0ES, www.nationaltrust.org.uk, Mitte Feb. – Okt. 10.30 – 17.00 Uhr, Nov. – Mitte Dez. Sa. / So. 11.00 – 16.00 Uhr, 15 £, National Trust-Mitglieder frei*).

Die sehenswerte alte Hafenstadt Dartmouth zieht sich im Mündungsgebiet des Darts an den Hügeln entlang und ist vor allem bei Seglern ein beliebter Haltepunkt. Gemeinsam mit dem durch eine Fähre verbundenen **Kingswear** am anderen Flussufer bildet es eine tolle Kulisse. Ein recht großer Parkplatz befindet sich bei N 50°21'11" W 3°34'40" in der **Mayor's Avenue**, mit Touristeninformation am hinteren Ende. Machen Sie einen Spaziergang am Flussufer oder lassen Sie sich einfach etwas durch die dahinterliegenden Geschäftsstraßen treiben. Mehrere Bootsunternehmen bieten an der Promenade Flussfahrten an, eine ganze Reihe Pubs und Galerien ziert die Häuserreihen. Wenn Sie Lust auf einen etwas längeren Spaziergang haben, wandern Sie an den Ruinen des **Bayard's Cove Forts** vorbei immer flussabwärts. Am Ende erreichen Sie das beschilderte **Dartmouth Castle**. Die Anlage wurde ab 1388 für fast 600 Jahre betrieben, bis zum Zweiten Weltkrieg war die Burg bemannt. Einst wurden massive Ketten über den Fluss zum Kingswear Castle gespannt, wenn ein Angriff von Seeseite auf Dartmouth drohte, und aus den Scharten schoss man scharf. Heute können Sie durch die Burg streifen und nach Delfinen und Robben Ausschau halten, die sich häufig vor der Flussmündung zeigen (*Castle Rd., TQ6 0JN, www.english-heritage.co.uk, Apr. – Sep. 10.00 – 18.00 Uhr, Okt. bis 17.00 Uhr, sonst nur Sa. / So. bis 16.00 Uhr, 6,10£, English Heritage-Mitglieder frei*).

Natürlich gibt es in einem touristisch geprägten Ort wie Dartmouth eine ganze Reihe erwähnenswerter Restaurants, versuchen Sie das ***Kendrick's Restaurant*** (*29 Fairfax Pl., TQ6 9AB*), das

Seahorse Restaurant *(5 South Embankment, TQ6 9BH),* ***Wheelhouse Fish`n`Chips*** *(7 Fairfax Pl., TQ6 9AD),* ***Rockfish*** *(8 South Embankment, TQ6 9BH),* ***Café Al Fresco*** *(Lower St., TQ6 9AN)* oder ***Bayaard's Cove Inn*** *(27 Lower St., TQ6 9AN).* Kurz hinter Dartmouth befindet sich auf einer Anhöhe zwischen den Feldern dann noch eine Stellplatzgelegenheit.

111 Dartmouth – *Camping and Caravanning Club Site*

GPS/Kontakt: N 50°19'53" W 3°35'47", Dartmouth Rd., TQ6 0RF, Tel. 01803 77 02 53, www.campingandcaravanningclub.co.uk. **Öffnungszeiten**: Anfang Apr. – Ende Okt. **Ausstattung**: WiFi, Waschmaschine / Trockner, Spielplatz, kleiner Shop, Abspülgelegenheit. **Beschreibung**: Flacher Platz mit Rasen- und Schotterstellflächen südlich von Dartmouth, recht ruhig, teils Schatten, sauber, knapp 4 km in den Ort, Bushaltestelle. **Preis**: 23,60 – 34,10 £, Nicht-Mitglieder des Clubs zahlen rund 30 % Aufpreis. **Zufahrt**: A379 in südliche Richtung nach Stoke Fleming fahren, am Ortsbeginn rechts. **Hinweis**: An Wochenenden und in der Hauptsaison mindestens 2 Nächte Aufenthalt.

Blackpool und Salton Sands

Auf den nächsten Kilometern kommen Sie vor allem dann auf Ihre Kosten, wenn Sie sich mit Strand, Meer und Küste wohlfühlen. Zu einer ersten tollen Sandbucht mit Parkplatz gelangen Sie an den **Blackpool Sands**, gleich links neben der Straße *(N 50°19'12" W 3°36'39", Blackpool Hill).* Großer Vorteil sind die umfangreichen Parkgelegenheiten und die einfache Erreichbarkeit, das wird weiter südlich teils etwas schwieriger.

Genauso gut, wenn auch weniger geschützt, gelingt die Anfahrt am langen Sandstreifen vor der Lagune an den **Slapton Sands**. Parkplatz, Sand und ganz viel Platz. Nachtparken wurde verboten, es gibt aber Campingalternativen.

Slapton Sands

112 Slapton Sands – *Camping and Caravanning Club Site*

GPS/Kontakt: N 50°17'26" W 3°39'03", Sands Rd., TQ7 2QW. **Öffnungszeiten**: Ostern – Okt. **Ausstattung**: WiFi, Waschmaschine / Trockner, Spielplatz, kleiner Shop. **Beschreibung**: Sauberer, nicht ganz ebener Platz, hauptsächlich auf Rasen, teils Schotter, Meerblick, teils etwas Schatten. **Preis**: 21,90 – 31,60 £, 30 % Aufpreis für Nicht-Mitglieder des Clubs. **Zufahrt**: Von der A397 rechts nach Slapton abfahren, Platz kommt dort gleich auf der rechten Seite. **Hinweis**: An Wochenenden und in der Hauptsaison mindestens 2 Nächte Aufenthalt.

East Prawle *(270 Einwohner)*
Direkt nach dem Strand verlässt die Hauptstraße bei **Torcross** die Küste und verläuft nun weiter landeinwärts ein ganzes Stück entfernt. Viele kleine und kleinste Sträßchen, oftmals ungeeignet für Womos, verlaufen zu den Weilern am Meer. Ganz gut befahrbar ist da noch die Straße ab **Stokenham** links nach East Prawle. Im Ort gibt es auch einen günstigen Campingplatz. Richtig Spaß bringt eine Wanderung entlang der See, unterwegs mit Badegelegenheit.

113 East Prawle – *Tripp`s Campsite*

GPS/Kontakt: N 50°12'51" W 3°42'36", Higher Farm, TQ7 2BY, Tel. 01548 51 12 29. **Öffnungszeiten:** Etwa Mitte Apr. – Sep. **Ausstattung**: Nur Wasser, Toilette. **Beschreibung**: Sehr einfache Campinggelegenheit auf einer großen etwas schrägen Wiese, Ortsrandlage, ruhig, Meerblick. **Preis**: 15 £. **Zufahrt**: Am Kreisverkehr in Stokenham von der A379 links nach East Prawle abbiegen und der Beschilderung über schmale Straßen bis in den kleinen Ort folgen. Rechts am Hauptplatz vorbei, 40 m weiter rechts. **Hinweis**: Alternativ befindet sich am linken Ende des Hauptplatzes mit ***Stephen`s Field*** ein zweiter, ganz ähnlicher Platz für 20 £, N 50°12'53" W 3°42'33", The Green, TQ7 2BY, Tel. 07549 65 04 12, www.eastprawlecamping.co.uk. **Hinweis 2**: Camping- and Caravanning Club Mitglieder kommen außerdem am ***Honey Lane House*** unter, fast campingplatzübliche Ausstattung, N 50°12'58" W 3°42'56", TQ7 2BU, www.campingandcaravanningclub.co.uk, Tel. 01548 51 13 32, März – Sep., 18 £.

Rundwanderung zum Prawle Point *(etwa 6 km)*

Neben Stränden erwarten Sie auf dieser Wanderung dramatische Klippen, eine Station der Küstenwache und herrliche Ausblicke.
Starten Sie am kleinen Platz in East Prawle bei N 50°12'53" W 3°42'36" und ge-

Unterwegs am Küstenpfad bei Prawle Point, unten Maceley Bay

hen Sie mit Blickrichtung zur Telefonzelle nach links die Straße hinab. Nur zu Beginn müssen Sie dem schmalen Teerband folgen, das zu einer vorgelagerten Ferienanlage führt. Die ersten drei Kurven rechts, links und wieder rechts machen Sie noch mit, dann verlässt ein Wanderweg nach links die Straße und führt zwischen den Feldern in Richtung Meer. Dort schließen Sie sich in Höhe Wollow Cove und Landing Cove dem Küstenpfad nach rechts an. Der Weg kreuzt unterwegs nun immer wieder kleine Steinmauern, die schon seit Hunderten von Jahren existieren. Sie kommen an einem als Schaf-stall genutzten alten Bunker vorbei und sehen dann rechts et-was erhöht die Ferienhäuser und Zielpunkt der Straße, die Sie gerade noch genutzt haben. Gehen Sie nicht nach oben, sondern passieren Sie die Zeile einfach unterhalb am Pfad über die Wiese. Links vorne sehen Sie dann schon die **Lookout Station Prawle Point**. Nachdem sie schon vor Jahren offiziell aufgegeben wurde, haben sich Freiwillige zusammengeschlossen und, wie übrigens an einer ganzen Reihe solcher Orte entlang der englischen Küste, die Funktion der Küstenwache übernommen. Gäste sind gerne gesehen und Sie dürfen fast immer zu einem kleinen Plausch in die Aussichtskanzel kommen und den gerade Diensthabenden über die Schulter schauen. Im Nebengebäude befindet sich auch noch eine Ausstellung zur Arbeit der Coastspotter.

Beim Verlassen des Ausgucks wählen Sie nun den linken Pfad durch die Heide. Er arbeitet sich über der folgenden Elender Cove durch das Gestein, ein wenig Trittsicherheit und Schwindelfreiheit schaden hier nicht.

Der Pfad umrundet die sandige **Maceleybucht** unter Ihnen. Sie hat einen steilen, aber machbaren Zugang und bietet somit auch

Gelegenheit zum Baden. Der weitere Wegverlauf bleibt, statt nach rechts abzuzweigen, links immer an der Küste. Sie queren dabei die auskragende Landzunge Gammon Head und wandern Richtung **Pig's Nose**. Dort wurde ab 1857 nur für drei Jahre erfolglos versucht, eine Eisenmine zu etablieren.

Geradeaus könnten Sie noch ein Stück zum **Gara Rock Beach** und damit zu einer weiteren Badestelle gehen. Ansonsten biegen Sie am Wegweiser jedoch rechts landeinwärts ab. Halten Sie immer weiter die Richtung, zunächst immer geradeaus bis zum Ende der Klippen und dann durch dicht bewachsenes Gelände, im Sommer meist voller Schmetterlinge, später stetig flacher werdend. Schließlich wandern Sie durch ein Tor und entlang einer Schafsweide. Bei der nächsten Gelegenheit halten Sie sich wieder rechts und gehen dort über einen grob steinigen, teils mit Bäumen überwucherten Fahrweg. Am Ende erreichen Sie die Fahrstraße, der Sie nach schräg rechts geradeaus auf East Prawle zu folgen. Im Ort halten Sie sich schließlich rechts zurück zu Ihrem Fahrzeug.

Salcombe *(1.590 Einwohner)*

Ein nächster schöner Abstecher von der Hauptstraße leitet Sie hinter Kingsbridge links ab nach Salcombe. Erneut tun sich Übernachtungsmöglichkeiten auf.

114 Kingsbridge – *Cattle Market*

GPS: N 50°16'51" W 3°46'38", Ropewalk, TQ7 1HH. **Ausstattung**: Keine Einrichtungen. **Beschreibung**: Parkplatz westlich des Flusses mitten im netten Kingsbridge, eben, tags belebt, kein Schatten, Übernachten offiziell erlaubt. **Preis**: 10 £ pro Tag, max. 48 h. **Zufahrt**: Am Ende der kleinen Hafenbucht links halten in die Ilbert Road, dann wieder links in den Ropewalk zum Parkplatz.

115 Rew – *Higher Rew*

GPS/Kontakt: N 50°13'50" W 3°48'19", Higher Rew, TQ7 3BW, Tel. 01548 842 681, www.higherrew.co.uk. **Öffnungszeiten:** Mitte März – Okt. **Ausstattung**: WiFi, Waschmaschine / Trockner, Abspülgelegenheit, regelmäßig Food Trucks vor Ort, kleiner Shop, Tennisplatz. **Beschreibung**: Schön gelegener Rasenplatz mit tollem Blick, etwas uneben, vor allem im Ort schmale Zufahrt, 2,8 km bis Malborough. **Preis**: 23–38 £. **Zufahrt**: Biegen Sie in Malborough an der Zufahrtsstraße nach Salcombe rechts Richtung Town Centre ab (Campingschild ab hier schon vorhanden). An der Kirche vorbei dem Straßenverlauf folgen, bis der Platz links angeschrieben ist. Dann nach wenigen Hundert Metern. **Hinweis**: Auch hier gibt es ein Camping- and Caravanning Club Pendant für Mitglieder, die ***New Burleigh Farm***, N 50°15'17" W 3°48'52", Burleigh Ln., TQ7 3EG, www.campingandcaravanningclub.co.uk, Apr. – Okt., 19 £.

Overbeck`s House bei Salcombe

Der Ort lockt Gäste mit seinen karamellfarbenen Stränden, Wassersportmöglichkeiten und den hübschen, pastellfarbenen Häuschen an. Die Straßen im Ort sind allerdings sehr eng. Steuern Sie daher für einen Rundgang besser gleich die großen Parkplätze bei N 50°14'21" W 3°46'14", TQ8 8DX in der **Shadycombe Road** oder gleich dahinter am Hafen in der **Gould Road** an.

Eine beliebte Institution stellt das seit 1869 existierende Süßwarengeschäft **Cranch's Original Sweet Shop** in der Fore Street dar, das Sie bei einem Rundgang sicher entdecken werden. Haben Sie richtig Hunger versuchen Sie die ***Salcombe Coffee Company*** *(73 Fore St., TQ8 8BU)*, ***The Victoria Inn*** *(Fore St., TQ8 8BU)*, oder das ***The Ferry Inn*** *(Fore St., TQ8 8JE)*.

Wenn Sie im Anschluss noch Lust auf Baden haben oder eine Besichtigung, fahren Sie den Parkplatz an der geschützten Bucht **Salcome North Sands** an *(N 50°13'49" W 3°46'53", Cliff Rd., TQ8 8LD)*. Die schmale, steile Straße bis zu den sogar noch etwas schöneren **South Sands** sollten Sie sich dagegen gut überlegen – oder gleich erwandern. Auch von dort können Sie mit einem lustigen Gefährt, halb Automobil, halb Schwimmbrücke, ins Zentrum gelangen, falls Sie dieses vorher ausgelassen haben – oder umgekehrt.

Noch ein Anstieg, den braunen Schildern mit dem National-Trust-Symbol folgend, und Sie stehen am Ende des Weges an **Overbeck's House and Garden**. Der Privatsitz des Erfinders und Wissenschaftlers Otto Overbeck ist ein wirklich sehr spezieller Ort. Umgeben von einem subtropischen Garten ist das Haus ein Sammelsurium aller möglichen Dinge. Ein magisches Polyfon, Sammelkästen mit Schmetterlin-gen und Käfern, Puppen, Spielwaren und Modellbooten – die besondere Atmosphäre wird Sie mindestens staunen lassen. Achtung: Selbst wenn Sie sich bis

TOUR 3

zum South Beach vorgetraut haben – fahren Sie mit dem WOMO nicht bis zum Haus hinauf, die Zufahrt ist eng und der Parkplatz viel zu klein *(Sharpitor, TQ8 8LW, www.nationaltrust.org.uk, Mitte Mär.–Okt. So. – Do. 10.00 – 16.00 Uhr, 9,50 £, National Trust-Mitglieder frei, zuletzt war das Haus wegen Sanierung geschlossen).*

Eine letzte Strandabfahrt empfehlen wir Ihnen noch, ein Stück hinter Kingsbridge, links hinab nach Bantham. Die Zufahrt ist allerdings einspurig und nur mit Ausweichstellen versehen. Es sind daher, nicht zu Unrecht, nur Fahrzeuge bis maximal sieben Meter Länge zugelassen. Ganz am Ende erwartet Sie ein großer Tagesparkplatz, daneben der **Bantham Beach** an der Mündung zum River Avon. Er ist vor allem bei Surfern sehr beliebt, aber mit seinen kleinen Dünen und dem schönen Blick auch ohne Brett ein guter Platz zum Entspannen, N 50°16'42" W 3°52'28", Cliff Rd., TQ7 3AN. Für die Weiterfahrt in Richtung Plymouth halten Sie sich nun nach Norden in Richtung A38 mit Campingplatz und Pub direkt benachbart.

116 ***California Cross Camping and Caravanning Club Site,*** **N 50°21'47" W 3°49'20"**, B3196, PL21 0SG, Tel. 01548 82 12 97, www.campingandcaravanningclub.co.uk, Mai – Sep., 18 – 25,90 £, Non-Members 30 % Aufschlag

117 ***California Inn,*** **N 50°21'43" W 3°49'23"**, B3196, PL21 0SG, Tel. 01548 81 14 49

Plymouth *(264.730 Einwohner)*
Um die Hafenstadt Plymouth zu erreichen, können Sie zwischen zwei Varianten wählen *(siehe Tourkarte).*

Südvariante
Wenn Sie direkt über die A379 in Richtung Plymouth steuern, können Sie einen Schlenker nach **Wembury** einbauen. Der dortige Küstenstreifen rund um den **Wembury Beach** gehört zu den schönsten Devons und bietet weit aufragende Kliffs und einen Strand, der bei Ebbe viele Rockpools freilegt, in denen sich dann so manches Getier sammelt. Auch eine ganze Reihe Spazierwege beginnt in Wembury – Inlandswege sowie der Küstenpfad leiten in den Wembury Wood oder über das Yealm Estate. Nähere Infos dazu erhalten Sie auf den Infotafeln am Strand oder online über den National Trust, der das Gebiet verwaltet *(bei N 50°19'04" W 4°05'00", PL9 0HR).* Zum Übernachten können Sie danach das Pub ***The Plymstock Inn*** ansteuern.

118 **N 50°21'31" W 4°05'10"**, 88 Church Rd., PL9 9BD, Plymstock, Tel. 01752 87 47 99.

Dartmoor Zoo

Nordvariante

Stattdessen können Sie auch bei **Ivybridge** die Autobahn queren. Dort gelangen Sie zu einer Übernachtungsmöglichkeit an einem Golfplatz bei Sparkwell

119 Sparkwell – *Welbeck Manor and Golf*

GPS/Kontakt: N 50°24'21" W 3°59'41", PL7 5DF, Plympton, Tel. 01752 83 72 19. **Max. WOMOs**: 5. **Öffnungszeiten**: Ganzjährig. **Ausstattung**: Ver- / Entsorgung, WiFi. **Beschreibung**: Etwas unebene Schotterfläche am Rand des Golfplatzes nahe dem Restaurant. 10 % Rabatt dort, nur Eco-Zusätzes bei der Entsorgung erlaubt. **Preis**: 10 – 15 £. **Zufahrt**: Von der A38 links ab Richtung Lee Mill Ind. Estate, dann nach rechts die Autobahn unterqueren, links fahren und kurz darauf rechts der Wegweisung bis Sparkwell folgen. Nach dem Treby Arms rechts zum Platz abfahren.

In **Sparkwell** befindet sich außerdem der **Dartmoor Zoo**. Er hat wohl eine einzigartige Geschichte: 2006 kaufte die Familie Mee den heruntergewirtschafteten, zwischenzeitlich schon für die Öffentlichkeit geschlossenen Zoo samt seinen Tieren. Die harte Zeit bis zur Wiedereröffnung und Erfüllung aller Auflagen hat Benjamin Mee in einem Buch veröffentlicht: "We bought a Zoo" war ein Erfolg, auf den selbst Hollywood aufmerksam wurde. Das Buch wurde 2011 mit Matt Damon und Scarlett Johansson in den Hauptrollen verfilmt. Im realen Pendant finden Sie auf rund 30 Hektar eine Vielzahl and heimischen und exotischen Tieren

Barbican Quarter in Plymouth

vor allem eine bemerkenswerte Anzahl an verschiedenen Raubkatzen. Außergewöhnlich sind unter anderen die Dscheladas, die letzte noch lebende Art an großen Graslandpavianen. Wer sich tiefer informieren möchte, kann dies bei verschiedensten Veranstaltungen und Führungen tun und dabei zum Beispiel Tapiren, Ottern oder Tigern näherkommen. Kinder freuen sich über das Steichelgehege und wer eine Pause braucht, findet ein Café vor Ort *(N 50°24'27" W 3°59'45", PL7 5DG, Sparkwell, Sommer 10.00–18.00 Uhr Winter bis 16.00 Uhr, 18 £, www.dartmoorzoo.org.uk).*

Wenn Sie die Stadt Plymouth näher ansehen möchten, ist eine der besten Möglichkeiten den Coypool Park & Ride Platz zu nutzen und von dort aus mit dem Bus ins Zentrum zu fahren, N 50°23'38" W 4°04'57".

Die Stadt Plymouth selbst ist nicht gerade eine Perle. Nach großen Zerstörungen im Zweiten Weltkrieg wurde sie mehr zweckmäßig als attraktiv wiedererrichtet. Und das Geschäftszentrum um die **Drake Circus Mall** verbreitet nicht mehr als grauen Plattenbaucharme. Schöner ist das schon das Hafenviertel **Barbican** ein paar hundert Meter südwestlich rund um die Quay Road und Southside Street. Einer der interessantesten Anlaufpunkte ist ansonsten das **National Marine Aquarium**, es ist per Schwimmbrücke mit dem Barbican verbunden. Es ist das größte des Landes und bietet als Highlight ein zehn Meter tiefes, fast rundum einsehbares Becken samt Haien und Rochen *(Rope Walk, PL4 0LF, www.national-aquarium.co.uk, 10.00–17.00 Uhr, 22,50–25 £).*

Dartmoor, Westteil

Statt über die Autobahnbrücke des River Tamar bei **Saltash** zu fahren, bietet sich nördlich von Plymouth ein zweiter Abstecher in den Nationalpark Dartmoor an. Streng genommen knapp außerhalb liegt das Anwesen **Buckland Abbey**. Die abgelegene einstige Zisterzienser-Abtei im Tavy Valley war im 16. Jahrhundert das Zuhause des berühmt-berüchtigten "Freibeuters Ihrer Majestät" Sir Francis Drake. Eingebettet in ein Stück stille Landschaft mit Wiesen, Obstplantagen und Wald bietet sich das Grundstück für ausgedehnte Wanderungen auf markierten Wegen an. Je nach Jahreszeit zwischen Teppichen von Glockenblumen im Frühsommer oder bunt leuchtenden Bäumen im Herbst. Die alte Abtei ist halb Museum, halb erhaltenes Wohnhaus. Zu sehen gibt es beispielsweise Drakes legendäre Trommel, anschaulich aufbereitete Informationen zum Leben auf Schiffen in Drakes Zeit und das wertvollste Gemälde im Besitz des National Trusts: ein ihm gespendetes Selbstporträt Rembrandts *(N 50°28'47" W 4°07'46", PL20 6EY, Yelverton, www.nationaltrust.org.uk, Grund Mitte Feb. – Okt. 10.00 – 17.00, Haus 11.00 – 16.30 Uhr, sonst meist nur Sa. / So. und Dez. 11.00 – 16.00 Uhr, 15 £, National Trust-Mitglieder frei).*

Von **Yelverton** führt dann ein besonders schöner Straßenabschnitt mitten durch den Nationalpark. Die weite, beinahe gänzlich unbebaute Landschaft ist eine der letzten Wildnisregionen Großbritanniens. Östlich von Ihnen gibt es über viele Quadratkilometer keinerlei Zivilisation. Dafür viel Platz für Wildpferde, Schafe und Natur. In Princetown stoßen Sie gleich am Ortsbeginn auf ein Pub mit eigenem Campingplatz hinter dem Haus.

120 Princetown – *Plume of Feathers*

GPS/Kontakt: N 50°32'38" W 3°59'25", Plymouth Hill, PL20 6QQ, Tel. 01822 89 02 40, www.plumedartmoor.co.uk. **Max. WOMOs:** 10. **Ausstattung**: Ver- / Entsorgung, Dusche / Toilette, WiFi.
Beschreibung: Nettes Pub mit eigenem kleinem Campingplatz hinter dem Haus. Plätze auf Rasen oder Schotter, etwas uneben. **Preis**: 25 £.
Zufahrt: An der B3212, direkt an der Ortseinfahrt von Princetown rechter Hand. **Hinweis**: Auch das direkt benachbarte ***Ramblers Rest*** bietet nun Stellplätze, 15 £, Toilette, Dusche kann im Pub zugebucht werden.

Die Lage ist ideal, wenn Sie Lust auf Wanderungen oder Radtouren im Nationalpark haben: Das **Dartmoor Visitor Centre** befindet sich direkt gegenüber und versorgt Sie mit allen benötigten Informationen dazu *(N 50°32'39" W 3°59'33", Tavistock Rd., PL20 6QF, www.dartmoor.gov.uk, Apr. – Sep. 10.00 – 17.00 Uhr, Okt. bis 16.00 Uhr, sonst Di. / Do. / So. 10.30 – 15.30 Uhr).*

Übrigens: In Princetown befindet sich auch ein 1809 errichtetes, bis heute genutztes Gefängnis am nördlichen Ortsrand. Dessen Geschichte und die seiner Gefangenen können Sie auf der gegenüberliegenden Seite im **Dartmoor Prison Museum** nachvollziehen *(N 50°33'01" W 4°00'00", Tavistock Rd., PL20 6RR, www.dartmoor-prison.co.uk, Mo. – Do. / Sa. 9.30 – 16.30 Uhr, Fr. / So. bis 16.00 Uhr, 4 £).*

Auch die Weiterfahrt in westliche Richtung führt Sie erneut durch die einmalige Landschaft des Dartmoors. Bei **Merrivale**

Buckland Abbey, unten Pferde im Dartmoor National Park

fahren Sie an den Überresten einer prähistorischen Siedlung vorbei. Wenn Sie diese ansehen möchten, machen Sie einen kurzen Halt am Parkplatz bei N 50°33'25" W 4°02'38", die Steinformation ist dann nur ein paar Hundert Meter südlich von Ihnen zu finden.

121 (C121) Tavistock – *Camping and Caravanning Club Site*

GPS/Kontakt: N 50°33'14" W 4°05'42", Park Hill, PL19 9LQ, Tel. 01822 61 86 72, www.campingandcaravanningclub.co.uk. **Öffnungszeiten**: Ganzjährig. **Ausstattung**: WiFi, Waschmaschine / Trockner, Spielplatz, kleiner Shop, Abspülgelegenheit. **Beschreibung**: Geschützt zwischen Bäumen gelener Platz mit Schotter- und Rasenstellplätzen, flach, ruhig, sauber, Bushaltestelle. **Preis**: 18 – 25,90 £, Nicht-Mitglieder des Clubs zahlen rund 30 % Aufpreis. **Zufahrt**: Direkt an der B3357 linker Hand. **Hinweis**: An Wochenenden und in der Hauptsaison mindestens 2 Nächte Aufenthalt.

Abstecher zur Lydford Gorge

Nicht allzu groß ist der Umweg zur etwas nördlich der angegebenen Route liegenden **Lydford Gorge**. Es ist die tiefste Schlucht in Südwestengland und besitzt einen 30 Meter hohen Wasserfall sowie zwei Wanderwege beidseitig des am Grund verlaufenden Flusses. Dadurch ist ein abwechslungsreicher Rundweg mög-

In der Lydford Gorge

lich *(N 50°38'28" W 4°06'37", EX20 4BH, www.nationaltrust.org.uk, Waterfall Trail ganzjährig 11.00 – 15 Uhr, in der Saison auch Devil`s Cauldron Trail sowie Tea Room, dann 10.00 – 16.30 Uhr, 11 £ National Trust-Mitglieder frei).*

Im benachbarten Ort **Lydford** können Sie einen Blick auf die Überreste des **Lydford Castle** werfen. Es war die meiste Zeit seines Bestehens ein Gefängnis und ist heute frei zugänglich. Am Hin- und Rückweg fahren Sie jeweils über den Weiler Mary Tavy. Dort dürfen WOMO-Gäste im ***Mary Tavy Inn*** übernachten.

122 **N 50°35'25" W 4°06'50"**, 3 Lane Head, PL19 9PN, Mary Tavy, Tel. 01822 81 03 26

Zum Ende von Tour 3 passieren Sie, kurz hinter Tavistock, dann noch einen schönen kleinen Farm-Campingplatz, den ***Old Rectory Camping Park***. Wer keine Ver- / Entsorgung braucht und lieber freisteht, wird auch gleich um die Ecke fündig.

123 **N 50°31'57" W 4°11'27"**, B3257, PL19 8JA, Gulworthy, www.tamarvalleycamping.co.uk, Apr. – Okt., 26 £ mindestens 2 Nächte am Wochenende

124 Brenton – *Church Carpark*

GPS: N 50°36'16" W 4°09'57", PL19 0LP. **Max. WOMOs:** 2-3. **Ausstattung**: Keine Einrichtungen. **Beschreibung**: Kleinerer Schotterparkplatz mitten im Nichts zwischen den Feldern, relativ eben, sehr ruhig, 1,2 km außerorts. **Zufahrt**: Im Zentrum von Tavistock an beiden Kreisverkehren geradeaus fahren (Brentor ist am zweiten angeschrieben). Immer geradeaus, bis Sie nach 4,5 km spitz nach links zum Parkplatz abbiegen können (beschildert). **Hinweis**: Samstag auf Sonntag nicht nutzen, um keine Kirchgänger zu stören.

Tour 4
Tour 5
Tour 3
Widemouth Bay
Crackington Haven
Witchcraft Museum
Boscastle
Tintagel Castle
Tintagel
Camelford
Delabole
St. Treath
Pendoggan
Polzeath
Padstow
Wadebridge
St. Issey
St. Mawgan
Japanese Gardens
Bedruthan Steps
Tregurrian
New-quay
Zoo und Aquarium
Trerice
Holywell
Perranp.
St. Agnes
Portreath
Redruth
Camborne
Gwithian
Angerrack
St. Ives
Hayle
Marazion
Balwest
Praa Sands
Porthleven
Helston
Sithney
Flambards
Gweek
Seal Sanctuary
Glendurgan u. Trebah Gardens
Mullion
Lizard
Lizard Point
Cadgwith
Kuggar
Coverack
Penryn
Falmouth
Maritime Museum
Pendennis Castle
St. Mawes
Lamorran Gardens
Trelissick Gardens
Trelissick
Truro
Cathedral
Cornwall Museum
St. Just i.R.
Portscatho
Veryan
Lost Gardens
Gorran Haven
Mevagissey
Pentewan
St. Austell
Tregrehan G.
Tregreha
Eden Project
Luxulyan
Par
Fowey
Bodinnick
Lostwithiel
Lenryn
Bodmin
Bodmin Jail
Lanhydrock
Restormel Castle
Taphouse
Herodsfoot
Pelynt
Polperro
Looe
Liskeard
Saltash
Torpoint
St. Agnes
Tavistock
Cotehele
Penzance
Long Rock
Madron
Men-an-Tol
Morvah
Carn Galver
Pendeen
Geevor
St. Just
Botallack
Levant
Bosavern
Sennen
Land's End
Minnack T.
Porth-curno
Treen
Merry M.
Newlyn
Trewiddan
Mousehold
St. Michael's Mount
10 km

Cornwall

590 km

Nirgends in England ist das Klima milder, nirgends gibt es eine größere Anzahl von Strandbuchten und nirgends wachsen Pflanzen üppiger als im äußersten Südwesten des Landes – in Cornwall. Die Rosamunde-Pilcher-Romantik Dutzender Filme mag verklärt sein, doch Landschaft und Idylle liegen gar nicht so weit entfernt von der Realität. Vor allem im Mai und Juni, wenn die Rhododendren blühen, sind die vielen Gärten und Parks ein Traum. Nur dass Sie allein sind, dürfen Sie dann natürlich nicht erwarten. Vor allem an Hochsommerwochenenden können Strandparkplätze und die vielen schmalen Nebenstraßen ans Limit kommen. Besuchen Sie:

- **Looe**
- **Eden Project**
- **Lizard Point mit der Kynance Cove**
- **Porthcurno**
- **St. Ives**
- **Tintagel**

Cotehele

Gleich zu Beginn der Tour zeigen am Weg nach Liskeard links Wegweiser zum Anwesen **Cotehele** aus Tudorzeiten. Hoch über dem Tamar-Fluss erbaut, thront das Haupthaus auf einer Anhöhe. Die über die Jahrhunderte gewachsene Inneneinrichtung wird von alten Eichenmöbeln und Dekorationen wie Wandteppichen, Schmuckwaffen sowie Zinn- und Messinggegenständen dominiert. Bestechend schön ist der große Garten. Von den formellen Bereichen führt ein Tal hinab zum Fluss. Je nach Jahreszeit blühen die Obstbäume, Wildblumen oder Staudenrabatten. Einst herrschte am Kai emsiges Treiben, wenn Boote be- und entladen wurden. Heute können Sie dort die restaurierte Segelbarkasse Shamrock ansehen oder sich im Discovery Center über die Geschichte des Tamar Tales informieren *(N 50°29'36" W 4°13'32", PL12 6TA, Saltash, www.nationaltrust.org.uk, Mitte Feb. – Dez. nur Garten 11.00 – 16.00 Uhr, Mitte März – Okt. bis 17.00 Uhr, Haus bis 16.00 Uhr, 15 £, nur Garten 9 £, National Trust-Mitglieder frei)*

125 Saltash – *High Kernock*

GPS/Kontakt: N 50°27'26" W 4°17'35", Pillaton, PL12 6QU, Tel. 07792 56 30 65, www.campingandcaravanningclub.co.uk **Max. WOMOs**: 5. **Öffnungszeiten:** Ganzjährig. **Ausstattung**: Ver- / Entsorgung, Strom,

Mülleimer. **Beschreibung**: Schöner kleiner Platz neben einer Farm im Grünen, parzellierte, großzügige und ebene Schotterflächen, Picknickbank, klappstuhlgeeignet, ruhig, etwas Schatten. **Preis**: 15 – 20 £. **Zufahrt**: Ab der A388 zwischen Callington und Saltash westlich Richtung Amy Tree abbiegen, dann am Ende der Straße nach links vorne und sofort wieder links ab nach Pillaton abfahren. An einer Gabelung nach 2,5 km rechts erneut Richtung Pillaton, dort folgt die Einfahrt sofort rechter Hand. **Hinweis**: Nur mit Camping- and Caravanning Club-Mitgliedschaft, tel. Reservierung empfohlen.

Looe *(5.280 Einwohner)*
Dort, wo der River Looe an der **Looe Bay** ins Meer mündet, liegt die gleichnamige Ortschaft, malerisch verteilt an den sanft ansteigenden Hügeln. Mit den weit nach oben gezogenen Häuserreihen, die vom Flusslauf aus nach oben steigen, bietet sie ein schönes Fotomotiv. Auch die Altstadt mit ihren kleinen Gassen und Geschäften ist einen Rundgang wert, der recht schöne Sandstrand befindet sich unmittelbar davor. Mit dem Wohnmobil ist der Mill Pool-Großparkplatz auf der gegenüberliegenden Flussseite bei N 50°21'27" W 4°27'30", PL13 2AF gut geeignet. Ein Fußweg führt von dort bis an den Fluss und über die Brücke in die Ortsmitte. Wenn Sie genug umhergeschlendert sind, können Sie in einem der vielen schönen Lokale einkehren, wie dem ***The Courtyard*** *(Fore St., PL13 1AE)*, ***Old Sail Loft*** *(Quay St., PL13 1AP)*, ***The Lookout on the Quay*** *(Seafront Court, PL13 1AL)*, ***Smugglers Cott*** *(Middle Market St., PL13 1AY)* oder ***Daisy's Café*** *(Castle St., PL13 1BA)*.

Wenn Sie über Nacht bleiben möchten, finden Sie wenige Kilometer weiter einen preiswerten Campingplatz.

Flusshafen in Looe, rechts Polperro

126 **Barcelona – *West Wayland Touring Park***

GPS/Kontakt: N 50°21'09" W 4°29'51", A387, PL13 2JS, Tel. 01503 26 24 18, www.westwayland.co.uk. **Öffnungszeiten:** März – Okt.
Ausstattung: Waschmaschine / Trockner, sonst campingplatzüblich.
Beschreibung: Große, relativ ebene Wiesen in ruhiger Lage mit Mobilheim- und Touringbereich. Kein Schatten, parzelliert, rund 2,3 km nach Looe. **Preis**: 10 – 17 £. **Zufahrt**: Looe in westliche Richtung auf der A387 verlassen, dann links nach gut 2 km.

Polperro *(570 Einwohner)*
In seiner Struktur noch originärer ist das Fischerdorf Polperro, rund acht Kilometer weiter westlich gelegen. Der für den Verkehr gesperrte kleine Ort lebt heute fast ausschließlich vom Tourismus. Daher hat man schon weit vor Ortsbeginn einen riesigen Parkplatz in das kleine Küstental gezwängt, die einzige Möglichkeit ein WOMO zu parken. Sie dürfen dort sogar über Nacht bleiben – allerdings zu gesalzenen Preisen, auch tags müssen Sie mindestens 12 £ dalassen. Ist Ihnen das zu viel, können Sie alternativ auch ab Looe mit dem Bus nach Polperro gelangen oder den nahen Campingplatz nutzen.

127 **N 50°20'10" W 4°31'25"**, A387, PL13 2PL, pro Nacht 28 £, tags Toiletten

128 ***Great Kellow Farm*, N 50°20'28" W 4°31'36"**, Kellow Hill, PL13 2QL, etwa Ostern – Okt., 25 – 35 £, Tel. 01503 27 23 87, www.greatkellowfarm.co.uk.

Entweder zu Fuß oder mit einer kleinen Bummelbahn legen Sie dann die rund 700 Meter bis zur Hafenbucht zurück. Es erwarten Sie eine große Anzahl an Lokalen und eine wirklich hübsche Szenerie – aber meist auch sehr viele Menschen. An zusätzlichen Attraktionen gibt es ein kleines Modelldorf im Minimaßstab und das ganz interessante **Heritage Museum** direkt am Hafen, das sich den Themen »Fischfang« und »Schmugglerei« verschrieben hat *(4 The Warren, PL13 2RB, März – Okt. 10.00 – 18.00 Uhr, 3 £)*. Auch hier gibt es zahlreiche gastronomische Einrichtungen, wie ***The Plantation Tea Rooms*** *(The Coombe, PL13 2RG)*, ***Crumblehorn Inn*** *(PL13 2RJ)*, ***The Tree Pilchards*** *(Quay Rd., PL13 2QZ)* oder ***The Blue Peter Inn*** *(Quay Rd., PL13 2QZ)*.

Kurz nach **Pelynt** mit dem WOMO-Pub ***Jubilee Inn*** stehen nun zwei Varianten für die Weiterfahrt zur Auswahl.

129 **N 50°21'57" W 4°31'29"**, 1 Jubilee Hill, PL13 2JZ, Pelynt, Tel. 01503 22 03 12

Variante 1: Mit der Fähre über Bodinnick *(2.130 Einwohner)*
Halten Sie sich links in Richtung Bodinnick, um mit einer kleinen Fähre nach Fowey überzusetzen. In diesem Fall können Sie vorher noch zwei recht abgelegene Badebuchten ansteuern. Der Weg zu den Parkplätzen ist schmal, aber gerade noch machbar.

Für den kleinen, durch einige vorgelagerte Felsen geschützten **Lansallos Beach** wählen Sie die Stellfläche bei N 50°20'10" W 4°35'27", PL23 1NP. Ab dort sind es noch rund 1000 Meter Fußmarsch zur Bucht.

Die größere **Lantic Bay** erreichen Sie am besten von N 50°19'59" W 4°36'06", PL23 1NH aus, rund 600 Meter sind es in diesem Fall bis ans Meer. Beide Buchten können Sie auch leicht über den Küstenpfad miteinander verbinden und dann mit einem kurzen Rückweg über die schmale Straße auch einen Rundweg daraus machen.

Gepflegt und verwaltet wird das ganze Gebiet vom National Trust. Auch ein einfacher, kleiner Campsite, gleich nahe den Buchten, betreibt die Organisation an der **Highertown Farm** .

130 **N 50°20'13" W 4°34'08"**, Rose Cottage, PL13 2PX, Lansallos, www.nationaltrust.org.uk/holidays/cornwall/highertown-farm-campsite, etwa Apr. – Okt., 15 – 20 £

Lantic Bay rechts oben Lanhydrock Mansion

Achten Sie dann bei der Fährüberfahrt unbedingt auf Ihr Heck, vor allem für WOMOs ab etwa sieben Meter besteht Aufsetzgefahr, wenn die Fähre den Böschungswinkel nicht ausreichend verringert *(N 50°20'23" W 4°37'50", Hall Terrace, PL23 1LX, Bodinnick, www.ctomsandson.co.uk, Mai–Sep. Mo.–Sa. 7.00–20.50 Uhr, So. ab 8.00 Uhr, sonst bis 19.00 Uhr, 10 £)*.

Auch Fowey auf der anderen Seite ist ein ganz hübscher Küstenort. Sie können Ihr Fahrzeug am Parkplatz gleich nach dem Anleger abstellen und einen Spaziergang machen. Nach der Geschäftsstraße zieht sich der Ort noch bis zum Strand **Readymoney Bay**. Dahinter können Sie zum Abschluss zu den Überresten der kleinsten Burg Cornwalls, dem **St. Catherine's Castle**, aufsteigen. Speisen können Sie im ***Sam's*** *(20 Fore St., PL23 1AQ)*, ***The Luggar Inn*** *(5 Fore St., PL23 1AH)* oder ***The Lifebuoy Café*** *(8 Lostwithiel St., PL23 1BX)*.

Variante 2: Umfahrung des Fowey Rivers über Bodmin *(12.780 Einwohner)*

Wenn Sie diese Variante wählen, stoßen Sie bei East Taphouse auf die A390 und können bald darauf rechts einen kurzen Abstecher zum **Restormel Castle** unternehmen. Die kreisrunden Mauern aus dem 13. Jahrhundert umfassen die bis heute gut erkennbaren Haupträume und den Burghof. Ringsum erkennt man den heute trockenen Wassergraben und die Erhöhung aus normannischer Zeit. Zum letzten Mal wurden die Mauern während des Bürgerkriegs um 1644 genutzt, heute sind die umliegenden Wiesen mit ihren Rhododendren, Glockenblumen und Narzissen ein beliebter Picknickplatz *(N 50°25'15" W 4°40'20", Restormel Rd., PL22 0EE, Lostwithiel, www.english-heritage.org.uk, Achtung, schmale Zufahrt, Ende März–Okt. 10.00–17.00 Uhr, 6,80 £, English Heritage-Mitglieder frei)*

Auf der gegenüberliegenden Flussseite können Sie dann

Zugang zum Botmin Jail

einen weiteren Schlenker Richtung Bodmin zum beeindruckenden Herrschaftssitz **Lanhydrock** aus viktorianischer Zeit machen. Das Landgut aus viktorianischer Zeit zeigt ganze 50 Räume. Bei einem Rundgang werden die krassen Unterschiede zwischen den auf das Notwendigste beschränkten Bedienstetenräumen und dem herrschaftlichen Repräsentations- und Wohnbereich samt eigenen Kinderflügel besonders deutlich. Wunderschön ist auch der farbenfrohe Garten mit seinen Kamelien, Magnolien und natürlich den überall in Cornwall üppig gedeihenden Rhododendren *(N 50°26'50" W 4°41'52", PL30 4AB, www.nationaltrust.org.uk, März – Okt. 11.00 – 17.00 Uhr, 20 £, sonst nur Parkgelände täglich bis 16.00 Uhr, National Trust-Mitglieder frei)*.

Wenn Sie dann bis nach **Bodmin** weiterfahren, finden Sie dort die beliebte Attraktion **Bodmin Jail** am nördlichen Ortsrand. Das ehemalige Gefängnis ist ein Symbol für den düsteren Teil Cornwalls Geschichte und war von 1779 bis 1927 in Benutzung. Es diente neben seiner Funktion als Kerker für Verbrecher aller Art auch für Hinrichtungen. Ganze sechs Stockwerke fasst die in mehrere Erlebnisräume aufgeteilte Show und Ausstellung. Sie ist äußerst abwechslungsreich und interaktiv gestaltet, sowohl informativ wie unterhaltsam und führt sie anhand konkreter Geschichten an die damalige Rechtsprechung heran. Neben dem regulären Eintritt werden über das Jahr verschiedene Themenführungen mit noch höherem Gruselfaktor angeboten. Viele Besucher interessieren sich darüber hinaus für Paranormales. Bodmin Jail gilt als eine der »Top-Spuk-Locations« Englands und wurde zu einem der unheimlichsten Orte des Landes gekürt. Wenn Sie sich dafür interessieren, sind Sie also auch goldrichtig – online können entsprechende Abend- und Nachttickets gebucht werden *(N 50°28'27" W 4°43'54", Berrycoombe Rd., PL31 2NR, Mo. – Sa. 9.30 – 18.00 Uhr, So. bis 20.30 Uhr, Eintritt ab £ 18,50, www.bodminjail.org)*.

Wenn Sie den Ort Bodmin noch näher inspizieren möchten, finden Sie das Geschäftszentrum rund um die Fore Street.

131 **Bodmin –** ***Scarlett`s Well Car Park***

GPS: N 50°28'28" W 4°43'59", Scarlett`s Well Park, PL31 2RF.
Max. WOMOs: 2. **Ausstattung**: Keine Einrichtungen.
Beschreibung: Ebene, teils schattige Schotterparkfläche unweit des Bodmin Jails, tags Spaziergänger, nachts recht ruhig, Fahrzeuge bis etwa 7 m sind möglich. **Zufahrt**: Wenn Sie am Bodmin Jail Parkplatz sind, fahren Sie die Straße einfach noch ein Stück weiter, dann nach der Rechtskurve linker Hand. **Hinweis**: Camping und Caravanning Club-Mitglieder haben in Bodmin noch eine sehr gute, fast campingplatzähnliche Alternative, ***The Leans***, N 50°27'51" W 4°41'53", Priory Rd., PL31 1HG, Tel. 07813 93 09 94, ganzjährig, 15 £.

Bei **Par** vereinen sich die beiden beschriebenen Wegvarianten wieder. Der **Par Beach** hat einen eigenen, recht großen Tagesparkplatz und bietet mit der benachbarten St. Austell Bay einen ganz guten Spot zum Ausruhen – und bei passendem Wetter auch zum Baden, N 50°20'543" W 4°41'23".

Eden Project

Noch vor St. Austell, ungefähr in Höhe des Pubs ***The Four Lords***. zweigt rechts eine kleine Straße nach Bodelva ab. Diese bringt Sie in kurzer Zeit zu einem der aufwendigsten Gartenbauprojekte unserer Zeit. Erst 2001 wurde das **Eden Project** nach 6-jähriger Bauzeit in einer ehemaligen Kaolingrube eröffnet. Über eine Million Besucher jährlich verzeichnet das 50 Hektar große Gelände heute und beherbergt mehr als 100.000 Pflanzen aus über 5000 verschiedenen Arten. Neben den weiten Außenanlagen sind die bildprägenden riesigen Gewächshauskuppeln, die wie Seifenblasen in der Landschaft liegen, das Highlight dieses ganz besonderen Gartens. Unabhängig von Jahreszeiten und Wettereinflüssen gedeihen darin thematisch getrennte Pflanzenwelten. Während der rechte Bau mit dem Core-Bildungszentrum rund um eine 75 Tonnen schwere Samenskulptur wissenswerte und interaktive Displays und Schaustücke bietet, begrüßt Sie die mittlere »Blase« mit einem mediterranen Garten. Weinstöcke, Olivenbäume und ein Zitrushain sollen Besucher floristisch in ein Stück Mittelmeerraum, nach Südafrika und Kalifornien entführen. Im größten Kuppelbau, dem ganz links angeordneten, wirklich beeindruckenden Regenwaldbiom, wandern Sie auf einem Rundweg durch einen feuchten, heißen Dschungel mit riesigen Palmen, Bananen- und Kaffeestauden und vielem mehr. Von einer weit oben angeordneten Terrasse können Sie das gesamte Projekt innerhalb der Kuppel auch aus Vogelperspektive bestaunen oder sich an einer Saftbar Exotisches wie einen Baobabsaft schmecken lassen. Wenn Sie schließlich vom vielen Gehen müde geworden sind, nimmt Sie auch eine kleine Bahn zum Besucherzentrum und Eingangsbereich mit zurück (*N 50°21'52" W 4°44'34", Bodelva Rd., PL24 2SG, Bodelva, 9.30 / 10.00 Uhr bis 16.00 / 17.00 Uhr, 35 – 42 £, Online etwa 10 % Ermäßigung, www.edenproject.com*).

132 Par – *Britannia Inn*

GPS/Kontakt: N 50°28'46" W 4°44'24", St. Austell Rd., PL24 2SL, Tel. 01726 81 28 89. **Max. WOMOs**: 5. **Ausstattung**: Ver- / Entsorgung, Toilette, WiFi. **Beschreibung**: Tolle Übernachtungsmöglichkeit neben dem Pub, im Sommer auf einer recht ebenen Rasenfläche hinter dem Pub, sonst am Pubparkplatz, etwas belebt, im Sommer an Wochenenden teils lange Musik. **Preis**: Bei Einkehr und auf Anfrage kostenfrei. **Zufahrt**: Direkt an der A390 in Richtung St. Austell, südlich des Eden Projects. **Hinweis 1**: Alternativ kommt auch das kurz zuvor gelegene Pub ***The Four Lords*** in Frage, N 50°21'04" W 4°43'36", St. Austell Rd., PL24 2EE, Tel. 01726 43 70 33. **Hinweis 2**: Camping- und Caravanning Club-Mitglieder können außerdem die voll ausgestattete ***Medros Farm*** ansteuern, N 50°22'186" W 4°44'38", Carne Cross, PL24 2SX, Tel. 07764 80 82 31, Apr. – Sep., 20 £, »Adults only«.

St. Austell *(24.380 Einwohner)*
Gleich am vorgenannten WOMO-Pub befindet sich der Zugang zum **Tregrehan Garden**, der sich in erster Linie auf Bäume spezialisiert hat. Nährstoffreicher Boden, häufige Regenfälle und das milde Klima des Golfstroms ermöglichen an dieser Stelle Bedingungen, wie sie sonst nur in Regenwäldern vorkommen. Mit seinen turmhohen Nadelbäumen, die bereits vor über 200 Jahren gepflanzt wurden, und vielen anderen botanisch wertvollen Stammgewächsen haben erstaunliche 150 von ihnen in Großbritannien Champion-Status erreicht: Sie sind also die jeweils mächtigsten Bäume ihrer Art. Außerdem gibt es eine Getreidemühle, einen ummauerten Garten und ein großes Gewächshaus auf dem

Eden Project

privat geführten Gelände zu erleben, das vor allem im Frühsommer eindrucksvoll ist *(N 50°20'48" W 4°44'18", St. Austell Rd., PL24 2SJ, Par, www.tregrehangarden.uk, etwa Mitte März – Mai Mi. – Fr. / So. 10.30 – 17.00 Uhr, Juni – Okt. Mi. 13.00 – 16.30 Uhr, 10 £).*

St. Austell ist zwar die größte Stadt Cornwalls, aber aus touristischer Sicht nicht allzu interessant. Am ehesten lohnt der am Meer gelegene Stadtteil **Charlestown** mit seinen noch original erhaltenen Hafenanlagen aus der Zeit, als in der Gegend im großen Stil Kaolin abgebaut und verschifft wurde. Wer sich dafür interessiert, findet dort auch ein **Heritage Centre** mit Schiffswrackausstellung. Ein großer Parkplatz befindet sich in der **Charlestown Road** bei N 50°19'57" W 4°45'29". Für einen kulinarischen Halt versuchen Sie ***Charlie's Boathouse*** *(Charlestown Rd., PL25 3NJ)*, ***Rashleigh Arms*** *(Charestown Rd., PL25 3NJ)* oder ***Charlie's Coffeehouse*** *(Charestown Rd., PL25 3NJ)*, alle gleich beieinander gelegen.

Auf der Weiterfahrt stoßen Sie bei **Pentewan** wieder auf die Küste. Der schöne Strand neben dem Dorf ist allerdings fast vollständig von einem Mobile Home- und Campingpark umbaut, der sich die Lage etwas kosten lässt. Fast genauso schön, aber günstiger stehen Sie ein paar Hundert Meter am Platz dahinter. Wenn Sie »nur mal schnell« an den Strand wollen, müssen Sie allerdings anderswo suchen, denn dafür sind kaum Parkplätze vorhanden.

133 Pentewan – *Little Winnick Touring Park*

GPS/Kontakt: N 50°18'01" W 4°47'58", Pentewan Rd., PL26 6DL, Tel. 01726 84 36 87, www.littlewinnick.co.uk. **Öffnungszeiten:** Apr. – Sep. **Ausstattung**: Waschmaschine / Trockner, Campingplatzüblich. **Beschreibung**: Recht schöner, meist ruhiger Platz zwischen Hauptstraße und St. Austell River. Stellflächen hauptsächlich auf Rasen, teils auf Schotter, eben, etwas Schatten, 2,1 km außerhalb. **Preis**: 10 – 28 £. **Zufahrt**: Direkt an der B3273 rechter Hand. **Hinweis**: Ein schneller Nachtstopp ist für WOMOs bis etwa 6,50 m auch an der nahe gelegenen Thomas Plantation möglich, N 50°18'50" W 4°47'58", B3273, PL26 7AS.

Mevagissey *(1.880 Einwohner)*

Am nordwestlichen Ende von Mevagissey befindet sich der nächste schöne Strand. Mit einigen Hundert Metern Fußweg erreichen Sie diesen vom **Willow Car Park** am Ortsbeginn aus. Selbst das Übernachten ist ausdrücklich erlaubt. Die meisten Besucher kommen aber in das Fischerdorf wegen des schönen, atmosphärischen Hafenrunds mit seinen vor sich hin dümpelnden Booten und Kneipen ringsum. Natürlich bietet es sich hier dann förmlich an, Essen zu gehen, zum Beispiel im ***Salamander Restaurant*** *(4 Tregoney Hill, PL26 6RD)*, der ***Harbour Tavern*** *(Jetty St., PL26 6UH)*,

Mevagissey, links Parkplatz 134

Fishermen's Chippy *(1 Oliver's Quay, PL26 6UA),* ***Sharksfin Bar*** *(The Quay, PL26 6QU)* oder dem ***The Fountain Inn*** *(3 Cliff Street, PL26 6QH).*

134 **Willow Car Park N 50°16'22" W 4°47'28"**, Valley Rd., PL26 6SB, tags ab 4,50 £ pro Nacht 10 £, WC vorhanden

Lost Gardens of Heligan und umliegende Strände

Der nächste Garten lässt nicht lange auf sich warten. Die **Lost Gardens of Helligan** haben nicht nur eine ganz besondere Geschichte, sondern gehören zweifelsohne zu den schönsten und sicherlich auch ungewöhnlichsten, die Cornwall zu bieten hat. Zwischen 1770 und 1914 lebten vier Generationen der Tremayne-Familie auf dem Grund und schufen eine Art Selbstversorgergemeinschaft, aus der wenig nach außen drang. Auch ihre großen gärtnerischen Ambitionen blieben weitgehend unentdeckt. Als das Anwesen nach dem Ersten Weltkrieg unbewohnt blieb und verfiel, geriet auch der Garten komplett in Vergessenheit. Erst 1990 entdeckte man Spuren und begann, in mühevoller Puzzlearbeit das Gelände von wildem Überwuchs zu säubern und die vielen Schätze freizulegen, die über die vielen Jahre im Stillen zu überbordender Pracht und Größe gediehen waren. Noch immer wird an dem Projekt gearbeitet, doch schon heute können Sie auf 80 Hektar durch viele verschiedene Bereiche wandern. Die »lebenden Skulpturen« Giant's Head, Mud Maid und Green Lady gehören zu den Aushängeschildern des Gartens, der verwunschene Bereich »Jungle« und der gesamte nordwestliche Teil mit seinen riesenhaften, bunt leuchtenden Pflanzen und Stauden sind absolute Highlights bei einem Besuch. Auch der zugehörige Campingplatz ***Heligan Woods*** direkt daneben besticht mit seinen vie-

Lost Garden of Heligan

len bunt blühenden Gewächsen *(N 50°17'15" W 4°48'51", PL26 6EN, Pentewan, Apr. – Sep. 10.00 – 18.00 Uhr, sonst bis 17.00 Uhr, 18,50 £, www.heligan.com).*

135 **N 50°17'21" W 4°48'42"**, Anfang Jan. – Mitte Nov., 11,35 – 59,90 £, alle Einrichtung, Tel. 01726 84 27 14, www.heliganwoods.co.uk

Gleich nach den Gärten geht links eine Straße nach **Gorran Haven** ab. Sie schlängelt sich in noch erträglicher Breite ans Meer zurück. Der nette Ort erlaubt ebenfalls das Übernachten am vorgelagerten Parkplatz.

136 **N 50°14'25" W 4°47'27"**, Canton, PL26 6JS, pro Nacht 8 £

Der Ort glänzt bei Ebbe mit zwei schönen Sandstränden. Entweder zu Fuß auf dem Küstenpfad in südlicher Richtung oder mit dem Wohnmobil bei N 50°14'13" W 4°47'28", Lamledra Hill, kommen Sie dann noch zur tollen großen Sandbucht **Vault Beach**.

Da viele voranführenden Straßen ab Gorran zu schmal werden, nehmen Sie für die Weiterfahrt den ebenfalls kleinen, aber noch passierbaren Fahrweg über **Pengrugla** in Richtung St. Mawes.

Unterwegs finden Mutige dann noch die Möglichkeit, auf schmalen, einspurigen und wild in die Landschaft gefädelten Sträßchen die wirklich schönen **Carne and Pendower Beaches** anzusteuern, wenn überhaupt mit dem WOMO aber leider nur von Osten aus über kleinste Straßen, oder besser gleich per pedes über den Küstenpfad *(N 50°12'27" W 4°56'14" oder N 50°12'25" W 4°56'49")*. Vielleicht ab dem Parkplatz Nare Head, N 50°12'20" W 4°54'53", TR2 5PH, oder dem nahen Campingplatz. Bei **Veryan** und **Portscatho** gibt es dann noch eine Gelegenheit, zu weiteren schönen, ruhig gelegenen Campgrounds zu fahren.

TOUR 4

137 Veryan – *Camping and Caravanning Club Site*

GPS/Kontakt: N 50°14'04" W 4°53'58", Tretheake, TR2 5PP, Tel. 01872 50 16 58, www.campingandcaravanningclub.co.uk. **Öffnungszeiten**: Etwa Mitte Apr. – Sep. **Ausstattung**: WiFi, Waschmaschine / Trockner, Spielplatz, Abspülgelegenheit. **Beschreibung**: Nicht ganz ebener Platz, Hauptsächlich auf Rasen, kaum Schatten, ruhige

Lage, Bushaltestelle nach Truro 400 m entfernt. **Preis**: 15,90 – 22,90 £, Nicht-Clubmitglieder etwa 30 % Aufschlag. **Zufahrt**: Ab Tregony auf der A3078 südlich fahren, nach der Tankstelle links den Campingplatzschildern folgen. **Hinweis**: Am Wochenende und in der Hauptsaison mindestens zwei Nächte Aufenthalt.

138 Portscatho – *Trewince Farm*

GPS/Kontakt: N 50°10'01" W 4°59'13", TR2 5EU, Tel. 01872 58 04 30, www.trewincefarm.co.uk. **Öffnungszeiten**: Mai – Sep. **Ausstattung**: Waschmaschine / Trockner, Spülgelegenheit. **Beschreibung**: Schöner, kleiner Farm-Camping, Stellflächen auf Rasen, meist Meerblick, kaum Schatten, etwa 2 km außerhalb. **Preis**: 15 – 28 £. **Zufahrt**: Von der A3078 kurz vor St. Just links nach Portscatho abzweigen. Am Ortsbeginn rechts den Schildern Richtung Gerrans folgen. Nun immer geradeaus bis zum Campingplatz. **Hinweis:** Gleich nach dem Platz folgt der schöne Strand Towan Beach mit kleinem Parkplatz. Zu Fuß etwa 800 m.

St. Mawes in Roseland *(710 Einwohner)*
Auf der gegenüberliegenden Seite der Percuil-Flussmündung gelangen Sie nach St. Mawes auf der Halbinsel Roseland. Der Ort baut sich rund um den Naturhafen auf, der immer wieder tolle Blicke bietet. Es gibt zwar kein echtes Zentrum wie in anderen Küstendörfern, aber wenn Sie vom großen Ortsparkplatz einen Spaziergang machen, kommen Sie trotzdem auf Ihre Kosten *(N 50°09'35" W 5°00'50", The Square, TR2 5DJ)*.

Unterwegs in St. Mawes

Halten Sie sich am Roseland Visitor Centre gleich zu Beginn des Parkplatzes rechts und gehen Sie immer am Wasser entlang. Sie wandern so direkt auf **St. Mawes Castle** zu. Die recht gut erhaltene Burgruine gilt als eine der schönsten und besterhaltenen, die unter Heinrich VIII. entstanden sind. Auf der gegenüberliegenden Seite des nächsten Fjords, der Carrick Road, sehen Sie schon die nächste Burg Pendennis Castle in Falmouth *(Castle*

Nachdem sich beide Wegvarianten an der A39 bei **Playing Place** wieder vereint haben, finden sich verschiedene Übernachtungsplätze.

139 Bissoe – *Carbon Valley*

GPS: N 50°13'33" W 5°06'33", Grenna Ln., TR3 7LN. **Max. WOMOs:** 1 – 2. **Ausstattung**: Keine Einrichtungen. **Lage**: Einfache, recht holprige Schotterfläche neben der kleinen Straße mit Spaziermöglichkeiten, rund 1,7 km von Carnon Downs entfernt. **Zufahrt**: Von der A39 am Kreisverkehr hinter Carnon Downs rechts nach Bissoe abfahren und an der zweiten Kreuzung nach rund 1,5 km unbeschildert links abbiegen. Der Parkplatz kommt direkt auf der rechten Seite. **Hinweis**: Camping and Caravanning Club-Mitglieder nutzen alternativ die nahe ***Come-To-Good-Farm***, N 50°13'20" W 5°04'02", Feock, TR3 6QS, Tel. 07926 99 43 09, ganzjährig, 22 £.

Falmouth *(31.530 Einwohner)*
Die Hafenstadt Falmouth ist für ihr mildes Klima bekannt und bietet auch touristisch einige interessante Sehenswürdigkeiten. Für einen Rundgang durch die verkehrsberuhigte Innenstadt, am Hafen und für einen Besuch im bekannten **National Maritime Museum** wählen Sie den Parkplatz in der **Avenue Road** *(N 50°09'00" W 5°03'46", TR11 4AY)*. In dem preisgekrönten Museum dreht sich alles um Seefahrt und Boote. Eine große Anzahl aller möglichen Epochen ist, teils von der Decke hängend, zu sehen und wird durch thematisch angelehnte, oftmals aufwendig inszenierte Sonderausstellungen ergänzt *(Discovery Quay, TR11 3QY, 10.00 – 17.00 Uhr, 16,90 £, www.nmmc.co.uk)*. Gastrotipps in Falmouth sind ***The Shack*** *(9 Tidemill House, TR11 3XP)*, ***Harbour Lights Fish and Chips*** *(Arwenack St., TR11 3LH)*, ***The Brig*** *(30 Arwenack St., TR11 3JB)*, ***The Lookout*** *(6 Arwenack St., TR11 3HZ)*, ***Good Vibes Café*** *(28 Killigrew St., TR11 3PN)*.

Weiter in Richtung Landspitze zweigt vom **Pendennis Rise** die Zufahrt zum schönen **Pendennis Castle** ab. 400 Jahre lang gehörte die aus der Zeit Heinrichs VIII. stammende Festung zu den wichtigsten Verteidigungsbollwerken an Englands Küste und wurde erst nach dem Zweiten Weltkrieg aufgegeben. Die sehr gut erhaltene Bausubstanz lässt sowohl Ein- und Ausblicke vom Hauptturm als auch zu den unterirdischen Magazinräumen zu *(N 50°08'57" W 5°02'57", TR11 4LP, www.english-heritage.org.uk, Apr. – Sep. 10.00 – 17.00 Uhr, sonst nur Sa. / So. bis 16.00 Uhr, 11,30 £ English Heritage-Mitglieder frei)*.

Ganz vorne an der Landspitze, die Sie ab der Burg nach einigen Hundert Metern rechter Hand erreichen, haben Sie einen grandiosen Blick über Klippen und Küste. Der Parkplatz lädt ein, eine

Pendennis Castle

Weile zu bleiben oder es sich auf einer der unterhalb aufgestellten Bänke gemütlich zu machen.

Weiter südlich gibt es schließlich noch einige Stadtstrände, entweder den eher schmalen **Castle Beach**, der nur bei Ebbe anständig nutzbar ist, die anschließende, etwas größere **Gyllyngvase Bay** oder den kleineren **Swanpool Beach** am Ende *(über Cliff Road und Swanpool Road, parken bei N 50°08'42" W 5°04'11" oder N 50°08'27" W 5°04'39")*.

Südlich der Stadt finden Sie dann auch den ruhig gelegenen **Tregedna Farm Campsite**. Nur rund 400 Metern sind es von dort zur tief eingeschnittenen Sandbucht **Maenporth Beach**.

140 Falmouth – *Tregedna Farm*

GPS/Kontakt: N 50°07'54" W 5°06'00", Axminster Rd., TR11 5HL, Tel. 07979 64 59 46, www.tregednafarmholidays.co.uk. **Öffnungszeiten:** Mai. – Okt. **Ausstattung**: Kein Strom, sonst campingplatzüblich, kleiner Shop. **Beschreibung**: Recht ebene Grasfläche, wenige Schotterplätze, ruhige Alleinlage, geschützt durch Bäume und Hecken, rund 2,8 km in den Ort. **Preis**: 25 £. **Zufahrt**: Von der A39 am Kreisverkehr links Richtung Maenporth abfahren und immer geradeaus, bis Sie rechts nach rund 3 km die Farm erreichen. **Hinweis**: Camping and Caravanning Club-Mitglieder können am nördlichen Ortsrand auch den Platz am ***Goonreeve House*** nutzen, N 50°11'33" W 5°07'01", St. Gluvias, TR10 9AY, Tel. 01872 86 30 39, ganzjährig, 15 – 20 £.

Glendurgan und Trebah Gardens

Die Weiterfahrt wird nun durch enge Straßen etwas anstrengender und Sie müssen gut achtgeben – oder die Ecke über die A394 umfahren. Dann verpassen Sie allerdings zwei großartige, Gärten.

Zunächst ist da das **Glendurgan**-Anwesen. In einem geschützten Tal blüht es allerorts so üppig wie sonst kaum irgendwo. Bei einem Rundgang, der bis zum Dorf Durgan mit eigenem Strand

Glendurgan Gardens

führt, wandern Sie durch Kamelienrabatten, an Wildblumenwiesen und Tulpenbäumen vorbei und können sich in einem großen, 180 Jahre alten Lorbeerlabyrinth tatsächlich verlaufen. Auch den Staaten Neuseeland und Bhutan wurden eigene Bereiche gewidmet. In letzterem finden Sie sich in einer dschungelartig bewachsenen Senke mit Bambusbrücke wieder *(N 50°06'37" W 5°06'55", TR11 5JZ, Mawnan, www.nationaltrust.org.uk, Mitte Feb. – Okt. Di. – So. 10.30 – 17.00 Uhr, Aug. auch Mo. 12 £, National Trust-Mitglieder frei).*

Nur ein Tal weiter liegen die privat geführten **Trebah Gardens**. Ein echtes, subtropisches Paradies ist auf dem erst 1981 vom Ehepaar Hibbert gekauften Grundstück über die letzten 40 Jahre entstanden. Ähnlich groß wie Glendurgan spazieren Sie auf Holzbohlenwegen unter Riesenrhabarber umher, gehen durch einen Wald aus 39 verschiedenen Bambusarten und enden an einem kleinen Strand. Azaleen, Hortensien, Palmen und Rhododendren in allen Farben sind dann schon beinahe selbstverständlich *(N 50°06'28" W 5°07'16", TR11 5JZ, Mawnan, www.trebahgarden.co.uk, 9.30 – 16.00 / 17.00 Uhr, März – Okt. 16 £, Nov. – Feb. vergünstigt).*

Die noch am besten zu befahrende Route verläuft dann über **Constantine** und **Gweek**. Haben Sie ein Herz für Robben? Falls ja, können Sie diese im dortigen **Seal Sanctuary** besuchen und studieren. Das von der Sealife-Gruppe betriebene Schutzzentrum beherbergt gleich eine ganze Reihe der Tiere, die aus verschiedensten Umständen in der Einrichtung gelandet sind. Auch Seelöwen, Pinguine und Otter gehören zu den Bewohnern, denen man recht nahekommen kann. Allerdings sind die Parkplätze gefährlich schief angelegt und der Eintrittspreis relativ hoch *(N 50°05'44" W 5°12'20", TR12 6UG, www.sealsanctuary-sealifetrust.org, 10.00 / 11.00 – 16.00 / 17.00 Uhr, 19,99 £, online vorab rund 20 % Ermäßigung).*

141 **Helford River, N 50°04'51" W 5°11'08"**, Gear Hill, St. Martin, TR12 6DE, Tel. 07971 54 06 44, Apr. – Sep., 11 – 19 £, nur für Camping and Caravanning Club-Mitglieder.

Lizard Peninsula
Sie sind nun auf der Lizard-Halbinsel angekommen, die den südlichsten Punkt Englands bildet. Die nur dünn besiedelte Ecke bietet viel Küste, Natur und auch Schutzgebiete wie das in den **Goonhilly Downs**, N 50°02'51" W 5°10'19", B3293, TR12 6EA. Auf einem Rundgang lässt sich das umliegende Wald- und Heideland erkunden. Flyer für den mit gut 2 Stunden veranschlagten Weg liegen vor Ort aus. An einer zweiten kurz darauffolgenden Parkfläche darf man bislang über Nacht stehen.

142 **Traboe Cross, N 50°02'33" W 5°09'49"**, B3239, TR12 6EA

Die Straße teilt sich dann bei **Kuggar**. Links fahren Sie zu den beinahe unverbauten, wunderbaren **Kennack Sands**. Ein großer Parkplatz befindet sich direkt hinter der Bucht. Die Zufahrtsstraße ist auf den letzten 700 Metern allerdings ordentlich eng *(N 50°00'20" W 5°09'49", TR12 6SL)*. Oberhalb der Bucht haben Sie die Wahl zwischen gleich vier Campingplätzen; das beste Preis-Leistungs-Angebot hat für uns die ***Chy Carne Touring Site***.

143 **N 50°00'14" W 5°10'34"**, Innabad Way, TR12 7LX, Kuggar, Tel. 01326 29 02 00, www.chycarne.co.uk, Mai – Sep., 25,90 – 37,50 £.

Wenn Sie rechts abbiegen, lenken Sie zum Dorf **Cadgwith**. Die schmale Zufahrtsstraße sollten Sie maximal bis zum Dorfparkplatz oberhalb nehmen. Er ist tagsüber kostenpflichtig *(5 £ und offiziell nur bis maximal 2,5 Tonnen zugelassen, N 49°59'22" W 5°11'02", New Rd., TR12 7JZ)*. Ein schöner Pfad führt vom Ort aus zum Hafen hinab. Nach rechts können Sie am Küstenpfad zur **Devil's Frying Pan** wandern, einem großen Gesteinstrichter, aus dem bei starkem Seegang die Gischt spritzt, oder sogar noch weiter gehen bis zum Lizard Point. Die Regionalbusse 37, 230 und 251 bringen Sie von dort zurück, allerdings nur an die Hauptstraße, von der Sie noch knapp zwei Kilometer bis zum Ort zurückgehen müssen. Wenn Sie in der Gegend über Nacht bleiben möchten, bietet sich die einfache Campingwiese **Cadgwith Camping** ganz in der Nähe an.

144 **N 49°58'58" W 5°11'19"**, Ruan Minor, TR12 7LQ, Helston, Tel. 07973 69 02 32, etwa Mitte Apr. – Mitte Okt., 25 £.

Auch bis zum Leuchtturm am **Lizard Point** können Sie fahren. Der Parkplatz dort ist zwar groß genug, aber die Zufahrt so schmal, dass Sie es sich zweimal überlegen sollten und eventuell besser im alternativ angehauchten Ort Lizard stehen bleiben und zum südlichsten Punkt der Britischen Inseln wandern. An der Land-

Leuchtturm am Lizar Point

spitze liegt ein kleines Café und am Leuchtturm dahinter gibt es das **Lighthouse and Heritage Centre** mit Infos und Ausstellung zur Gegend und optional einem geführten Rundgang durch die Räume der alten Signalstation *(3 Lighthouse Rd., TR12 7NT, www.trinityhouse.co.uk, Mitte März – Okt. So. – Do. 11.00 – 17.00 Uhr, mit / ohne Führung 9 £ / 4,50 £).*

Kynance Cove

Gleich hinter Lizard zweigt links von der **A3083** eine Straße zu einem der schönsten Strände Cornwalls ab. Die **Kynance Cove** erscheint, je nach Wetter und Wasserstand, mal schroff und abenteuerlich, mal mediterran und entspannt. Geschützt durch einen vorgelagerten Felsen, ist sie, gerade bei Ebbe, ein wirklich toller Platz, um sich im feinen Sand zwischen den Felsen die Zeit zu vertreiben *(N 49°58'26" W 5°13'28", TR12 7PJ).*

Von Mullion bis Helston

Auch die Strände bei Mullion sind einen Blick wert. Sie finden sowohl einen sympathischen Campingplatz als auch einen freien Stellplatz gleich in der Nähe. Am **Poldhu Beach** gibt es ein paar geeignete Parkplätze. Die noch schönere **Church Cove** erreichen Sie nach kurzem Fußmarsch in nördliche Richtung *(N 50°02'04" W 5°15'34", Poldhu Rd., TR12 7JB, Mullion).*

145 Predannack Wollas – *Teneriffe Farm Campsite*

GPS/Kontakt: N 50°00'19" W 5°15'00", TR12 7EZ, Tel. 01326 24 02 93, www.nationaltrust.org.uk/holidays/cornwall/teneriffe-farm-campsite. **Öffnungszeiten:** Mai – Okt. **Ausstattung**: Waschmaschine / Trockner, Abspülgelegenheit. **Beschreibung**: Vom National Trust gemanagter zwischen Kynance und Mullion. Stellplätze auf Rasen, etwas Schatten durch Heckenbegrenzung, recht eben, sehr ruhig, rund 3,3 km außerorts. **Preis**: 25 – 34 £. **Zufahrt**: Von der A3083 links zur Mullion

Cove abzweigen und der Beschilderung folgen. Nach dem Ort Mullion zweigt kurz vor einer Tank-stelle links eine Straße nach Predannack ab. Auf dieser noch rund 2,8 km bis zum Platz fahren. **Hinweis**: vor einer Tank-stelle links eine Straße nach Predannack ab. Auf dieser noch rund 2,8 km bis zum Platz fahren.

146 Mullion – *Mullion Cove Car Park*

GPS: N 50°01'03" W 5°15'05", Nansmellyon Rd., TR12 7EX.
Max. WOMOs: 6 – 8. **Ausstattung**: Keine Einrichtungen.
Beschreibung: Größere, teils schattige, einfache Schotterparkfläche oberhalb der Bucht, tags belebt, nachts ruhig. **Zufahrt** Von der A3083 links zur Mullion Cove abzweigen und bis Mullion fahren. Dort links abbiegen und bis zum Platz linker Hand.

Kurz vor **Helston** erwartet Sie Kontrastprogramm in Form des größten Freizeitparks im Südwesten dann. **Flambards** ist ein Freizeit- und Erlebnispark für die ganze Familie. Neben rund 20 aufregenden Fahrgeschäften wie Achterbahnen, GoKart-Rennbahn und Karussells bietet der Park auch einen Dinopark, einen Indoor-Spielpark für die Kleinsten. Ein wirklich faszinierender Ausstellungs- und Schaubereich zum Krieg und dem viktorianischen Zeitalter, den Sie in großen, detailliert nachgebauten Straßenzügen wetterunabhängig erkunden können, bietet außerdem Information und Spaß für jedes Alter. Darüber hinaus bietet Flambards in der Hauptsaison regelmäßig Live-Unterhaltung und Feuerwerk, gastronomische Einrichtungen und Souvenirläden, machen das Angebot komplett. Mit seiner Vielfalt an Attraktionen können vor allem Familien problemlos einen ganzen Tag in dem Gelände verbringen *(N 50°05'35" W 5°15'35", Clodgey Ln., TR13 0QA, Helston, www.flambards.co.uk, zuletzt Juli – Mitte Sep.*

Kynance Cove

Flambards Erlebnispark

10.00–17.00/18.30 Uhr, Apr.–Juni und Mitte Sep.–Okt. Mi./Sa./So. 10.00–17.00 Uhr, 21,95 £, restliche Zeit sind nur die Indoorattraktionen geöffnet 10.00–16.00 Uhr, 9,95 £, etwa 10% Onlineermäßigung).

Porthleven *(3.110 Einwohner)*
Die **Porthleven Sands** und **Loe Bar** bilden einen kilometerlangen, im weitesten Teil völlig unbebauten Sand- und Kiesstrand mit dem **Loe Pool**, dem größten Süßwasserspeicher Cornwalls, nur durch einen Sand-Kalk-Wall vom Meer getrennt, direkt dahinter. Eine Wanderung in dieser tollen Umgebung nahe dem Strand mit Bademöglichkeiten sollten Sie sich nicht entgehen lassen.

Wanderung zu den Cliff Top Mines *(etwa 2,5 km)*

Ihre Wanderung beginnt am Parkplatz Highburrow bei N 50°04'47" W 5°18'30" neben der **Cooper's Ln**. Oben an der Straße betreten Sie das Penrose-Grundstück durch ein Tor. Folgen Sie dem Weg dahinter, vorbei an den Schrebergärten auf offenes Gelände zu. Er führt dann über ein Feld bis zu einer Abzweigung, an der Sie sich rechts halten. Sie gehen nun auf einer grasbewachsenen Klippe in Richtung Küste. Östlich von Ihnen erkennt man zwei runde Anhäufungen von Buschwerk. Darunter verbergen sich ehemals lukrative Silberstollen. Sie ändern nun die Richtung nach links und schließen sich so dem Küstenpfad an. Vor zwei Jahrhunderten war das Gebiet des Schürfgebiets **Wheal Rose**. Links von Ihnen befanden sich die Lagerstätten, die Abhänge rechts sind bis heute mit Gruben, Löchern und eingestürzten Schächten gespickt. Ein Stück weiter erkennen Sie rechts Bunkeranlagen. Im Zweiten Weltkrieg war die Region Militärzone. Der Strand war vermint und mit NATO-Draht gesichert. Die Royal Navy nutzte den See dahinter als Raketenabschussbasis und ein Lager für 2000 deutsche und italienische Soldaten war errichtet worden. Auch amerikanische GIs wurden in Penrose beherbergt, bis im Juni 1944 die Landung in der Normandie stattfand.

Gehen Sie noch das Stück bis zum Gürtel zwischen Meer und See, der großteils aus Kalkteilchen besteht, die vom Meeresgrund der Mount's Bay weit draußen stammen. Man findet seltene Pflanzen wie Gelben Hornmohn, Stranddisteln und Echten Meerkohl. Viele Schiffe strandeten an dem weiten Rund, das letzte große war 1912 der Frachter Tripolitania.

Gehen Sie schließlich über den Küstenpfad oder am Strand zurück. **Achtung:** Wenn Sie baden möchten, halten Sie Abstand zum Looe Bar, denn es gibt für Schwimmer gefährliche Strömungen in diesem Abschnitt. Spätestens am kleinen Parkplatz kurz vor den ersten Häusern sollten Sie dann wieder zum Küstenpfad zurückkehren. Kurz danach biegt rechts die Straße zu Ihrem Ausgangspunkt ein.

Rund um **Praa Sands** haben Sie reichlich Übernachtungsoptionen. Gut gelegen ist beispielsweise die ***Higher Pentreath Campsite*** oder der äußerst gepflegte ***Bos Verbas*** Stellplatz des Camping- und Caravanning Clubs. In Praa können Sie zum Strand hinabfahren und auch dort am Parkplatz eine Nacht bleiben.

147 **N 50°06'25" W 5°23'40"**, Pentreath Ln., TR20 9TL, Tel. 01736 76 32 40, www.higherpentreathcampsite.co.uk, Ende März – Okt., 17 – 25 £.

148 **N 50°06'50" W 5°23'17"**, Helston Rd., TR20 9AA, Germoe, www.campingandcaravanningclub.co.uk, Mitte Mai – Ende Sep., 20 – 35 £.

St. Michael`s Mount

149 Praa – *Praa Sands*

GPS: N 50°06'16" W 5°23'25", Castle Dr., TR20 9TG. **Max. WOMOs:** 3 – 4. **Ausstattung**: Keine Einrichtungen. **Beschreibung**: Geschotterter Strandparkplatz ohne Nachtparkverbot, gute Lage direkt an den Praa Sands, eben, kein Schatten. **Preis:** 8 £ nachts, tags 4 £. **Zufahrt**: Von der A394 links auf die schmale Straße zu den Praa Sands abbiegen. Dann geradeaus bis zum Parkplatz am Meer. **Hinweis**: Auch der benachbarte Parkplatz »Maggie`s Patch« nimmt WOMOs Tag und Nacht auf, N 50°06'17" W 5°23'30", TR20 9TG.

St. Michael`s Mount

Gar nicht so weit entfernt und nur durch den Ärmelkanal getrennt, befindet sich an Frankreichs Küste der berühmte Mont St. Michel. Nur wenige wissen, dass es bei **Marazion** an der kornischen Küste ein Pendant gibt. Der **St. Michael`s Mount** ist zwar ein Stück kleiner, aber ebenso einen Besuch wert. Die Gezeiteninsel besteht aus Schloss, Hafen und einigen Wohn- und Ferienhäusern unterhalb. Bei Ebbe kann man sie auf einer rund 300 Meter langen Steinbrücke erreichen, die sich dann aus den Fluten erhebt. Bei Flut ist ein Zugang nur per Boot möglich. Wenn Sie es richtig timen können, ist es natürlich ein besonderes Schauspiel, sich beispielsweise zunächst zur Insel übersetzen zu lassen und vom dortigen Café zu beobachten, wie langsam der Steg aus den Fluten auftaucht und im Sommer erste Wagemutige oftmals noch hüfthoch versinken, bis Sie dann selbst gefahrlos den Rückweg antreten. Schon seit dem 17. Jahrhundert wird das Schloss von der St.-Aubyn-Familie bewohnt, vorher lebten Mönche und erste Siedler auf dem Eiland. In den Hochzeiten lebten mehr als 300 Menschen auf St. Michael, es gab mehrere Pubs und Schulen.

Heute sind nur mehr 30 Einwohner verblieben.

Unterhalb der Befestigung gibt es einen terrassenförmig angelegten, farbenprächtigen Garten mit exotischen Pflanzen wie Schmucklilien, Frühlingsblumen und Sommerkräutern. Die Burg selbst können Sie auf eigene Faust bei einem Rundgang besichtigen und dabei die weiten Blicke von ganz oben genießen, N 50°07'35" W 5°28'41", West End, TR17 0ET. Ab dort führt ein Fußweg am Strand zum Bootsableger. Dieser variiert je nach Gezeitenstand. Tags bei Flut laufend Fahrten nach Bedarf *(www.stmichaelsmount.co.uk, 3 £, bei Ebbe Zugang über den Steg. Burg: Etwa Ende* **März** *– Okt. So. – Fr. 9.15 – 15.45 Uhr, 15 £, Garten Mai. – Aug. Mo. – Fr. 9.15 – 15.45 Uhr, Juli – Sep. nur Do. / Fr., 11 £, National Trust-Mitglieder frei).*

Penzance *(20.730 Einwohner)*

Mit Penzance erreichen Sie die am weitesten westlich gelegene Stadt Englands. Es gibt keine großen Sehenswürdigkeiten, doch die Atmosphäre des für britische Verhältnisse sonnen- und wärmeverwöhnten Ortes regt zu einem kurzweiligen Rundgang durch das Zentrum an. Einen guten Parkplatz dafür finden Sie direkt an der Uferpromenade bei N 50°07'10" W 5°31'59" in der **Wharf Road**.

Die **Touristeninformation** ist in einem Gebäude am nördlichen Ende des Parkplatzes nahe dem Bahnhof untergebracht, die Innenstadt liegt direkt dahinter. Einen Blick wert sind die besonders schönen Fassaden des **Market House** in der Market Jew Street und des **Egyptian House** in der Chapel Street. Rund 500 Meter in südlicher Richtung vom Parkplatz entfernt können Sie auch zum **Jubilee Pool** schlendern. Der Swimmingpool gibt Ihnen die seltene Gelegenheit, in einem ins Meer hinausgebauten Lido-ähnlichen Bad zu schwimmen – einem der letzten derartigen in England. Wermutstropfen: Es existiert seit 1935 – und das sieht man ihm ein bisschen an *(nur im Sommer je nach Witterung, 5 £, www.jubileepool.co.uk)*. Und falls Sie auf Ihrem Bummel Hunger plagt, empfehlen sich ***The Front Room*** *(83 Market Jew St., TR18 2LG)*, ***The Bakehouse Restaurant*** *(Chapel St., TR18 4EA)*, die ***Dolphin Tavern*** *(Quay St., TR18 4BD)* und ***The Old Lifeboat House*** *(Wharf Rd., TR18 4AA)*.

Auch der südliche Vorort **Mousehole** mit seinem pittoresken Hafen zieht viele Besucher an. Die Durchfahrtsstraße ist eng, parken Sie daher schon an der Zufahrtsstraße, wenn Sie sich auch umsehen möchten, N 50°05'14" W 5°32'05", The Parade, TR19 6PP.

150 Trungle – *Mousehole Camping*

GPS/Kontakt: N 50°05'25" W 5°33'03", Trungle Park, TR19 6XB, www.mouseholecamping.co.uk. **Öffnungszeiten:** Juli / Aug. **Ausstattung**: WiFi, sonst campingplatzüblich. **Beschreibung**: Kleiner

Platz etwas außerhalb von Mousehole mit Pub um die Ecke. Plätze auf einer sonst teils als Fußballplatz genutzten Wiese, kein Schatten, nicht ganz eben, 1,4 km außerorts, schmale Zufahrt, nur für WOMOs bis etwa 7 m. **Preis**: 25 – 30 £. **Zufahrt**: Von Penzance auf der B3315 in Richtung Porthcurno fahren. Nach Ortsende in einer Rechtskurve links der Beschilderung zum King's Arms Pub folgen. Im Dorf Trungle dann rechts an der Telefonzelle zum Campingplatz abbiegen.

Je nach Interessenlage verlassen Sie Penzance entweder auf der Expressroute A30 in Richtung Land's End. Dabei können Sie dem schönen **Trewidden Garden** einen Besuch abstatten. Er schmückt sich mit der größten Sammlung an Baumfarnen in der gesamten nördlichen Hemisphäre, einigen der größten Magnolien und Kamelien und bietet außerdem Kindererlebniswege, einen Teich und einen »Walled Garden« *(N 50°06'27" W 5°34'10", TR20 8TT, Buryas Bridge, www.trewidden.co.uk, Mitte Feb. – Okt. 10.30 – 17.30 Uhr, 9 £).*

Oder Sie wählen die Ausfahrt am südwestlichen Stadtende über eine recht steile Passage auf der B3315 in Richtung Newlyn. Zunächst fahren Sie an einer ganzen Reihe prähistorischer Kultsteine vorbei. Nur ein sehr kleiner Parkplatz existiert dort, N 50°03'54" W 5°35'25", TR19 6BQ. Links davon zweigt ein Pfad zum über 3000 Jahre alten Steinkreis **Merry Maidens** ab. Auf der gegenüberliegenden Straßenseite gibt es in rund 100 Metern Entfernung einen aufrechtstehenden Kultstein namens **Gun Rith** zu sehen. Etwas weiter befindet sich dann noch direkt neben der Straße die Grabkammer **Tregiffian**.

Porthcurno *(510 Einwohner)*

Im Dorf **Treen** können Sie zwischen einer Einfach-Übernachtung am Dorfparkplatz oder dem **Treen Farm Campsite** nur 250 Meter weiter wählen.

Portcurno Beach

151 **N 50°03'00" W 5°38'28"**, TR19 6LF, im Shop neben dem Café registrieren, 10 £, nur tags 2 £, Toiletten vorhanden

152 **N 50°02'53" W 5°38'39"**, TR19 6LF, Tel. 07598 46 93 22, www.treenfarmcampsite.com, Apr. – Okt., 15 – 25 £, nur kleine Womos bis etwa 6 Meter erlaubt

Ein rund 350 Meter langer Fußweg bis zu den Klippen leitet Sie zu einem besonders schönen Abschnitt des Küstenpfades und der darunter eingebetteten Bucht **Pedn Vounder**. Sie ist auch als FKK-Strand freigegeben und bei Ebbe ein echter Traumstrand. Der steile Zugang ist allerdings eine Herausforderung.

Einfacher gelingt der Weg ans Wasser in Porthcurno. Vom National-Trust-Parkplatz bei N 50°02'45" W 5°39'19", The Valley, gehen Sie nur rund 200 Meter zum tollen gleichnamigen Strand. Rechts oben auf den Klippen gibt es einen weiteren Parkplatz, den Sie aufgrund der schmalen, steilen Zufahrt aber nur mit kleineren WOMOs anfahren sollten. Er gehört zum dort gelegenen **Minack-Freilichttheater**. Eingebettet in einen schönen Garten und mit fantastischer Küstensicht, können Sie von März bis Oktober an vielen Nachmittagen und Abenden verschiedenste klassische und moderne Stücke, in dem einem Amphitheater nachempfundenen Halbrund erleben. Ein echtes Erlebnis, für das Sie aber sicherheitshalber im Voraus einen Platz reservieren und besser ein Kissen mitnehmen oder dazubuchen sollten – man sitzt ansonsten auf dem rohen Stein. Außerhalb der Vorführungszeiten können Sie das Theater auch besichtigen. Vom vorgenannten Parkplatz fährt im Sommer ein Shuttlebus zum Theater hinauf *(N 50°02'31" W 5°39'11", TR19 6JU, The Valley, tags: Apr. – Sep. 9.30 – 17.30 Uhr, sonst nur Mi. – So. ab 10.00 Uhr, 10 £, Aufführungen meist 14.00 und / oder 20.00 Uhr, www.minack.com).*

Erwähnenswert ist außerdem das recht interessante **PK Museum** am hinteren Ende des unteren Parkplatzes. Es erklärt die

Sennen Cove

Geschichte des Örtchens am Landesende als Kommunikationsknotenpunkt des 19. Jahrhunderts und spannt dabei den Bogen von den Anfängen der Nachrichtenübertragung mittels Morsezeichen bis in unser E-Mail- und Handy-Zeitalter. Zusätzlich kann man unterirdische Tunnelsysteme aus dem Zweiten Weltkrieg erkunden *(TR19 6JX, www.pkporthcurno.com, Apr.–Okt. 10.00–17.00 Uhr, sonst Sa.–Mi. 10.30–16.00 Uhr, 10 £).*

Land`s End

Dieser Ort ist zwar unstrittig der westlichste Zipfel des englischen Festlandes, ansonsten gibt es aber streng genommen nichts zu sehen, was Sie nicht auch an vielen anderen Orten der schönen Südwestküste vorfinden könnten. Somit bleibt ein besonders gut vermarktetes Stück Küstenlinie, das neben einem riesigen Parkplatz Gastronomie, Souvenirshops, ein 4-D-Kino und ähnliche Bespaßungsattraktionen wie eine »Shaun das Schaf«-Welt und ein »König Arthus«-Erlebnis bietet. Außer den bunten Actionwelten ist der Zutritt zum Gelände und zu einer etwas entfernten Farm zwar frei, allerdings werden Parkgebühren berechnet, für Wohnmobile gibt es einen Extra-Tarif. Empfehlenswert ist das Ganze eigentlich nur dann, wenn Sie bei schönem Wetter von hier aus eine Wanderung entlang des Küstenpfads unternehmen wollen. Entweder in südliche Richtung bis zur **Nanjizal Bay**, die als eine der schönsten Englands gilt oder nach Norden bis zur Sennen Cove, von wo aus Sie mit dem Bus zurück zum Land`s End fahren können *(N 50°03'57" W 5°42'41", A30, TR19 7AA, www.landsend-landmark.co.uk, Parken 7 £, Visitor Centre und Gastronomie 10.00–16.00 Uhr, Attraktionen nur im Sommer, ab 4 £).*

Kurz darauf zweigt dann die Straße links zur vorgenannten **Sennen Cove** ab. Dort finden Sie einen wunderbaren langen Sandstrand und meist ausreichend Parkplätze vor. Wenn die direkt unten am Ufer belegt sind, können Sie oberhalb der Klippen stehen, müssen dann nur einen etwas weiteren Fußweg in Kauf nehmen.

153 Sennen Cove – *Camping and Caravanning Club Site*

GPS/Kontakt: N 50°05'23" W 5°40'08", Higher Tregiffian Farm St. Buryan, TR19 6JB, Tel. 01736 87 15 88, www.campingandcaravanningclub.co.uk. **Öffnungszeiten**: Etwa Ostern – Okt. **Ausstattung**: WiFi, Waschmaschine / Trockner, Spielplatz, Abspülgelegenheit. **Beschreibung**: Mittelgroßer, sauberer und recht ebener Platz mit schattenlosen Stellflächen auf Rasen und Schotter, Meerblick, etwa windig, ruhige Alleinlage zwischen Klippen und Durchgangsstraße, Wandermöglichkeiten z.B. bis Land`s End. **Preis**: 21,90 – 31,60 €, Nicht-Mitglieder des Clubs etwa 30% Aufpreis. **Zufahrt:** Von der Sennen Cove kommend, biegen

Sie links auf die A30 und weiter auf die B3306 Richtung St. Just ein, dann linker Hand. **Hinweis**: In der Hauptsaison und an Wochenenden zwei Nächte Mindestaufenthalt. **Hinweis**: Wenn Sie auch mit einem ganz einfachen Platz zufrieden sind, können Sie alternativ im Sommer die ***Little Bosanketh Farm*** anfahren, N 50°05'10" W 5°39'59", TR19 6JA, Tel. 07988 83 02 57, Jul. – Sep., 12£, nur Wasser und Einfach-Toilette.

154 Crows-an-Wra – *Carn Brea*

GPS: N 50°05'52" W 5°39'08", TR19 6JD. **Max. WOMOs**: 1 – 2. **Ausstattung**: Keine Einrichtungen. **Beschreibung**: Unebener, geschotterter Wanderparkplatz ohne Nachtparkverbot unterhalb von Überresten einer prähistorischen Siedlung. Einfache Schotterfläche an der Nebenstraße, 5 km bis St. Just. **Zufahrt:** Von der Sennen Cove kommend, biegen Sie erst links auf die B3306 nach St. Just ein und dann bei erster Gelegenheit unbeschildert rechts ab bis zum Platz auf der rechten Seite.

St. Just *(4.770 Einwohner)*
Einst war die ganze Gegend ein wichtiges Zinnabbaugebiet – Minenüberreste finden Sie nahe St. Just und auf den folgenden Kilometern immer wieder. In dem kleinen Ort gibt es ein paar ganz gute Pubs und Co, wie das ***King's Arms*** *(5 Market Sq., TR19 7HF)* oder das ***Dog and Rabbit Café*** *(Bank Square, TR19 7HH)*.

Eine solide Übernachtungsmöglichkeit bietet der örtliche **Rugbyclub**, ein Parkplatz steht in der Nebenstraße bei N 50°07'25" W 5°40'54", Lafrowda Cl., TR19 7HZ bereit.

155 N 50°07'40" W 5°40'39", New Rd., TR19 7PW, Tel. 01736 78 85 93, www.stjustrfc.co.uk, ganzjährig, 15 – 22,50 £, alle Einrichtungen

Minen bei Pendeen
In der Nähe liegt die alte Zinngrube **Levant**. Zu tragischer Bekanntheit gelangte der Ort, als 1919 bei einem Unglück 31 Minenarbeiter ums Leben kamen. Wenn Sie heute zur Mine kommen, ist das Herzstück der Anlage die damals zum Betrieb genutzte und

Gwynver Beach

zwischenzeitlich wieder instand gesetzte Dampfmaschine von 1840. Auch die anderen alten Gemäuer können Sie ausgiebig inspizieren, allerdings nur nach Vorbuchung und auf einer Führung. Um sich die Gegend noch genauer anzusehen, empfiehlt sich im Anschluss eine Wanderung, etwa zu den Überresten des weiter südlich gelegenen Abbauortes **Botallack**. Nähere Informationen dazu und zum Routenverlauf erhalten Sie direkt an der Mine, *(N 50°09'05" W 5°41'07", Levant Rd., TR19 7SX, www.nationaltrust.org.uk, Pendeen, März – Okt. So. – Do. 10.30 – 16.30 Uhr, sonst nur Mo. / Mi. 11 £, National Trust-Mitglieder frei).*

Auch zu Beginn vom nächsten Ort Pendeen ist links die Zufahrt zu einer Zinnmine beschildert. **Geevor** ist weit weniger verfallen und noch immer in recht gutem Zustand. Sie können eine ganz Reihe intakter Gebäude besichtigen, im Museumsbereich selbst Hand an das Gestein legen und einen unterirdischen Stollen aus dem 18. Jahrhundert erkunden *(N 50°08'55" W 5°40'16", TR19 7EW, www.geevor.com, Apr. – Okt. So. – Do. 10.00 – 17.00 Uhr, sonst bis 16.00 Uhr, verschiedene Führungszeiten, 14,25 – 18,90 £).*

Im Ort bietet wenige Meter weiter das Pub ***North Inn*** eine Campinggelegenheit hinter dem Haus an. Es gibt außerdem eine Certificated Site des Camping and Caravanning Clubs für Mitglieder.

156 N 50°09'05" W 5°39'58", B3306, TR19 7DN, Pendeen, Tel. 01736 78 84 17, www.thenorthinnpendeen.co.uk, 18 £, WOMOs bis max. 7m, Toilette / Dusche vorhanden

157 ***Pendeen Old Coastguards, N 50°09'44" W 5°40'11"***, 5 Enys Cottages, TR19 7ED, Pendeen, Tel. 07857 43 37 52, www.oldcoastguardscampsite.co.uk, 10 £

Auf bronzezeitliche Spurensuche können Sie sich dann hinter **Morvah** rechts ab machen. Dort befindet sich bei N 50°09'13" W 5°36'54" ein Parkplatz, von dem es rund 800 Meter bis zur Megalithsteinanlage **Mên-an-Tol** sind. Der auffällige Lochstein ist

Botallack Mine, unten Parkplatz 158

in einigen Metern Abstand aufrecht zu zwei weiteren steinernen Stelen platziert und was seine einstige Bedeutung war, ist gänzlich unbekannt. Spätere kornische Sagen berichten aber davon, dass eine Frau, die schwanger werden möchte, bei Vollmond sieben Mal rücklings hindurchkriechen soll, um zu empfangen. Auch bei Rückenerkrankungen und Gliederschmerzen soll das Durchsteigen helfen – wenn aufgrund der Verrenkungen, die dafür nötig sind, auch erst mal eine akute Verschlimmerung der Symptome zu befürchten ist. Noch einfacher zu erreichen und direkt von der Straße aus sichtbar ist dann kurz darauf **Lanyon Quoit** bei N50°08'51" W 5°36'00". Es handelt sich dabei um die Überreste eines Grabmals. Die übereinandergestellten Steinplatten haben aufgrund ihrer Maße auch den Beinamen »Giant's Table«.

Zurück an der Hauptstraße sind Sie dann auch bald schon bei der nächsten Zinnmine oder dem, was davon übrig ist, angelangt. Die **Carn Galver Mine** ist vor allem deswegen interessant, weil Wohnmobile davor über Nacht stehen können.

158 **N 50°10'18" W 5°36'46"**, B3306, TR20 8YX, Porthmeor

St. Ives *(5.410 Einwohner)*

Die Stadt bildet den äußersten westlichen Rand des breiten, sandigen Mündungsbereichs des River Hayle. Sie ist einer der beliebtesten Urlaubsorte von Cornwall, fast immer gut besucht und hat sowohl eine hübsche Innenstadt, einen sehenswerten Hafen als auch beliebte, feinsandige Strände im Angebot. Mit der Erreichbarkeit und Parkmöglichkeiten für Wohnmobile ist das nicht ganz so einfach. Bevor Sie sich mühsam durch die Straßen zum Strandparkplatz quälen, um dann doch nur festzustellen, dass keine Lücke für Sie vorhanden ist, bleiben Sie besser am Großparkplatz oberhalb der Altstadt an der Straße **The Burrows**, N50°12'34" W 5°29'08", TR26 1DQ. Ein Fußweg bringt Sie vom hinteren Ende über kleine Gassen und Treppen hinab bis zu den zentralen Parallelachsen Fore Street und Wharf Street, die auf die »The Island« genannte Landspitze mit der **St. Nichola's Chapel** zuführen und beidseitig von Strandbuchten gerahmt werden, auch eine Busverbindung existiert. Gleiches gilt für die großen Parkflächen am Rugbyclub, N 50°12'34" W 5°29'45", TR26 1ER.

TOUR 4

Bekannt ist St. Ives neben seinen Stränden und dem Hafen als Kunststadt; gleich eine ganze Reihe von Galerien befinden sich in den Gassen und Straßen. Am bekanntesten ist der überall beschilderte Ableger des berühmtesten Londoner Kunstmuseums, **Tate St. Ives** gleich hinter dem Weststrand. Die großteils wechselnden Ausstellungen meist modernen Charakters umfassen Installationen, Performances, Fotografie, Skulpturen und natürlich Malerei. Die kann dann aber auch mal ganz anders als gewohnt präsentiert werden, wenn Sie zufällig während eines Action-Painting-Events vorbeischauen und live erleben, auf welche ungewöhnlichen Arten Farbe auf Leinwand landen kann *(Porthmeor Beach, TR26 1TG, www.tate.org.uk, Apr.–Okt. Mo.–So. 10.00–18.00 Uhr, sonst bis etwa 16.30 Uhr, 12 £)*. Wenn Sie unterwegs etwas Essen möchten, ist die Auswahl riesig, halten Sie aber ruhig Ausschau nach ***Cornish Deli*** *(3 Chapel St., TR26 2LR)*, ***Cintra Seafood*** *(1The Wharf, TR26 2PG)*, ***Hub Burgers*** *(16 St. 4 Wharf St., TR26 1LF)*, ***Cellar Bistro*** *(29 Fore St., TR26 1HE)*, ***Moomaid Ice Cream*** *(1 Wharf Rd., TR26 1LG)*, ***The Balcony*** *(Wharf House, TR26 1LP)*, ***Mermaid Seafood Restaurant*** *(Wharf House, TR26 1LT)* oder dem ***Porthmeor Beach Café*** *(Porthmeor Beach, TR26 1JZ)*.

Promenade in St. Ives

Das ortsnächste WOMO-Pub befindet sich etwas ins Landesinnere versetzt in **Cripplesease** mit dem ***Engine Inn*** und Bushaltestelle vor der Tür, die ***Nance Lakes Campsite*** an einem Fischweiher ist auch ganz nett und fair eingepreist.

159 **N 50°10'43" W 5°30'09"**, B3311, TR20 8NF, Tel. 01736 74 13 11

160 **N 50°11'03" W 5°28'45"**, Ludgvan, TR26 3HA, Tel. 07753 83 21 88 www.nancelakes.com, ganzjährig, 20 – 30 £

Cornwalls Nordwestküste Teil Eins bis Holywell
Der weitere Weg entlang der Küste ist weniger von Attraktionen als schönen Steilküstenabschnitten und Ständen geprägt. Dazwischen finden sich viele Übernachtungsmöglichkeiten.

161 Penwith – *Pitch and Putt*

GPS/Kontakt: N 50°10'18" W 5°25'52", Chenhalls Rd., TR27 6HJ, Tel. 01736 75 97 10, www.penwithpitchandputt.co.uk. **Öffnungszeiten**: Ganzjährig. **Ausstattung**: Wasser, Toilette, WiFi, Spielplatz. **Beschreibung**: Großer ebener Platz an einem (Mini)golfgelände, etwas Schatten, tags belebt, nachts ruhig, klappstuhlgeeignet, Abfahrt gegen 10 Uhr des Folgetags erwünscht. **Preis**: 20 £. **Zufahrt:** Von St. Ives kommend am Kreisverkehr Richtung Hayle fahren, dann nach dem Autowaschcenter nach rund 900 m rechts bis zu Platz auf der rechten Seite (Unterführung mit 3,5 m Höhe). **Hinweis**: Das WOMO-Pub Pendant in der Nähe heißt ***Angarrack Inn***. Sie finden es bei N 50°11'40" W 5°23'12", 12 Steamers Hill, TR27 5JB, Angarrack, Tel. 01736 75 23 80.

Einfach, dafür nur wenige Meter durch Dünen vom Meer getrennt gelegen, ist die Campsite ***Sandy Acres***. Auf der holprigen Zufahrtsstraße gelangen Sie auch zu einem kostenpflichtigen Privatpark-

Godrevy Beach

platz mit Snackbar, der Tagesbesuchern offen steht. Der lange Sandstrand ist selten überfüllt und bietet oft auch dann noch Strandvergnügen, wenn anderswo an Saisonwochenenden kein Plätzchen mehr zu finden ist, N 50°12'18" W 5°24'45".

162 **N 50°12'11" W 5°24'36"**, 22 Sandy Acres Rd., TR27 5BA, Loggans, Tel. 07494 43 66 35, www.sandy-acres.co.uk, Apr. – Okt., 20 – 42 £

Die nächste gute Badegelegenheit ist der **Godrevy Beach** am Ende der langen Bucht. Er wird vom National Trust verwaltet und hat gleich mehrere Overflow-Parkplätze, die auch in Stoßzeiten Parkraum bieten. Die nur bei Ebbe gut nutzbaren Sandbuchten zwischen Leuchtturm, muschelbesetzten Felsen und grasigen Dünen können dann aber schon mal ziemlich voll werden *(Zufahrt z. B. bei N 50°13'44" W 5°23'03", Churchtown Rd., TR27 5ED, kostenpflichtig, National Trust-Mitglieder frei)*. Ein weiterer, aber nur kleiner Parkplatz direkt neben der Straße ermöglicht nach der auskragenden Landnase von Godrevy dann Zugang zu zwei weiteren kleinen Sandbuchten bei N 50°14'08" W 5°22'01".

Auf den nächsten Kilometern folgt an der B3301 dann noch eine ganze Reihe kleinerer Parkplätze oberhalb der Klippen, eigentlich ideal für eine Nacht. Verwitterte, teils überwachsene kleine Schilder weisen allerdings stets auf »No Camping« hin. Einheimisch, die dennoch dort stehen, meinen zwar, dass reine Über-Nacht-Parken sei kein Problem – entscheiden Sie aber selbst!

Da der Parkplatz im nächsten Ort **Porthtowan** mit Höhenbarrieren blockiert ist, lassen Sie ihn besser gleich aus. Die nächsten Gelegenheiten für Strandvergnügen lassen ohnehin nicht lange auf sich warten.

Der kleine, aber wirklich schöne **Chapel Porth Beach** wird Ihnen sicher gefallen. Er hat nur ein Manko – die Zufahrt über **Goonvrea** ist ziemlich schmal und am Ende gibt es nur einen ziemlich kleinen Parkplatz. Daher sollten Sie an warmen Tagen schon früh da sein oder erst spät für einen »Sundowner« vorbeischauen, wenn Sie sich für diesen Zwischenstopp entscheiden *(N 50°18'01" W 5°14'03", TR5 0NS, kostenpflichtig, National Trust-Mitglieder frei)*. Auch hier stehen manche über Nacht.

St. Agnes ist, was Parkplätze angeht, erneut etwas kritisch. Der Strand ist okay, doch recht verbaut, da gibt es schönere. Dafür laden im Hinterland das urige Dorfpub ***The Miners Arms*** mit großem, teils begrüntem Parkplatz hinter dem Haus oder ein Campingplatz oberhalb der Klippen zu einem Stopp ein.

163 **N 50°18'43" W 5°10'11"**, A3075, TR5 0QF, Mithian, Tel. 01872 55 23 75

164 Cross Coombe – *Blue Hills Touring Park*

GPS/Kontakt: N 50°19'26" W 5°11'15", TR5 0XP, Tel. 01872 55 29 99, www.bluehillscamping.co.uk. **Öffnungszeiten:** Apr. – Okt. **Ausstattung**: Campingplatzüblich. **Beschreibung**: Schöner kleiner Gras-Camping nur 100 m von der Küste entfernt, schöne Sicht, recht eben und ruhig, kein Schatten, rund 1,4 km in den Ort. **Preis**: 31 – 41 £. **Zufahrt**: Von St. Agnes auf der B3285 in Richtung Perrancoombe fahren. Dann links Richtung Perrancoombe Aerodrome abzweigen (Achtung: Schild ist von dieser Seite schlecht lesbar). Am Ende der Straße links und bei erster Gelegenheit wieder rechts zum Platz abbiegen. **Hinweis**: Unmittelbar gegenüber treffen Camping and Caravanning Club Mitglieder auf einen weiteren Stellplatz an der ***Cross Coombe Farm***, N 50°19'26" W 5°11'13", TR5 0XP, Tel. 01872 55 23 79, www.campingandcaravanningclub.co.uk, ganzjährig, 25 – 30 £.

Erwähnenswert ist an dieser Stelle auch der gleich ums Eck gelegene größte **Campingmarkt** Cornwalls: Wenn Sie irgendwas für Ihr Wohnmobil benötigen, haben Sie dort gute Chancen, es zu finden, geöffnet ist sieben Tage die Woche *(Aztec Leisure, B3285, TR5 0XY, Trevellas)*.

Den Weiterweg setzen Sie dann entweder über die A3075 fort. Oder Sie machen noch einen Halt in **Peranporth** mit seinem schönen, gleichnamigen Strand. Er hat den Vorteil, dass selbst bei Flut noch etwas vom Sandstreifen übrigbleibt. Auch wenn die allervordersten Parkplätze durch Barrieren blockiert sind, wurde immerhin der etwas zurückversetzte in der Straße **Wheal Leisure** für höhere Fahrzeuge offengelassen, N 50°20'41" W 5°09'09". Am etwas zurückversetzte Parkplatz neben der Tankstelle, ist es sogar erlaubt über Nacht zu bleiben.

165 **N 50°20'46" W 5°08'52"**, B3285, TR6 0BX, 5 £ tags, 20 £ nachts.

Um weiter nach **Holywell** zu gelangen, müssen Sie ein Stück von der Hauptroute abweichen, nur eine Stichstraße führt in den Ort. Sie finden eine tolle Sandbucht mit Dünensystem dahinter samt recht großem Parkplatz des National Trusts, etwa 350 Meter entfernt bei N 50°23'10" W 5°08'34", TR8 5DD, in der Holywell Road.

Miniwanderung an der Holywell Bay *(rund 1,5 km)*

Gehen Sie vom Parkplatz auf der anderen Straßenseite zunächst auf dem markierten Weg in Richtung Strand. Entweder durchwaten Sie den flachen Wasserlauf unterwegs oder nehmen die kleine Brücke, um zu den Dünen zu gelangen. Bleiben Sie links davon im flachen Teil, bis Sie den Hauptstrand erreichen. Sie passieren unterwegs das Gebäude des Surf Life Saving Clubs. Es ist übrigens im James-Bond-Film »Die Another Day« zu sehen, von dem einige Sequenzen hier gedreht wurden. Gehen Sie rechts ein Stück am Strand entlang, bis ein paar Holzstufen in die Dünen hineinführen. Dort stoßen Sie auf den Küstenpfad. Er ist mit hölzernen Wegweisern markiert und führt Sie rechtsherum nach einer Weile wieder zurück zum Parkplatz.

Newquay *(23.610 Einwohner)*
Der Ort Newquay ist die größte Gemeinde in diesem Bereich der Küste. Ganze sechs nennenswerte Strandbuchten liegen in seinem Einzugsgebiet. Mit dem Wohnmobil am besten erreichbar ist die am weitesten westlich gelegene **Fistral Bay** mit Parkplatz bei N 50°25'08" W 5°05'48", Headland Rd., TR7 1HY und der kleine **Lusty Glaze Beach** mit einem Parkplatz in der **Lusty Glaze Road** bei N 50°25'20" W 5°03'49", TR7 3AD.

Die Innenstadt rund um den Fußgängerbereich in der **Central Street** und der **Bank Street** mit seinen vielen Läden wirkt, je nach Wetterlage, mal ganz einladend mal etwas schmuddelig, ist aber recht belebt und quirlig. Gastronomisch können Sie das ***Harbour Rest Café*** *(2 South Quay Hill, TR7 1HR)*, das ***Café Cloud*** *(54 Fore St., TR7 1LW)*, ***Oceans Café*** *(34 East St., TR7 1BH)* oder ***The Fish House Fistral*** *(Headland Rd., TR7 1EW)* versuchen. Die besten Chancen auf einen innenstadtnahen Parkplatz haben Sie wohl am **Tregunnel Car Park** am **Tregunnel Hill**, N 50°24'36" W 5°05'17", TR7 1TS. In fußläufiger Entfernung von dort befindet sich auch das **Bluereef Aquarium Newquay**. In mehr als 40 verschiedenen Aquarien und Terrarien erleben Sie sowohl Tiere aus heimischen Gewässern als auch aus exotischen Gefilden, wie Schwarzflossen-Riffhaie, Oktopusse, Korallen, Meeresschildkröten, aber auch Kaimane *(Towan Promenade, TR7 1DU, 10.00–17.00 Uhr, rund 15 £, www.bluereefaquarium.co.uk/newquay)*.

Auch rings um die Stadt gibt einige weitere sehenswerte Anlaufstellen. Die bekannteste ist wohl der **Newquay Zoo**, der für seine Arbeit im Bereich Artenerhaltung bereits mehrere Preise gewonnen hat. Über 1000 Tiere leben in dem gut fünf Hektar großen Areal, zu den Publikumslieblingen zählen Löwen, Affen und

Küste in Newquay

Trerice House

die lustigen Erdmännchen. 2016 hat mit der Freiflugvoliere »Preziosen des Dschungels« ein weiterer, interessanter Bereich eröffnet und das Gelände um eine Attraktion erweitert *(N 50°24'41" W 5°04'19", Trenance Gardens, TR7 2LZ www.newquayzoo.org.uk, Apr. – Okt. 10.00 – 17.00 Uhr, sonst bis 16.30 Uhr, 16,35 £).*

Ein Stück weiter östlich im Landesinneren gelangen Sie zum Anwesen **Trerice**. Das elisabethanische Gutshaus gilt als echtes Juwel unter Cornwalls Herrenhäusern und wurde seit seinem Bau kaum verändert. Ein Besuch in den stillen Räumen und Gärten ist wie ein Kontrastprogramm zu den belebten Strandregionen und Orten der letzten Kilometer, beachten Sie aber, dass die Straßen um das Anwesen allesamt recht schmal sind *(N 50°23'08" W 5°02'16", TR8 4PG, Kestle Mill, www.nationaltrust.org.uk, März – Okt. 10.30 – 16.30 Uhr, 13 £, National Trust-Mitglieder frei).*

166 Newquay – *Trencreek Holiday Park*

GPS/Kontakt: N 50°24'27" W 5°03'27", Trencreek Rd., TR8 4NS, Tel. 01637 87 42 10, www.trencreekholidaypark.co.uk. **Öffnungszeiten:** Ende Apr. – Mitte Sep. **Ausstattung**: Waschmaschine / Trockner, Spielplatz, kleiner Shop, Pool, Entertainment. **Beschreibung**: Sehr gut ausgestatteter, fair eingepreister Platz, vornehmlich auf Rasen, etwa Schatten, relativ ruhig, direkt im Ort, rund 1,5 km in die Ortsmitte. **Preis**: 24 – 29 £. **Zufahrt**: Von der Ortsumgehungsstraße A392 aus ist der Platz nach links ortseinwärts beschildert. **Hinweis**: Camping and Caravanning Club-Mitglieder finden nahe Trerice eine gemütliche, einfache Wiese an der ***Trevoll Farm***, N 50°22'56" W 5°03'09", St. Newlyn East,TR8 5HS, Tel. 01872 51 03 37, www.campingandcaravanningclub.co.uk, ganzjährig, 10 £.

Am Weg Richtung Norden kommen Sie nun auf Ihre Kosten, wenn Sie einen letzten kornischen Garten besichtigen möchten. Das er thematisch etwas anders aufgestellt ist als die Anlagen zuvor, verrät schon der Name. Im etwas kleineren **Japanese Garden** hat man sich fernöstlicher Gartenbaukunst angenommen und diese in den englischen Süden transferiert. Somit finden Sie eine Reihe exotischer und nicht endemischer Bäume, Sträucher und Blumen. Natürlich gehören auch Bonsais und Koi-Karpfenteiche zum Repertoire *(N 50°27'20" W 4°59'53", TR8 4ET, St. Mawgan, März–Mitte Nov. 10.00–18.00 Uhr, 6 £, www.japanesegarden.co.uk).*

Nahe dem Örtchen können Sie in **Tregurrian** zu einem letzten tollen Strand an diesem Abschnitt fahren. Die weite goldene Sandbucht **Watergate Bay** ist nur von einer Stelle aus zugänglich und es gibt einen großen Parkplatz sowie reichlich Campingplätze in der Umgebung. Denken Sie aber an die Gezeiten. Bei Flut ist von der gelben Pracht nämlich fast nichts mehr zu sehen *(N 50°26'40" W 5°02'21", Tregurrian Hill, TR8 4AB).*

167 Tregurrian – *Camping and Caravanning Club Site*

GPS/Kontakt: N 50°26'56" W 5°01'51", TR89 4AE, Tel. 01637 86 04 48, www.campingandcaravanningclub.co.uk. **Öffnungszeiten**: Etwa Ostern – Okt. **Ausstattung**: WiFi, Waschmaschine / Trockner, Spielplatz, Abspülgelegenheit, kleiner Shop. **Beschreibung**: Mittelgroßer, sauberer und flacher Platz mit schattenlosen Stellflächen auf Rasen und Schotter, Meerblick, teils etwa windig, etwa 900 m bis an den Strand. **Preis**: 21,90 – 31,60 €, Nicht-Mitglieder des Clubs etwa 30% Aufpreis. **Zufahrt:** In Tregurrian ist der Platz von der B3276 aus am einem Wegdreieck angeschrieben **Hinweis**: In der Hauptsaison und an Wochenenden zwei Nächte Mindestaufenthalt.

Cornwalls Nordwestküste Teil2: Bis zur Harlyn Bay

Mit einer Sandbucht geht es auch kurz danach an den **Bedruthan Steps** weiter. Doch ist zwischen den gigantischen Felsen, die nur bei Ebbe einen Weg auf sandigem Boden hindurch ermöglichen, für die Meisten Besucher weniger Baden als Staunen und das Schießen von Erinnerungsfotos angesagt. Doch auch von oben können Sie gleich ab dem Küstenpfad neben dem Besucherzentrum beeindruckende Bilder dieses grandiosen Küstenabschnitts einfangen, wenn die Flut den Weg versperrt. Die Gebäude, in denen Shop und Café untergebracht sind, waren früher Teil einer großen Industrieanlage. Sie gehörten zu einer Mine, in der Blei, Kupfer und Eisen gewonnen wurde *(N 50°28'54" W 5°01'54", B3276, PL27 7UW).*

Weniger außergewöhnlich, dafür etwas besser als Badebucht geeignet ist die **Porthcothan Bay**. Der weit eingeschnittene Strand ist weniger dramatisch als andere Buchten, aber nicht schlecht. Dafür spricht die gute Erreichbarkeit von der Straße und ein Parkplatz gleich vis-à-vis *(N 50°30'29" W 5°01'17", B3276, PL28 8LW).*

Die folgenden beiden Buchten, die sowohl Erfolg versprechende Parkmöglichkeiten als auch schöne Sandbuchten bieten, möchten wir Ihnen ebenfalls nicht vorenthalten. Zum einen die schmale

Treyarnon Bay *(N 50°31'35" W 5°01'18", PL28 8JN)*, zum anderen, etwas weiter und nach Osten gewandt, **Harlyn Bay** mit einem besonders großen Stellplatzangebot *(N 50°32'22" W 4°59'36", PL28 8SB)*.

Außer an stark besuchten Tagen in der Hauptsaison, an denen es zu schnell voll wird, um mit einem Wohnmobil unterzukommen, können Sie ebenfalls die dritte Nahe Bucht, **Trevone Bay** ausprobieren. Am Parkplatz neben dem gleichnamigen Strandcafé ist das über Nacht parken möglich.

168 **N 50°32'42" W 4°58'38"**, Trevone Road, PL28 8QY, 20 £.

Padstow *(2.350 Einwohner)*
Padstow ist ein beliebter Ausflugs- und Urlaubsort an der Mündung des River Carmel. Immer wenn Ebbe kommt, sinkt der Wasserstand so weit, dass Hafen und Ort vom Meer aus nicht mehr zugänglich sind. Rund um die Mole hat sich ein lebendiges Viertel entwickelt, ein wirklich schöner Zwischenstopp. Das haben allerdings auch schon andere bemerkt – im Sommer wird es somit manchmal fast schon unangenehm voll. Von der Beliebtheit des Flecks mit seinen gerade rund 3000 Einwohnern zeugt auch der überdimensionale Parkplatz am Ortseingang bei N 50°32'23" W 4°56'32", A389. Die Wege sind nicht weit und so gelangen Sie von dort aus schnell zum Hafenviertel hinunter, wo Sie auf die örtliche Gastronomie mit einigen echten Perlen treffen, so das ***Seafood Restaurant*** *(Riverside, PL28 8BY)*, das ***Harbour Inn*** *(Strand St., PL28 8BU)*, die ***Mussel Box****(11 The Drang, PL28 8BS)*, ***Paul Ainsworth at No. 6*** *(6 Middle St., PL28 8AP)*, ***Prawn on the Lawn*** *(11 Duke St., PL28 8AB)* oder das ***Cherry Trees Coffee House*** *(West Quay, PL28 8AQ)*. Ganz still und abgelegen ist dagegen der Parkplatz **Old Town Cove** ein Stück weiter bei **St. Issey**.

169 Saint Issey – *Old Town Cove*

GPS: N 50°31'42" W 4°54'31", Carn Gloos Rd., PL27 7QL.
Max. WOMOs: 1 – 2. **Ausstattung**: Picknickbank, sonst keine Einrichtungen. **Beschreibung**: Abgelegener Parkplatz am River Carmel am Ende einer Sackgasse. Lange, sehr schmale Zufahrtsstraße, mehr etwas für kleine Wohnmobile. **Zufahrt:** Von der A389 aus Richtung Padstow kommend, am Ende des Dorfes St. Issey links nach Tregance abbiegen und dann auf der sehr schmalen Straße immer geradeaus. Am Ende rechts fahren und bei nächster Gelegenheit wieder links, nun schon beschildert zum Parkplatz Old Town Cove ganz am Ende der Straße.
Hinweis: Camping und Caravanning Club-Mitglieder kommen in der Nähe beispielsweise am Platz ***Timaru*** bei Wadebridge unter, N 50°30'27" W 4°53'16", Padstow Rd., PL27 7LS, Tel. 07720 44 00 84, www.campingandcaravanningclub.co.uk, ganzjährig, 12 £, »Adults only«.

Auf der gegenüberliegenden Seite des Carmel haben Sie die Wahl zwischen zwei Badestopps. Entweder der großen, aber ruhigeren **Daymer Bay**, gegenüber von Padstow mit Parkplatz am Ende einer schmalen Zufahrt, N 50°33'44" W 4°55'29", Daymer Ln., PL27 6SA oder dem belebteren **Polzeath Beach**, der vor allem von Surfern wegen seiner wellenzugewandten Lage beliebt ist. Es gibt dort eine Reihe von Parkplätzen, der strandnächste liegt am hinteren Ende der Sandbucht, N 50°34'24" W 4°54'59", PL27 6TB.

Tintagel *(1.730 Einwohner)*
Am Weg nach Tintagel haben Sie dann noch die Möglichkeit an einem Pub für die Nacht zu bleiben.

170 Delabole – *The Bettle & Chisel*

GPS/Kontakt: N 50°37'24" W 4°43'54", 114 High St., PL33 9AQ, Tel. 01840 21 14 02. **Max. WOMOs:** 5. **Ausstattung**: Toilette / Dusche, WiFi. **Beschreibung**: Eigene Campingwiese hinter dem Haus, kleiner Biergarten, sympathisches Pub direkt im kleinen Ort. **Preis:** Gegen Einkehr und Anfrage kostenfrei. **Zufahrt**: direkt an der B3314 linker Hand. **Hinweis**: Um die Ecke befindet sich alternativ das Pub ***Poldark Inn***, N 50°37'22" W 4°44'33", Treligga Downs Rd., PL33 9DQ, Tel. 01840 21 25 65.

Vor allem wegen **Tintagel Castle** ist der gleichnamige Ort in ganz England ein Begriff. Zunächst benötigen Sie einen Parkplatz. In diesem Fall ist das gar kein Problem, denn auf Gäste ist man bestens eingestellt. Gleich fünf davon werben damit, dass Wohnmobile auch über Nacht bleiben können. Die Parkgebühren tags variieren je nach Nähe zur Burg, nachts liegen sie überall zwischen fünf und zehn Pfund *(Sword in Stone Carpark, Mayfair Carpark und King Arthur's Carpark, Tentagel Country Club Car Park und Gavercombe)*

171 **N 50°39'48" W 4°45'04"**, Fore St. und Bossiney Rd., PL34 0DA, Tintagel

Tintagel Castle

König Arthus Statue, Tintagel

In atemberaubender Lage auf einer der Küste vorgelagerten Felsnase blickt die Anlage, die Sie am unteren Ende der Hauptstraße erreichen, auf eine reiche Geschichte zurück. Vermutlich schon seit Jahrtausenden wird der Ort von Menschen bewohnt. Neben prähistorischen Spuren wurde auch eine ganze Reihe Siedlungsreste des »dunklen Zeitalters« Englands entdeckt – aus dieser Zeit zwischen Römerherrschaft und angelsächsischer Landnahme gibt es kaum Aufzeichnungen. Im 12. Jahrhundert benannte der Geistliche Geoffrey of Monmouth den Ort als Geburtsort des Sagenkönigs Arthus. Dadurch inspiriert, hat dann Richard, Earl of Cornwall, seine Burg im 12. Jahrhundert auf diesem speziellen Platz errichten lassen. Sie können die Burg erklimmen und erkunden, im Visitor Centre eine Ausstellung besuchen oder in Merlins Höhle vorbeischauen, die nur bei Ebbe betreten werden kann. Und natürlich wandern, denn der beidseitig vorbeilaufende Küstenpfad bietet hier wie dort spektakuläre Aussichten *(Castle Rd., PL34 0HE, www.english-heritage.co.uk, Apr. – Sep. 10.00 – 18.00 Uhr, März / Okt. bis 16.00 Uhr, sonst nur Fr. – So. bis 16.00 Uhr, 14,50 £, English Heritage-Mitglieder frei).*

Zwei Nummern kleiner, aber zumindest für National-Trust-Mitglieder einen Blick wert, ist das uralte **Tintagel Old Post Office** gegenüber der Ortsparkplätze. Mit dem welligen Dach sieht man dem Gebäude seine 600 Jahre durchaus an. Sie können einige Räume und den Bauerngarten hinter dem Haus besuchen *(Fore Street, PL34 0DB, www.nationaltrust.org.uk, Mitte März – Okt. 10.30 – 17.30 Uhr, Okt. und Mitte Feb. – März 11.00 – 16.00 Uhr, 7 £, National Trust-Mitglieder frei).*

Wanderung von Tintagel nach Boscastle *(8,5km)*

Ein tolles Erlebnis ist eine Wanderung entlang des Küstenpfades bis nach Boscastle. Unterwegs kommen Sie an den Überresten einer eisenzeitlichen Siedlung bei Willapark vorbei, erreichen die nur bei Ebbe ersichtlichen Sandbuchten **Benoath Cove** und **Bossiney Haven** und sehen, am besten mit einem Fernglas im Gepäck, einige vorgelagerte Inseln mit Seevogel-Kolonien. Gehen Sie die **Castle Road** bis ganz zum Ende nach vorne. Links liegt Tintagel Castle, Sie halten sich aber rechts nach den Gebäuden dem Uferpfad zu. Der Pfad ist an allen nicht eindeutigen Stellen markiert und macht die Orientierung leicht. Wenn Sie den kleinen Hafen **Boscastle** erreicht haben, können Sie dort eines der Cafés besuchen, sich im Visitor Centre weiteres Infomaterial besorgen oder das etwas schräge **Museum of Witchcraft** besuchen *(The Harbour, PL35 0HD, Apr. – Okt. Mo. – Sa. 10.00 – 17.30 Uhr, 7 £, www.museumofwitchcraftandmagic.co.uk)*. Viele Aspekte ums Thema »Hexenwerk, Zauberei und Mystik« werden beleuchtet und vorgestellt. Hat man sich erst einmal ausreichend vertieft, muss man aufpassen, die Zeit nicht zu vergessen. Denn ab der Hauptstraße müssen Sie rechtzeitig Ihren Bus zurück nach Tintagel erwischen *(Nr. 95, 96 oder 212)*. Der Halt befindet sich in Boscastle am Besucherparkplatz, in Tintagel dann am Visitor Centre in der Bossiney Road. Die Tour ist genauso in andere Richtung machbar, mit Busfahrt zu Beginn. Das macht Sinn, wenn Sie beispielsweise erst nachmittags starten und nicht in Zeitnot geraten möchten.

Wenn Sie noch etwas die Aussicht genießen möchten, können Sie gegenüber der Hauptparkplätze auch zur St. Materiana`s Church hinaufwandern, am besten über den Küstenpfad. Am Weg nach Widemouth und Bude folgen viele weitere Campingplätze, hier noch zwei Empfehlungen.

172 Boscastle – *Trebyla Farm Campsite*

GPS/Kontakt: N 50°41'50" W 4°39'51", PL35 0HJ, Tel. 01840 25 03 08, www.boscastlecampsite.co.uk. **Öffnungszeiten**: Etwa Ostern – Okt. **Ausstattung**: Waschmaschine / Trockner, sonst campingplatzüblich. **Beschreibung**: Etwas abfallende und holprige Campingwiese nach Boscastle, ruhig, gemütlich, einfach, kein Schatten. **Preis**: 15 – 20 £.
Zufahrt: Direkt an der B3263 von Boscastle Richtung Bude.

173 St. Gennys – *Bude Camping and Caravanning Club Site*

GPS/Kontakt: N 50°43'09" W 4°35'04", Gillards Moor, EX23 0BG, Tel. 01840 23 06 50, www.campingandcaravanningclub.co.uk. **Öffnungszeiten**: Etwa Ostern – Sep. **Ausstattung**: WiFi, Waschmaschine / Trockner, Spielplatz, Abspülgelegenheit, kleiner Shop, Tischtennisraum. **Beschreibung**: Kleinerer, sauberer und flacher, aber teils etwas abfallender Platz mit schattenlosen Stellflächen vor allem auf Rasen, Meerblick, im vorderen Bereich ist die Durchgangsstraße etwas hörbar. **Preis**: 20,30 – 29,30 €, Nicht-Mitglieder des Clubs etwa 30% Aufpreis. **Zufahrt:** Direkt an der A39 Richtung Bude linker Hand an einem Layby. **Hinweis**: Hauptsaison und Wochenende zwei Nächte Mindestaufenthalt.

Widemouth Bay *(290 Einwohner)*
Nicht klassisch gewachsen, sondern mehr eine lose Ansammlung von Ferienhäusern ist die folgende Widemouth-Bucht als Ort nicht der Rede wert, aber ein weiterer guter Platz für ein Sonnenbad oder einen Sprung ins Wasser zum Abschluss dieser Tour. Die großen Parkplätze werden an heißen Sommertagen allerdings erstaunlich schnell voll. Sie befinden sich bei N 50°47'34" W 4°33'22", EX23 0AW, am Marine Drive.

Tour 5
Band 85
Wales
Cardiff
Barry
Severn Estuary
Lundy
10 km
N
Combe Martin Bay
Morte Bay
Bideford Bay
Bridgwater Bay
Bude Bay
Ilfracombe
Aquarium
Woolacombe
Croyde Bay
Saunton
West Down
Braunton
Watermouth
Combe Martin
Blackmoor Gate
Cliff Railway and Glen Lyn
Lynton
Lynmouth
Watersmeet
Dare
Po. Weir
Porlock
Horner
Selworthy
Minehead
West Somerset Railway
Dunster Museum
Dunster
Dunster Castle
Blue A.
Watchet
W. Quantoxhead
Washford
Cleeve Abbey
Crowcombe
Bishop`s Lydeard
Hestercombe
Taunton
Somerset Museum
Wellington
Tiverton
Tour 6
Bridgwater
North Petherton
Burnham-on-Sea
Highbridge
Parrett
Exmoor N.P.
Exford
Liscombe
Tarr Steps
Hawkridge
Dulverton
South Molton
Barnstaple
Taw
Appledore
Northam
Westward Ho!
Bideford
Burton Art Gallery
Monkleigh
Great Torrington
RHS Rosemoor
Torridge
Clovelly
Hartland Point
Hartland Abbey
Hartland
Welcombe
Stibb
Bude
Tour 4
B
WC
V E
39
361
3123
399
396
358
38
372
378
377
386
388
3124
3072
3079
A5
174
175
176
177
178
179
180
181
183
184
185
186
187
188
189
190
191
192
193
194
195
196
197

North Devon, West Somerset

270 km

Weitere schöne Strände und der Exmoor National Park sind die größten Highlights auf Ihrer Fahrt durch North Devon und den westlichen Teil Somersets. Interessante Küstenorte setzen zusätzlich Akzente, so wie

Hartland Abbey

Clovelly

Lynton im Exmoor National Park

Bude *(7.340 Einwohner)*
Bei Bude verlassen Sie Cornwall. Die Stadt hat in den letzten Jahren durch seine guten Sandbuchten in der näheren Umgebung einen ordentlichen Aufschwung genommen. Entsprechend groß ist das Angebot an Unterkünften. Das Zentrum ist ganz nett, aber eher klein. Für einen Rundgang können Sie am Crescent Car Park stehen, der auch für die Nacht eine Option ist *(siehe unten)* und dann am Bude Canal entlang bis zum Ortsstrand **Summerleaze Beach** spazieren *(mit weiterer Parkmöglichkeit bei N 50°49'49" W 4°32'50", Summerleaze Cresc., EX23 8HH)*. Von dort aus nehmen Sie am Rückweg die Geschäftsstraßen rund um Belle Vue und Queen Street mit. Für mehr Badespaß steht in der Umgebung auch der nördlich anschließende **Croocklets Beach** zur Auswahl *(N 50°50'09" W 4°33'05", Croocklets Rd., EX23 8NE)*. In nördlicher Richtung gelangen Sie zu weiteren nahen Buchten, die Sie ab Bude gut über den Küstenpfad erwandern. Auch eine ganze Reihe Campingplätze gibt es.

Parkplatz 174

174 N 50°49'37" W 4°32'47", The Crescent, EX23 8LE, tags ab 2,20 £, nachts 15 – 20 £

175 Bude – *Wooda Farm Holiday Park*

GPS/Kontakt: N 50°50'36" W 4°31'07", EX23 9HJ, www.wooda.co.uk. **Öffnungszeiten:** Mitte März – Mitte Nov. **Ausstattung**: Waschmaschine / Trockner, WiFi, Restaurant, Shop, Sporteinrichtungen. **Beschreibung**: Großer, sehr gepflegter Campingpark mit Touring- und Mobilheimsektion, parzellierte Stellplätze auf Rasen und Schotter, kein Schatten, rund 3,1 km außerorts. **Preis**: 25 – 40 £. **Zufahrt**: Von der A39 aus ist der Campingplatz etwa in Höhe Bude mit großem braunen

Schild nach links angeschrieben. **Hinweis**: Ein schönes, sehr einfaches Campingfeld direkt an den Klippen liegt in der Nähe an der ***Dunsmouth Farm***, N 50°51'12" W 4°33'12", EX23 9ED, Kilhampton, ganzjährig, 10 £, nur Mobiltoilette und Wasser.

Falls Ihnen die ortsnahen Strände zu belebt sind, gibt es Alternativen: Zwischen Bude und dem weiter nordwestlich gelegenen Ort Hartland können Sie auf kleinen Straßen zu einer ganzen Reihe Buchten steuern, am Ende erwartet Sie jeweils ein Parkplatz. Nicht jede der Zufahrten ist WOMO-tauglich. Die folgenden Buchten können Sie aber mit etwas Umsicht ganz gut ansteuern.

Strände zwischen Bude und Hartland

Northcott Mouth Bay: Breite, wilde Sandbucht mit Felsen gleich nördlich von Bude. Tea Room in Gehweite, relativ großer Parkplatz bei N 50°50'51" W 4°33'12".

Sandymouth Bay: Lang gezogene Bucht unterhalb der Klippen, bei Flut nur Kiesstrand, sonst rötlicher Sand mit Felsen durchsetzt. Kleines Café, WC, recht großer Parkplatz des National Trusts. Anfahrt über das Dorf Stibb, N 50°51'42" W 4°33'15".

Duckpool Bay: kleine Bucht mit sanft auslaufenden Hügeln dahinter. Bei Flut nur Kiesstrand, WC, begrenzte Schrägparkerstellflächen an der Zufahrtsstraße. Anfahrt über Stibb und nördlich bis Coombe, N 50°52'35" W 4°33'28".

Welcombe Mouth: mittelgroße Sand-/Kiesbucht mit Wasserfall direkt dahinter. Der ziemlich kleine Parkplatz ist über eine holprige, schmale Straße erreichbar, nur bis Kastenwagengröße empfehlenswert. Anfahrt über Welcombe, N 50°56'01" W 4°32'42".

Hartland Quay: Kiesstrand mit vielen Felsen durchsetzt. Bei Ebbe gut zum »Rockpooling«, weniger zum Baden. Hotel, Restaurant, großer Parkplatz. Anfahrt von Hartland aus, N 50°59'42" W 4°31'57".

Hartland Abbey, unten Küstenwanderung im Hartland Estate

176 Eastcott – *Springlakes*

GPS/Kontakt: N 50°54'37" W 4°29'08", EX23 9PL, Tel. 01288 27 70 77, www.springlakescampsite.co.uk. **Max. WOMOs**: 5. **Öffnungszeiten**: Mai – Okt. **Ausstattung**: Ver- / Entsorgung, Strom, Toilette / Dusche, Abspülgelegenheit. **Beschreibung**: Kleine, etwas abfallende Wiese mit Schotterflächen an einem Fischweiher, ruhige Lage zwischen den Feldern, klappstuhlgeeignet. **Preis**: 10 £. **Zufahrt**: Von der A39 gut 4 km nach Kilkhampton links nach Morwenstow abfahren, dort Einfahrt rechter Hand nach gut 200 m. **Hinweis**: Nur mit Camping- und Caravanning Club-Mitgliedschaft, Reservierung empfohlen. **Hinweis**: Auch am nahen ***Bush Inn***-Pub können Sie als Gast die Nacht verbringen, N 50°54'26" W 4°32'59", EX23 9SR, Tel. 01288 33 12 42.

Hartland *(960 Einwohner)*
Am Weg zum letzten angegebenen Strand durchfahren Sie die Ortschaft Hartland und passieren dann rechter Hand die Ländereien der **Hartland Abbey**. Die Abtei wurde 1157 gegründet und fiel sie als letztes Kloster Englands 1539 der Säkularisation unter Heinrich VIII. zum Opfer. Er schenkte sie samt den dazugehörigen Ländereien seinem Chefsommelier – dessen Nachfahren sie bis heute bewohnen und bewirtschaften. Um die immensen Kosten tragen zu können, dürfen Gäste durch weite Teile des opu-

Clovelly

lent ausgestatteten Hauses spazieren, die weitläufigen Gärten bewundern und sich in einer Ausstellung im Untergeschoss über die Geschichte der Abbey und ihrer Bewohner informieren. Auch die Rolle der Abbey als Drehort für verschiedene Filme wie »Sinn und Sinnlichkeit« wird genauer beleuchtet. Ein Wanderweg führt vom Haus bis zur eigenen, wilden Strandbucht, die mit ihrem Feriencottage wie aus einem Rosamunde Pilcher Roman wirkt. Ein Tea Room im Schlosshof rundet das empfehlenswerte Angebot ab *(N 50°59'46" W 4°30'06", EX39 6DT, Etwa Ostern – Sep., Anwesen So. – Do. 11.00–17.00 Uhr, Haus erst ab 14.00 Uhr, 13 – 16,50 £, www.hartlandabbey.com).*

Am alleräußersten Eck der Landspitze können Sie dann noch zum **Hartland Point** mit Leuchtturm und markanter Felsformation fahren. Auch eine Übernachtungsgelegenheit bietet sich dort.

177 Hartland – *The Point @ Hartland*

GPS/Kontakt: N 51°01'10" W 4°31'04", EX39 6AU, www.thepointhartland.co.uk. **Max. WOMOs**: 5. **Ausstattung**: Keine Einrichtungen. **Beschreibung**: Outdoor-Tagescafé ganz vorne am Kap nahe dem Leuchtturm mit großem Parkplatz. Auf Nachfrage dürfen Gäste über Nacht stehen bleiben. Achtung: Das Tor wird von 17.00 bis 9.30 Uhr verschlossen, in dieser Zeit kommt man mit dem WOMO nicht mehr hinein oder hinaus. Schöne Lage in der freien Natur. **Preis**: Tags 2 £, nachts 5 £. **Zufahrt**: Von der A39 rechts auf die A393 nach Redruth abfahren. In rund 6 km rechts.

Clovelly *(4.870 Einwohner)*

Seine abgeschiedene Lage und das seit Jahrhunderten kaum veränderte Ortsbild haben Clovelly über die Jahre sowohl den Titel als eines der schönsten Dörfer Englands, wie auch reichlich Touristen eingebracht. Zumindest wenn nicht gerade Massen von Menschen die kleinen Gassen und Stiegen bevölkern, ist ein Ausflug in das Dorf tatsächlich einen Halt wert. Wie so oft in England ist das allerdings nicht gratis – für das Parken, den Infofilm, die zugehörigen Gärten und ein kleines Museum wird eine Pauschalgebühr erhoben. Viele kleine weiße Häuschen, Esel, die durch die

Straßen laufen, und der entzückende Hafen mit dem tiefblauen Wasser – Clovelly kann einem schon gefallen... Sie parken oberhalb am **Visitor Centre** und müssen dann ein paar Hundert Meter hinab zur Küste gehen. Echt kurios: Im »Oberammergau Cottage« wird Schnitzwerk aus Oberbayern angeboten *(N 50°59'55" W 4°24'15", B3237, EX39 5TA, 8,75 £, www.clovelly.co.uk)*.

Auch eine schöne Wandertour beginnt bei Clovelly. Dazu nehmen Sie den Küstenpfad in westliche Richtung bis zum **Mouthmill Beach** rund 2,4 Kilometer entfernt. Zusammen mit dem doppelt gelochten **Blackchurch Rock** gleich daneben ein schönes Ziel.

Westward Ho! *(3.470 Einwohner)*
Entlang der **A39** gelangen Sie schon bald zur nächsten großen Sandbucht. Kurz vor dem Mündungsbereich des Torrington-Flusses ist direkt dahinter eine Ansiedlung mit ungewöhnlichem Namen entstanden: Westward Ho! geht auf einen Romantitel von Charles Kingsley zurück und schreibt sich grundsätzlich mit Ausrufezeichen am Ende. Das Buch war 1855 ein Bestseller und so beschloss man, dem neu entstehenden Badeort am Meer den gleichen werbewirksamen Namen zu verpassen. Der Strand ist gut, der Ort nichts Besonderes. So ruhig es im Rest des Jahres ist, so viel Rummel kann allerdings in der Hauptsaison sein, wenn auch viel jüngeres Publikum angezogen wird und an manchen Tagen bis spät abends ganz schön was los ist. Gemeinsam mit den umliegenden Gemeinden hat man vor einigen Jahren sein Herz für Wohnmobilfahrer entdeckt: Am zentralen Parkplatz darf man seitdem offiziell über Nacht bleiben. Um Ihren Hunger zu stillen versuchen Sie **Tea on the Green** *(Golf Links Rd., EX39 1LH)*, das **Pool Rock Café** *(Golf Links Rd., EX39 1LH)*, **Country Cousins** *(2 Westbourne Terrace, EX39 1LL)* oder **The Pier House** *(Merley Rd., EX39 1JU)*.

Das Gleiche gilt für das benachbarte **Appledore**, nur eine kurze Fahrt in Richtung Norden entfernt. Dieser Parkplatz ist sogar größer und liegt direkt am Meer. Alternativ finden Camping und Caravanning Club-Mitglieder im Ort die ***Marshford Site***.

178 **N 51°02'27" W 4°14'14"**, Golf Links Rd., EX39 1LH, tags 3 – 7 £, nachts 8 £, mindestens 6 m Abstand zwischen Fahrzeugen, wenn mehrere über Nacht stehen.

179 **N 51°03'17" W 4°11'29"**, The Quay, EX39 1RL, WC, tags ab 0,60 £, nachts 15 £, mindestens 6 m Abstand zwischen Fahrzeugen, wenn mehrere über Nacht stehen

180 **N 51°02'38" W 4°12'17"**, Churchill Way, EX39 1NS, Tel. 01237 47 71 60, www.mashfordcamping.co.uk, Apr. – Okt., 10 – 25 £, campingplatzähnliche Ausstattung

Parkplätze 181 und 182

Bideford *(14.600 Einwohner)*
Wieder etwas zurück auf der von der **A39** landeinwärts gewandten Seite gelangen Sie nach Bideford. Die Stadt ist größer und besitzt ein echtes Zentrum zwischen Flusspromenade und High Street, die Mill Street ist verkehrsberuhigt. Erwähnenswert ist auch die **Burton Art Gallery and Museum** im **Victoria Park**. Mit ihren wechselnden, meist modern aufgestellten Ausstellungen ist sie eine der führenden Kunsthallen in Englands Süden *(Kingsley Rd., EX39 2QQ, www.burtonartgallery.co.uk, Mo. – Sa. 10.00 – 17.00 Uhr, So. bis 16.00 Uhr, Eintritt frei)*. Direkt daneben befindet sich am River Torridge der Ortsparkplatz mit Nachtparkmöglichkeit, zwischen Park und Fluss recht angenehm gelegen. Auch hier finden Sie eine Reihe recht guter gastronomischer Einrichtungen, **Cafe du Parc** direkt an der Galerie *(Kingsleys Rd., EX39 2QQ)*, **Café Collective** *(9 Grenville St., EX39 2EA)*, **Mr. Chips** (6 The Quay, EX39 2HW) und das **Green Goos Café** (25 Mill St., EX39 2JW).

181 **N 51°01'15" W 4°12'14"**, Kingsley Rd., EX39 2QQ, tags 3 £, nachts 8 £, mindestens 6 m Abstand zwischen Fahrzeugen, wenn mehrere über Nacht stehen

Great Torrington *(5.880 Einwohner)*
Statt direkt in Richtung Barnstaple weiterzufahren, macht unsere Route noch einen Schlenker dem River Torrington folgend. Bei **Monkleigh** können Sie eine kleine Countryside-Wanderung unternehmen. In fußläufiger Entfernung zur Ortsmitte erwartet Sie in Great Torrington der Sydney House Car Park mit schönem Blick auf das Flusstal. Auf der Weiterfahrt folgen Alternativen für Camping und Caravanning Club Mitglieder.

182 **N 50°57'05" W 4°08'40"**, Mill St., EX38 8AA, WC, tags3 £, nachts 5 £, mindestens 6 m Abstand zwischen Fahrzeugen, wenn mehrere über Nacht stehen

183 **N 50°59'23" W 4°05'28"**, B3232, EX39 3LZ, Yarnscombe, Tel. 07966 84 11 30, www.southdownadventure.com, ganzjährig, 15 £, campingplatzähnliche Ausstattung

Rundweg von Monkleigh bis Watergate *(etwa 8,7 km)*

Durch kleine Dörfer und offenes Farmland unternehmen Sie eine gemütliche Runde, die Sie rückzu entlang der Weitwanderroute Tarka Trail führt. Sie starten zwischen dem **Pub Bell Inn** und der Dorfkirche in Monkleigh *(A388, etwa bei N 50°57'56" W 4°12'07")*. Parken Sie am Straßenrand oder in Absprache beim Pub, wenn Sie dort später einkehren wollen. Vorbei an der Kirche halten Sie sich dann am Community Centre rechts, dem angezeichneten Fußweg über die Felder nach.

Sie gelangen zu einem kleinen Fahrweg, den Sie nach links einschlagen, bis Sie kurz darauf nach rechts wieder den markierten Fußweg aufnehmen können. Er führt sie in das kleine Dorf **Frithelstock**. Links können Sie sich ein wenig im Weiler umsehen und die Überreste einer alten Abtei begutachten. Ansonsten gehen Sie von Ihrem Fußweg aber nach rechts entlang der Straße weiter. Erneut führt der markierte Fußweg, links ab, weiter durch die Felder. Sie gehen ihn ein ganzes Stück bis hinab zur Watergate-Brücke und schließen sich dort nach links dem angeschriebenen Tarka Trail an. Immer dem Flusslauf folgend, wandern Sie bis zur Mündung in den Torrington. Dort finden Sie eine Reitweg-Beschilderung, ungefähr an gleicher Stelle, von wo aus Sie auch die Eisenbrücke über den Fluss sehen können. Gehen Sie am Reitweg entlang, bis Sie auf die Zufahrtsstraße nach Monkleigh stoßen, von der aus Sie bald Ihr Fahrzeug erreichen.

TOUR 5

Gleich bei Torrington warten die umfangreichen Anlagen des **RHS Garden Rosemoor**. In einem kleinen Tal und von Waldstücken umhüllt bietet der in viele Sektionen aufgeteilte Garten etwas zu jeder Jahreszeit: Im Frühling explodiert die Blütenpracht geradezu mit ihren Azaleen, Kamelien, Magnolien und Rhododendren. Gleich darauf folgen die Glockenblumen und überziehen die Waldböden mit blauer Farbe. Auch die zahlreichen Obstbäume blühen dann schon. Im Sommer haben die über 2000 Rosengewächse ihre Hochzeit und überziehen das ganze Tal mit ihrem Duft. Später erblühen dann die Gewächse des Trockengartens in Lila, Gelb und Orange, bis sich im Herbst die Bäume knallbunt färben und der Winter alles für die nächste Saison in Frost hüllt *(N 50°56'18" W 4°08'10", A3124, EX38 8PH, Apr. – Sep. 10.00 – 18.00 Uhr, sonst bis 17.00 Uhr, www.rhs.org.uk/rosemoor, 15,85 £)*.

RHS Rosemoor

Die Devon Heritage Coast
Über **Braunton** und **Saunton** fahren Sie nun hinab an die Devon Heritage Coast mit drei echten Traumstränden, an denen vor allem Surfer oftmals Idealbedingungen vorfinden. Doch auch wer einfach nur Baden möchte, sich mit Bodyboards in die Wellen wirft oder Drachen steigen lassen will, fühlt sich sicher wohl. Den Beginn macht der weite Strand **Saunton Sands** *(Großparkplatz bei N 51°07'02" W 4°13'09", Saunton Rd., EX33 1LQ)*. Eine Klippe weiter kommen Sie zur **Croyde Bay**. Die etwas kleinere Bucht ist mit Bed and Breakfasts, Pensionen und Campingplätzen komplett zugesetzt; auch Sie werden bei Bedarf sicher ein Plätzchen finden. »Young Surfers« sollten Sie aber nicht verschrecken und Sie sollten gewillt sein, auch mal etwas länger wach zu bleiben und ein paar Bierchen mitzutrinken...

TOUR 5

184 ***Ocen Pitch Campiste*, N 51°08'04" W 4°14'21"**, Moor Ln., EX33 1FF, www.oceanpitch.co.uk, Apr. – Sep., 30 – 34 £, keine Hunde erlaubt.

Auch in der dritten Bucht, **Woolacombe Bay**, herrschen für Camper gute Bedingungen vor. Der recht große Strandparker liegt in der **Challacombe Hill Road**, N 51°10'21" W 4°12'28", EX34 7DF. Ein Tipp für einen Halt oberhalb der Klippen wäre der schöne Rasencampingplatz ***North Morte Farm Camping Park*** hinter dem zugehörigen Mobilheimpark. Etwas ruhiger und gediegener, aber auch weiter weg vom Meer geht es dann bei **West Down** zu.

185 **N 51°11'18" W 4°12'14"**, North Morte Rd., EX34 7EG, Mortehoe, Tel. 01272 87 03 81, www.northmorefarm.co.uk, März – Nov., 16 – 28 £

Ilfracombe *(9.200 Einwohner)*
Devons letzter großer Urlaubsort ist Ilfracombe. Die Stadt bietet ein recht ansprechendes Zentrum, ein Ortsmuseum, ein kleines Aquarium und einen hübschen Hafen. Je nachdem, was Sie vor-

haben, kommen mehrere Tagesparkplätze infrage. Die ziemlich felsigen Strände unterhalb der Klippen sind durch die unterirdischen **Beaches Tunnels** von der Stadt her erreichbar. Die dahinter befindlichen Gezeitenpools geben aber durchaus die Möglichkeit zu baden und waren im 19. Jahrhundert der Grund, dass sich die Gemeinde vom Fischernest überhaupt zum Badeort entwickeln konnte. Ein zentraler Parkplatz befindet sich an der **Ropery Road**, er ist auch für die Nacht geeignet. Von dort sind es rund 250 Meter die Straße hinab zum Eingang am **Bath Place** *(EX34 8AN, Apr.–Sep. 10.00–18.00 Uhr, Okt. bis 17.00 Uhr, 3,75 £, www.tunnelsbeaches.co.uk)*.

186 Ilfracombe – *Ropery Car Park*

GPS: N 51°12'36" W 4°07'01", Ropery Rd., EX349 9EF. **Max. WOMOs**: 4–5. **Ausstattung**: Keine Einrichtungen. **Beschreibung**: Zentrale, tags belebte Asphaltfläche mit extra Buchten für große Fahrzeuge, kein Schatten. **Preis**: Tags ab 1,10 £, nachts 8 £. **Zufahrt**: Der Uferstraße durch den Ort folgen, 180 m nach dem Minigolfplatz rechts und sofort wieder rechts in die Ropery Road zum Parkplatz fahren. **Hinweis**: Alternativ bietet auch der Hillsborough HGV Car Park Wohnmobile tags wie nachts auf, N 51°12'25" W 4°06'23", Hillsborough Rd., EX34 9QN.

Woolacombe Bay, oben Ilfracombe

Ganz vorne am Hafen parken Sie dagegen, wenn Sie mit einem Ausflugsboot zur bekannten **Vogelinsel Lundy** übersetzen möchten *(The Quay, N 51°12'38" W 4°06'49", EX34 9EQ)*. Einen ganzen Tag müssen Sie dafür veranschlagen, denn schon die Schiffsfahrt dauert einfach rund zwei Stunden. Auf der Insel können Sie neben einer ganzen Reihe historischer Bauten vor allem Tiere beobachten. Etwas übertrieben als »Britanniens Galapagos« bezeichnet, finden Sie aber tatsächlich eine große Anzahl an Papageien- und Sturmtauchern vor, sowie Wild und Weidetiere. Die maritime Schutzzone der Inseln ist bei vielen Meeresbewohnern wie Robben beliebt, die sich regelmäßig auf und um Lundy sehen lassen *(Fahrkarten, Zeiten und mehr unter www.landmarktrust.org.uk/lundyisland, Ticketoffice am Parkplatz, 52 £)*.

Gleich neben dem Hafen befindet sich auch das **Ilfracombe Aquarium**. Auf einer Reise von der Quelle des Exmoor-Flusses entlang seines Bettes über Rockpools an der Küste, die strandnahe Zone bis hin zur Insel Lundy werden Ihnen 75 dort lebende Spezies vorgestellt, manche davon haben Sie wahrscheinlich noch nie gesehen *(The Quay, EX34 9EQ, Feb. – Nov. 10.00 – 15.00 / 16.00 Uhr, teils nur Sa – Mi, 7,95 £, www.iffracombeaquarium.co.uk)*. Gute Restaurants und Co. im Ort heißen **St. James Tearoom** *(10 St. James Pl., EX34 9BH)*, **Adele's Café** *(8 Broad St., EX34 9EE)*, **Lynbay Fish and Chips** *(6 The Quay, EX34 9EQ)*, **Take Thyme Fish Restaurant** *(1 Fore St., EX34 9ED)* sowie **Relish Bistro** *(10 Fore St., EX34 9ED)*.

Kurz nach der Stadt treffen Sie auf die ungewöhnliche Kombination des **Watermouth Parks**: Halb Burg, halb Adventureland mit Karussells, Labyrinth und Abenteuergolf bietet der Themenpark einen ganzen Tag lang Bespaßung, insbesondere für Familien mit kleineren Kindern *(N 51°12'50" W 4°04'11", A399, EX34 9SL, Mitte Apr. – Okt. 10.00–17.00 Uhr, 16 – 18 £, www.watermouthcastle.com)*.

187 Watermouth – *Watermouth Valley Camping Park*

GPS/Kontakt: N 51°12'45" W 4°03'57", A399, EX34 9SJ, Berrynarbor, Tel. 07564 21 43 36, www.watermouthpark.co.uk. **Öffnungszeiten:** Etwa Mai – Sep. **Ausstattung**: Waschmaschine / Trockner, Minishop, Pub, Spielplatz. **Beschreibung**: Größerer, recht ebener, teils mit Hecken getrennter Rasenplatz und eigener schöner Strandbucht unterhalb (Broadsands Beach), etwa 3 km bis Combe Martin. **Preis**: 19 – 35 £. **Zufahrt**: Direkt an der Hauptstraße zwischen Iffracombe und Combe Martin linker Hand. **Hinweis**: Auch nicht schlecht ist der direkt benachbarte Platz ***Napps***. Er bietet noch mehr Komfort, ist aber entsprechend teurer.

Exmoor National Park

Sie verlassen nun kurzzeitig die Küste und erreichen bei **Blackmoor Gate** den Eingang zum **Exmoor National Park**.

In Lynmouth

188 Blackmoor Gate – *Old Station House Inn*

GPS: N 51°10'19" W 3°56'15", A399, EX31 4NW, www.oldstationhouseinn.com. **Max. WOMOs**: 3–4. **Ausstattung**: Keine Einrichtungen. **Beschreibung**: Großes Landpub mit ebenso großen Parkflächen, teils schattig. Biergarten hinter dem Haus, großes Speisenangebot, familienfreundlich. Gegenüber der Zufahrt zum Exmoor National Park. **Zufahrt**: Von Combe Martin kommend an der Hauptstraße rechter Hand.

Links ab über die **A39** fahren Sie dann in das Schutzgebiet ein. Ein guter erster Stopp ist die Doppelgemeinde mit den Ortsteilen **Lynton** und **Lynmouth**, die ober- und unterhalb einer Felsklippe liegen und durch einen wasserkraftgetriebenen Schrägaufzug aus viktorianischer Zeit verbunden werden. Vorher können Sie noch an einer Campsite mitten im Park Halt machen. der still und idyllisch im Nationalpark liegt und sogar Zugang zu einer Strandbucht in kurzer Entfernung bietet.

189 Lynton – *Camping and Caravanning Club Site*

GPS/Kontakt: N 51°13'01" W 3°51'28", Lydiate Lane, EX35 6JS, Caffyn`s Cross, Tel. 01598 75 23 79, www.campingandcaravanningclub.co.uk. **Öffnungszeiten**: Ostern – Sep. **Ausstattung**: Waschmaschine / Trockner, WiFi, Spielplatz, Abspülgelegenheit. **Beschreibung**: Schöne gepflegte, etwas abfallende Campsite mit Rasen- und Schotterplätzen, ruhig, Meerblick, teils Schatten, Wandermöglichkeiten in der Umgebung, gut 2 km bis Lynton. **Preis**: 18–25,90 £, Nicht-Mitglieder zahlen etwa 30% mehr. **Zufahrt**: Der A39 für rund 10 km folgen, dann links und sofort wieder rechts beschildert zum Platz abfahren, der dort nach rund 600 m kommt. **Hinweis**: An Wochenenden und in der Hauptsaison 2 Nächte Mindestaufenthalt.

Da die Parkplätze in Lynmouth für Wohnmobile gesperrt sind, steuern Sie besser zunächst Lynton am oberen Ende an. Entweder den Großparkplatz gleich bei der **Cliff Railway** mit Wohnmobil-Parkplätzen am **Castle Hill**, N 51°13'43" W 3°49'59", oder, falls der besetzt ist, den etwas außerhalb gelegenen Parkplatz bei N 51°13'56" W 3°51'07" in der **Longmead**. Er bietet Zugang zur Sandbucht **Wringcliff Bay** im Valley of the Rocks gleich unterhalb und zum Küstenpfad, der Sie in östliche Richtung nach kurzer Wanderung zu Fuß hinab in den idyllischeren Ortsteil Lynmouth bringt. Sie können dort ein wenig um den Hafen schlendern, sich im Exmoor-National-Park-Haus mit Infos eindecken oder die **Glen Lyn Gorge** am hinteren Ende besuchen. Sie gibt auf kurzen Wegen Einblick in die schöne Natur des Nationalparks und bietet Zugang zu Wasserfällen *(EX35 6ER, www.theglenlyngorge.co.uk, Apr.–Okt. etwa 10.00–17.30 Uhr, 7 £)*.

Wenn Sie fit für eine etwas längere Wanderung sind, sollten Sie ein Stück weiter zum wunderschönen Tea House and Garden Watersmeet wandern. Zurück nach Lynmouth nehmen Sie dann die Bahn nach oben und spazieren von dort zurück zu Ihrem Ausgangspunkt *(The Esplanade, EX35 6EQ, www.cliffrailway-lynton.co.uk, Mitte Feb.–Anfang Nov. 10.00–17.00 Uhr, Apr.–Sep. bis 18.00 Uhr, Ende Juli–Aug. bis 19.00 Uhr, einfache Fahrt 3,50 £)*. Natürlich gibt es auch in dem Doppelort empfehlenswerte Gastronomie, in Lynton **The Vanilla Pod** *(10 Queen St., EX35 6AA)* und **The Oak Room** *(Lee Rd., EX35 6HW)*. In Lynmouth das **Rising Sun Restaurant** *(Lynmouth St., EX35 6EG)*, **The Village Inn Pub** *(19 Lynmouth St., EX35 6EG)* oder **The Ancient Mariner** *(10 Lynmouth St., EX35 6EL)*.

Wanderung zum Watersmeet Tea House *(8,6 km)*

Die schöne Wanderung führt durch ein paar der attraktivsten Ecken, die dieser Bereich des Nationalparks zu bieten hat. Unterwegs können Sie Vögel beobachten, kommen an Wasserfällen vorbei und sehen eisenzeitliche Befestigungen. Am Weg zurück nach Lynmouth haben Sie vom Küstenpfad einen tollen Blick über den Bristol Channel bis zur Südküste von Wales.

Zunächst überqueren Sie in Lynmouth den West Lyn River über eine der beiden Brücken zur Ostseite hin und halten sich dann rechts. Die **Tors Road** wird zum markierten Fußweg nach Watersmeet. An einer Gabelung haben Sie die Auswahl zwischen dem Watersmeet River Walk nach rechts und dem Watersmeet Woodland Walk nach links. Wählen Sie die zweite Variante und folgen Sie dem meandernden Weg zum **Watersmeet House**. Dort angekommen überqueren Sie die Brücke rechts vom Haus und werfen einen Blick auf die Wasserfälle am Zusammenfluss von Lyn River und Hoar Oak Water. Nach einer Rast am schönen Tearoom wählen Sie den Fußweg »Fishermen's Path Rockford / Brendon« zwischen Haus linker Hand und Fluss rechter Hand. Am nächsten Wegweiser gehen Sie dann links auf einem steilen Zickzack-Pfad durch den Wald Richtung Countisbury. Wenn der Wald sich etwas lichtet und der Weg flacher wird, teilt er sich auch. Sie nehmen den nicht markierten Weg nach scharf links. Er steigt zum **Trilly Didge** auf, von wo Sie nach links einen guten Blick über die eisenzeitlichen Bergfestungen **Wind Mill** und **Worth Myrtleberry** haben.

An einer Steinmauer mit Durchgang und vierseitigem Wegweiser folgen Sie dem Winston's Path nach links. Am Ende des von Steilwänden gerahmten Chiselcombe-Tals folgen Sie der Wegweisung »Countisbury« nach rechts durch ein Tor und über ein Feld auf einige Gebäude zu, das **Exmoor Bunkhouse**. Durch ein weiteres Tor am Ende des Feldes halten Sie sich links hinab zur Straße. Rechts ab gehen Sie bis zum Blue Bell Pub, queren dieses und wählen den Fahrweg rechts des kleinen Parkplatzes auf die Ortskirche zu. Durch ein Tor kommen Sie auf den Kirchhof, durchqueren diesen und nehmen das nächste Tor hinter der Kirche zu den grasbewachsenen Klippen hinaus. Gehen Sie nach links bis zu einem Wegweiser an einer Steinmauer. Ab dort folgen Sie dem mit einer Eichel markierten Küstenpfad nach rechts. Er führt Sie oberhalb des Kliffs bis nach Lynmouth hinab. Bei klarer Sicht sehen Sie rechts von sich die walisische Küste, später, bei einer Bank, finden Sie Infos zum Countisbury Castle, das hier einst stand.

Sie überqueren die befahrene A39, vom Rastplatz führt der beschilderte Küstenpfad weiter. Am nächsten Wegweiser halten Sie sich an die Bezeichnung »Public Footpath Lynmouth«, hinab bis zum Meer. Am geteerten Fahrweg gehen Sie schließlich links, durch die Gärten am Flussufer, bis zum Ausgangspunkt zurück.

Watersmeet, oben links Cliff Railway

Variante 1:
Auf der A39 über Minehead*(11.760 Einwohner)* **bis Dunster**
Wenn Sie für die Weiterfahrt diese kürzere Variante wählen, finden Sie unterwegs das abgelegene ***Cloud Farm Camping*** mitten im Nichts an einem kleinen Fluss. Ein weiterer, einfacher Platz im Flusstal südlich von **Porlock** ist die ***Pool Bridge Campsite***.

TOUR 5

190 **N 51°12'25" W 3°43'39"**, EX35 6NU, Dare, Tel. 01598 74 11 90, www.nationaltrust.org.uk/holidays/devon/cloud-farm-campsite, Mai – Okt., 18 £

191 **N 51°11'26" W 3°36'40"**, TA24 8LX, Porlock, Tel. 01643 86 5 02, www.poolbridgecamp.site, Apr. – Okt., 17 £

Rund um den Ort bieten sich eine Reihe weiterer Wandermöglichkeiten. Entweder am Meer zwischen **Porlock Weir** und **Hurlstone** *(N 51°13'07" W 3°37'37", TA24 8PB)* oder im Landesinneren im ursprünglichen Waldgebiet bei **Horner** *(N 51°11'55" W 3°34'44", TA24 8HY)*. Auch um das Dorf **Selworthy** gibt es lohnende Trails. Am Tea Room des National Trusts erhalten Sie mehr Informationen zu den Wegen in der Region *(68 Selworthy Green, TA24 8TP, Parken nach der Kirche links bei N 51°12'36" W 3°32'47")*. Achtung, die Zufahrtsstraße ist ziemlich schmal.

Minehead, direkt am Ende des Nationalparks, ist ein größeres Seebad, das in viktorianischer Zeit seine Blüte erlebte. Doch auch heute lohnt ein Halt. Entweder, um mit der historischen Dampflok **West Somerset Railway** eine Ausflugsfahrt bis Bishop's Lydeard zu unternehmen *(Warren Rd., TA24 5BG, Zeiten und Preise unter www.west-somerset-railways.co.uk)*, um am Strand zu entspannen oder um die Innenstadt zwischen Blenheim Park und The Parade zu erkunden. In allen Fällen finden Sie Parkplätze direkt an der Küste, ab N 51°12'29" W 3°28'18", The Esplanade. Gastrotipps im Ort sind die **Apple Tree Tearooms** *(29 The Avenue, TA24 5AY)*, das **Wheelhouse Restaurant** *(27 The Avenue, TA24 5AY)* und das **Café Cream** *(20a The Avenue, TA24 5AZ)*.

192 Minehead – *Camping and Caravanning Club Site*

GPS/Kontakt: N 51°12'50" W 3°29'41", Hill Rd., TS24 5LB, Tel. 01643 70 41 38, www.campingandcaravanningclub.co.uk. **Öffnungszeiten**: Ostern – Sep. **Ausstattung**: Waschmaschine / Trockner, WiFi, Abspülgelegenheit. **Beschreibung**: Kleinerer gepflegter, aber etwas abfallender Platz mit Rasen- und einigen Schotterplätzen, ruhig, Blick auf Ort und Küste, teils Schatten, Wandermöglichkeiten in der Umgebung, rund2,4 km in die Ortsmitte. **Preis**: 15,90 – 22,90 £, Nicht-Mitglieder zahlen etwa 30% mehr. **Zufahrt**: In Minehead das Zentrum (The Parade) durchfahren, dann links beschildert in die Blenheim Road und beschildert gleich wieder links in die Martlet Road. Nun der Hauptstraße immer geradeaus bergauf bis zum Platz folgen. **Hinweis**: An Wochenenden und in der Hauptsaison 2 Nächte Mindestaufenthalt. **Hinweis 2**: Für eine schnelle Übernachtung sind auch die Parkflächen an der Esplanade, direkt im Ort denkbar, N 51°12'28" W 3°27'32", Warren Rd., TS24 5UH.

Variante 2:

Quer durch das Exmoor über Dulverton *(1.390 Einwohner)*

Wenn Sie noch tiefer in die Landschaften des Nationalparks eintauchen wollen, fahren Sie ab Lynmouth südlich auf der **B3223**. Unterwegs kommen Sie auch an einigen Parkplätzen direkt an der Straße vorbei, die den kürzesten Zugang zum Tearoom Watersmeet *(siehe Wandertour ab Lynmouth zuvor)* bieten. Ihr Fahrzeug sollte aber maximal etwa 6,50 Meter lang sein, sonst hängen Sie zu weit in die Fahrspur hinein.

Statt direkt in Richtung Dulverton zu lenken, können Sie zwischendurch einen Zwischenhalt in **Exford** machen. In der Nähe befindet sich abgelegen am Ende einer drei Kilometer langen, schmalen Anfahrt der einfache Platz **Exmoor Camping** an der Westermill Farm, schon vorher passieren Sie bei Simonsbath ein WOMO-Pub.

193 ***Exmoor Forest Inn, N 51°08'23" W 3°45'16"***, B3223, TA24 7SH, Tel. 01643 83 13 41

194 **N 51°08'43" W 3°40'50"**, The Tunnel, TA24 7NJ, Tel. 07970 59 48 08, www.westermill.com, ganzjährig, 25 £

Auch ein weiteres Exmoor-Infocentre finden Sie im mittelalterlichen Marktstädtchen. Kurz zuvor zweigt eine schmale Straße zu einem schönen, besonders geschützten Bereich rund um die uralte Brückenfurt **Tarr Steps** ab. Wenn Sie diese besuchen möchten, wählen Sie die Abfahrt an der Kreuzung bei N 51°05'26" W 3°35'20", sie ist dort nach rechts beschildert. Der kleine Parkplatz hinter **Liscombe** liegt gleich am Fluss. Von dort schlängelt sich ein wenige Hundert Meter langer, orange markierter Rundweg um die Furt. Eine sehr schöne, wenn auch recht weite Wanderung erschließt die Tarr Steps ansonsten ab Dulverton.

Rundwanderung Dulverton bis Tarr Steps *(rund 20 km)*

Parken Sie in Dulverton am Ende der Union Street auf dem Ortsparkplatz bei N 51°02'24" W 3°33'00", TA22 9DJ. Gehen Sie von dort die Union Street zurück und dann rechts durch den Bank Square auf die Kirche zu. Umrunden Sie diese rechts, über die Stufen, und halten Sie sich dann links auf dem mit lila Schildern bezeichneten Restricted Byway nach Broford. Nach gut 1,5 Kilometern lassen Sie den Weg Richtung Marsh Bridge linker Hand neben sich und gehen geradeaus durch ein Tor. Bleiben Sie auf dem bezeichneten Weg durch ein Feld und halten Sie sich an einer Gabelung rechts entlang der Ginsterbüsche auf Broford / Winsford zu. Durch ein weiteres Tor und entlang einer Fahrspur kommen Sie zu einer Kreuzung, an der Sie die Teerstraße nach links einschlagen. Nach ewa 750 Metern drehen Sie an einem Jagdgatter links auf den Reitweg zum Mounsley Hill. Bleiben Sie am linken Rand des Feldes bis nach der Highercombe Farm mit einem Tor, das ins Heidemoor führt.

TOUR 5

Wenn Sie auf eine Straße treffen, gehen Sie rechts, über ein Viehgitter, dann rund 50 Meter entlang der Heckenböschung und von dort schräg diagonal auf einen anderen Fahrweg mit einem weiteren Viehgitter. Dahinter halten Sie sich links und nach weiteren 50 Metern wieder rechts auf dem Weg zu den Tarr Steps. Sie durchwandern ein Waldgebiet, gehen am Ende durch ein Tor, zweigen rechts ab über eine schmale Brücke zur bekannten Brückenfurt. Gehen Sie hinüber, halten Sie sich für einige Meter links und dann rechts auf der aufwärtsführenden Straße Richtung Hawkridge, die bald in einen Weg übergeht. Folgen Sie den blauen Markierungen durch zwei Tore, über einen Hügel und auf die Parsonage Farm zu. Spazieren Sie die Zufahrt entlang bis zu einer Teerstraße, die Sie überqueren, und gehen Sie danach durch ein Tor aufs Feld hinaus. Ab hier folgen Sie den gelben Markierungen Richtung Hawkridge. An den ersten Häusern gehen Sie nach links die Straße hinab. Lassen Sie die Kirche rechts neben sich und folgen Sie dem Weg geradeaus auf Dulverton zu. Die Spur öffnet sich auf ein Feld zu und führt danach erneut durch Wald bis zur Castle Bridge. Queren Sie die Brücke. Mit dem Fluss zu Ihrer Linken folgen Sie dem Pfad für rund drei Kilometer bis zur Marsh Bridge, bei der Sie wieder in Dulverton angekommen sind.

Dunster *(8.730 Einwohner)*
Am Ende beider Wegvarianten ist Ihr Ziel die Gemeinde Dunster. Ein guter, zentraler Parkplatz wurde unterhalb der schon aus der Ferne sichtbaren Burg errichtet *(Zufahrt von der A39 bei N 51°11'10" W 3°26'19")*. Die Alternative liegt neben dem letzten Exmoor National Park Centre einige Hundert Meter zuvor an der A396, N 51°11'09" W 3°26'31", TA24 6SE.

Zu entdecken gibt es einmal den hübschen, alten Ort rund um die **High Street** mit dem überdachten **Yarn Market**. Auch das **Dunster Museum** befindet sich dort. Es hat sich, neben der Ortsgeschichte, auf Puppen spezialisiert. Mehr als 800 Stück aus aller Welt sind in der Sammlung enthalten *(Memorial Hall, 17 High St., TA24 6SF, Apr. – Okt. 11.00 – 15.00 Uhr, Eintritt frei, aber eine Spende wird erwartet, dunstermuseum.co.uk)*. Zum anderen das **Dunster Castle** mit seinen Gärten. Die ursprünglich als wehrhafte normannische Festung erbaute Anlage wurde im Lauf ihres Bestehens zu einem komfortablen Landgut mit dramatischen Blicken und subtropischem Garten umgestaltet. Die ursprüngliche Bedeutung erahnt man aber noch beim Blick auf das Torhaus und den zerstörten Wehrturm. In seiner heutigen Form existiert Dunster Castle seit dem 19. Jahrhundert, als die Familie Lutrell es

Dunster Castle

entsprechend umgestaltete. Sie können die interessante Innenausstattung erleben, sich im Tropencafé an der Südterrasse niederlassen, um die wunderbare Aussicht zu genießen, oder einen ausgedehnten Spaziergang durch die Parkanlage unternehmen. Wasserläufe, Brücken und verschieden gestaltete Teilbereiche machen den Weg zu einem kurzweiligen Vergnügen. Auch die ein Stück entfernte, nördlich der A39 gelegene Wassermühle gehört noch zum Grundstück *(TA24 6NY, www.nationaltrust.org.uk, Mitte März – Okt. Gärten 10.00 – 16.00 / 17.00 Uhr, Haus bis 15.00 / 16.00 Uhr, 17 £, National Trust-Mitglieder frei)*. Wenn dann nach eingehenden Besichtigungen der Hunger ruft versuchen Sie es im **Cobblestones** *(24 High St., TA24 6SG)*, in **Reeves Restaurant** *(20 High St., TA24 6SG)*, in **Locks Victorian Tea Rooms** *(18c High St., TA24 6SG)* oder im **The Stags Head** *(10 West St., TA24 6SG)*.

Falls das Wetter passt und es Sie ein letztes Mal ans Meer zieht, bevor die Fahrt durch das englische Inland weitergeht, machen Sie kurz nach Dunster links ab einen Abstecher in den Weiler **Blue Anchor**, der hauptsächlich aus Mobilheimparks besteht. Immerhin, an der Küstenstraße gibt es fast immer Parkplätze und die weite, meist nur sehr überschaubar bevölkerte Sandbucht ist nicht schlechter als viele überfüllte Strände Norditaliens. Unkompliziert bleiben Sie bei Bedarf am ***Smugglers Inn***.

195 **N 51°10'55" W 3°23'27"**, Blue Anchor Bay Rd., TA24 6JS, Tel. 01984 64 03 85

Cleeve Abbey

Sie kommen nun nach **Washford**. Der Ort selbst ist nicht sonderlich spannend, südlich können Sie aber die **Cleeve Abbey** besuchen. Die ehemalige Zisterzienserabtei ist im Gegensatz zu vielen anderen alten Klöstern, die entweder als Herrensitze komplett umgestaltet wurden oder nur noch als Grundmauern erhalten sind, in recht gutem Zustand. Auch wenn der Kirchenbau selbst schon vor 800 Jahren zerstört wurde, stehen die restlichen Gebäude wie Speise- und Schlafsaal noch und geben einen recht guten Eindruck vom ehemaligen Klosterleben. Eine unterhaltsame Art, die Anlage zu entdecken, ist die Erlebnisausrüstung »Bruder Cedric und das verlorene Schaf«, die Sie am Eingang erhalten können. So wird auch Kindern Geschichte spielerisch nähergebracht. Im Juli und August wird die große Halle tagsüber mit Choralgesang und passender Musik beschallt. Am Parkplatz vor der Abbey kann man auch über Nacht bleiben *(N 51°09'28" W 3°21'56", Abbey Rd., TA23 0PS, www.english-heritage.org.uk, Ende März – Okt. 10.00 – 17.00 Uhr, 6,80 £, English Heritage-Mitglieder frei)*. Sie biegen dann auf der **A358** über **Bishop`s Lydeard** in Richtung Taunton ab.

196 Bishop`s Lydeard – *Lydeard Caravan and Campsite*

GPS/Kontakt: N 51°03'15" W 3°12'06", Greenway Rd., TA4 3DD, Tel. 01823 43 33 12, www.bishopslydeardcampsite.com **Öffnungszeiten:** Ganzjährig. **Ausstattung**: Campingplatzüblich. **Beschreibung**: Netter einfacher Rasencamping am Ortsrand bei einer Farm, eben, teils Schatten, meist ruhig. **Preis:** 23 – 28 £. **Zufahrt**: Am Kreisverkehr im Ort rechts fahren, dann rechter Hand am Ortsende. **Hinweis**: Camping und Caravanning Club Mitglieder finden schon ein paar Kilometer zuvor eine Alternative, den einfachen ***Quantox View*** Platz, N 51°04'56" W 3°11'18", TA4 3EE, West Bagborough, Tel. 01823 43 23 92, www.campingandcaravanningclub.co.uk, Apr. – Sep., 15 £.

Taunton *(61.670 Einwohner)*
Die große Kreisstadt am Ende ist vor allem ein wichtiger Verkehrsknotenpunkt und nicht unbedingt eine Touristenhochburg. Sie mag aber als Einkaufshalt für Sie eine Rolle spielen. Kaum eine Supermarktkette ist nicht vertreten und auch rund um die zentrale **Fore Street** gibt es jede Menge Geschäfte. In der **Cannon Street**, gleich bei der St.-Mary-Magdalene-Kirche, gibt es einen zentralen Großparkplatz, N 51°00'59" W 3°05'58", TA1 1SN. Von dort erreichen Sie das nur rund 250 Meter entfernte **Museum of Somerset** im Taunton Castle, gleich westlich der **North Street**. Die umfangreiche Sammlung besteht aus neun permanenten Abteilungen, die Somersets Geschichte aus vielen Blickwinkeln beleuchten. Dazu gehört ein 80.000 Jahre alter Bärenschädel genauso wie römische Mosaike, antike Suppentöpfe, Fahrräder, Militärmemorabilien und die Schuhe von Joseph Sewell – einem der mit 2,21 Metern größten Briten, der 1829 mit nur 24 Jahren starb. Dazu kommen Wechselausstellungen, über die Sie mehr auf der Website des Museums erfahren *(Castle Green, TA1 4AA, www.museumofsomerset.org.uk, Di. – Sa. 10.00 – 17.00 Uhr, Eintritt frei)*. Eine

Hestercombe

weitere bekannte Sehenswürdigkeit nahe Taunten sind die **Hestercombe Gardens**. Sie wurden im 18. Jahrhundert von den Landschaftsarchitekten Gertrude Jekyll und Edwin Lutyens gestaltet und bieten eine harmonische Mischung aus formellen Strukturen und natürlichen Elementen. Zu sehen gibt es einer Vielfalt verschiedener Gartenelemente, darunter formelle Terrassen, plätschernde Wasserspiele und verschlungene Waldpfade. Im Lauf der Jahreszeiten ändern die Anlagen ständig ihr Bild, besonders schön und üppig sind die Terrassen vor dem historischen Herrenhaus gestaltet. Im Inneren werden wechselnde Kunstwerke und Antiquitäten aus vergangenen Epochen präsentiert *(N 51°03'10" W 3°05'32",Volis Hill, TA2 8LG, www.hestercombe.com, 10.00 – 17.00 Uhr, 16,90 £)*. Für eine letzte Einkehr auf dieser Tour probieren Sie **Hideout** *(Castle Green, TA1 4AE)*, **Wildwood** *(Fore St., TA1 1JD)* oder **At Tristans** *(11 East Reach, TA1 3EW)* aus.

197 Pitminster – *Fawns View*

GPS/Kontakt: N 50°58'03" W 3°06'18", Flyboat Bugalow, TA3 7AS, Pitminster, Tel. 07707 19 83 88, www.campingandcaravanningclub.co.uk **Max. WOMOs**: 5. **Öffnungszeiten**: Ganzjährig. **Ausstattung**: Ver- / Entsorgung, Mülleimer.

Beschreibung: Schön angelegter, ruhiger Platz, Stellflächen auf Schotter und Rasen, recht eben, etwas Schatten. **Preis:** 13 £. **Zufahrt**: Am Kreisverkehr im Ort rechts fahren, dann rechter Hand am Ortsende. **Hinweis**: Nur für Camping und Caravanning Club Mitglieder, Reservierung empfohlen.

Tour 6

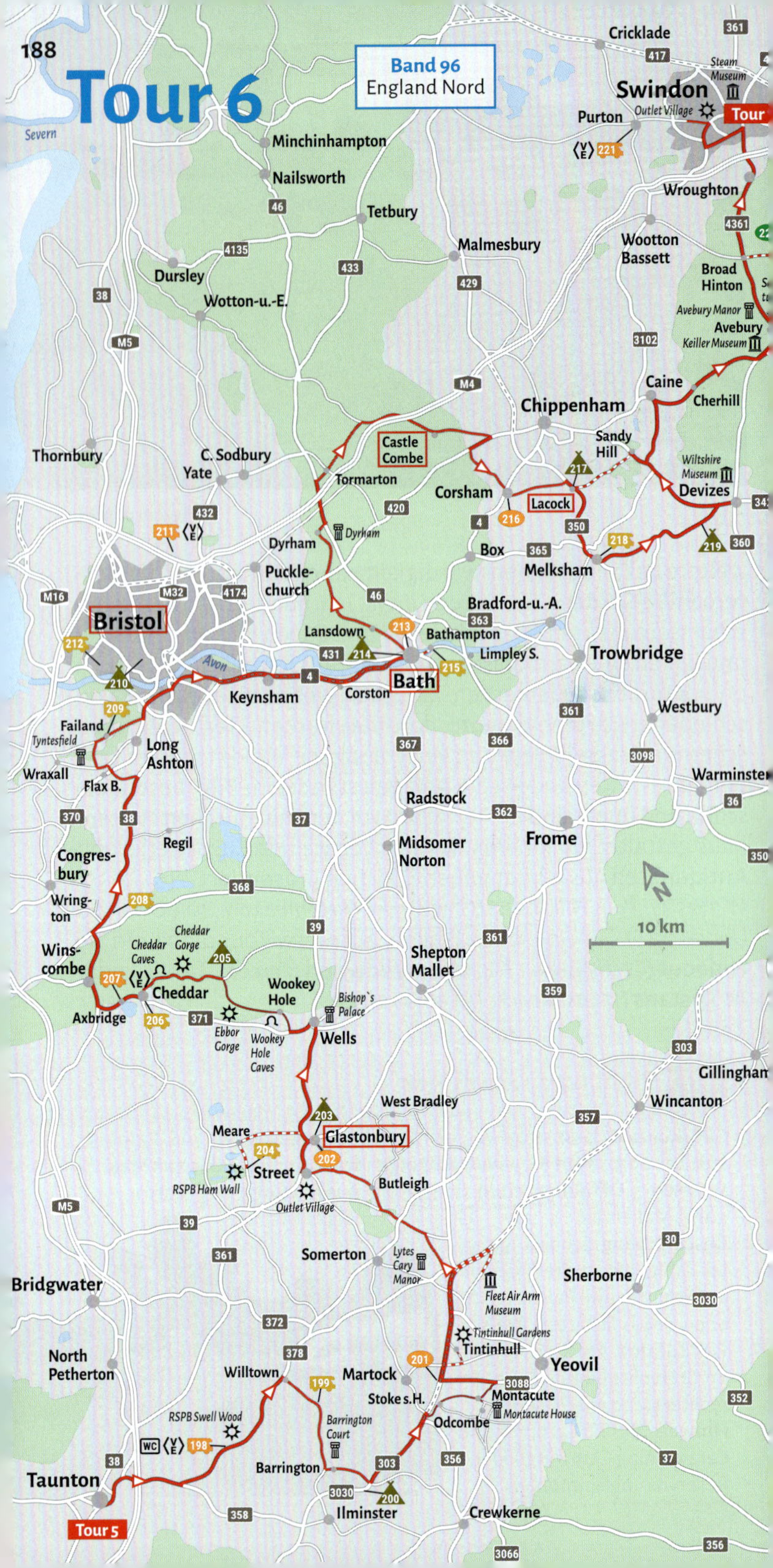
Band 96
England Nord
Severn
Cricklade
Swindon
Steam Museum
Outlet Village
Tour
Purton
Wroughton
Wootton Bassett
Broad Hinton
Avebury Manor
Avebury
Keiller Museum
Minchinhampton
Nailsworth
Tetbury
Malmesbury
Dursley
Wotton-u.-E.
Thornbury
C. Sodbury
Yate
Castle Combe
Tormarton
Chippenham
Caine
Cherhill
Sandy Hill
Wiltshire Museum
Devizes
Corsham
Lacock
Dyrham
Puckle-church
Box
Melksham
Bradford-u.-A.
Bristol
Avon
Lansdown
Bathampton
Limpley S.
Trowbridge
Bath
Corston
Keynsham
Westbury
Failand
Tyntesfield
Wraxall
Long Ashton
Flax B.
Radstock
Warminster
Regil
Midsomer Norton
Frome
Congres-bury
Wring-ton
10 km
Wins-combe
Cheddar Caves
Cheddar Gorge
Cheddar
Axbridge
Wookey Hole
Bishop`s Palace
Ebbor Gorge
Wookey Hole Caves
Wells
Shepton Mallet
Gillingham
West Bradley
Wincanton
Meare
Glastonbury
Street
RSPB Ham Wall
Outlet Village
Butleigh
Somerton
Lytes Cary Manor
Fleet Air Arm Museum
Sherborne
Bridgwater
Tintinhull Gardens
Tintinhull
Yeovil
North Petherton
Willtown
Martock
Stoke s.H.
Montacute
Montacute House
Odcombe
RSPB Swell Wood
Barrington Court
Barrington
Taunton
Ilminster
Crewkerne
Tour 5

East Somerset, Bristol, Bath, Wiltshire

260 km

Das nördliche Somerset und das County Wiltshire, die Sie auf Tour Sechs bereisen, sind keine klassischen Urlaubsgebiete und können landschaftlich nicht ganz mit den großartigen Küstenregionen der ersten fünf Etappen mithalten. Dafür lernen Sie, neben weiteren sehenswerten Herrenhäusern, uralten Kultplätzen und verborgenen Kleinoden, an denen man sonst leicht vorbeifährt, zwei äußerst sehenswerte Städte kennen. Zum einen Bristol, eine der quirligsten Metropolen Englands, zum anderen Bath, das nicht zu Unrecht oft als schönste Stadt des Landes bezeichnet wird. Erkunden Sie:

- Montacute House
- Cheddar Gorge and Caves
- Bristol
- Bath
- Lacock mit Abbey
- Avebury

RSPB Swell Wood

Ein erster Stopp nach Taunton bietet sich an der nach Osten führenden A378 am **RSPB Resort Swell Wood** an. Der alte Eichenwald erstreckt sich über rund 15 Kilometer und beherbergt die größte Graureiher-Brutkolonie in diesem Teil Englands. Mehr als einhundert Paare dieser Schreitvögel mit einer Spannweite von bis zu zwei Metern und einige der kleineren Seidenreiher nisten in den Baumkronen. Von März bis Juni ist die beste Zeit, um dieses Spektakel von einem der extra angelegten Verstecke aus zu beobachten. Doch auch zu anderen Zeiten lohnt ein Rundweg auf den angelegten Pfaden. Dann blühen am Waldboden Schlüsselblumen und Glockenblumen, Orchideen und bunte Schmetterlinge fliegen umher. Der Eintritt ist frei, Spenden sind aber gern gesehen *(N 51°00'37" W 2°54'43", A378, TA3 6PX, Swell)*. Eine erste Übernachtungsgelegenheit befindet sich bereits am Weg zum Resort, eine weitere, wenn Sie danach bei **Willtown** abzweigen am Weiler Hambridge bei einem Pub.

198 *Higher Listock Farm*, **N 51°00'20" W 2°57'39"**, Wrantage, North Curry, TA3 6DP, Tel. 01823 49 02 37, www.campingandcaravanningclub.co.uk, ganzjährig, 13 £, Ver- / Entsorgung und Toilette, nur Club-Mitglieder

199 *Lamb and Lion*, **N 50°59'29" W 2°51'46"**, B3168, TA10 0AR, Tel. 01460 28 17 74

TOUR 6

Barrington Court

Sie können nun am **Barrington Court** vorbeischauen. Das Anwesen aus Tudorzeit war im Gegensatz zu den meisten anderen Herrenhäusern in England jahrelang leer. Besucher sollten nur ihre Sinne und Vorstellungskraft nutzen, um sich in die Vergangenheit der Räume zurückzudenken. Erst in den 1920er-Jahren ließ die Familie Lyle die vorher schon zerfallenen Ruinen in heutiger Form neu aufbauen. Ausschweifende Partys fanden in den darauffolgenden Jahren statt und Barrington erlebte seine Blütezeit. Doch schon im Zweiten Weltkrieg änderte sich die Nutzung und das Haus wurde zur Heimat junger Kriegsflüchtlinge. Auch der Garten verdient Aufmerksamkeit. Der Fokus bei der Gestaltung lag auf Vielfalt und bunten Farben sowie dem großen Küchen- und Obstgarten, dessen Früchte im Strode House nebenan zubereitet wurden. Zuletzt waren umfangreiche Renovierungs- und Umbaumaßnahmen in Gange, in welcher Form Haus und Restaurant zukünftig wiedereröffnen ist unbekannt, die Gärten und Wirtschaftsgebäude bleiben aber durchgehend geöffnet *(N 50°57'38" W 2°51'42", Water St., TA19 0NQ, Barrington, www.nationaltrust.org.uk, Mitte März – Okt. 10.00 – 17.00 Uhr, sonst nur Sa. / So. bis 15.00 Uhr, 11,00 £, National Trust-Mitglieder frei).*

200 South Petherton – *West Down Orchard Touring Park*

GPS/Kontakt: N 50°56'03" W 2°48'58", Harp Rd, TA13 5JH, Tel. 01460 24 15 38, www.westdownorchard.co.uk. **Öffnungszeiten**: Ganzjährig. **Ausstattung**: Campingplatzüblich. **Beschreibung**: Größerer, flacher Rasen- und Schotterplatz an einem Obstbaubetrieb, teils etwas Schatten, meist ruhig, Restaurant benachbart, Ort 2,5 km entfernt. **Preis**: 20 £. **Zufahrt**: Von Barrington Court kommend über Shepton Beauchamp Richtung South Petherton fahren. Nach der Schnellstraßenunterführung links bis zum Platz auf der rechten Seite. **Hinweis**: Das Camping and Caravanning Club-Mitglieder Pendant heißt hier ***Hoff Farm***, N 50°55'38" W 2°45'50", Balham Hill, TA14 6TY, Chiselborough, Tel. 01935 41 48 82, Mai – Sep., 15 £, nur Ver- / Entsorgung.

Montacute *(870 Einwohner)*

Für die Weiterfahrt zum **Montacute House** halten Sie sich unbedingt an die Beschilderung, andere Straßen in der Gegend sind

oft sehr schmal und verwinkelt. Das elisabethanische Herrenhaus ist eine Klasse für sich. Mit seiner erhabenen goldenen Fassade und den zahlreichen Fenstern schuf sich Sir Edward Phelps 1601 eines der prachtvollsten Gebäude im ganzen Königreich. Neben einigen ausgestatteten Räumen und den schönen Gartenanlagen ist das Haus auch Heimstätte der längsten Porträtgalerie im Land. Als Dauerleihe der National Portrait Gallery in London hängen über 60 Bildnisse bekannter Persönlichkeiten der Tudor- und Elisabeth-Epoche im Haus, auch viel zur Geschichte der Bilder und der darauf Abgebildeten kann man erfahren. Die besondere Atmosphäre Montacutes wurde in den letzten Jahren auch für das Fernsehen eingefangen. Die mit mehreren Preisen ausgezeichnete sechsteilige Serie »Wölfe« wurde im zu »Greenwich House« umgetauften Gebäude gefilmt und schon mehrfach auf Deutsch ausgestrahlt *(N 50°57'01" W 2°42'56", Middle St., TA15 6XP, Montacute, www.nationaltrust.org.uk, Grund 10.00–17.00 Uhr, Haus März–Okt. 11.00–16.30 Uhr, Nov.–Feb. Sa./So. 12.00–15.00 Uhr, 13 £, National Trust-Mitglieder frei),*

Tyntesfield Abbey, links mit Buckelhecke

In Montacute lohnt außerdem ein Gang durch das umliegende Dorf. Sowohl die steinernen Reihenhäuser, allesamt aus der lokalen Kalksteinart »Hamstone« gefertigt, sind hier so unverfälscht wie kaum irgendwo, als auch die mittelalterliche Dorfkirche und das etwas schrullige **TV Radio Toy Museum** sind sehenswert. In Letzterem werden über 600 alte Geräte gezeigt und Filme sowie Serien von anno dazumal laufen in Dauerschleife *(South St., TA15 6XD, www.montacutemuseum.co.uk, Jul./Aug. und alle Ferien meist Mi.–Mo. 11.00–17.00 Uhr, So. ab 12.00 Uhr, 9,99 £, zuletzt allerdings vorübergehend geschlossen)*. Die nächste Übernachtungsgelegenheit finden Sie gleich ein Dorf weiter.

201 Yeovil Lands – *Cartgate Lodge*

GPS: N 50°58'05" W 2°44'32", Cartgate Roundabout, TA14 6RA. **Max. WOMOs**: 20. **Ausstattung**: Toilette, Café. **Beschreibung**: Großer Picknick- und Rastplatz neben der Schnellstraße, nachts relativ ruhig, eben, schattig, unkomplizierte Übernachtungsmöglichkeit auf die Schnelle. **Zufahrt**: Von Montacute kommend der A3088 nach Norden folgen dann Einfahrt direkt am Kreisverkehr zur A303.

Tintinhull Garden bis Lytes Cary

Noch ein drittes vom National Trust betreutes Objekt existiert in der Nähe und lohnt einen Besuch. Bei **Tintinhull** handelt es sich allerdings nicht um ein weiteres Haus, sondern eine etwas kleinere Gartenanlage, die auf das 17. Jahrhundert zurückgeht. Rund um ein als Ferienhaus anmietbares Cottage erstrecken sich die Küchengärten, Obstplantagen, glitzernden Teiche, versteckten Wiesen, bunten Rabatten und kunstvoll gestutzten Hecken. Ein schöner Platz, um ein wenig Ruhe zu finden und auszuspannen *(N 50°58'30" W 2°42'38", Farm St., BA22 8PZ, www.nationaltrust.org.uk, Ende März–Sep. 11.00–16.00 Uhr, 7,50 £, National Trust-Mitglieder frei).*

Ein Kontrastprogramm zum zuletzt Gesehenen bietet das **Fleet Air Arm Museum** der Royal Navy bei Yeovilton. In dem großen Hangar kommen nicht nur Luftfahrtenthusiasten auf ihre Kosten. Transporter, Hubschrauber, Bomber, alte Flugapparate und sogar eine ganze Concorde stehen dort und dürfen fast ausnahmslos innen wie außen erforscht werden *(N 51°00'58" W 2°38'17", B3151, BA22 8HT, Yeovilton, www.fleetairarm.com, Apr.–Okt. 10.00–17.30 Uhr, sonst Mi.–So. bis 16.30 Uhr, 22 £, online fast 20% Rabatt).*

Dann wartet das vorerst letzte Anwesen auf Sie. **Lytes Cary Manor** ist kleiner und von intimerem Charakter als die Häuser zuvor. Die mittelalterlichen Mauern wurden zuletzt im 20. Jahrhundert von Sir Walter Jenner, dem letzten Besitzer, umgestaltet und restauriert. Von ihm stammt auch die heutige Dekoration, Möbel und die kunstvoll-handwerkliche Gartengestaltung. Im Wirtschaftsgebäude gibt es ein größeres Café *(N 51°02'15" W 2°40'02", TA11 7HU, www.nationaltrust.org.uk, Apr.–Okt. 10.00–17.00 Uhr, Haus 11.00–15.30 Uhr, März je eine Stunde kürzer, 13 £, National Trust-Mitglieder frei).*

Lytes Cary Manor

Glastonbury *(8.300 Einwohner)*
Sie fahren nun in Richtung Glastonbury. Die Kleinstadt rühmt sich einer großen Geschichte. So beansprucht man seit 1191 für sich, in Wahrheit die legendäre Stadt Avalon zu sein, bekannt aus dem Sagenkreis um König Arthus. Bei Arbeiten am Friedhof wurde damals ein Baumsarg mit zwei Skeletten und der Inschrift: »Hier liegt der berühmte König Arthus mit seiner zweiten Frau Wenneveria auf der Insel Avalon begraben.« Wahrheit oder mittelalterliche Geschichtsfälschung? Geklärt wird das wohl nie mehr. Zumindest hat dieser Nimbus dem Ort gutgetan. Bis heute freut er sich über einen veritablen Tourismus; zu sehen gibt es tatsächlich einiges. Besonders voll wird es alljährlich Ende Juni, wenn an der Worthy Farm vor den Toren der Stadt auch noch das an ein modernes Woodstock erinnernde Glastonbury Festival, eines der größten Musik- und Kunstevents Europas, stattfindet. Im restlichen Jahr finden sie reichlich Übernachtungsgelegenheiten in der Umgebung, selbst auf einem der Stadtparkplätze ist dies bislang nicht verboten.

202 N 51°08'50" W 2°42'54", Silver Str., BA6 8BT, 10 £ / 24h

Glastonbury Torr

203 Glastonbury – *Higher Edgarley House*

GPS/Kontakt: N 51°08'28" W 2°41'45", Edgarley Rd, BA6 8BG, Tel. 01458 83 50 69, www.glastonburycottages.co.uk. **Öffnungszeiten**: Ganzjährig. **Ausstattung**: WiFi, sonst campingplatzüblich. **Beschreibung**: Kleiner, gepflegter Platz neben einem Ferien-Cottage, Stellflächen auf Schotter, eben, kein Schatten recht stadtnahe Lage nahe Glastonbury Tor, 1,7 km ins Zentrum. **Preis**: 30 £. **Zufahrt**: Direkt an der östlichen Haupteinfallstraße A361 befindet sich die beschilderte Einfahrt. **Hinweis**: Camping and Caravanning Club-Mitglieder nutzen alternativ die etwas weiter südlich gelegene ***Orchard Farm***, N 51°05'31" W 2°41'02", Harepits Ln., BA6 8TF, Butleigh, Tel. 01458 85 11 07, Apr. – Okt., 23.

Unterwegs in Glastonbury

Parken Sie in der Innenstadt am vorgenannten Parkplatz oder am **St. John's Square** bei N 51°08'54" W 2°43'05" und gehen Sie von dort durch die Ladenpassage Gauntlet am südlichen Ende auf die **High Street** hinaus. Die teils bunt gestrichenen Läden mit Namen wie »Excalibur«, »Enchanted Florals«, »YinGyang« oder »Mystic Garden« lassen schon erahnen, welche Bedeutung Sagen und Mythen ganz real auch heute noch für Glastonbury haben. Von Räucherstäbchen über Batiktücher bis zu Klangschalen und Zauberbedarf erhält man alles, was sich irgendwie thematisch verorten lässt.

Abbey und St. Michaels Tower

Nach links gelangen Sie zum ***Rainbow's End Café*** *(Nr. 17a, BA6 9DP)* und dem ***Hundred Monkeys*** *(Nr. 52, BA6 9DY)*. Nach rechts, vorbei am ältesten Gebäude der Stadt, The Tribunal, und dem Market Cross treffen Sie in der Magdalen Street auf die Touristeninformation und die Überreste von **Glastonbury Abbey**. Die ehemalige Benediktinerabtei soll eine der ersten christlichen Stätten Britanniens gewesen und, der Sage nach, von Jüngern Jesu gegründet worden sein. Schon im Zweiten Jahrhundert soll ringsum eine christliche Siedlung bestanden haben. Neben den Überresten des Baus können Sie auch die großen Parkanlagen und das angebliche Grab König Arturs besichtigen *(BA6 9EL, www.glastonburyabbey.org.uk, Juni – Aug. 9.00 – 20.00 Uhr, März – Mai und Sept. / Okt. bis 18.00 Uhr, sonst*

bis 16.00 Uhr, 12,50 £, Online rund 10 % Ermäßigung).

Streifen Sie noch ein wenig umher und lassen Sie sich von den bunten Läden und Menschen inspirieren, die Glastonbury anzieht. Zwei weitere empfehlenswerte Adressen zur Einkehr sind das ***Tin Pot Pastry and Co*** *(6 Magdalene St., BA6 9EH)* und die ***Abbey Tea Rooms*** *(16 Magdalene St., BA6 9EH).* Oder machen Sie sich nun noch zu einer etwas weiter entfernten Sehenswürdigkeit auf. Dafür gehen Sie die Magdalene Street bis zum Ende durch und drehen dann links in die **Bere Lane**. Rechts stoßen Sie zunächst noch auf das **Somerset Rural Life Museum**. Besuchern wird anhand eines alten Bauernhofs das ländliche Leben in Südwestengland nähergebracht *(Chilkwell St., BA6 8DB, www.swheritage.org.uk/somerset-rural-life-museum, Ostern – Okt. Di. – So 10.00 – 17.00 Uhr, sonst nur Di. – Sa., 8,50 £).* Direkt danach halten Sie sich rechts, bis Sie schließlich links, am Beginn der **Wellhouse Lane**, den ansteigenden, markierten Pfad zum schon weithin sichtbaren Hügel **Glastonbury Tor** in Angriff nehmen. Schon 200 v.Chr. gab es auf dieser 158 Meter hohen Anhöhe im sonst flachen Sumpfland längst keltische Ansiedlungen, die durch römische Geschichtsschreibung später mit »Ynys yr Afalon« bezeichnet wurden. Ein weiterer Beweis für die Insel Avalon? Für viele ist und bleibt der »Tor« einer der spirituellsten Orte Großbritanniens.

Gekrönt wird die Stätte vom dachlosen **St. Michael's Tower**, in dem im 16. Jahrhundert der letzte Abt von Glastonbury Richard Whiting auf Befehl Thomas Cromwells hingerichtet wurde.

Bunte Läden im Ort

Haben Sie nun Lust auf eine Runde Shopping? Dann werden Sie im benachbarten **Street** fündig. Das **Clarks Outlet Village** bietet nicht nur Schuhe. Über 70 Geschäfte preisen sieben Tage die Woche ihre Waren an – zu outlettypischen Konditionen. Ausreichend große Parkplätze befinden sich überall ringsum, wie bei N 51°07'52" W 2°44'22", direkt an der A39, Westway *(Mo. – Fr. 9.00 – 18.00 Uhr, Di. bis 20.00 Uhr, So. 10.00 – 17.00 Uhr, www.clarksvillage.co.uk).*

Ein Stück Natur verbirgt sich gleich westlich der Stadt im Sumpfgebiet **Ham Wall** des RSPB. Auf stillen Pfaden können Sie die geschichtsträchtige Landschaft durchstreifen und dabei mit etwas Glück Otter, Rohrdommeln, Wasserratten, Seefrösche und Molche entdecken. Flyer mit der Beschreibung von vier Rundpfaden zwischen ein und drei Kilometer Länge liegen

Outlet Village in Street

aus. Da der Parkplatz mit einer Höhenbarriere blockiert ist, parken Sie auf Anfrage schräg gegenüber am Pub **The Railway Inn**. Sie dürfen als Gäste auch über Nacht bleiben, allerdings gibt es kein größeres Speisenangebot, sondern nur Snacks.

204 **N 51°09'17" W 2°47'18"**, 89 Ashcott Rd., BA6 9SX, Meare, Tel. 01458 74 14 28

Wells *(12.120 Einwohner)*
Mit Geschichtlichem wartet auch die nächste Stadt, Wells, auf. Sie ist bekannt für ihre beeindruckende Kathedrale und den **Bishop's Palace**, den einzigen bis heute intakten und genutzten derartigen Wohnpalast Großbritanniens. Der Sitz existiert seit über 800 Jahren. In seinem Garten befinden sich auch die Quellen, die der Stadt ihren Namen geben. Ansonsten sehen Besucher der Anlage, neben Wohn- und Repräsentationsräumen, eine mittelalterliche Zugbrücke, die Ruinen der Großen Halle, gestaltete Gartenanlagen und eine ganze Reihe weißer Höckerschwäne, die auf dem Gelände leben. Auch das Zentrum von Wells ist recht hübsch und lohnt für einen Bummel rund um die **High Street** *(Parken zwischen Union St. und Chamberlain St. bei N 51°12'32" W 2°38'56", BA5 2PU, Palastzugang zwischen Kathedrale und Market Place, BA5 2PD, www.bishopspalace.org.uk, Apr. – Okt. 9.30 – 17.30 Uhr, sonst bis 16.00 Uhr, 17,50 £)*. Gastrotipps in Wells sind das ***The Courtyard*** *(9 Heritage Courtyard, BA5 2RR)*, ***Long Story Bistro*** *(84 High St., BA5 2AJ)*, ***Strangers with coffee*** *(31 Cuthbert St., BA5 2AW)* und das vegetarische ***The Good Earth*** *(4 Priory Rd., BA5 2RR)*.

Bei Besuchern äußerst beliebt sind auch die etwas außerhalb gelegenen **Wookey Hole Caves**. Sowohl biologisch, geologisch als auch anthropologisch sind die weit verzweigten, vom River Axe durchflossenen Kalksteinhöhlen von Bedeutung. Menschliche Spuren darin lassen sich auf bis zu 45.000 Jahre zurückdatieren. Inzwischen ist aber ein Fun- und Adventurepark daraus entstanden, bei dem die nun bunt beleuchteten, für Gäste leicht zugänglich gemachten Höhlen nur mehr eine Nebenrolle spielen. Dinos, King Kong, Hexen, Zauberer, 4-D-Kino und eine Science-Fiction-Welt sind nur einige von insgesamt 20 Attraktionen, für die auf etwas zu bunten Flyern für das Spektakel geworben wird *(N 51°13'34" W 2°40'18", High St., BA5 1BA, www.wookey.co.uk, Apr. – Okt. 9.00 – 17.00 Uhr, sonst bis 16.30 Uhr, 22,95 £)*.

Ursprünglicher und naturnäher geht es gleich nach den Höhlen weiter geradeaus zu, erst entlang der **High Street** und dann die

Hügelkette hinauf. Das Naturreservat **Ebbor Gorge** ist von Spazierwegen und Wasserläufen durchzogen. Kleine Kalksteinhöhlen und knorrige Bäume machen auch Kindern Spaß und regen die Fantasie an. Der zweite Parkplatz mit Aussicht und Picknickbänken ist auch für Wohnmobile zugänglich, N 51°14'26" W 2°41'25", Deerleap.

205 Wells – *Cheddar Mendip Heights Camping and Caravanning Club Site*

GPS/Kontakt: N 51°15'49" W 2°41'08", Mendip Heights, BA5 3BP, Tel. 01749 87 02 41, www.campingandcaravanningclub.co.uk. **Öffnungszeiten**: Mitte März – Mitte Nov. **Ausstattung**: Waschmaschine / Trockner, WiFi, Abspülgelegenheit, Spielplatz, kleiner Shop. **Beschreibung**: Mittelgroßer Platz mit Stellflächen auf Schotter und Rasen, teils schattig, recht eben, ruhige Lage in den Hügeln. **Preis**: 23,60 – 34,10 £, 30% Aufschlag für Nicht-Mitglieder der Clubs. **Zufahrt**: Wie zur Ebbor Gorge und dann weiter bis Priddy fahren. Dort links halten und bis zum Platz rechts nach etwa 900 m. **Hinweis**: Meist zwei Tage Mindestaufenthalt. **Hinweis 2**: Reicht Ihnen auch eine ganz einfache Campinggelegenheit, können Sie alternativ auch schon kurz zuvor an der ***Ebborways Farm*** in Priddy haltmachen, N 51°15'03" W 2°40'45", Pelting Rd., BA5 3BA, Tel. 01749 67 63 39, www.ebborwaysfarm.co.uk, März – Dez., 16 £.

Cheddar *(5.720 Einwohner)*

Wenn Sie unserer Route gefolgt sind, steuern Sie über Priddy und die Cliff Road in Richtung Cheddar weiter. Der Name steht in ganz England und darüber hinaus für das bekannteste Produkt der Region: Käse, den es in unglaublich vielen Varianten gibt. Zunächst durchfahren Sie die **Cheddar Gorge**. Wer Alpen oder andere Bergzüge gewohnt ist, mag schmunzeln. Aber mit ihren bis zu 140 Meter hohen Steilwänden und 4,5 Kilometern Länge ist sie die tiefste Schlucht Englands und damit von großem nationalen Interesse. Die Passage lohnt in jedem Fall; an schönen Tagen sieht man von den zahlreichen Parkplätzen ringsum Kletterer in den Klippen hängen und kann auch selbst zu einer weniger gefährlichen Wanderung aufbrechen. Unterwegs kommen Sie auch zu den **Cheddar Caves**. Im Gegensatz zur Wookey-Hole-Höhle zuvor sind diese naturnäher gestaltet und es gibt gleich eine ganze Reihe interessanter Attraktionen in der Schlucht, die sich gut mit

einer Wanderung kombinieren lassen. Parken Sie dafür etwa bei N 51°16'58" W 2°45'51" direkt an der Cliff Road und gehen Sie entlang der Straße abwärts zu den Höhlen.

Cheddar Caves und Rundwanderung durch die Cheddar Gorge *(rund 6,5 km)*

Die Geschichte der Cheddar Caves reicht bis in prähistorische Zeiten zurück. Archäologische Funde belegen, dass die Höhlen bereits vor mehr als 40.000 Jahren bewohnt wurden, was sie zu einer der ältesten bekannten Wohnstätten in Großbritannien macht. Als Besucher können Sie auf den Spuren dieser frühen Menschen wandeln und sich vorstellen, wie das Leben in dieser kühlen, dunklen Umgebung ausgesehen haben mag. Abgesehen von ihrer historischen Bedeutung sind die Cheddar Caves für ihre geologischen Formationen bekannt. Stalaktiten und Stalagmiten schmücken die Höhlen und schaffen eine surreal schöne Atmosphäre. Gleich zu Beginn des Weges treffen Sie links auf das Ticket Office und den Zugang zur **Gough's Cave**, Hier wurde das älteste vollständige Skelett Großbritanniens entdeckt, bekannt als »Cheddar Man«. Diese sensationelle Entdeckung hat bedeutende Einblicke in das Leben der frühen Menschen in der Region ermöglicht und

Cheddar Schlucht, oben Gough`s Cave

Sie können sich nach dem Rundgang samt Audioguide bei einem Infofilm näher darüber informieren. Auch das schräg gegenüber gelegene **Museum of Prehistory** gibt weitere Einblicke in die Geschichte der Schlucht und Höhlen, bevor Sie am Ende wieder links noch die **Cox's Cave** durchwandern können. Hier wurde statt auf Information mehr auf Entertainment gesetzt. Bunte Licht- und Toninstallationen ermöglichen einen etwas anderen Blick in die Vergangenheit. *(www.cheddargorge.co.uk, ganzjährig, meist 10.00–17.00 Uhr, 22,95 £)* Wem das nicht reicht, der kann zusätzlich Tickets für Caving und Freefall-Aktivitäten erstehen oder sich im höhleneigenen Escape Room versuchen.

Zwischen all dem befindet sich das National Trust Infocentre. Wenn Sie eine Wanderung machen möchten, nehmen Sie denn gegenüber abzweigenden Fahrweg Cufic Lane. Nach kurzem Weg aufwärts sehen Sie ein National-Trust-Zeichen und ein Tor rechts, das auf einen steilen Pfad zuführt. Die steile Passage endet am oberen Ende der Felsen an einem weiteren Tor. Queren Sie die Steinmauer diagonal rechts von Ihnen und bleiben Sie immer links von der Einzäunung, denn die Felskante befindet sich in diesem Bereich unmittelbar dahinter. Sie durchqueren nach einer Weile ein Schwenktor und folgen dem dahinterliegenden Pfad. Ganz am Ende des Hügels halten Sie sich rechts und folgen dem Weg zur Hauptstraße, die Sie queren. Steigen Sie gegenüber durch den Wald wieder aufwärts und folgen Sie dem Weg bis zu einer Gabelung. Halten Sie sich rechts, bis Sie ein großes Tor sehen. Sie gelangen von dort schnell zum höchsten Punkt der Schlucht und blicken zur anderen Seite hinüber, auf der Sie gerade noch entlanggewandert sind. Von hier aus haben Sie die schönsten Ausblicke. Folgen Sie dem Pfad nun abwärts bis zur **Jacobs Ladder** und dem **Pavey Lookout Tower**. Statt die »Ladder« hinabzugehen, können Sie auch den ruhigeren Pfad links durch die Bäume nehmen. Er bringt Sie zur **Lippiat Lane**, die Sie nach rechts bis zur Hauptstraße hinabgehen. Erneut rechts ab kommen Sie nun noch an einer ganzen Reihe Snackbars, Cafés vorbei, bevor Sie wieder Ihr Fahrzeug erreichen.

TOUR 6

Falls Sie sich dann in Cheddar noch die Beine vertreten möchten und die (Käse)shops inspizieren wollen, gibt es einen gut geeigneten Ortsparkplatz die Hauptstraße etwas weiter hinab bei N 51°16'44" W 2°46'27", 7 Cliff St., BS27 3PT.

An örtlicher Gastronomie lohnt das ***White Hart*** *(The Bays, BS27 3QN)*, ***Edelweiss Café*** *(The Cliffs, BS27 3QA)* und ***The Bath Arms*** *(Bath St., BS27 3AA)*. Wenn Sie gleich über Nacht bleiben möchten, wählen Sie das ***The Gardeners Arms***. Als Camping und Caravanning Club-Mitglied auch den Platz am ***Broadway Cottage***.

206 **N 51°16'55" W 2°46'36"**, 35 Silver St., BS27 3LE, Tel. 01934 61 17 79

207 **N 51°17'16" W 2°47'45"**, Cheddar Rd., BS26 2DP, Tel. 01934 74 43 52, ganzjährig, 15–17 £.

Bristol *(467.100 Einwohner)*
Sie können sich nun über die A38 nördlich Richtung Bristol halten. Unterwegs haben Sie noch Gelegenheit, an einem Pub die

Nacht zu verbringen. Wenn Sie unseren vorgeschlagenen Abstecher zum Anwesen **Tyntesfield** mitmachen, bietet sich dort ein Zweites an.

208 **Star Inn, N 51°19'19" W 2°48'22"**, A 38, BS25 1QE, Winscombe, 01934 84 23 55

209 **N 51°26'41" W 2°42'02"**, 89 Clevedon Rd., BS8 3TU, Failand, Tel. 01275 39 22 20

Dieses Herrenhaus lohnt den Besuch wirklich. Es wirkt mit seiner gotischen Fassade ein wenig wie ein Spukschloss aus dem Mittelalter. Tatsächlich wurde das Haus aber erst viel später errichtet, auf Wunsch seines Erbauers William Gibbs nur eben im Stil einer anderen Epoche. Gibbs war durch den im 19. Jahrhundert florierenden Handel mit dem Vogelkotdünger Guano unermesslich reich geworden und hatte es nie nötig, das Haus zu Repräsentationszwecken zu nutzen. Es war vier Generationen lang schlicht eine etwas exzentrische Familienheimstätte und die ganze Zeit von der Außenwelt weitgehend abgeschottet. Die reiche Innenausstattung mit vielen persönlichen Gegenständen der ehemaligen Bewohner fasziniert noch heute und auch die Gartenanlagen sind es wert, sich dafür Zeit zu nehmen *(N 51°26'32" W 2°43'13", BS48 1NX, www.nationaltrust.org.uk, März–Okt. 10.00–18.00 Uhr, sonst bis 17.00 Uhr, Haus nur bis 15.30 / 14.30 Uhr, 18 £, National Trust-Mitglieder frei).*

Achtung: In Bristol ist seit Kurzem eine »Clean Air Zone« in Betrieb. Das bedeutet, dass Fahrzeuge, die in das innere Zentrum möchten oder auch eine der Umgehungsstraßen A3029 im Westen, A370 im Süden oder A38 und A4044 im Osten nutzen, die

Tyntesfield

Mindestanforderungen erfüllen oder eine Gebühr von 9 £ zahlen müssen. Gebührenfrei sind aktuell noch alle Benziner mit den Euronormen 4 und besser sowie Diesel ab Euronorm 6. Erfüllen Sie die Norm nicht und zahlen Sie die eventuell anfallenden Gebühr nicht selbstständig im Vorfeld, werden Strafen fällig. Da damit zu rechnen ist, dass die Zone noch weiter ausgeweitet wird, die Gebühren sich ändern und zukünftig weitere Fahrzeuge davon betroffen sind, informieren Sie sich unbedingt vorab online. Am besten per Suchmaschinensuche nach »Bristol Clean Air Zone«, da die sehr lange Internetadresse beim Abtippen fehleranfällig ist. So erfahren Sie auch, wie Sie gegebenenfalls eine Gebühr zahlen können.

Um sich Bristol in Ruhe anzuschauen, wählen Sie entweder den stadtnahen Campingplatz oder einen anderen der angegebenen Stellplätze. Für einen Tagesbesuch wählen Sie die Parkflächen am Einkaufszentrum Cribbs Causeway im Norden mit sehr guter Busanbindung ins Zentrum, N 51°31'31" W 2°35'35", Jupiter Rd, BS34 5DJ.

210 Bristol – *Baltic Wharf Caravan Club Site*

GPS/Kontakt: N 51°26'48" W 2°36'52", Cumberland Rd., BS1 6XG, Tel. 0117 926 80 30, www.caravanclub.co.uk. **Öffnungszeiten:** Jan. – Mitte Dez. **Ausstattung**: Campingplatzüblich. **Beschreibung**: Gepflegter, innerstädtischer Platz mit Plätzen auf Asphalt und Bäumen zur Beschattung. Sehr zentral direkt am Ufer des Avon gelegen. Nur rund 1200 m ins Zentrum. **Preis**: 26.50 – 36.10 £, Nicht-Mitglieder des Caravan and Motorhome Clubs etwa 25% Aufschlag. **Zufahrt**: Von der A3029/ Brunel Way direkt auf der Avon-Brücke links abfahren und dann rechts in Richtung SS Britain fahren. Der Campingplatz liegt dann gleich links von Ihnen. **Hinweis:** Vor allem in der Saison früh reservieren. **Hinweis 2**: Mit der ***Knights Folly Farm*** und der gegenüberliegenden ***Stables Campsite*** gibt es im Osten Bristols zwei weitere Campinggelegenheiten mit Busanschluss ins Zentrum. Beide bei N 51°25'40" W 2°28'07", A431, BS30 6HX, Tel. 07855 47 45 96, www.knightsfolly.co.uk, etwa Mitte März – Okt., 12 – 30 £.

211 Almondsbury – *Lower Woodhouse Farm*

GPS/Kontakt: N 51°34'01" W 2°33'52", Fernhill, BS32 4LU, Tel. 07768 28 69 24, www.camping-andcaravanningclub.co.uk. **Max. WOMOs**: 5. **Öffnungszeiten:** Ganzjährig. **Ausstattung**: Ver- / Entsorgung, Mülleimer. **Beschreibung**: Einfache kleine, etwas schräge Rasenfläche an einer Farm, teils etwas Schatten, ruhig, klappstuhlgeeignet, nördlich der Stadt gelegen, Bushaltestelle rund 600 m entfernt. **Preis**: 10 – 14 £. **Zufahrt**: Nach Almondsbury nördlich von Bristol fahren, dort der A38 nach Norden folgen und nach der Autobahnquerung links ab in die Zielstraße. Der Platz kommt dort nach rund 500 m rechts. **Hinweis:** Nur für Mitglieder des Camping and Caravaning Club, tel. Reservierung empfohlen.

212 Bristol – *The Ashton*

GPS/Kontakt: N 51°26'21" W 2°38'07", Ashton Rd., BS41 9LX, Tel. 01275 39 22 45. **Max. WOMOs:** 2 – 3. **Ausstattung**: Keine Einrichtungen. **Beschreibung**: Hübsches Gastropub mit kleinem Gastgarten und größeren Asphaltparkplatz. Nachts relativ ruhig, Bushaltestelle vor dem Haus. Sie müssen sich registrieren lassen, damit keine Strafgebühren anfallen. **Preis**: Gegen Einkehr und auf Anfrage kostenfrei. **Zufahrt**: Von der südlichen Einfallstraße A370 links Richtung Clavedon abfahren, dann links und gleich wieder rechts zum Pub halten. **Hinweis:** Auch die Braten-Kette Toby Carvery nördlich der Stadt in Almondsbury gestattet eine Nacht auf Ihrem Parkplatz bei Einkehr, N 51°32'49" W 2°33'33", Woodlands Ln., BS32 4QB, Tel. 01454 20 12 02, Bushaltestelle etwas 150m entfernt.

Unterwegs in Bristol

Bristol ist die achtgrößte Stadt Großbritanniens und eine der modernsten Metropolen im Königreich. Das liegt nicht zuletzt an der großen Anzahl Studenten, die an der renommierten Universität studieren und Bristol entsprechend jung halten. Im 11. Jahrhundert als Brycgstow gegründet, wuchs die Stadt dank der Nähe zum Meer und der geschützten Lage am Ende des Bristol Channels schnell zu einer wichtigen Hafenstadt und einem Schiffsbauzentrum heran. 1348 verlangsamte die Pest Wachstum und Entwicklung merklich. Erst ab dem 17. Jahrhundert ging es mit Bristol als wichtigem Umschlagplatz für Waren und unrühmlicherweise auch Hunderttausende Sklaven von und nach Amerika wirtschaftlich wieder aufwärts. Später geriet die Stadt gegenüber dem Konkurrenten Liverpool jedoch ins Hintertreffen. Im Zweiten Weltkrieg schwer verwüstet, folgte ein erneuter Aufschwung erst in den letzten 50 Jahren – diesmal neu erfunden als Wissenschafts- und Technikstandort.

Bristol Waterfront, unten City Center Landing

Wie in den meisten Großstädten macht die Fahrt ins Zentrum für einen Tagesbesuch mit dem Wohnmobil keinen großen Sinn. Am besten nutzen Sie stattdessen den angegebenen Parkplatz am Einkaufszentrum Cribbs Causeway und nehmen von dort den Pendelbus Eins oder Zwei in die Innenstadt bis **The Centre**. Dort entscheiden Sie, ob Sie auf eigene Faust durch die Stadt ziehen möchten oder per **Bristol TooT Open Bus Tour** zunächst eine Erkundungsrunde drehen, um sich zu orientieren und die für Sie interessantesten Ecken herauszupicken. Sie startet schräg gegenüber am Radisson Hotel. Per Hop-on- / Hop-off-System können Sie sich bequem in der Stadt umherfahren lassen und aus- / zusteigen, wann und wo Sie wollen *(www. hop-on-hop-off-bus-tour.com, etwa Apr. – Okt mindestens 10.00 – 16.00 stündlich, Sa. / So. alle 30 min., ab 15,30, Bus Stop 1 Broad Way/The Centre, Bus Nr. 24, 70. 73 – 76)*. In der Folge stellen wir Ihnen einige der wichtigsten Sehenswürdigkeiten Bristols vor und halten uns der Reihenfolge nach an die Sightseeingbus-Tour. Es sind aber die regulären Haltestellen und Busse angegeben, die Sie alternativ nutzen können.

Bevor oder nachdem Sie den Bus bestiegen haben, können Sie noch den Bristol Kanal queren und zum **Kunstmuseum M Shed** hinübergehen. Hauptaugenmerk liegt auf der künstlerischen Auseinandersetzung mit den Themen »Orte in Bristol«, »Menschen in Bristol« und »Leben in Bristol« *(www.bristolmuseums.org.uk/m-shed, Di. – So. 10.00 – 17.00 Uhr, Eintritt frei, Bus Stop Gaol Ferry Bridge Nr. 506, auch Fähre »Prince Street Bridge Landing«)*.

Ohne Bustour gehen Sie ansonsten von der Haltestelle zunächst südwestlich zum Flussufer hinab, wo rund um den **Millenium Square** Ihr Rundgang beginnt. Im **@Bristol Science Centre** direkt hinter Ihnen wird dort kleinen und großen Gästen das Thema Wissenschaft nähergebracht. Dabei wird weniger auf klassisch-museale Ausstellungen, sondern mehr auf interaktives Mitmachen gesetzt. Wie entstehen Animationen? Wie sieht ein Furby von innen aus? Wie bewegt sich unsere Erde durch das Universum? Diese und viele andere Fragen lassen sich meist spielerisch klären und versprechen in den einzelnen Abteilungen und im 3-D-Planetarium kurzweilige Unterhaltung *(Anchor Rd., BS1 5DB, www.wethecurious.org, zuletzt Mo. – Sa. 10.00 – 17.00 Uhr, So. bis 18.00 Uhr, 16 £, zuletzt wegen eines Brandes geschlossen und im Wiederaufbau, TooT Bus Stop 2/9, College Green und Anchor Rd. Busse Nr. 1 – 4, 6 – 9, 72, auch Fähre »Millennium Square«)*. Gleich daneben steht das **Bristol Aquarium**. Sie bekommen darin Meeresbewohner der britischen Küsten, Rochen, Haie und im Amazonasbereich südamerikanische Süßwasserfische zu sehen. Interessant ist die Hai-Aufzuchtstation, wo

man den Tieren beim Schlüpfen zusehen kann, und auch die Korallenlagune, das Herzstück des Aquariums. Zusätzlich gibt es noch ein Botanikum, genannt »Urban Jungle«, mit exotischen Pflanzen und Bäumen aus aller Welt *(Anchor Rd., BS1 5TT, www.bristolaquarium.co.uk, Mo. – Fr. 10.00 – 16.00 Uhr, Sa. / So. bis 17.00 Uhr, 20,50 £, Bus Stops wie »@Bristol Centre«).*

Entlang der zentralen Achse **Queens Road** befindet sich eine ganze Reihe kultureller Einrichtungen der Stadt. Darunter der Veranstaltungsort **Victoria Halls**, das Kunsthaus **Royal Academy of Arts** und das **Bristol Museum and Art Gallery**. Neben einer umfangreichen Gemäldesammlung umfasst der riesige Ausstellungsbereich auch Abteilungen zum Thema »Naturgeschichte, Archäologie und Geologie«. Auch das Barockgebäude selbst ist sehenswert und steht unter Protektion des English Heritage *(Queens Rd., BS8 1RL, www.bristolmuseums.org.uk/bristol-museum-and-art-gallery, Mo. – Fr. 9.00 – 17.00 Uhr, Sa. / So. bis 18.00 Uhr, Eintritt frei, TooT Bus Stop 3, Triangle West, Bus 1 – 4, 8, 72, 505).*

Interessant ist auch das nahe gelegene **Georgian House**. In elf Räumen wird gezeigt, wie das Heim eines Bristoler Zuckerplantagenbesitzers und Sklavenhändlers Ende des 18. Jahrhunderts aussah *(7 Great George Rd., BS1 5RR, Apr. – Dez. Sa. – Di. 11.00 – 16.00 Uhr, Eintritt frei, www.bristolmuseums.org.uk/georgian-house-museum).*

Im nordöstlichsten Eck der Stadt befinden sich die **Botanic Gardens** der Universität. Über 4500 Pflanzen aus 200 Pflanzenfamilien wachsen auf dem rund zwei Hektar großen Gelände. Es gibt Unterteilungen in chinesische und europäische Medizinpflanzen, Pflanzen aus der Urzeit und einen mediterranen Blütengarten. Ein weiteres Highlight ist das Tropenhaus mit einem Stück Amazonas-Regenwald. Star darin ist die gigantische Amazonas-Riesenseerose mit Blättern, auf denen ein Mensch Platz findet, und die Sammlung in Europa seltener Lotosblumen *(Stoke Park Rd., BS9 1JG, www.bristol.ac.uk/botanic-garden, Apr. – Okt. 10.00 – 16.40 Uhr, sonst nur Mo. – Fr., 9 £, TooT Stop 6, Northcote Road / College Road, Bus Stop 505).*

Nur ein paar Ecken weiter liegt das Viertel **Clifton Village**, etwa zwischen den Straßen **The Mall** und **Clifton Hill**. Es hat sich seinen Ruf als beliebte Ausgehmeile erhalten und verzeichnet eine große Anzahl an Pubs und Restaurants. Beliebt sind beispielsweise die ***Cote Brasserie*** *(27 The Mall, BS8 4JG)*, ***The Mall Deli Café*** *(14 The Mall, BS8 4DR)*, das ***Fisher's Restaurant*** *(35 Princess Victoria St., BS8 4BX)*, und das ***Primrose Café*** *(1 Clifton Arcade, BS8 4AA)*. Aber auch viele Läden haben sich dazwischen niedergelassen. Dabei handelt es

Clifton Suspension Bridge, oben Kunst vom Bristoler Künstler Banksy

sich in der Mehrzahl um unabhängige Boutiquen und Labels, die Vintage-Kleidung oder lokale Waren anbieten. Einen kurzen Fußmarsch entfernt ist auch die **Clifton Suspension Bridge** erreicht. Die Brücke über der **Avon-Schlucht** gilt als Wahrzeichen der Stadt. Von einer Aussichtskanzel unterhalb im Fels haben Sie den einzigen Blick auf Brücke und Schlucht im Ganzen. Auch vom Observatorium nebenan hat man eine ganz gute Sicht. Fußgänger können das Bauwerk kostenlos überqueren, mit Fahrzeugen wird eine Maut fällig, die für die Instandhaltung verwendet wird. Auf der gegenüberliegenden Seite steht das Visitor Centre *(www.discoverclifton.org.uk, TooT Bus Stop 7, Observatory Road / Christ Church, Bus 8, 505)*.

SS Great Britain, unten St. Nicholas Market

Zurück am Bristol Canal liegt die **SS Great Britain** vor Anker, ganz in der Nähe befindet sich übrigens auch der erwähnte Bristoler Innenstadt-Campingplatz. Das 1843 vom Stapel gelassene Schiff war der erste Luxusliner der Geschichte und ganze 90 Jahre im Einsatz. Dabei erlebte es wechselvolle und meist nicht sonderlich glamouröse Zeiten. So wurde es schon ab 1852, nachdem die Reederei Konkurs gegangen war, als Emigrantenschiff und später als Truppentransporter eingesetzt. 1882 wurden die Motoren ausgebaut und das Schiff im Kohlefrachtverkehr als Windjammer eingesetzt. Nach einem Brand auf den Falkland-Inseln diente es dann einige Jahre als Kohlelager und 1939 wurden sogar Teile zur Reparatur eines beschädigten Kriegsschiffs entfernt. Nach langer Planung gelang es 1970, das Schiff auf Schwimmpontons in den Heimathafen Bristol zurückzuholen und über viele Jahre umfangreich zu restaurieren. Heute erstrahlt es wieder im ursprünglichen Glanz und Sie können es quer über alle Decks besichtigen *(Gas Ferry Rd., BS1 6TY, März–Okt. 10.00–17.00 Uhr, sonst bis 16.00 Uhr, 22 £, www.ssgreatbritain.org, TooT Bus Stop 8, Hotwell Road, Bus Nr. 1, 4, 6–9, 505, auch Fähre »Great Britain Landing«)*.

Wenn Sie von dort am Kai in östliche Richtung spazieren, gelangen Sie zu einem weiteren Schiff, der **Matthew of Bristol**. Es ist ein moderner Nachbau eines der Schiffe, mit dem einst zur Entdeckung Nordamerikas aufgebrochen wurde. Ab und an werden auf dem Dreimaster Flussfahrten angeboten, ansonsten kann man kostenlos an Bord gehen und im Schiffscafé einkehren *(Wapping Rd., BS1 4RN, matthew.co.uk)*.

Bristols eigentliches Zentrum mit den großen Einkaufskomplexen **The Galleries**, **Broadmead** und **Cabot Circus**, der Fußgängerzone und dem quirligen **St.**

The Galleries

Nicolas Market ein kleines Stück weiter westlich liegt nördlich einer Flussschleife des Avon und des **Castle Parks**. Hier dreht sich alles um Konsum und kaum eine wichtige internationale Modekette fehlt. Alt und neu sind recht gelungen miteinander verknüpft worden und die Shopping Centres gehen offen in die Straßenzüge über. Das Gebiet ist zwar groß, aber noch übersichtlich genug, damit man sich nicht hoffnungslos verläuft *(TooT Bus Stop 10, Baldwin Street, Bus Nr. 3, 4, 8, 24, 72)*.

Den Rückweg zur St. Augustine Parade, von wo aus Ihr Pendelbus zum Einkaufszentrum zurückfährt, legen Sie nun am schnellsten per pedes zurück: Gehen Sie einfach ans Flussufer hinab und dann rechts in südwestliche Richtung zum Ausgangspunkt zurück. Zum Abschluss finden Sie zwischen Castle Park und Queen Square auch noch eine ganze Reihe gastronomisch interessanter Adressen. Einen Versuch wert sind das ***Adelina Yard*** *(3 Queens Quay, BS1 4SL)*, das ***Apple Cider Boat*** *(Welsh Back, BS1 4SB)*, das ***Riverstation*** *(The Grove, BS1 4RB)* und das ***Steak of the Art*** *(Cathedral Walk, BS1 5LW)*.

Bevor Sie Bristol ganz den Rücken kehren, können Sie noch über den Besuch zweier weiterer touristischer Highlights nördlich der City nachdenken. Da wäre einmal das **Bristol Zoo Project**. Der für seine Nachzuchtprogramme und seltenen Spezies bekannte Innenstadtzoo hat 2022 endgültig seine Tore geschlossen und ist in dieses neue und nach aktuellem wissenschaftlichem Stand gestaltete Gelände umgezogen. Erkunden Sie unter anderem den Bärenwald, der landschaftlich einem England nachempfunden wurde, wie es vor 8000 Jahren ausgesehen haben mag (N 51°31'49" W 2°36'41", Blackhorse Hill, BS10 7TP, bristolzoo.org.uk, 10.00 – 16.00 Uhr, im Sommer teils länger, 18, 15 £).

Zum anderen können Sie dem Luft- und Raumfahrtzentrum **Aerospace Bristol** Ihre Aufmerksamkeit widmen. Spazieren Sie durch eine Concorde oder erkunden Sie Hubschrauber, Raketen und Satelliten. Wer sich für Technik interessiert, wird sich hier äußerst wohlfühlen (N 51°31'26" W 2°34'42", Hayes Way, BS34 5BZ, aerospacebristol.org, 10.00 – 16.30 Uhr, 19,50 £).

Bath *(94.090 Einwohner)*
Nach Bristol bleibt kaum Zeit zum Luftholen, denn die nächste, wirklich interessante Stadt liegt gerade einmal 19 Kilometer entfernt. Unterwegs können Sie einen Campingplatz für die Übernachtung ansteuern oder es an einem der genannten Pubs versuchen.

Achtung, auch Bath besitzt inzwischen eine Clean Air Zone. Neben gewerblichen Fahrzeugen sind inzwischen auch Wohnmobile, die größer als VW-Busse sind, betroffen. Es gelten die gleichen Regeln wie in Bristol zuvor. Werfen Sie daher unbedingt einen Blick auf die aktuelle Zonenkarte und zahlen Sie gegebenenfalls vorab die 9£ Tagesgebühr, um eine Strafe zu umgehen. Auch hier suchen Sie am einfachsten über eine Suchmaschine nach »Bath« und »Clean Air Zone«.

Um einen geeigneten Parkplatz zu finden, bietet sich wie in Bristol das Park and Ride-System an. Leider ist der westlich gelegene Platz Newbridge mit einer Höhenbarriere versperrt, daher müssen Sie auf den nördlich gelegenen Platz **Lansdown** ausweichen. Die Pendelbuslinie 31 fährt von dort alle 15 Min. ins Zentrum und retour, Halt Milson Street *(N 51°24'41" W 2°23'12", Lansdown Rd., BA1 9BJ, Parken kostenlos, Mo. – Sa. 6.15 – 20.30 Uhr, So. 9.30 – 18.00 Uhr, 3 – 3,30 £).*

Alternativ gibt es in Bath einen Longstay-Parkplatz im Zentrum, auf dem es theoretisch nicht mal ein Nachtparkverbot gibt. Zumindest mit kleinen Fahrzeugen bis etwa sechs Meter Länge können Sie dafür den **Charlotte Street Car Park** anfahren.

213 **N 51°23'01" W 2°21'56"**, Charlotte St., BA1 2NE

214 Bath – *Waterside Marina and Caravan Park*

GPS/Kontakt: N 51°23'18" W 2°24'19", Brassmill Ln., BA1 3JT, Tel. 01225 42 43 01, www.bathcaravanpark.com. **Öffnungszeiten:** Ganzjährig. **Ausstattung**: Waschmaschine / Trockner, WiFi. **Beschreibung**: Gepflegter Platz außerhalb der Clean Air Zone, direkt am Avon, ebene, teil schattige Stellflächen auf Schotter, recht ruhig. Bushaltestelle gleich um die Ecke. **Preis**: 31 – 49 £. **Zufahrt**: Ab Bristol der Schnellstraße nach Bath folgen, dann am Corsten Kreisverkehr links halten und links Richtung Park and Ride Platz abfahren. Nach der Brücke rechts in die Brassmill Lane bis zur Einfahrt rechts. **Hinweis 1**: Camping and Caravanning Club-Mitglieder stehen alternativ auch an der Riverside Farm nördlich der Stadt, N 51°24'01" W 2°18'29", Bradford Rd., BA1 7SD, Tel. 01179 86 21 91, www.campingandcaravanningclub.co.uk, Mai – Sep., 15 – 25 £.

215 Bath – *The George Inn*

GPS/Kontakt: N 51°23'50" W 2°19'20", Mill Ln., BA2 6TR, Tel. 01225 42 50 79. **Max. WOMOs:** 2 – 3. **Ausstattung**: Keine Einrichtungen. **Beschreibung**: Schönes Pub, idyllisch am Kanal gelegen, Gastgarten im Innenhof, ebene Schotterparkfläche neben einer Bahnstrecke, unbedingt nach Ankunft registrieren. **Preis**: Gegen Einkehr und auf Anfrage kostenfrei. **Zufahrt**: Bath in östliche Richtung über die A36, Warminster Road, verlassen, dann links Richtung Toll Bridge und Village Centre Bathampton abfahren, über den Kanal fahren und dann direkt links vor Ihnen.

TOUR 6

Unterwegs in Bath

Dem viel größeren Nachbarn Bristol gegenüber hat Bath zunächst vor allem einmal das Alter voraus. Die heißen Quellen, denen die Stadt ihre Gründung verdankt, waren schon den Kelten bekannt. Kurz nachdem die Römer im Jahr 43 Britannien erobert hatten, begannen sie mit dem Bau umfangreicher Badeanlagen, die man bis heute besichtigen kann. Allerdings nur, weil sie im 19. Jahrhundert aus dem Schlamm wieder ausgegraben wurden. Nach Abzug der Römer und Eroberung durch die Angelsachsen im Sechsten Jahrhundert gerieten sie nämlich für fast 1000 Jahre beinahe in Vergessenheit. Zwischendurch gründeten die Benediktinermönche eine wichtige Abtei auf den römischen Ruinen, die später von Staats wegen wieder aufgelöst wurde. Erst nachdem Elisabeth I. 1574 Bath besuchte und man sich auf die alten Quellen zurückbesann, begann ein rasanter Aufstieg zum Kurbad. Um 1800 lebten rund 35.000 Menschen in der Stadt und machten sie damals zu einer der größten in England. Doch wie so vielen Kurbädern erging es auch Bath: Der Zeitgeist änderte sich und auch die Urlaubsziele. Bath fiel auf den Status einer eher unbedeutenden Provinzstadt zurück. Erst in den letzten 30 Jahren nahm der Tourismus wieder ordentlich an Fahrt auf. Dazu trug sicher auch der Status als UNESCO-Weltkulturerbe bei, durch den die römischen Quellen und die gut erhaltene neoklassizistisch-palladianische Architektur im lebendigen Zentrum geschützt wurde. Heute floriert Bath jedenfalls und verzeichnet aktuell weit über 90.000 Einwohner.

Die Innenstadt von Bath ist kompakt genug, um zu Fuß erkundet zu werden. Doch wenn Sie sich ausführlicher umsehen möchten und die interessanten, etwas weiter entfernten Plätze einbeziehen wollen, bieten sich auch Bath-Busrundfahrten an. Diese werden von der Gruppe **City Sightseeing**

Roman Baths, unten links Bath Abbey

angeboten, sind in gleich zwei Linien unterteilt und mit deutschem Audiokommentar ausgestattet. Wenn Sie vom P&R-Parkplatz kommen, befindet sich Ihr Zustieg in der **Milsom Street**, wo auch der Pendelbus hält. Vom Longstay-Parkplatz wählen Sie den Halt an der **Royal Avenue**, gleich nördlich davon *(www.city-sightseeing.com/en/84/bath, Juni–Sep. etwa 10.30 – 17.30 Uhr alle 15 Min., Mitte März–Mai und Okt.–Dez. etwa 10.30– 17.00 Uhr alle 30 Min., sonst 11.00 – 16.00 Uhr alle 60 Min., 24-h-Tickets, 26,80 £)*. Alternativ können Sie auch die Konkurrenz TooT Bus nehmen. Die Tour ist etwas weniger umfangreich, dafür günstiger und hat ihre Haupthaltestelle hinter der Abbey *(mehr unter www.tootbus.com)*.Wie in Bristol stellen wir Ihnen wichtige Sehenswürdigkeiten in der Reihenfolge der City-Sightseeingbus-Tour vor und geben alternativ reguläre Haltestellen und Busse an.

Baths innerstes Zentrum und seine wichtigsten Sehenswürdigkeiten befinden sich in einem von drei Seiten durch eine Schleife des Flusses Avon gerahmten Gebiet. Ein unübersehbarer Orientierungspunkt ist dabei die **Bath Abbey**. Sie ist letztes Überbleibsel des einstigen Benediktinerklosters und wurde nach starken Beschädigungen im 13. Jahrhundert auf Weisung Elisabeths I. im späten 16. Jahrhundert restauriert und ausgebaut. Sie hat die Form eines Kreuzes, ist 67 Meter lang und in ihrem Turm schwingen ganze 10 Glocken. Auf der Rückseite am Platz **Kingston Parade** tummeln sich oft Straßenkünstler aller Art, die ein breites Publikum anziehen *(Abbey Street, BA1 1LT, www.bathabbey.org, Di.–Do. 9.00–17.30 Uhr, Sa. bis 18.00 Uhr, So. 13.00–14.30 und 16.40–17.30 Uhr, Mo. 9.30–17.30 Uhr, 7,50 £, Audio Guide 3,50 £, City Sightseeing Stop 1, Bus Stop »Bath Abbey« Nr. 94)*.

Unmittelbar neben der Kirche finden Sie den Zugang zu Baths größter Attraktion, den **Roman Baths**. Es sind die Überreste einer der großartigsten Thermen der antiken Welt. Auf einem Rundgang werden Sie mithilfe deutschsprachiger Audioführer durch die verschiedenen Bade- und Ausstellungsbereiche geführt, die wirklich sehr gelungen aneinandergereiht wurden. Über 2000 Jahre alte Wege gelangen Sie in das Badehaus, zu den Überresten des Minerva-Tempels und vielem mehr. Dabei erhalten Sie erstaunliche, interessante und auch amüsante Anekdoten zum Leben der damaligen Badegäste und Mitarbeiter vermittelt. Also unbedingt genug Zeit nehmen und nicht verpassen *(Stall Street, BA1 1LZ, www.romanbaths.co.uk, Juli–Aug. 9.00–21.00 Uhr, März–Juni und Sep. / Okt. 9.00–18.00 Uhr, sonst erst ab 10.00 Uhr, 21,50 £, Sa / So 24.50 £, Busse wie Bath Abbey)*.

Direkt hinter dem alten Badehaus liegt die Fußgängerzone und das recht moderne **Southgate Shopping Centre**, das sich aber gut in die gewachsene Innenstadt einfügt. In der **Parade Passage** ist mit dem ***Sally Lunn's Historic Eating House*** eine der ältesten Wirtschaften im ältesten Haus

der Stadt untergebracht. Ein Blick hinein lohnt, auch wenn Sie nicht hungrig sind: Im **Kitchen Museum** können Sie einen Blick in die uralten, tropfsteinhöhlenartigen Kellergewölbe mit Küche und Vorratsbereich werfen *(4 North Parade Passage, www.sallylunns.co.uk, BA1 1NX, 0,50 £)*. Andere beliebte Cafés und Restaurants in dieser Ecke von Bath sind beispielsweise das ***Pump Room Restaurant*** *(Stall St., BA1 1LZ)*, ***The Roman Bath Kitchen*** *(Abbey Church Yard, BA1 1LZ)* und das ***The Courtyard Café*** *(3 Lilliput Court, BA1 1ND)*.

Wenn Sie sich von der Abbey aus Richtung Fluss nach Norden hin orientieren, sehen Sie zunächst rechts unten am Fluss die **Parade Gardens**, den ehemaligen Obstgarten des Klosters, mit einem lustigen kleinen, von Pflanzen zugewucherten Café. Dahinter folgt die schöne, mit Geschäften überbaute **Pulteney Bridge** mit einem Wehr davor. Auf der linken Seite befindet sich die **Victoria Art Gallery**. Das am zweithäufigsten besuchte Museum von Bath zeigt eine Dauerausstellung mit Gemälden von Gainsborough, Turner bis zu modernen Meistern, dazu wechselnde Schauen zu verschiedenen Schwerpunkten *(Bridge St., BA2 4AT, www.victoriagal.org.uk, Di. – So. 10.30 – 17.00 Uhr, 10 £)*. Wenn Sie weiter um das Karree gehen, gelangen Sie links in die **High Street**. Dort finden Sie dann noch die **Guildhall**, ein weiteres, sehr schönes Bauwerk Baths, das allerdings nur für Veranstaltungen geöffnet hat *(alles City Sightseeing Stop 2, Bus Stop Grand Parade, von fast allen Stadtbussen bedient)*.

Etwas weiter südwestlich kommen Sie auf Ihre Kosten, wenn Sie selbst einmal das Heilwasser von Bath austesten wollen. Im **Thermae Bath Spa**, dem modernen Heilbad der Stadt, können Sie sich in zwei Becken treiben lassen und noch einiges anderes an Badekomfort genießen. Am schönsten gelingt dies vom Dachpool über der Stadt aus. Ganz günstig ist das nicht, dafür müssen Sie nichts mitbringen – Bademantel, -slippers und -tuch sind schon im Preis inbegriffen *(Hot Bath St., BA1 1SJ, www.thermaebathspa.com, 9.00 – 21.30 Uhr, ab 16 J., 2-h-Ticket 41 – 46 £, City Sightseeing Stop 7, Bus Stop St. James's Parade Nr. 1 / 4 / 5 / 716)*.

Neben dem begrünten **Queen Square** können Sie sich über die berühmte

Royal Crescent, oben links Pulteney Bridge, rechts Fußgängerzone Bath

Romanautorin Jane Austen informieren, die hier zwischen 1801 und 1806 fünf Jahre lang lebte. Auch wenn keines ihrer Werke in diese Zeit fällt und der Zeitraum recht kurz war, ist das **Jane Austen Centre** entstanden, das sich aber nicht nur mit ihrer Person, sondern auch mit der Zeit, in der sie lebte, befasst. Unter anderem können Sie selbst in Regency-Kleidung schlüpfen, Essen und Getränke der Zeit probieren oder Gesellschaftsspiele des ausgehenden 18. Jahrhunderts spielen *(40 Gay St., BA1 2NT, www.janeaustin.co.uk, Apr. – Okt. 9.45 – 17.30 Uhr, sonst 10.00 – 16.00 Uhr, 11 £, City-Sightseeing-Halt Nr. 8, Bus Stop Queen Square Nr. 716).*

Kontrastprogramm gibt es direkt nebenan in ***Mary Shelley`s House of Frankenstein*** – eine Mischung aus Ausstellung und Geisterbahn. Immerhin, mit geschichtlichem Hintergrund, denn der Roman entstand, während Shelley in Bath weilte. Für ein noch eindrücklicheres Gänsehauterlebnis können Sie zusätzlich ein thematisch angelehntes Escape-Room Abenteuer buchen *(37 Gay St., BA1 2NT, www.houseoffrankenstein.com, Mo – Fr. 11.00 _ 16.00 Uhr, Sa. / So. bis 17.30 Uhr, Sommer teils länger, 12,50 – 24,30 £, Busse wie zuvor).*

Wer sich für Himmelskunde interessiert, wird vielleicht außerdem einen Blick in das zu einem Museum umgebauten Haus des deutschstämmigen Astronomen Wilhelm Herschel werfen wollen. Das **Herschel Museum** liegt nur zwei Straßen entfernt in südlicher Richtung *(19 New King St., BA1 2BL, www.herschelmuseum.org.uk, Feb. – Dez. Di. – So. 10.00 – 17.00 Uhr, 12 £, Sightseeing-Halt Nr. 8, Bus Stop Monmouth Place Nr. 4 / / 19 / 21 / 39).*

Ein weiterer interessanter Anlaufpunkt architektonischer Art ist ein als **Circus** bezeichnetes Straßenrondell ein Stück weiter nördlich. Er gilt als besonders gelungenes Beispiel georgianischer Baukunst und wurde zwischen 1754 und 1768 erbaut. Beliebt ist das dort ansässige ***Circus Restaurant*** *(34 Brock St., BA1 2LN).* Gleich ums Eck in der Bennett Street befindet sich ein weiteres Gebäude dieser Zeit, die **Assembly Rooms**. 1771 galten sie als elegantester und vornehmster Veranstaltungsraum im Königreich. Im unteren Stockwerk war lange Jahre das Bath Fashion Museum untergebracht, doch es ist inzwischen geschlossen und sucht eine neue Bleibe noch weiter

The Circus

in der Ortsmitte. Die zukünftige Nutzung der Räumlichkeiten ist aktuell unbekannt *(BA1 2QH, www.nationaltrust.org.uk, März–Okt. 10.30–17.00 Uhr, sonst bis 16.00 Uhr, Eintritt frei, Sightseeing-Halt Nr. 9, Bus Stop Alfred St. Nr. 6/7/20/31/620/700)*.

Ein zweites architektonisches Meisterstück und Wahrzeichen Baths ist das Gebäudehalbrund **Royal Crescent**. Der aus 30 Reihenhäusern bestehende Komplex wurde 1774 fertiggestellt und hat sich in seiner Außenfassade seitdem kaum verändert. Neben Privathäusern und Wohnungen ist in der Mitte ein Hotel untergebracht und in Nr. Eins das **Royal Crescent Museum**. Die Möblierung und Dekoration soll daran erinnern, wie die Räumlichkeiten einst ausgestattet waren *(www.no1royalcrescent.org.uk, Di.–So. 10.00–17.30 Uhr, 15,50 £, Sightseeing-Halt Nr. 10, Bus Stop Marlborough Buildings Nr. 20/700)*.

Noch weiter westlich schließen sich die Anlagen des **Royal Victoria Parks** und des **Botanischen Gartens** an, die tagsüber beide frei zugänglich sind. Im Süden befindet sich ein riesiger Spielplatz, genau das Richtige zum Austoben, wenn Sie mit Kindern unterwegs sind *(Sightseeing-Halt Nr. 12/13, Bus Stop Cranhill Rd. Nr. 20)*. Südlich davon werden Sie im ***Victoria Pub*** *(Upper Bristol Rd., BA1 3AT)* oder im ***Picnic in the Park Café*** *(16 Lark Pl., BA1 3BA)* satt.

Zurück in der Innenstadt hält der Sightseeing-Bus dann in der Milsom Street *(Halt Nr. 16)*. Von dort aus spazieren Sie durch die südlich angrenzende, schmale **Union Street** und **Union Passage**, die zu den ältesten Teilen des Geschäftszentrums führen, zurück zur Abbey *(Bus Stop Milsom St. Nr. 31/86)*.

City-Sightseeing bietet auch eine zweite Runde in die östlichen Außenbezirke von Bath an. Highlight auf dieser Runde ist das **Holburne Museum**. In dem prächtigen Bau werden vor allem Gemälde, Kunstgegenstände und Porzellan ab der Renaissance bis ins angehende 19. Jahrhundert, darunter Werke renommierter, meist britischer Künstler wie Hoare, Ramsay oder Stubbs, gezeigt. Dazu kommen Wechselausstellungen *(Great Pulteney St., BA2 4DB, Mo.–Sa. 10.00–17.00 Uhr, So. ab 11.00 Uhr, 12,50 £, www.holburne.org, Sightseeing-Halt Nr. E, Bus Stop Holburne Museum Nr. 11/84/94)*.

Das Richtige, um bei schönem Wetter dann noch Zeit im Grünen zu verbringen, sind die **Prior Park Landscape Gardens**. Die sanft wogende Parkanlage über den Dächern von Bath wurde im 18. Jahrhundert durch den Landschaftsarchitekten Capability Brown geschaffen. Unterstützt wurde er dabei durch den Dichter Alexander Pope, der so seine romantischen Vorstellungen mit einbringen konnte. Besonders spektakulär ist die Palladianische Brücke und die tolle Sicht vom Bath Skyline Walk auf die Dächer der Stadt. Auf vielen Wegen gelangen Sie auch in entfernte

Prior Park Landscape Gardens, unten Dyrham Park

Ecken des Parks, wo man Wild beobachten, einfach nur ausspannen oder an der Woodland Play Area toben kann *(Ralph Allen Dr., BA2 5AH, www.nationaltrust.org.uk, 10.00 – 17.00 Uhr, 10 £, National Trust-Mitglieder frei, Sightseeing-Halt Nr. Q, Bus Stop Prior Park Gardens Nr. 2).*

Dyrham Park

Einige Kilometer nördlich von Bath können Sie einen Abstecher nach **Dyrham** machen. Das Landgut stammt aus dem 17. Jahrhundert und ist von einem großen Wildpark umgeben. Eine Damwildherde lebt auf dem 110 Hektar großen Gelände schon seit Bestehen des Grundstücks und Besuchern bieten sich wunderschöne, weite Blicke mit den Tieren im verwachsenen Park, zwischen hohen Gräsern und alten Bäumen. Es gibt markierte Wege und einen Picknickplatz, dazu einen neu umgestalteten Garten. Die Idee ist das 21. Jahrhundert darzustellen, mit Reminiszenz an das Alte. Das prächtige Haus selbst ist ebenfalls einen Besuch wert und im barocken Stil gehalten. Es war einst Heim des Diplomaten und Kolonialverwalters William Blathwayt und seiner Familie *(N 51°28'50" W 2°21'43", A46, SN14 8ER, Dyrham, www.nationaltrust.org.uk, Haus März – Okt. 11.30 – 16.00 Uhr, Winter nur bis 15.00 Uhr, Garten 10.00 – 17.00 Uhr, Winter nur bis 16.00 Uhr, 19 £, National Trust-Mitglieder frei).*

Castle Combe

Castle Combe und Corsham *(13.370 Einwohner)*
Ein Stück weiter östlich liegt das kleine Dorf Castle Combe. Es besteht nur aus ein paar Häusern, einem Dorfplatz mit Brunnen, einer Kirche, drei Gasthäusern und einer Brücke. Da es in seiner Bausubstanz aber auf das 14. Jahrhundert zurückgeht und seitdem kaum verändert wurde, hat es Seltenheitswert und lockt entsprechend viele Touristen an. Auch die Filmindustrie ist schon mehrfach auf den Ort aufmerksam geworden. In Filmen wie »Dr. Doolittle«, »Harry Potter« oder »Die Gefährten« finden sich Szenen aus Castle Combe wieder. Wenn Sie ein paar schöne Fotomotive suchen und auch einen Blick auf ein weitgehend unverfälschtes Dorf werfen wollen, parken Sie oberhalb am Parkplatz bei N 51°29'53" W 2°13'24" in der **Dunes Lane** und gehen die rund 500 Meter zum Hauptplatz hinab – unten werden Sie keine Stellplätze finden. In Corsham können Womos bis maximal sieben Meter auf einem Parkplatz ohne Nachtparkverbot stehen.

216 **N 51°25'54" W 2°11'07"**, High St., SN13 0HB

Die kleine Fußgängerzone liegt gleich dahinter, macht aber Lust auf ein kurzes Beine vertreten und eine Einkehr, zum Beispiel im ***Mother and Wild*** *(8 High St., SN13 0HB)* oder im ***Grounded Café*** *(Pickwick Rd, SN13 0HL)*.

Ein paar Meter weiter die High Street hinauf können Sie **Corsham Court** besuchen. Sowohl der Garten, erneut ein Werk des bereits zuvor in Erscheinung getretenen Capability Browns, als auch ein Flügel des bis heute in achter Generation privat bewohnten Anwesens stehen Gästen offen *(Church St., SN13 0BZ, www.corsham-court.co.uk, Mitte März – Sep. Di. – Do. und Sa. / So. 14.00 – 17.30 Uhr, Okt. / Nov. und Jan. – Mitte März Sa. / So. 14.00 – 16.30 Uhr, 12,50 £, nur Gärten 5 £)*.

Lacock Abbey, unten im Dorf Lacock

Lacock *(1.100 Einwohner)*
Auch in Lacock gibt es eine ganz ähnliche Mischung aus einem sehenswerten, alten Dorf und einem Herrenhaus. In diesem Fall befindet sich aber beides im Besitz des National Trusts. Die **Lacock Abbey** geht einmal mehr auf ein Kloster zurück, das nach der Auflösung zum Privatwohnhaus umgestaltet wurde. In diesem Fall wurden viele Elemente behalten und sowohl Kreuzgang als auch Deckengewölbe sind zumindest teilweise noch vorhanden. Bekanntester Bewohner des Anwesens war der Fotopionier W.H. Fox Talbot, der als einer der Ersten eine Technik zur Papierbeschichtung und Fotoentwicklung fand. Seine Geschichte und die der Fotografie ist im zugehörigen **Fox Talbot Museum** nachgezeichnet worden. Im umliegenden Park wurde ein Entdeckerpfad installiert, auf dessen Stationen man mit optischen Täuschungen und physikalischen Phänomenen konfrontiert wird, die nicht nur Kinder überraschen. Zum Abschluss lohnt eine Runde durch das ursprüngliche Dorf mit seinen kleinen Geschäften und Lokalen *(N 51°24'48" W 2°07'09", Hither Way, SN15 2LG, www.nationaltrust.org.uk, Mitte Feb. – Okt. 10.00 – 17.30 Uhr, sonst nur teilgeöffnet 10.00 – 16.00 Uhr, 20 £, National Trust-Mitglieder frei).*

Die Nacht können Sie am nahen Campingplatz verbringen oder an einem Pub bei Melksham. Kurz vor Devizes erwartet Sie dann noch eine dritte Möglichkeit.

217 Lacock – *Piccadilly Caravan Park*

GPS/Kontakt: N 51°24'49" W 2°07'45", Folly Ln., SN15 2LP, Tel. 01249 26 31 64, www.piccadillylacock.co.uk. **Öffnungszeiten:** Apr. – Okt. **Ausstattung**: Waschmaschine / Trockner, WiFi, Spielplatz. **Beschreibung**: Gepflegter, nicht zu großer, teils schattiger und ruhig gelegener Rasencampingplatz nahe Lacock, rund 600 m bis in das Dorf. **Preis**: 26 – 30 £. **Zufahrt**: Von der A350 aus Richtung Norden kommend kurz vor der Lacock-Beschilderung rechts in die Folly Lane abfahren, dann gleich links. **Hinweis 1**: Camping and Caravanning Club-Mitglieder wählen auch die ***Kilima Farm*** ein Stück weiter östlich, N 51°25'19" W 2°05'14", Naish Hill, SN15 2QH, Tel. 01249 73 04 64, www.campingandcaravanningclub.co.uk, März – Okt., 12 – 20 £, nur Strom, Ver- / Entsorgung.

218 Seend – *Brewery Inn*

GPS/Kontakt: N 51°20'56" W 2°06'04", Seend Cleeve, SN12 6PX, Tel. 01380 82 84 63, www.bathcaravanpark.com. **Max. WOMOs**: 2. **Ausstattung**: Keine Einrichtungen. **Beschreibung**: Gemütliches Landpub mit kleinerem Parkplatz im Ort, nachts dennoch ruhig, eben. Vorab anrufen und Platz sowie Tisch reservieren. **Preis**: Gegen Einkehr und auf Anfrage kostenfrei. **Zufahrt**: Von der Straße zwischen Melksham und Devizes rechts nach Seend abfahren, dann wieder rechts in den Ort und bis zum Pub linker Hand.

219 Sells Green – *Devizes Camping and Carav. Club Site*

GPS/Kontakt: N 51°21'22" W 2°04'18", Spout Ln., SN12 6RN, Tel. 01380 82 88 39, www.campingandcaravanningclub.co.uk. **Öffnungszeiten:** Ganzjährig. **Ausstattung**: Waschmaschine / Trockner, WiFi, kleiner Shop, Abspülgelegenheit, Spielplatz. **Beschreibung**: Sauberer, größerer Platz mit vielen Buchten auf Schotter, teils auf Rasen, oft schattig, ruhige Lage, Pub und Bushaltestelle in der Nähe. **Preis**: 23,60 – 34,10 £, Nicht-Mitglieder des Clubs 30% Aufschlag. **Zufahrt**: An der Straße zwischen Melksham und Devizes im Ort Sells Green nach einer S-Lurve rechts beschildert, Einfahrt dann direkt rechter Hand.

Devizes *(16.830 Einwohner)*

Die Geschichte des adretten Städtchens Devizes reicht bis in die normannische zurück, als es zunächst als ein rein königliches Anwesen errichtet wurde. Erst danach bildete sich ringsum mit der Zeit ein Ort. Bis heute zeugen gut erhaltene historische Gebäude und Straßen von dieser reichen Vergangenheit. Einen Parkplatz finden Sie bei N 51°21'08" W 1°59'58", Station Rd., SN10 1DA, nicht sonderlich schön, daher keine Empfehlung, aber für die Nacht auch nicht verboten. Die Stadt beherbergt das **Wiltshire Museum**, mit einer umfangreichen Sammlung von Artefakten aus der Region *(41 Long Str., SN10 1 NS, wiltshiremuseumorg.uk, Apr. – Okt. Mo. – Sa. 10.00 – 17.00 Uhr, So. 11.00 – 15.00 Uhr, sonst nur Di. – Sa. 10.00 – 16.00 Uhr, 7,50 £)*. Besonders lohnend ist ein Besuch in Devizes an Donnerstagen, wenn Markt gehalten wird. Er findet seit über 900 Jahren statt, war einst der mit Abstand größte im gesamten Westen Englands und es gibt bis heute eine Vielzahl lokaler Produkte und Handwerkskunst im Angebot (The Market Place, SN10 1JD).

Avebury *(580 Einwohner)*

Gar nicht so weit entfernt vom etwas weiter südlich gelegenen Stonehenge befinden sich nahe der Stadt Swindon eine ganze Reihe prähistorischer Kultstätten rund um das Dorf Avebury, die ebenfalls als Weltkulturerbe-Stätte ausgezeichnet sind. Zuerst kommen Sie über Beckhampton zum **Silbury Hill**. Es ist der höchste von Menschen errichtete Hügel Europas und in Masse und Volumen mit den ägyptischen Pyramiden vergleichbar. Errichtet wurde er ungefähr 2400 Jahre v.Chr., sein Sinn ist gänzlich ungeklärt. Schon mehrmals fanden Untersuchungen und Grabungen statt, da man eine Begräbnisstätte im Inneren vermutete. Gefunden werden konnte aber bis heute nichts. Das Betreten des Hügels ist dennoch streng verboten, N 51°24'59" W 1°51'46", A4. Dann folgt der Kultplatz **The Sanctuary**. Die vor 3000 Jahren ursprünglich aus Holz bestehenden, kreisrund angeordneten Stelen wurden später durch Steine ersetzt. Aufgrund der großen Anzahl menschlicher Knochen, die rund um den Platz gefunden wurden, könnten einst rituelle Tötungen oder Opferungen stattgefunden haben.

Ohne nennenswerten Parkplatz und nur auf einem markierten kleinen Fußmarsch erreichen Sie das dazwischenliegende Langhaus **Kennet Long Barrow**. Es ist die größte bekannte und einzige in dieser Form erhaltene Grabkammer Englands. Sie diente als Begräbnisort für mehr als 50 Menschen, bevor sie rund 3650 Jahre v.Chr. geschlossen wurde.

Ein Stück die Straße zurück zweigt der Fahrweg nach Avebury selbst ab. Vom Parkplatz aus ist es nur ein kurzes Stück Weg zu den quer durch das Dorf verlaufenden Steinen. Mit über 100 aufgestellten Felsbrocken ist es der größte Steinkreis Britanniens. Mehr zu seiner Bedeutung und den anderen umliegenden Kultstätten, die Sie teilweise schon gesehen haben, erfahren Sie im **Alexander Keiller Museum** gleich dahinter. Es umfasst eine der

The Sanctuary, unten Avebury Manor

wichtigsten prähistorischen Sammlungen des Landes, darunter Stücke aus den direkt benachbarten Anlagen

(N 51°25'30" W 1°51'29", SN8 1RF, Beckhampton Rd., www.nationaltrust.org.uk, Apr. – Okt. 10.00 – 18.00 Uhr, sonst bis 16.00 Uhr, 6 £, National Trust- und English Heritage-Mitglieder frei).

Das **Avebury Manor**, ein Haus weiter, ist ein ganz besonderes Landgut: Im Gegensatz zu den vielen »echten« Herrenhäusern wurde dieses in Zusammenarbeit mit der BBC komplett neu ausgestattet und ist als »Hands on Experience« kreiert worden: Sie dürfen nicht nur, Sie sollen sogar alles anfassen, die Kleidung probieren, Bänke und Betten ausprobieren und sich so in die alten Zeiten einfühlen *(www.nationaltrust.org.uk, Apr. – Okt. 11.00 – 17.00 Uhr, Mitte Feb. – März bis 16.00 Uhr, Nov. / Dez. nur Do. –So., 13 £, National Trust-Mitglieder frei).*

Fünf Kilometer weiter entlang der A4361 zweigt rechts dann noch eine kleine Straße zum von der Hauptstraße aus erkennbaren **Hackpen White Horse** ab. Es ist eines der gar nicht so seltenen Pferde-Kratzbilder und seine Entstehung ist nicht gänzlich geklärt. Vermutet wird, dass es erst 1838 von einem ortsansässigen Gemeindeangestellten anlässlich der Krönung Königin Victorias erschaffen wurde. Kein Muss, aber zumindest ein ganz guter Platz für die Nacht.

220 Broad Hinton – *Hackpen White Horse*

GPS: N 51°28'17" W 1°48'55", SN4 9PF. **Max. WOMOs**: 2 – 3. **Ausstattung**: Keine Einrichtungen. **Beschreibung**: Schotterparkplatz am Hügel

beim White Horse., kein Schatten, eher uneben, nachts ruhig, 2,5 km außerorts. **Zufahrt**: Von der A4361 zwischen Avebury und Swindon rechts zum White Horse abzweigen. Dann nach 2,3 km links. **Hinweis**: Falls Sie lieber etwas gediegener stehen, wählen Sie alternativ das Winterbourne Pub, N 51°28'26" W 1°51'13", SN4 9QB, Tel. 01793 73 12 57.

Swindon *(233.700 Einwohner)*
Letzte Station auf Tour Sechs ist Swindon. Die Stadt zählt nicht unbedingt zu den Perlen Englands, das Zentrum ist sauber, aber wenig einladend. Doch im Westen lockt ein **Designer Outlet Centre** der europaweit agierenden Kette »McArthurGlen« Kaufwütige in seine Hallen. Rund 100 Shops, dazu Cafés und Restaurants buhlen um Kundschaft. Wer sich dafür nicht interessiert, kann alternativ einen Blick auf den Hauptsitz des National Trusts gleich nebenan werfen oder das **Steam Museum of the Great Western Railway** in einem alten Lokschuppen hinter der Mall besuchen. Darin können Sie zum Beispiel auf die vielen alten Dampflokomotiven klettern, selbst einmal die Signale bedienen, sich als Zugführer versuchen oder eine 80 Tonnen schwere Lok von unten ansehen *(Parken bei N 51°33'51" W 1°47'53", Kemble Dr., SN2 2DY, Outlet Centre, www.swindondesigneroutlet.com, Mo. – Fr. 10.00 – 20.00 Uhr, Sa. 9.00 – 19.00 Uhr, So. 10.00 – 18.00 Uhr, Steam Museum, www.steam-museum.org.uk, Mo. – Sa. 10.00 – 17.00 Uhr, So. 11.00 – 16.00 Uhr, 12,45 £)*. Einen letzten ganz guten Übernachtungsstopp gibt es am Westende der Stadt im Vorort Purton mit ***Dora`s Dairy Aire***.

221 **N 51°35'12" W 1°51'24"**, The Hyde, SN5 4EA, Tel. 07453 34 85 60, www.dorasdairy.co.uk, März – Okt., 20 £, nur 5 Plätze mit Ver- / Entsorgung.

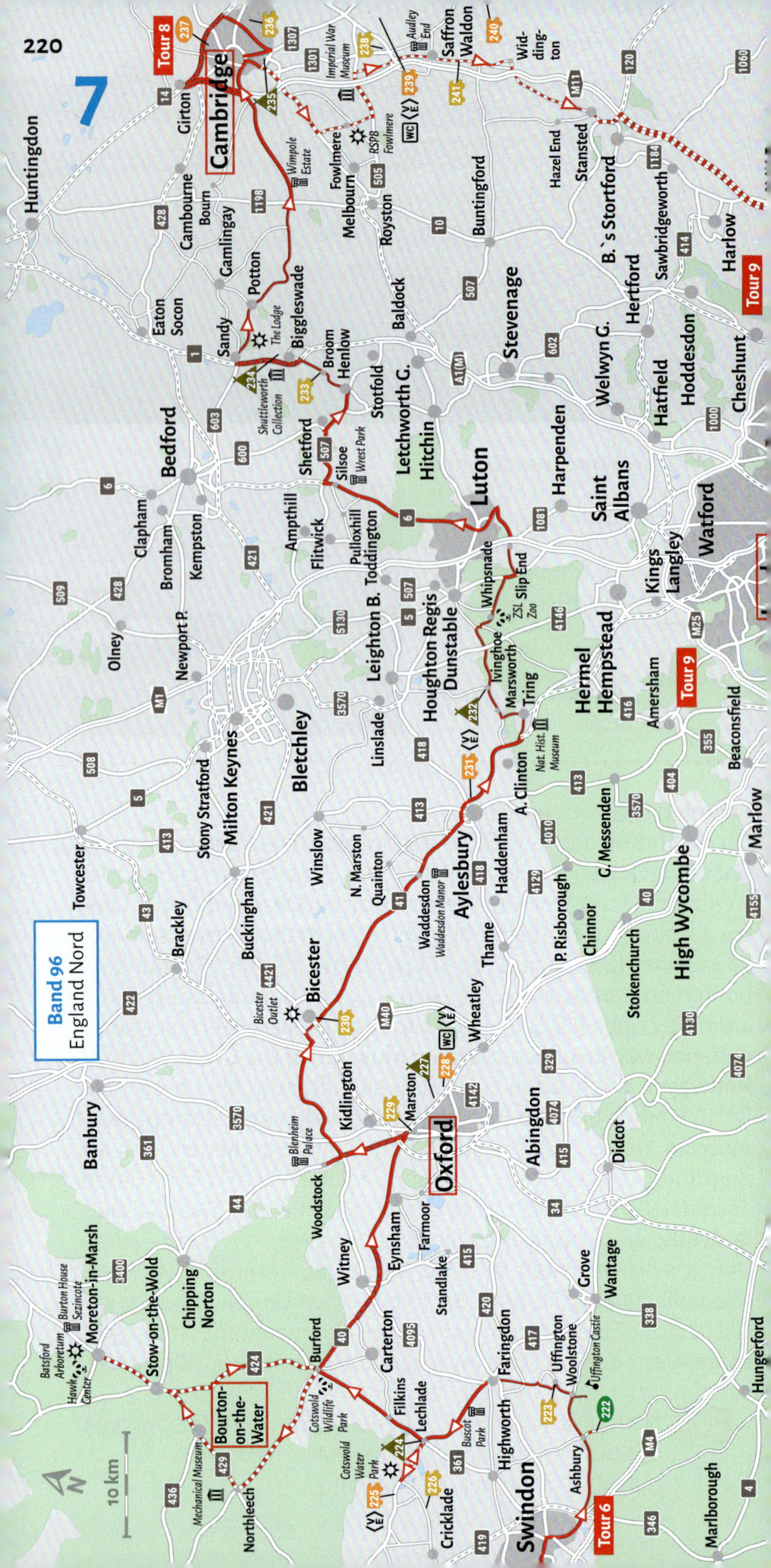
7
Band 96
England Nord
Tour 8
Tour 9
Tour 6
10 km
Huntingdon
Cambridge
Girton
Cambourne
Bourn
Camlingay
Potton
Sandy
Biggleswade
The Lodge
Eaton Socon
Bedford
Shuttleworth Collection
Broom
Henlow
Shetford
Stotfold
Silsoe
Wrest Park
Letchworth G.
Hitchin
Baldock
Royston
Melbourn
Fowlmere
RSPB Fowlmere
Wimpole Estate
Imperial War Museum
Audley End
Saffron Walden
Widdington
Stansted
Hazel End
B.`s Stortford
Sawbridgeworth
Harlow
Hertford
Hoddesdon
Cheshunt
Buntingford
Stevenage
Welwyn G.
Hatfield
Harpenden
Saint Albans
Watford
Kings Langley
Luton
Whipsnade
Slip End
ZSL Zoo
Ampthill
Flitwick
Pulloxhill
Toddington
Clapham
Bromham
Kempston
Olney
Newport P.
Milton Keynes
Bletchley
Leighton B.
Linslade
Houghton Regis
Dunstable
Ivinghoe
Marsworth
Tring
Nat. Hist. Museum
Hermel Hempstead
Amersham
Beaconsfield
A. Clinton
Aylesbury
Haddenham
Waddesdon
Waddesdon Manor
Quainton
N. Marston
Winslow
Stony Stratford
Towcester
Brackley
Buckingham
Bicester
Bicester Outlet
Banbury
Kidlington
Marston
Oxford
Blenheim Palace
Woodstock
Wheatley
Thame
P. Risborough
Chinnor
C. Messenden
Stokenchurch
High Wycombe
Marlow
Abingdon
Didcot
Witney
Eynsham
Farmoor
Standlake
Carterton
Faringdon
Grove
Wantage
Uffington
Woolstone
Uffington Castle
Hungerford
Ashbury
Swindon
Highworth
Buscot Park
Lechlade
Filkins
Cricklade
Cotswold Water Park
Burford
Cotswold Wildlife Park
Bourton-on-the-Water
Northleech
Mechanical Museum
Stow-on-the-Wold
Moreton-in-Marsh
Batsford Arboretum
Hawk Center
Burton House Sezincote
Chipping Norton
Marlborough

Oxfordshire, Cambridgeshire

480 km

Auf Tour Sieben dreht sich alles um die beiden berühmten Universitätsstädte Oxford und Cambridge. Ein Besuch ist wirklich lohnend, egal ob Sie einmal einen Blick in die berühmten Colleges werfen wollen, sich als Steuermann auf einem Punting Boat versuchen möchten oder einfach nur durch die schönen alten Innenstädte bummeln wollen. Im Umland beider Städte lassen sich stille Winkel, großartige Herrenhäuser und auch Natur entdecken, all das meist abseits der typischen Touristenrouten. Entdecken Sie:

- **Oxford**
- **Cotswolds**
- **Blenheim Palace**
- **Wimpole Estate**
- **Cambridge**

Uffington White Horse

Statt direkt auf der A420 bis Oxford zu eilen, bietet sich die Gegend nördlich von Swindon für eine Rundfahrt an. Denn hier beginnen die Cotswolds, ein landschaftlich schönes, hügeliges Gebiet, das öfters als »Herz Englands« bezeichnet wird und als beliebte Ausflugsregion gilt. Sie touchieren die südlichen Ausläufer auf dieser Tour. Fahren Sie zunächst in östliche Richtung.

222 Ashbury – *Ashbury Hill*

GPS: N 51°33'26" W 1°36'26", Ashbury Hill. **Max. WOMOs:** 1 – 2. **Ausstattung**: Keine Einrichtungen. **Beschreibung**: Schotterparkplatz neben der Straße am Reit- und Wanderweg, recht eben, kein Schatten, 1 km in den Ort. **Zufahrt**: Swindon in südöstlicher Richtung auf der A4259 verlassen und am Kreisverkehr zur A419 die zweite Auswahl nach Warlborough wählen. Immer geradeaus bis Ashbury, dort rechts abzweigen. Nach 1000 m links.

Nach rechts ist unterwegs die Abfahrt zum Uffington White Horse markiert. Diese Gegend ist schon seit Jahrtausenden besiedelt und voller Spuren vergangener Zivilisationen, ihrer Sagen und Weltbilder können Sie auf einem kurzen, ansteigenden Weg zur geheimnisvollen Pferdefigur im Kalksteinfels wandern *(N 51°34'40" W 1°34'45", SN7 7QN, www.english-heritage.org.uk, freier*

Zutritt). Entgegen anderer, erst vor wenigen hundert Jahren entstandenen Abbilder, ist dieses Pferd rund 3000 Jahre alt und wurde in der Bronzezeit in den weichen Boden geritzt. Das Trockental darunter wird als »The Manger« bezeichnet und fällt in steilen Felsrippen ab, den »Riesentreppen«. Östlich erkennt man unterhalb den Drachenhügel, eine runde Erhöhung mit abgeflachter Spitze. Dort soll der Heilige Georg, Englands Schutzheiliger, einst einen Drachen besiegt haben. Als er ihm den Kopf abschlug, vergiftete sein Blut die Erde und hinterließ weiße Kalknarben, die man bis heute erkennt. Oberhalb des Pferdeabbilds wird der Hügel, auf dem Sie stehen, vom **Uffington Castle** gekrönt. Die einfache, aus Graben und Wall bestehende Anlage bildet mit nur 262 Meter den höchsten Punkt des ganzen Countys Oxfordshire. Bei genauem Hinsehen erkennt man ringsum auch eine ganze Reihe Grabhügel. Im größten, zwischen Parkplatz und Pferdebild, fand man bei Untersuchungen 47 Skelette. Wenn Sie im Anschluss in Richtung Ort Uffington weiterfahren, können Sie das Pferdebild von schräg unten noch einmal sehen. Im Ganzen erkennt man es so sogar besser als aus der Nähe. Auch eine Campingfarm befindet sich ganz in der Nähe. In **Woolstone** können Sie am Pub ***White Horse Inn*** mit großem Parkplatz gegenüber und sehr schönem Gastgarten eine Nacht verbringen.

223 **N 51°35'18" W 1°34'40"**, Marsh Way, SN7 7QL, Tel. 01367 82 07 26

Buscot Park

Bald darauf durchqueren Sie die recht hübsche Kleinstadt **Faringdon** und erreichen danach das Anwesen Buscot Park. Es wurde zwar schon vor Jahren an den National Trust übergeben, doch bis heute bewohnen die ehemaligen Besitzer, die Familie Henderson,

Uffington Horse, oben Pub-Stellplatz 223

Buscot Park

das Grundstück und sorgen sich um das Anwesen. Dies gestattet besonders private Einblicke und schafft eine eigene Atmosphäre. Im Freiland gibt es viel zu entdecken, beispielsweise die vom Künstler David Herber errichteten Wasserspiele Faux Falls. Im Haus sehen Sie, neben den Wohnräumen, auch die private Kunstausstellung der Familie *(N 51°40'28" W 1°39'17", Lechlade Rd., SN7 8BU, www.buscot-park.com, etwa Apr. – Sep. Mi. – Fr. und jedes 2. und 4. Wochenende im Monat, 14.00 – 18.00 Uhr, Mo. / Di. nur Garten geöffnet, Eintritt mit / ohne Haus 12 / 7 £, National Trust-Mitglieder frei).*

224 Lechlade – *Bridge House Campsite*

GPS/Kontakt: N 51°41'26" W 1°41'39", Thames St., GL7 3AG, Tel. 01367 25 23 48, www.bridgehousecamping.co.uk. **Öffnungszeiten:** Apr. – Okt. **Ausstattung**: Campingplatzüblich. **Beschreibung**: Ruhig gelegener, größerer Rasenplatz hinter einer Farm nahe der Themse, recht eben, von Hecken und Bäumen umgeben, Vorabbuchung erwünscht, der Ort ist etwa 300 m entfernt. **Preis**: 20 – 25 £. **Zufahrt**: In Lechlade links Richtung Inglesham / Swindon halten, dann nach wenigen hundert Metern links. **Hinweis**: Camping und Caravanning Club-Mitglieder finden mit der ***Rough Grounds Farm*** gleich nördlich des Ortes einmal mehr eine Alternative, N 51°42'27" W 1°41'30", Thames St., GL7 3EU, Tel. 07711 94 99 71, www.roughgroundsfarm.co.uk, Mai – Okt., 20 – 25 £.

Cotswold Water Park

Gleich ab **Lechlade** zieht sich die Seenplatte des Cotswold Water Parks in Richtung Westen. Über 150 Seen und Tümpel stehen für verschiedenste Aktivitäten offen: Viele sind als Naturschutzgebiet gekennzeichnet und bieten Rundwege sowie Vogelbeobachtungsplätze. Andere sind zum Fischen freigegeben, für Wassersportaktivitäten oder auch zum Baden. Um die Möglichkeiten im

Cotswold Wildlife Park

Ganzen zu erfassen und zu nutzen, müssen Sie allerdings ein Stück weiter nach Westen fahren. Das **Gateway Centre**, die meisten für Besucher interessanten Seen und die besten Parkmöglichkeiten befinden sich nahe **Latton** in Höhe der Spine Road Junction von **A419** und **A4696** *(N 51°40'21" W 1°53'53", GL7 5TL)*. Am Gelände des örtlichen Fußballclubs können Sie in der Nähe übernachten, allerdings ist der Platz Camping and Caravanning Club-Mitgliedern vorbehalten. Ansonsten ist das Pub ***Old Spotted Cow*** eine Alternative.

225 **Fairford Town F.C. Site N 51°42'25" W 1°46'05"**, Cinder Ln., GL7 4AX, Fairford, Tel. 01285 71 30 30, www.campingandcaravanningclub.co.uk, Mai – Aug., 12 £

226 **N 51°40'14" W 1°48'56"**, The Street, SN6 6LQ, Marston Meysey, Tel. 01285 81 02 64

Cotswold Wildlife Park and Gardens

Der nächste lohnende Halt befindet sich entlang der Hauptroute am Cotswold Wildlife Park, einer echten Überraschung in Sachen (Tier)gärten. Inmitten eines schön gestalteten Parks mit üppigen Blumenstauden, vor allem im »Walled Garden« und Tropenhaus, wohnen über 260 Spezies, denen Sie erstaunlich nahekommen können. Nur eine kleine Brücke trennt Besucher von Vielfraßen und ein schmaler Graben von den Nashörnern. Fast schon Tuchfühlung nehmen Sie zu Pinguinen, Erdmännchen und den Tieren in der Madagaskar-Voliere auf. Außerdem können Sie mit der Park Train für ein paar Pennys eine Runde über das Gelände drehen oder Kinder am großen Abenteuerspielplatz toben lassen. Rund um das Landgut im Zentrum des Parks befinden sich gastronomische Einrichtungen, das Reptilien- und Insektenhaus. Übrigens: Gezahlt wird bei Einfahrt auf den Parkplatz am Autoschalter, der sich erst nach den ersten großen Gehegen von Lamas und Straußen beidseitig der Einfahrt befindet *(N 51°46'26" W 1°39'14", Hardwick Ln., OX18 4JP, www.cotswoldwildlifepark.co.uk, 10.00 – 18.00 Uhr, Winterhalbjahr bis 16.00 Uhr, 19 £, etwa 10% Onlineermäßigung)*.

Abstecher in die nördlichen Cotswolds

Bis jetzt haben Sie die interessantesten Ecken der Cotswolds nur gestreift. Wenn es Ihnen in der Gegend gefällt und Sie noch ein wenig tiefer eintauchen möchten, können Sie, statt bei Burford rechts nach Oxford weiterzufahren, über A40, A429 und A424 noch eine kleine Rundfahrt durch ein besonders beliebtes Ausflugseck unternehmen. Bei **Northleach** passieren Sie das skurrile **Museum of Mechanical Instruments**. Bourton-On-The-Water zählt zu den schönsten Orten im Land und hat mit gleich mehreren Museen, einem großen **Vogelpark**, **Labyrinth** und einem **Miniaturdorf** auch eine ganze Reihe an Sehenswürdigkeiten zu bieten. Auch die Marktstadt **Stow-On-The-Wold** lohnt einen Halt. Und wenn Sie noch die Schleife bis **Moreton-In-Marsh** fahren, kommen Sie zum **Cotswold-Falkencenter**, dem **Batsford Arboretum**, **Bourton House** und **Chastleton House** sowie dem eleganten Anwesen **Sezincote**. Hier noch ein paar Übernachtungstipps in dieser schönen Region, die im Band 96 zu Nordengland ausführlicher behandelt wird:

Brücke in Bourton-on-the-Water

TOUR 7

Oxford *(162.100 Einwohner)*

Die Stadt Oxford geht vermutlich auf eine Klostergründung im Achten Jahrhundert zurück und wurde erstmals durch die Angelsachsen rund 200 Jahre später schriftlich erwähnt. Die ersten Berichte über die Universität stammen aus dem Zwölften Jahrhundert und die ersten Colleges, Verbandsheime, in denen die Studenten wohnen, sich organisieren und lernen, wurden ab 1249 gegründet. Die ältesten sind das bis heute bestehende University College, Balliol College und Merton College.

1642 wurde Oxford dann unter Charles I. während des Bürgerkriegs sogar kurzzeitig zum Regierungssitz Englands und es gab Ausschreitungen zwischen Königstreuen und Parlamentariern. Doch diese Phase war nur von kurzer Dauer und man kehrte bald wieder zur Kernkompetenz, dem universitären Betrieb, zurück. Mit der Errichtung des Oxford-Kanals und der Eisenbahnstrecken rückte die Stadt näher an ihre großen Nachbarn wie London und Birmingham heran und gewann auch als Industriestandort an Bedeutung. Lange Jahre war im Vorort Cowley der Sitz des Automobilherstellers Morris Motor Company. Auch heute noch ist sie

Im Zentrum von Oxford, unten rechts Garten am Christchurch College

in Betrieb, noch immer zur Produktion des schon damals produzierten Minis – nun aber unter Leitung des Münchner BMW-Konzerns.

Für Ihren Besuch in Oxford macht es wenig Sinn, in die Innenstadt einzufahren. Viel stressfreier und bequemer ist die Nutzung einer der »Park & Ride«-Möglichkeiten, von wo aus Sie sich dann mit dem Pendelbus direkt in die Stadtmitte begeben. Dazu wählen Sie den im Süden gelegenen Platz **Redbridge P&R** *(Einfahrt bei N 51°43'52" W 1°14'59", Old Abingdon Rd., OX1 4XG, Parken ist dort am Busparkplatz gestattet, 8,50 £, Busticket muss extra gekauft werden)*, oder den **Parkway P&R** im Norden *(Einfahrt zu Buchten für Fahrzeuge mit Übergröße bei N 51°48'10" W 1°16'19", Loverose Way, OX2 8HE, sollte alles besetzt sein, können Sie zwischen 7.30 und 19.00 Uhr auch den Parkwärter bitten eine Schranke zu öffnen, 8,40 £, Busticket war zuletzt inkludiert)*,

Wenn Sie länger als nur ein paar Stunden in der berühmten und alteingesessenen Universitätsstadt verweilen möchten, können Sie zwischen zwei WOMO-Pubs und etwas weiter außerhalb gelegenen, einfachen Campingmöglichkeiten wählen. Die stadteigenen Plätze mussten zuletzt schließen, um Platz für Wohnungsbau zu schaffen.

227 Horspath – *Green Acres Campsite*

GPS/Kontakt: N 51°44'34" W 1°09'49", Sandy Ln., OX33 1TF, Tel. 01865 41 17 00, www.greenacrescampsite.uk. **Öffnungszeiten**: Feb. – Dez. **Ausstattung**: WiFi, sonst campingplatzüblich. **Beschreibung**: Einfacher, aber ganz gemütlicher und recht ruhiger Rasenplatz vor den Toren der Stadt, Mobiltoiletten, eben, kein Schatten, Bushaltestelle 450 m entfernt. **Preis:** 25 – 30 £. **Zufahrt**: Von der östlichen Umgehungsstraße die Ausfahrt Richtung Horspath nehmen und der Straße bis in den Ort folgen, dort kurz nach dem Rechtsknick links in den Gidley Way abfahren und dann nach 600m links beschildert zum Platz. **Hinweis**: Eine Alternative könnte noch der große ***Greenhill Leisure Park*** nördlich von Oxford sein, N 51°51'19" W 1°17'29", Station Rd., OX5 3BQ, Tel. 01869 35 16 00, www.greenhill-leisure-park.co.uk, ganzjährig, 29 – 37 £.

228 Garsington – *Lower Farm*

GPS/Kontakt: N 51°42'01" W 1°09'24", Watlington Rd., OX44 9DP, Tel. 07719 25 38 80, www.campingandcaravanningclub.co.uk.
Max. WOMOs: 5. **Öffnungszeiten**: Ganzjährig. **Ausstattung**: Ver- / Entsorgung, Strom, Toilette / Dusche. **Beschreibung**: Große und relativ ebene Rasenfläche hinter einer Farm, geschützt durch Hecken, ruhig, klappstuhlgeeignet, Bushaltestelle etwa 300 m entfernt.
Preis: 16 – 20 £. **Zufahrt**: Von der östlichen Umgehungsstraße die Ausfahrt Richtung Watlington nehmen und der B480 für etwa 4,5 km stadtauswärts folgen, dann rechts. **Hinweis**: Nur für Mitglieder des Camping and Caravanning Clubs, Reservierung empfohlen.

TOUR 7

229 Old Marston – *The Red Lion*

GPS/Kontakt: N 51°46'21" W 1°14'10", 42 Oxford Rd., OX3 0PH, Tel. 01865 24 77 61. **Max. WOMOs:** 2 – 3. **Ausstattung**: Tags Toiletten und WiFi, sonst keine Einrichtungen. **Beschreibung**: Zentrumsnächstes WOMO-Pub, rund 3,3 km vom Zentrum entfernt, Schotterparkplatz hinter dem Haus, Außenterrasse, Bushaltestellt schräg gegenüber. **Preis:** 20 £, die verrechnet werden, wenn Sie im Pub essen. **Zufahrt**: Vom P&R-Platz Oxford zunächst stadteinwärts fahren, dann am Kreisverkehr links auf die A40 wechseln. Bei nächster Gelegenheit rechts ab nach Marston, dort am Kreisverkehr rechts und die zweite wieder rechts bis zum Pub auf der linken Seite. **Hinweis**: Eine weitere gute Möglichkeit ist das nördlich der Stadt gelegene Pub ***Trout Inn***, N 51°46'21" W 1°14'10", 195 Godstow Rd., OX2 8PN, Wolvercote, Tel. 01865 51 09 30.

Unterwegs in Oxford

Auch in Oxford bietet sich die Gelegenheit, für einen Gesamtüberblick, wichtige Infos zur Stadt und ein bequemes Vorankommen den **City-Sightseeingbus** mit Hop-on-/ Hop-off-Schema zu wählen. Die Busse befördern Sie einmal rund um das verkehrsberuhigte Zentrum und zu den etwas weiter außerhalb gelegenen Sehenswürdigkeiten *(www.citysightseeingoxford.com, je nach Jahreszeit alle 15–30 min., 9.30–16.40 / 17.40 Uhr, Tickets ab 18 £).*

Wir stellen Ihnen wichtige Attraktionen in der Reihenfolge Sightseeingbus-Tour vor. Auch die Colleges, an denen Sie vorbeikommen und die für die Öffentlichkeit besuchbar sind, werden aufgeführt. Nicht alle muss man gesehen haben; zu den interessantesten gehören sicher das Christ Church College und das Magdalen College. Eine Übersicht zu den genauen Einlasszeiten und Preisen erhalten Sie auf www.ox.ac.uk/visitors/visiting-oxford/visiting-the-colleges.

Statt per Bus können Sie die Wege natürlich auch zu Fuß nachvollziehen und sich stattdessen zu einem ausgedehnteren Spaziergang aufmachen.

Wir beginnen in der New Road am **Oxford Castle**. Es ist eine Besucherattraktion zwischen Geschichtsunterricht und Kostümspektakel. In der bald 1000 Jahre alten Burghalde nehmen Sie an einer Führung teil, auf der entsprechend kostümierte Charaktere Ihnen Geschichten aus dem alten Oxford und dem Burgleben preisgeben. Dazu gehört auch der St. George's Tower, Oxfords ältestes Gebäude, und die unterirdische Krypta. Am Gefängnis werden Sie entlassen und können den letzten Teil noch auf eigene Faust erkunden *(44 Oxford Castle, OX1 1AY, www.oxfordcastleunlocked.co.uk, 10.00–17 Uhr, Führungen etwa alle 20 Min., ab 16.20 £, City-Sightseeing-Halt 4).* Gleich nebenan können Sie da große s **Westgate Shopping Centre** besuchen.

Rund um die Straße **St. Aldate`s** befinden sich gleich eine ganze Reihe sehenswerter Orte *(City-Sightseeingbus-Halt 7 / 8).* Im Süden endet sie an der

Tom Quad des Christchurch Colleges, oben Speisesaal

Folly Bridge über der Themse mit dem ***The Folly Restaurant*** *(Folly 1, OX1 4JU)*. Gleich unterhalb werden Bootstouren angeboten und alle möglichen Arten von Kähnen zur Miete offeriert. Wenn schon, dann sollten Sie die Gelegenheit ergreifen, sich an einem der traditionellen Puntingboote zu versuchen. Der Bootsführer schiebt diese an einem langen Stab durch das seichte Wasser, doch Vorsicht: Das Navigieren und Umschiffen der anderen Boote, die gerade an schönen Wochenenden sehr zahlreich sein können, ist schwieriger, als man denkt *(Boote ab 25 £ / Std., Kaution 50 £)*. Ein Stück zurück an der Ecke zur **Speedwell Street** befindet sich **Alice's Shop**. Der Souvenirladen steht ganz im Zeichen von Alice im Wunderland, deren Geschichte auch in Oxford spielt. Sogar der Laden selbst kommt im Buch von Lewis Carroll vor.

Gegenüber können Sie durch ein Tor die Gärten des **Christ Church College** betreten und einen Spaziergang im Grünen unternehmen. Die benachbarten Gebäude samt der großen Kathedrale gehören zu den interessantesten Oxforder Bildungseinrichtungen, somit ist auch eine Audiotour durch das College selbst sehr empfehlenswert und sicher eine der interessantesten Unternehmungen, die man in Oxford haben kann, sollte aber vorgebucht werden, da die Tickets am gleichen Tag oft schon vergriffen sind, vor allem in der Saison. Gegründet wurde es Mitte des 16. Jahrhunderts durch King Henry VIII. und brachte beispielsweise schon 13 englische Premierminister hervor. Auf Ihrem Rundgang erfahren Sie nicht nur viel Wissenswertes über die Fakultät, sondern erleben auch ein paar der außergewöhnlichen Räume, wie den Speisesaal und Innenhöfe, wie den ikonischen Tom Quad, sowie die Kathedrale ganz am Ende *(St. Aldate's, OX1 1DP, www.chch.ox.ac.uk, ganzjährig, 17–18 £)*.

Weiter geradeaus in Richtung Fußgängerzone **Cornmarket** passieren Sie zunächst das **Museum of Oxford** im vorderen Teil der Town Hall. Es befasst sich mit allen Aspekten der Stadtgeschichte und der Universitäten und Colleges *(St. Aldate's, OX1 1BX, www.museumofoxford.org, Di.–Sa. 10.00–17.00 Uhr, Eintritt frei aber Spende erwünscht)*. Auf der gegenüberliegenden Straßenseite steht der **Carfax Tower** aus dem 14. Jahrhundert, er gilt als ein Fixpunkt der Stadt und man kann ihn besteigen. Zusammen mit den vielen anderen Spitzen, Dächern und Zinnen trägt er zu Oxfords Beinamen »Stadt der verträumten Türme« bei *(15 Broad St., OX1 3AS, Apr.–Sep. 10.00–17.0 Uhr, sonst nur bis 15.00 / 16.00 Uhr, 4 £)*. Am Beginn der **High Street** nach rechts können Sie den schönen, überdachten **Covered Market** besuchen. Die Markthallen gehören zu den ältesten und traditionellsten Ladenpassagen der Stadt. Kulinarisch zuzuschlagen lohnt sich beispielsweise bei **Ben's Cookies** oder dem **Pieminister**.

Weiter entlang dieser Straße gehen Sie dann an einer ganzen Reihe von Colleges vorbei *(City-Sightseeingbus-Halt 9 und 10)*. **Lincoln College**, **Brasenose College** und **All Souls College** liegen alle an der **High Street** und können in Teilen besucht werden. Das Gleiche gilt für **Oriel College**, **Merton**

TOUR 7

Radcliffe Camera, unten Pitt Rivers Museum

College und **University College** eine Parallelstraße dahinter entlang von **Blue Boar Street** und **Merton Street**. Dort liegt auch das gute ***Bear Inn*** *(6 Alfred St., OX1 4EH).*

Ganz im Westen des Zentrums fügt sich die **Magdalen Bridge** an die High Street. Auch hier, auf dem River Cherwell, können Sie sich im Punting versuchen oder im großen **Magdalen College** vorbeischauen, das eine ganze Reihe an Räumen und Plätzen für Besucher offenhält *(High St., OX1 4AU, www.magd.ox.ac.uk, City-Sightseeing-Halt 11, 10.00 – 18.30 Uhr, 9,50 £).* Gegenüber befindet sich der Zugang zum **Botanical Garden of Oxford**. Mit rund 400 Jahren Bestehen ist er der älteste botanische Garten des Landes und umfasst mit Arboretum und Gewächshäusern eine recht beeindruckende Anzahl an Blumen und Bäumen aller Art. Für Familien werden verschiedene, thematisch unterteilte Thementrails angeboten *(Rose Ln., OX1 4AZ, www.obga.ox.ac.uk/visit-garden, 10.00 – 17.00 Uhr, 15 £).*

Ein Stück zurück können Sie nur zu Fuß rechts vor dem Queen's College in die schmale **Queen's Lane** einbiegen. Am Weg passieren Sie die Cafés ***The Rose*** *(51 High St., OX1 4AS)* und ***Queen's Lane Coffee House*** *(High St., OX1 4AR)* und wandern so, vorbei am **New College** und **Hertford College**, unter der **Hertford Bridge** hindurch. Die kleine, geschlossene Brückenpassage über die Straße gleicht der Seufzerbrücke in Venedig und ist ein beliebtes Fotomotiv. Sie gelangen so zur **Cattle Street**. Links sehen Sie das kreisrunde Gebäude der **Radcliffe Camera**. Das auffällige Bauwerk stammt aus dem 18. Jahrhundert und war einst Sitz der Bibliothek. Heute dient es als Lesesaal und der Zugang ist Studenten vorbehalten; nur auf speziellen, im Voraus gebuchten Touren ist ein Zugang für Besucher möglich. Nichtsdestotrotz gehört es zu den Highlights auf einem Stadtrundgang und zu den bemerkenswertesten Orten Oxfords. Gleich rechts daneben geht man in den Hof der **Bodleian Library**, der heutigen Universitätsbibliothek. Als eine von nur sechs Pflichtexemplar-Bibliotheken muss jedes in Großbritannien erschienene Buch darin hinterlegt werden. Aneinandergereiht würde der Bestand heute eine Strecke von rund 175 Kilometern ergeben, mehr als 6,5 Millionen Einzelbände sind vorhanden. Der Eintritt erfolgt mittels gebuchter Führung *(Broad St., OX1 3BG, auch City-Sightseeingbus-Halt 9 und 10, www.visit.bodleian.ox.ac.uk, verschiedene Touren ab 2,50 £).*

Um das Eck in der **Broad Street**

Balliol College, unten Queen`s College

schlägt das alte Herz der Stadt *(City-Sightseeing-Halt 14 und 15)*. Linker Hand sehen Sie den runden, mit einer Kuppel gekrönten Bau des **Sheldonian Theatres**. Es wurde zwischen 1664 und 1669 unter Leitung von Sir Christopher Wren erbaut. Es ist die offizielle Zeremonienhalle der Universität, in der beispielsweise Immatrikulationsfeiern und Graduierungszeremonien abgehalten werden *(Broad St., OX1 3AZ, www.sheldonian.ox.ac.uk, wechselnde Öffnungszeiten, 4,50 £)*.

Auch die **Touristeninformation** befindet sich in der Broad Street sowie das beliebte ***White Horse Pub*** *(Nr. 52, OX1 3BB)*. Auf der gegenüberliegenden Seite steht das imposante Bauwerk von **Trinity College**. Auf der gleichen Straßenseite folgt an der Kreuzung zur **Magdalen Street** dann noch das **Balliol College**. Auf der Insel in der Straßenmitte steht die St. Mary Magdalen Church mit dem auffälligen **Martyrs Memorial**. Es wurde zu Ehren der Märtyrer Latimer, Ridley und Cranmer erbaut, die alle wegen ihres Bekenntnisses zur Reformation in den Jahren 1555 und 1556 unter der katholischen Königin Maria in Oxford auf dem Scheiterhaufen verbrannt wurden.

Das 1884 gegründete und nach seinem Gründer benannte **Pitt Rivers Museum** zeigt in einem erstaunlichen Bau voller geometrisch angeordneter Schauvitrinen etwa 500.000 Einzelstücke. Darunter viele archäologische und ethnografische Objekte aus der ganzen Welt und verschiedensten Epochen. Der Zugang erfolgte zuletzt über das vorgelagerte **Museum of Natural History**. Ähnlich aufgemacht umfasst es vor allem eine große Anzahl an Tiermodellen und liefert viele interessante Fakten dazu, etwas, das auch jüngere Besucher begeistern wird *(Parks Rd., OX1 3PW, www.oumnh.ox.ac.uk und www.prm.ox.ac.uk, City-Sightseeingbus-Halt 16, 10.00–17.00 Uhr, Eintritt frei)*.

Ein letztes Highlight ist das bekannte **Ashmolean Museum** in der **Beaumont Street**. Die Generalsammlung setzt Schwerpunkte im Bereich »Kunst und Archäologie«, doch es gibt Exponate zu mannigfaltigen Themen. Sie geht auf einen Privatbestand an Raritäten aus dem 17. Jahrhundert zurück, der weitgehend aus Münzen, Stichen, Tier- und Pflanzenpräparaten bestand. Heute gehören auch Kunstwerke Caspar David Friedrichs, Leonardo da Vincis oder Michelangelos dazu sowie Instrumente, Kleidungsstücke und Keramiken *(Beaumont St., OX1 2PH, City-Sightseeingbus-Halt 20, www.ashmolean.org, 10.00–17.00 Uhr, Eintritt frei, aber Online-Ticket-System um Wartezeiten zu vermeiden)*.

Blenheim Palace

Nördlich von Oxford lohnt nun noch ein Stopp am weltbekannten Anwesen Blenheim Palace. Es gehört seit 1987 zum UNESCO-Weltkulturerbe und wurde zwischen 1705 und 1722 erbaut. Es war ein Geschenk der englischen Nation an den Duke von Marlborough John Churchill in Gedenken an seinen historischen Sieg über französische und bayerische Truppen 1704. Es gilt als absolutes Meisterwerk barocker Architektur und kann Besucher einen ganzen Tag lang fesseln. Im Erdgeschoss können Sie einige Wohnräume besichtigen und mehr über Winston Churchill erfahren, der als Sohn der großen Churchill-Dynastie in Blenheim geboren wurde. Im Obergeschoss nimmt man an einer computergesteuert-animierten und ganz amüsanten Reise durch die Geschichte des Palastes teil und in den riesigen Gärten können Sie wandern, spazieren oder ausspannen und einmal mehr die landschaftsgestalterische Kunst des großen Lancelot Capability Brown genießen.

Wer mag, nimmt dann vom Parkplatz noch die kleine Ausflugsbahn zu den Pleasure Gardens – mit Heckenlabyrinth, Schmetterlingshaus und Abenteuerspielplatz etwas für die ganze Familie *(N 51°50'46" W 1°21'06", Oxford Rd., OS20 1UH, Woodstock, www.blenheimpalace.com, Mitte Feb. – Nov. Park meist 9.00 – 17.00 Uhr, andere Attraktionen teils kürzer, inkl. deutschsprachigen Audioguides 28 – 38 £).*

Bicester *(28.670 Einwohner)* und Waddesdon Manor

Auf der Weiterfahrt touchieren Sie die Stadt Bicester. An sich ist das kein sonderlich erwähnenswerter Stopp, wenn es nicht einmal mehr die Gelegenheit zum Einkaufen gäbe. Auch hier befindet sich nahe der Schnellstraße mit dem **Bicester Village** ein Outlet Centre. Durch seine Autobahnanbindung und eine gute Zugverbindung liegt es noch im erweiterten Londoner Einzugsbereich und erwartet Sie bei Interesse daher mit gleich 150 Geschäften. Doch seien Sie gewarnt, hier wird vor allem Haute Couture präsentiert, die auch im Outlet meist kein Schnäppchen ist *(N 51°53'32" W 1°09'08", Pingle Dr., OX26 6EU, Mo. – Mi. 9.00 – 20.00 Uhr, Do. – Sa. bis 21.00 Uhr, So. 10.00 – 19.00 Uhr).* Über Nacht stehen Sie ganz nahe am Stadt-Pub ***The Nightingale***.

230 **N 51°53'30" W 1°08'16"**, 10 Nightingale Pl., OX26 6XX, Tel. 01869 36 92 91

Waddesdon Manor steht dann direkt neben der Hauptstraße **A41**. Nicht ganz so groß und mächtig wie Blenheim, beeindruckt es Besucher nichtsdestotrotz mit seinem Baustil, der einem französischen Chateau des 16. Jahrhunderts nachempfunden ist. Es wurde erst 1874 vom Baron de Rothschild errichtet. Grund war

Blenheim Palace

sein Wunsch, die Welt der Schönen und Reichen zu beglücken und standesgemäß einladen zu können sowie für seine Kunstsammlung ein passendes Ambiente zu schaffen. Rings um das Haus können Sie die viktorianischen Gärten voll bunt blühender Farbenpracht durchschreiten und exotische Vögel in der Voliere beobachten *(N 51°50'33" W 0°55'29", Silk St., HP18 0JH, Waddesdon, Haustickets möglichst online vorbuchen unter www.waddesdon.org.uk, Feb. – Mitte März nur Gärten, dann bis Ende Sep. mit Haus, inkl. Haus 25,50 £ / nur Garten 13,50 £, National Trust-Mitglieder frei).*

231 Aylesbury – *Oak Farm*

GPS/Kontakt: N 51°49'02" W 0°46'27", Broughton Ln., HP22 5AW, Tel. 07790 83 39 03, www.campingandcaravanningclub.co.uk. **Max. WOMOs**: 5. **Öffnungszeiten**: Apr. – Sep. **Ausstattung**: Ver- / Entsorgung, Strom, Mülleimer. **Beschreibung**: Etwas improvisierte Übernachtungsmöglichkeit vor einer Farm, teils auf Rasen, teils Schotter, etwas uneben, teils schattig, klappstuhlgeeignet, rund 2,5 km in den Ort. **Preis**: 13 – 17 £. **Zufahrt**: Die südöstliche Ausfallstraße A 41 nehmen, dann an einer Ampel links Richtung Broughton fahren, nach 600 m Einfahrt rechts. **Hinweis**: Nur für Mitglieder des Camping and Caravanning Clubs, Reservierung empfohlen.

Tring *(11.960 Einwohner)*

Vorbei an **Aylesbury** können Sie in der kleinen Marktgemeinde **Tring** dann wenig später das einstige Privatmuseum des zweiten Barons von Rothschild besuchen. Längst der Öffentlichkeit zugänglich gemacht, trägt es seit 2007 den Namen **Natural History Museum**. Als Ableger des großen Londoner Bruders umfasst es eine sehr umfangreiche Sammlung ausgestopfter und konservierter Tiere aller Kontinente. Das ist sicher nicht jedermanns Sache, aber dennoch erwähnenswert: Darunter befinden sich immerhin auch Besonderheiten wie die ausgestorbenen Spezies Quagga, Tasmanischer Wolf oder die Laufvögel Moa und Dodo

(Parken in der Hastoe Lane bei N 51°47'23" W 0°39'42", www.nhm.ac.uk/visit/tring.html Museum Akeman St., HP23 6AP, Mo.–Sa. 10.00–17.00 Uhr, So ab 14.00 Uhr, Eintritt frei).

232 Ivinghoe – *Town Farm Campsite*

GPS/Kontakt: N 51°50'19" W 0°37'16", B489, LU7 9EL, Tel. 01296 66 84 55, www.townfarmcamping.co.uk. **Öffnungszeiten**: März–Okt. **Ausstattung**: Waschmaschine / Trockner, sonst campingplatzüblich. **Beschreibung**: Kleine, einfache Campsite an einer Farm in Alleinlage. Ruhige Rasenfläche, kein Schatten, etwa 7 km vor Whipsnade.
Preis: 20–22,50 £, Rabatt für 2 oder 3 Nächte. **Zufahrt**: Ab Tring nach Ivinghoe fahren und dort der Wegweisung nach Whipsnade folgen, der Platz ist dort bereits angeschrieben. **Hinweis**: Camping and Caravanning Club-Mitglieder können auch die ***Hill Farm*** nahe Tring wählen, N 51°46'429" W 0°42'36", Chivery, HP23 6LD, Tel. 01296 63 08 19, www.campingandcaravanningclub.co.uk, ganzjährig, 18–25 £.

ZSL Whipsnade Zoo

Kurz vor der Stadt **Luton**, die in Resteuropa vor allem durch den zu den Londoner Airports zählenden Flughafen bekannt ist, gelangen Sie nahe dem Dorf **Whipsnade** zum größten Tierpark der Britischen Inseln. ZSL Whipsnade Zoo umfasst eine Fläche von 2,4 Quadratkilometern und ist damit nicht nur der größte Zoo Großbritanniens, sondern einer der größten überhaupt – zumindest was die Fläche angeht. Ziemlich einmalig in Europa dürfte auch die Möglichkeit sein, mit dem Wohnmobil quer durch den Park zu verschiedenen Parkplätzen an den Hotspots zu fahren, allerdings ist dieser Luxus nicht ganz billig. Einfach weil die Fußwege sonst schnell zu weit werden können. Das Asien-Gehege ist wie ein Safaripark aufgebaut, die dort lebenden Tiere wie Antilopen und Wild können direkt bis ans Auto herankommen. Auch Pfaue oder Maras leben fast frei im Zoo und die volierenartige Einhausung der Lemuren kann man komplett durchqueren. Zu den Höhepunkten eines Besuchs zählen sicher auch die neue Elefantenanlage und das Serengeti-Gehege des Löwenrudels. Wer nicht selbst mit dem Auto durch den Park fahren möchte, kann alternativ auch Shuttlebusse und im Westteil eine Parkbahn nutzen *(N 51°51'01" W 0°32'39", B4540, LU6 2LF, www.zsl.org/zsl-whipsnade-zoo, wechselnde Öffnungszeiten je nach Jahreszeit, 10.00–16.00 / 17.00 / 18.00 Uhr, 27–30 £, Fahrzeugmitnahme 15–30).*

Wrest Park

Einen nächsten Halt verdient Wrest Park mit seinem großzügigen Landschaftspark, der gleich drei Generationen an Landschaftsgärtnern beschäftigte, die alle ihre Spuren hinterließen. Aus dem

Wrest Park

Auffinden der Statuen, Tempel und Spezialitäten, wie der Badegrotte, kann man fast ein Suchspiel machen. Im Gebäude sind nur wenige Räume ausgestattet, der Rest umfasst eine interaktive Ausstellung zum Anwesen und seiner einstigen Bewohner *(N 52°00'31" W 0°24'54", MK45 4HR, Silsoe, www.english-heritage.org.uk, Apr – Juni und Sep. / Okt. bis 17.00 Uhr, Jul. / Aug. bis 18.00 Uhr, sonst nur Mi. – So. bis 16.00 Uhr, 12,70 £, English Heritage-Mitglieder frei).*

Shuttleworth Collection und RSPB Reserve The Lodge
Eine überaus renommierte und weltweit anerkannte Sammlung an Flugzeugen und Automobilen gibt es am Old Warden Aerodrome mit der Shuttleworth Collection zu besuchen. Sie wurde vom Luftfahrtpionier Richard Shuttleworth begründet, der 1928 selbst bei einem Flugzeugabsturz ums Leben kam. Vor allem die über 40 Flugmaschinen, deren Schwerpunkt auf den frühen Tagen der Luftfahrt liegt, ziehen Besucher an. Darunter ist auch das älteste flugfähige Flugzeug der Welt, eine Blériot XI aus dem Jahr 1909, die noch immer mit ihrem Originalmotor läuft. Jährlich werden zwölf Flugtage veranstaltet, bei denen man die Veteranen auch in der Luft beobachten kann. Bei den Fahrzeugen hält ein Panhard von 1898 den Altersrekord.

Zum Gelände gehört auch der **Swiss Garden**. Mit seinen Tümpeln, Skulpturen und drei verschiedenen Rundwegen lädt er Gäste zu einem erholsamen und ruhigen Aufenthalt als Kontrastprogramm zur Motorshow nebenan ein – vor und nach einem Aufenthalt oder stattdessen *(N 52°05'25" W 0°19'22", Hill Ln., SG18 9EP, Biggleswade, Termine über www.shuttleworth.org, Mitte Feb. – Okt. 9.30 – 17.00 Uhr, sonst 10.00 – 16.00 Uhr, Komplettpreis / nur Collection / nur Garten 20 / 15 / 8 £, an Flugtagen andere Preise und Zeiten).*

Im nahen **Broom** befindet sich dann die dazu passende Übernachtungs-Lokation: das sympathische »Pub ohne Tresen« ***Cock Inn*** mit langer Geschichte und Parkplatz hinter dem Haus im Grünen.

233 **N 52°04'22" W 0°17'30"**, 23 High St., SG18 9NA, Broom, Tel. 01767 31 44 11.

234 Biggleswade – *Turnpike Farm Caravan Park*

GPS: N 52°06'10" W 0°14'32", Potton Rd., SG18 0ER, Tel. 01767 31 32 72, www.turnpikefarm.com. **Öffnungszeiten**: Ganzjährig. **Ausstattung**: Nur Ver- / Entsorgung, Strom, einfache Toilette und Mülleimer. **Beschreibung**: Einfache, teils schattige Campingwiese hinter einer Farm mit Caravan-Lagerplatz. Ruhige Alleinlage, rund 2 km außerhalb des Ortes. **Preis**: 22 £. **Zufahrt**: In Biggleswade Richtung Potton fahren, dort linker Hand.

Ganz auf Natur ausgerichtet ist das RSPB Resort The Lodge kurz hinter **Sandy**. Das 1961 eröffnete Schutzgebiet weist auf 238 Hektar eine Reihe an Wanderwegen durch Wald, Heide und Grasland auf, insgesamt sind 8 km an Wegen für Besucher freigegeben. Am Verwaltungsgebäude im Chalet-Stil wurde auch ein Picknickplatz installiert oder Sie können sich an einer Snackbar versorgen; es gibt einen als Garten angelegten Bereich und im Gelände Überreste einer eisenzeitlichen Befestigungsanlage. Alles in allem vielleicht kein zwingender Stopp, aber eine sehr angenehme Möglichkeit, auf dieser doch stark durch Städte und Kultur geprägten Tour ein wenig frische Luft und Stille zu tanken *(N 52°07'20" W 0°15'41", Potton Rd., SG19 2DL, www.rspb.org.uk, 7.00 – 19.00 Uhr, statt Eintritt Parkgebühr 6 £).*

Wimpole Estate

Letzter Tipp für einen Halt vor Cambridge ist das Wimpole Estate. Das riesige, bis heute wirtschaftlich genutzte Anwesen hat das Zeug dazu, alle Mitreisenden glücklich zu machen, auch wenn die Interessen etwas weiter auseinanderliegen mögen. Im Gutshaus können Sie durch die im georgianischen Stil eingerichteten Räume wandern und mehr zu den einstigen Bewohnern, Dienstboten und Gästen erfahren. In den Gärten, Pleasure Grounds und dem mit Früchten, Gemüse und Kräutern bepflanzten Walled Garden

Wimpole Estate

lässt sich wunderbar spazieren gehen. Wem mehr nach einer stillen, weiteren Wanderung ist, der geht durch das Parkland und sanft geschwungene Felder mit Weidekoppeln bis zum Gothic Tower am See. Immer was los ist dann auf dem hauseigenen Bauernhof, auf dem Schweine, Kühe, Schafe, Ziegen, Pferde und Hühner aus der Nähe erlebt werden können. Viele davon gehören zu den »Rare Breeds«, heutzutage nur noch selten anzutreffenden Arten, denen man sich in Wimpole verschrieben hat. Im Wald hinter der Farm gibt es dann noch einen großen Spielplatz zum Austoben für die Jüngsten *(N 52°08'28" W 0°02'39", Orwell, SG8 0BW, www.nationaltrust.org.uk, Mitte Feb. – Okt. Park 9.30 – 18.00 Uhr, Garten bis 17.00 Uhr, Farm 10.30 – 16.00 Uhr, Haus 12.30 – 15.00 Uhr, sonst meist ohne Haus und Farm nur bis 14.30 Uhr, mit Haus 18 £ / nur Farm und Garten 9 £, National Trust-Mitglieder frei).*

Cambridge *(145.700 Einwohner)*
Die Geschichte Cambridges ist seit vielen Hundert Jahren mit dem ewigen Rivalen Oxford verknüpft. Schließlich entstand der universitäre Betrieb sogar mit abtrünnigen Studenten Oxfords, die eine neue Fakultät in Cambridge mit aufbauten. Somit scheint die Stadt zunächst einmal jünger zu sein. Doch der Eindruck täuscht, denn dies gilt nur für die Lehranstalt. Schon 1000 Jahre v.Chr. gab es Siedlungen und unter den Römern wurde die Brücke am Fluss Cam ein wichtiger militärischer Posten samt Ortschaft. Eine Blütezeit wurde um 875 durch die Wikinger eingeleitet, die im und um den wachsenden Ort regen Handel trieben. Unter den Normannen entstanden das einstige Castle und die noch heute bestehende Round Church. 1284 wurde die Universität gegründet. Der Wettstreit der beiden Fakultätsstädte wird seit 1829 durch ein jährlich stattfindendes Achter-Bootsrennen auf der Themse befeuert. Zurzeit liegt Cambridge vorn, auch akademisch ist man in ständigem Schlagabtausch: So sprachen sich nationale wie internationale Wissenschaftsmagazine in den letzten Jahren mehrheitlich für Cambridge als führende Universität Europas aus, auch wenn Oxford zuletzt diesen Platz zurückerobern konnte.

Wie fast immer in größeren Städten müssen Sie zunächst das Parkplatzproblem lösen. Im Zentrum von Cambridge werden Sie außerhalb von Parkgaragen, wenn überhaupt, Kurzzeitstellplätze finden. Für einen etwas längeren Aufenthalt kommt somit nur eine Park and Ride-Anlage infrage. Ab dort gelangen Sie mit einem Pendelbus ins Zentrum. Für Fahrzeuge mit Überhöhe gibt es am **Trumpington P&R** südlich der City eine eigene beschilderte und beschrankte Einfahrt, dort muss der Rufknopf gedrückt werden *(Extrazufahrt bei N 52°10'07" E 0°06'35", Hauxston Rd., CB2 9LX, nur tagsüber bis 18.30 Uhr nutzbar)*. Ansonsten haben Sie in Cambridge die Wahl zwischen verschiedenen Nachtplätzen.

235 Cambridge – *Camping and Caravanning Club Site*

GPS/Kontakt: N 52°09'53" E 0°07'24", 19 Cabbage Moor, CB22 5NB, Tel. 01223 84 11 85, www.campingandcaravanningclub.co.uk. **Öffnungszeiten:** Ostern bis Okt. **Ausstattung**: Waschmaschine / Trockner, WiFi, kleiner Shop, Spielplatz, Abspülgelegenheit. **Beschreibung**: Großer flacher Platz in Ortsrandlage auf Rasen und Schotter, kein Schatten, eben, recht ruhig, regelmäßig Foodtrucks vor Ort, gute Anbindung ins Zentrum durch Bushaltestelle 200 m entfernt. **Preis**: 21,90 – 31,60 £, Nicht-Mitglieder etwa 30% Aufschlag. **Zufahrt**: Die M11 in südliche Richtung bis zur Ausfahrt Royston nehmen. Dann stadteinwärts, bei erster Gelegenheit rechts in die Addenbrooke`s Road und dann erneut rechts in die Cambridge Road (A1301) bis zur Platzeinfahrt links nach 500 m. **Hinweis**: Clubmitglieder können alternativ die ***Meads Farm*** im Süden anfahren, N 52°07'16" E 0°03'24", Barrington Rd., CB22 6HS, Foxton, Tel. 07884 21 46 08, www.meadsfarm.co.uk, Feb. – Nov., 20 – 27 £. Von dort Busanschluss sowie eine Zugverbindung nach Cambridge und London. Oder die nordöstlich gelegene, ganzjährig geöffnete ***Gayton Farm***, ebenfalls mit Busanschluss ins Zentrum, N 52°14'35" E 0°11'20", Clayhithe Rd., CB25 9JE, Horningsea, Tel. 01223 44 09 05, www.campingandcaravanningclub.co.uk, 20 – 27 £.

TOUR 7

236 Cherry Hinton – *Robin Hood Pub*

GPS/Kontakt: N 52°09'53" E 0°07'24", 1 Fulbourn Rd., CB1 9JL, Tel. 01223 50 50 26. **Max. WOMOs**: 2 – 3. **Ausstattung**: Keine Einrichtungen. **Beschreibung**: Größerer Schotterparkplatz neben dem Pub mit Biergarten, Bushaltestelle benachbart, Registrierung nach Ankunft notwendig. **Preis**: Gegen Einkehr und auf Anfrage kostenfrei. **Zufahrt**: Die M11 in südliche Richtung bis zur Ausfahrt Royston nehmen. Dann stadteinwärts, bis Sie rechts an einer Ampel die Abfahrt nach Cherry Hinton nehmen können. Nun etwa 4,3 km geradeaus bis zum Pub rechts. **Hinweis**: Auch das Pub ***The Plough*** im kleinen Coton westlich von Cambridge eignet sich N 52°12'35" E 0°03'59", 2 High St., CB23 7PL, Tel. 01954 21 04 89, Bushaltestelle in der Nähe.

237 Milton – Milton County Park

GPS: N 52°14'13" E 0°09'34", Cambridge Rd., CB24 6AZ. **Max. WOMOs**: 4 – 5. **Ausstattung**: Mülleimer, sonst keine Einrichtungen. **Beschreibung**: Großer ebener und teils schattiger Parkplatz des County Parks auf Asphalt, der das über Nacht parken bislang gestattet, die Tore werden abends geschlossen, he nach Saison zwischen 16.30 – 19.00 Uhr, aber der Fußgängerzugang ist weiter möglich, Bushaltestelle an der Hauptstraße. **Preis**: 10 £, am Parkautomat. **Zufahrt**: Von der nördlichen Umgehungsstraße A14 die Ausfahrt Milton nehmen, dann ab dem Kreisverkehr der Beschilderung zum County Park folgen.

Unterwegs in Cambridge

Das innerste Zentrum lässt sich gut zu Fuß erkunden und ist sowieso weitgehend verkehrsfrei. Für die etwas weiter außerhalb gelegenen Sehenswürdigkeiten empfiehlt sich dann einmal mehr der **City-Sightseeingbus** im Hop-on- / Hop-off-Betrieb. Er startet direkt neben der Haltestelle Downing Street des P&R-Busses *(über www.city-sightseeing.com, etwa 10.10–18.10 Uhr in der Saison alle 20 Min., 24-h-Tickets, 19,70 £, auch Kombitickets samt Punting-Bootstouren erhältlich)*. Lassen Sie sich mit dem Bus erst in die Außenbezirke kutschieren und erfahren Sie per Audiokommentar ein wenig mehr zur Stadtgeschichte, bevor Sie im Anschluss selbst zu einem Trip durch das kompakte Zentrum aufbrechen.

An der Chesterton Lane, nördlich des Cams, können Sie vom City-Sightseeing-Halt Nummer Drei einen Flussspaziergang bis zum **Museum of Cambridge** und dem **Kettle's Yard** machen. Ersteres setzt sich dem Namen nach mit der Stadtgeschichte auseinander, im zweiten Museum erhalten Sie Einblicke ins Wohnhaus Jim Edes, eines Kunstsammlers und ehemaligen Kurators der berühmten Tate Gallery London. Es zeigt Werke moderner Künstler wie Miró oder Brâncuși *(beide Castle St., CB3 0AQ, www.museumofcambridge.org.uk und www.kettlesyard.co.uk, Di.–So. 11.00–17.00 Uhr, So. bis 16.00 Uhr, je nach Bereich frei bis 10,50 £)*. Nach links über die Brücke gelangen Sie vorbei am **Magdalen College** zu Halt Nummer Vier oder nach den Museen geradeaus zu Halt Nr. 15.

Bei Halt Nummer Sieben in der **Jesus Lane** stehen Sie am gleichnamigen College und spazieren in westliche Richtung zur bald schon angeschriebenen Mall **The Grafton**, Cambridges größtem Einkaufstempel.

Im Süden der Stadt befindet sich das **Scott Polar Research Institute and Museum**. Es befasst sich mit der Erforschung, wissenschaftlichen Erkenntnissen und der Kunst in der Polarregion *(Lensfield Rd., CB2 1EP, Di–Sa 10.00–16.00 Uhr, Eintritt frei, City-Sightseeing-Halt 11)*. Zwei Ecken weiter erreichen Sie den großen **Botanischen Garten**, der mit seinen Pflanzen aus aller Welt, Gewächshäusern und den schön gestalteten Anlagen zu den Topadressen Cambridges zählt *(Trumpington Rd., CB2 1JE, www.botanic.cam.ac.uk, Apr.–Sep. 10.00–18.00 Uhr, sonst bis 16.00 / 17.00 Uhr, 7 £, City-Sightseeing-Halt 12)*.

Nicht weit entfernt steht an der Trumpington Road auch Cambridges wichtigstes Museum, das **Fitzwilliam**. Die sehr große Sammlung umfasst die Abteilungen »Antiquitäten«, »Angewandte Kunst«, »Münzen«, »Manuskripte / Bücher« und »Zeichnungen / Drucke«. Das Spektrum reicht dabei vom alten Ägypten bis nach Japan und von Meistern des Mittelalters bis zu Renoir, Picasso und anderen Künstlern des 20. Jahrhunderts *(Trumpington Rd., CB2 1RB, www.fitzmuseum.cam.ac.uk, Di.–Sa. 10.00–17.00 Uhr, So ab 12.00 Uhr, Eintritt frei, City-Sightseeing-Halt 13, auch P&R-Bus, Halt Trumpington Rd.)*. Gleich nebenan steht die älteste Fakultät Cambridges, das **Peterhouse College**. Mit Halt Nummer 16 erschließt die Stadtrundfahrt auch noch ein etwas abgelegeneres Ziel, den **Amerikanischen Militärfriedhof** mit WW II Memorial – mit seinen 3812 Gräbern und der Gedenkstätte für 5127 Vermisste ein Ort, der zweifelsohne beeindruckt *(Madinglay Rd., CB23 7PH,*

www.abmc.gov, 9.00–17.00 Uhr).

Im Anschluss geht es zurück ins Zentrum. Zu Fuß starten Sie dann wieder in der **Downing Street**, diesmal am Ende linksherum in die **St. Andrews Street** zur Einkaufspassage **Grand Arcade**. An der Ecke befindet sich vorher mit dem ***Varsity*** *(Nr. 35, CB2 3AR)* noch ein angesagtes Hotelrestaurant. Sie geht in den zweiten Komplex **Lion Yard** über, an dessen Ende Sie links entlang der Straße **Petty Cury** zum Marktplatz gelangen. Links von Ihnen befindet sich die Guild Hall, in der auch das **Touristeninformationszentrum** untergebracht ist. Am hinteren Ende befindet sich die **St. Mary's Church**. Nachdem Sie sich umgesehen haben, halten Sie sich rechts durch die **Market Street** *(nettes Budget-Restaurant **Butch Annie`s**, Nr. 23, CB2 3PA)*, bis Sie nach links entlang der Einkaufsstraße **Sidney Street** nach Norden gehen können. Ihr Ziel ist die **Round Church**. Sie stammt aus normannischer Zeit und gehört zu den ganz wenigen bis heute erhaltenen Rundkirchen. Angelehnt ist ihre Optik an die Grabkirche in Jerusalem *(Bridge St., CB2 1UB, www.christianheritage.org.uk, Mi.–Sa. 10.00–17.00 Uhr, Di ab 13.30 Uhr, 3,50 £)*. Nördlich zieht sich die **Bridge Street** weiter nach Norden, ein geeigneter Abstecher, wenn Sie hungrig sind. Mit den Restaurants ***Byron Hamburgers*** *(Nr. 12, CB2 1UF)*, ***Cambridge Wine Merchants*** *(Nr. 32, CB2 1UJ)* und dem ***Galleria Restaurant*** *(Nr. 33, CB2 1UW)* haben Sie gleich eine ganze Auswahl nah beieinander.

Linksherum, durch die **St. Johns Street**, gelangen Sie zu den bekanntesten Colleges. Wie schon in Oxford können die meisten dieser Einrichtungen auch von Gästen besucht werden, eine Übersicht finden Sie auf der Universitätsseite www.map.cam.ac.uk/colleges. Das **St. John's College** auf der rechten Seite macht den Anfang. Es gehört zu den sehenswertesten in der Stadt und erstreckt sich über beide Flussseiten des Cams, der hinter dem Hauptgebäude vorbeifließt. Die **Bridge of Sighs** verbindet beide Teile. Sie lehnt sich nicht nur namentlich an Venedigs Seufzerbrücke an *(Nr. 11, CB2 1TW, www.joh.cam.ac.uk)*.

Gleich im Anschluss folgt das **Trinity College** mit der Wren Library *(CB2 1TQ, www.trin.cam.ac.uk)* und das etwas kleinere **Gonville & Caius College**. In dieser Höhe finden Sie auch das in einer ehemaligen Kirche untergebrachte ***Café Michaelhouse*** *(CB2 1SU)*.

Dann öffnet sich die bis dahin schmale Straße zur breiten **Kings Parade** hin. Rechts sehen Sie die schönen Gebäude des eindrucksvollen **Kings Col-**

...vom Cambridge, rechts Puntingboote am River Cam

lege mit der bekannten gleichnamigen Kapelle. Es wurde 1441 von Henry VI. gegründet und gehört zu den fantastischsten spätgotischen Bauten Englands. Die Bauarbeiten an Gebäuden und Kirche dauerten ganze 70 Jahre *(CB2 1ST, www.kings.cam.ac.uk)*. Links, am Straßeneck von der Taylor Library des **Corpus Christi College**, schlägt die **Corpus Clock** in einem Glaskasten. Eine äußerst ungewöhnliche Uhr, die die Zeit mit blauen Leuchtdioden anzeigt und von den Beinen eines Grashüpfers angetrieben wird – sehen Sie selbst. Rund um die Ecke befinden sich auch noch weitere erwähnenswerte gastronomische Betriebe. So das ***Chop House*** *(1 Kings Par., CB2 1SJ), das* ***Smokeworks*** *(2 Free School Ln., CB2 3QR)* und ***The Eagle*** *(8 Benett St., CB2 3QN)*.

Vorbei an den Gebäuden des **St. Catherine's College** und **Queens College** spazieren Sie dann rechts noch auf einem Abstecher zur Cambrücke. Sie können den vielen Puntingbooten beim Staken und mehr oder weniger gekonnten Manövrieren zusehen. Auch Sie selbst können ein Boot mieten *(6er-Boot pro Stunde 24 £, mit Chauffeur ab 16 £ pro Person)*.

Die Holzbrücke im Hintergrund ist als **Mathematical Bridge** bekannt und wurde nur angeblich ohne jegliche Schrauben und Nägel konstruiert. Auf der **Silver Street** zurück und am Ende rechts und gleich wieder links gelangen Sie zum Ausgangspunkt. Dabei passieren Sie noch das **Pembroke College** rechts und eine ganze Reihe von Museen, die durch die Universität betrieben werden. Links streifen Sie das kleine **Whipple Museum** *(Mo. – Fr. 12.30 – 16.30 Uhr)* zum Thema Wissenschaftsgeschichte und das **Museum of Zoology** *(Di. – Sa. 10.30 – 16.30 Uhr, So. ab 12.30 Uhr)*. Rechts das **Museum für Archäologie und Anthropologie** *(Öffnungszeiten wie zuvor)* sowie das **Sedgwick Museum** für Erdgeschichte und -wissenschaft *(Mo. – Fr. 10.00 – 13.00 Uhr und 14.00 – 17.00 Uhr, So. 10.00 – 16.00 Uhr, alle Museen Eintritt frei)*.

Auf der M11 fahren Sie nun entweder in Richtung London zu Tour Neun weiter (siehe unten) oder begeben sich von hier aus direkt weiter zu Tour Acht, die nordöstlich von Cambridge beginnt.

Abkürzung in Richtung London

Fahren Sie auf der **A10** in Richtung **Royston**, um dann links nach **Fowlmere** abzudrehen, wenn Sie das **RSPB Reserve Fowlm-**

ere besuchen möchten. Das Schilfgebiet wird von einem Bach durchflossen und steht wegen der vielen dort lebenden Vögel wie Wasserrallen, Turteltauben oder Eisvögel unter besonderem Schutz. Auf drei Kilometern markierter Wege können Sie das Gebiet durchstreifen; es gibt auch ein Visitor Centre, Toiletten und einen ruhigen Parkplatz *(N 52°05'35" E 0°03'15", Mill Rd., SG8 7TH, www.rspb.org.uk, Eintritt frei, Spenden erwünscht).*

Gleich neben der M11-Auffahrt hat dann das Londoner **Imperial War Museum** nahe **Duxford** eine riesige Außenstelle. Auf dem historischen Flugplatz mit mehreren Hangars und Teilmuseen werden Flugzeuge, Gerät und Fahrzeuge aus dem Zweiten Weltkrieg, aber auch anderer militärischer Konflikte der letzten Jahrzehnte sowie Reliquien der zivilen Luftfahrt gezeigt. Sie können eine Spitfire aus der Nähe betrachten, das Überschallflugzeug Concorde ansehen und alte Panzer begutachten. Mehrmals jährlich finden in den Sommermonaten große Flugshows statt *(N 52°05'48" E 0°07'58", A505, CB22 4QR, www.iwm.org.uk/visits/iwm-duxford, 10.00–16.00 Uhr, 26,80 £).*

Am Weg in Richtung **Saffron Walden** können Sie noch am gemütlichen Dorfpub ***The Plough*** mit größerem Parkplatz hinter dem Haus bleiben oder als Camping- und Caravanning Club Mitglied die Wiese am Angelteich von ***Ashwell House*** anfahren.

238 **N 52°03'52" E 0°12'15"**, 2 High St., CB10 1PL, Great Chesterford, Tel. 01799 80 22 89

239 **N 52°03'30" E 0°14'49"**, Petts Ln., CB10 1XE, Little Walden, Tel. 01799 52 40 38, www.campingandcaravanningclub.co.uk, Apr. – Okt., 8 £, nur Ver- / Entsorgung und Toilette

Mit den **Audley End House and Gardens** erreichen Sie zum Schluss noch ein besonders sehenswertes Anwesen. Einst eines der größten jakobinischen Landgüter Englands befindet es sich heute in einer ruhigen, ländlichen Landschaft mit weiten Blicken ins County Essex. Sie besuchen die Privaträume der Familie Braybrooke mit der von Robert Adam gestalteten Einrichtung, die gotische Kapelle aus dem 18. Jahrhundert und die Dienstbotenräume. In Küche, Wäscherei und anderen Bereichen können Sie durch viele in historische Kostüme gehüllte Volunteers noch besser nachempfinden, wie die Atmosphäre einst gewesen sein mag. In den Stallungen begegnen Sie den Pferden, wandern durch die bunten Sommerpflanzungen und den Küchengarten. Auf der großen Wiese vor dem Haus können Sie oft bei Cricketspielen zusehen oder sich einfach für ein gemütliches Picknick in herrschaftlicher Kulisse niederlassen *(N 52°01'11" E 0°13'18", CB11 4JF,* *www.english-heritage.org.uk, Gärten März – Okt. ab 10.00 Uhr und wechselnd bis 16.00 / 17.00 / 18.00 Uhr geöffnet, Haus bis 16.00 Uhr, im März nur bis 15.30 Uhr, 18,10 £, English Heritage-Mitglieder frei).*

Ein paar Kilometer abseits der nun Richtung London weiterführenden Route gibt es einen letzten offiziell ausgewiesenen, aber einfachen Stellplatz in **Thaxtet** oder Sie wählen abermals ein Pub für die Übernachtung.

240 Thaxtet

GPS: N 51°57'19" E 0°20'36", Margaret St., CM6 2QN. **Max. WOMOs**: 3 – 4. **Ausstattung**: Toiletten (nachts teils abgeschlossen), Beleuchtung, sonst keine Einrichtungen. **Beschreibung**: Offiziell freigegebene Stellflächen am Ortsparkplatz bis max. 48 h, zweckmäßig, 200 m ins Zentrum. **Zufahrt**: Von Saffron Walden kommend südöstlich auf der B184 Richtung Howlett End fahren und weiter bis Thaxtet. Im Zentrum nach der Kirche links halten und dann nach links den Schildern »Free Car Park« bis zum Parkplatz folgen. **Hinweis**: Camping und Caravanning Club-Mitglieder stehen ein paar Kilometer weiter westlich schöner an der ***Little Henham Hall Farm***, N 51°57'02" E 0°13'57", CB11 3XR, Tel. 01279 85 02 28, www.campingandcaravanningclub.co.uk, 15 – 18 £, nur Ver- / Entsorgung und Strom.

241 Wendens Ambo – *The Bell*

GPS/Kontakt: N 52°00'19" E 0°12'00", Royston Rd., CB11 4JY, Tel. 01799 54 03 82. **Max. WOMOs**: 2 – 3. **Ausstattung**: Keine Einrichtungen. **Beschreibung**: Sympathisches Dorfpub mit Parkplatz und Wiese nebenan, Autobahn noch in Hörweite, sonst ruhige Lage. **Zufahrt**: Westlich von Audley End die B1383 nach Süden Richtung Newport nehmen, dann rechts nach Wendens Ambo abfahren und bis zum Pub links. **Hinweis**: Gefällt es Ihnen hier nicht, können Sie alternativ das Pub ***Fleur de Lys*** etwas weiter südlich versuchen, N 51°57'43" E 0°14'16", High St., CB11 3SG, Tel. 01799 54 32 80.

Audley End House

Tour 8

Lowestoft
Southwold
Dunwich
Dunwich Museum
Dunwich Heath
Theberton
Aldeburgh
Alde
Saxtead Green
Saxtead Mill
Framlingham Castle
Framlingham
Woodbridge
Sutton Hoo
Deben
Felixtowe
Ipswich
Christchurch Mansion
Ipswich Museum
Orwell
Harwich
Frinton-on-Sea
Clacton-on-Sea
Stowmarket
Bury St. Edmonds
Ickworth
Newmarket
Cambridge
Sudbury
Colchester
Colne
West Mersea
Mersea Museum
Colchester Zoo
Tiptree Jam
Tiptree
Tolleshunt D`Arcey
Blackwater
Southminster
Burnham-on-Crouch
Crouch
Promenade Park
Maldon
Hatfield P.
Witham
Braintree
Chelmsford Museum
Chelmsford
Danbury
South Woodham F.
Rochford
Reyleigh
Wickford
Basildon
Brentwood
Kelvedon Hatch
Nuclear Bunker
Chipping Ongar
Great Dunmow
Saffron Walden
Stansted
B.`s Stortford
Harlow
Cheshunt
Hoddesdon
Hertford
Hatfield
Welwyn G.
Knebworth
Stevenage
Letchworth G.
Baldock
Royston
Melbourn
Stotfold
Henlow
Shetford
Biggleswade
Sandy
Cambourne
Hitchin
Barnet
Enfield
Loughton
Chigwell
Romford
Stratford
Barking
London
Tour 7
Tour 8
Tour 9
10 km
N
Ely
Ely Museum
Cathedral
O.Cromwell House
Soham
Wicken
Wicken Fen
Upware
Cam
Burwell
Newmarket
Swaffham Bulbeck
Lode
Anglesey Abbey
Waterbeach
H.sea
Denny Abbey
Cottenham
Histon
Milton
Girton

Suffolk, Essex

460 km

Auf dieser Tour erforschen Sie den westlichen Bauch der englischen Insel um die Counties Suffolk und Essex. Küste, Burgen und Orte werden Sie vor allem dann abholen, wenn Sie gerne auf weniger ausgetretenen Pfaden unterwegs sind. So manch Kleinod versteckt sich unterwegs, wie:

- **Ely**
- **Framlingham Castle**
- **Dunwich HEath**
- **Colchester**
- **Knebworth House**

Anglesey Abbey bis Ely *(19.190 Einwohner)*
Zunächst befinden Sie sich noch in der Peripherie Cambridges und fahren zuerst eine Schleife nördlich der Stadt. Dort treffen Sie zunächst auf einen weiteren Übernachtungsplatz.

242 Horningsea

GPS: N 52°14'44" E 0°11'36", Clayhithe Rd., CB25 9JD. **Max. WOMOs:** 1 – 2. **Ausstattung**: Keine Einrichtungen. **Beschreibung**: Schotterparkfläche eben der Regionalstraße, durch ein paar Bäume beschattet und von der Straße getrennt, ringsum Felder, 7 km in den Ort nachts ruhig. **Zufahrt**: Von der A428 kommend immer geradeaus. Sie geht in die A14 über. Ausfahrt Horningsea wählen und nach links abbiegen. Das Dorf durchfahren. Ungefähr 500 m danach auf der rechten Seite.

In der Nähe erwartet dann **Anglesey Abbey** Besucher. Anfang des 20. Jahrhunderts war von dem einstigen Kloster und seinen Gärten samt einer Mühle nicht mehr viel übrig. Dann sah es der junge Lord Fairhaven in den 1920er-Jahren und begann mit viel Enthusiasmus und dem nötigen Kleingeld, das völlig heruntergewirtschaftete und lange verwahrloste Anwesen neu zu gestalten. Im 46 Hektar großen Park erschuf er seine Vision eines bunt leuchtenden Gartens, der spektakulär und naturnah gleichermaßen sein sollte. Das Haus wurde kernsaniert, um ihn und seine zukünftigen Besucher gleichermaßen zu inspirieren und zu über-

raschen. Die wertvollen Möbel, Bilder und der opulente Wandschmuck geben einen Eindruck vom Luxus der 30er-Jahre, dem in Anglesey ausgiebig gefrönt wurde *(N 52°14'09" E 0°14'42", Quy Rd., CB25 9EJ, Lode, www.nationaltrust.org.uk, Gärten 9.30 – 17.30 Uhr, Haus meist 11.00 – 15.00 Uhr, 17 £, National Trust-Mitglieder frei).* Einige Kilometer weiter erreichen Sie **Wicken** mit dem Naturschutzgebiet **Wicken Fen**. Es ist Englands bekanntestes noch bestehendes Moor und gehört zu Europas wichtigsten Feuchtgebieten. Über 9000 Arten, vor allem seltene Pflanzen, Vögel, Schmetterlinge und Libellen, leben in dem Reservat. Wunderschöne Wege, teils auf weitläufig verlegten Holzbohlen, verlaufen durch Schilf, Wiesen und Strauchzonen. Dabei findet jeder seinen stillen Winkel in einem abgeschiedenen Eck, vielleicht mit Blick auf die Windmühle oder die Konik-Ponys und Hochlandrinder, die zur Pflege der Grasflächen eingesetzt werden. Für weitere Ausflüge können Sie auch ein Fahrrad mieten und eine Rundfahrt bis zur Anglesey Abbey unternehmen. Auch Bootsfahrten

Windmühle in Wicken Fen, oben Anglesey Abbey

werden von Ostern bis Oktober ab dem Visitor Centre organisiert *(N 52°18'42" E 0°17'37", 34 Lode Ln., CB7 5XP, www.nationaltrust.org.uk, 10.00–17.00 Uhr, 9 £, zzgl. Parkgebühr, National Trust-Mitglieder frei).*

Eine gute Übernachtungsalternative gleich um die Ecke ist das Pub ***Maids Head***, oder das nur einen Ort weiter in Upware gelegene ***Five Miles From Anywhere Inn*** mit Parkplatz und großem Biergartenbereich, das schon durch die Namenswahl einen gewissen Humor beweist.

243 **N 52°18'43" E 0°18'13"**, 12 High St., CB7 5XR, Wicken, Tel. 01353 88 10 91

244 **N 52°18'27" E 0°15'08"**, Old School Ln., CB7 5ZR, Upware, Tel. 01353 72 16 54

Nur noch ein kleiner Schlenker ist es dann bis nach **Ely**, das von seiner großen Kathedrale geprägt wird. Einst auf einer Insel im Moor errichtet, hielt die bis dahin angelsächsische Gemeinde nach dem Einfall der Normannen 1066 ganze fünf Jahre lang stand. Erst dann wurde durch Vermittlung der Kirche Frieden geschlossen, der Ely weitreichende Rechte zubilligte. Es gibt gleich mehrere geschichtlich interessante Orte zu sehen. Einen recht großen Parkplatz finden Sie mitten im Zentrum an der **Broad Street** bei N 52°23'51" E 0°16'05", CB7 4GE.

Unterwegs in Ely

Halten Sie sich von der Parkplatzeinfahrt aus nach links und dann am **Fore Hill** erneut nach links. So gelangen Sie in die Geschäftsstraßen **High Street** und **Market Street**, die am Ende des **Market Place** parallel verläuft.

In diesem Bereich gibt es eine ganze Reihe guter Gaststätten, wie das ***3 At 3*** *(Three Cups Walk, CB7 4AN)*, ***The Fish House*** *(Market Pl., CB7 4NU)* und ***The Almonry*** *(36 High St., CB7 4DL)*. Die niedrigen, teils alten Häuser geben Ely ein eigenes Flair. Am Ende der Market Street betreten Sie rechter Hand durch ein Tor das **Ely Museum** im alten Gefängnis. Es erläutert die interessante lokale Geschichte, auch die Trockenlegung der weiten Sümpfe ringsum wird erläutert *(CB7 4LS, www.elymuseum.org.uk, Di.–Sa. 10.30–17.00 Uhr, 6,50 £).*

Nach links durch die **Lynn Street** spazieren Sie direkt auf die riesige **Kathedrale der Dreifaltigkeit** zu. Sie stammt aus dem Elften Jahrhundert, wurde später aber immer wieder umgebaut und verändert. Innen wie außen beeindruckt sie gleichermaßen, wie durch die mehrfach übereinandergestellten Bögen und Schmuckformen der Wände oder das Schmuck-Oktogon hoch oben am Ende des Hauptschiffs. Im Eintrittspreis ist eine Führung enthalten und im »All-in«-Paket ist auch die Besteigung des Westturms, das zugehörige Buntglasmuseum sowie ein Heißgetränk im Café enthalten *(The Chapter House, CB7 4DL, www.elycathedral.org, für Besucher Mo.–Sa. 10.00–16.00 Uhr und So. 12.00–15.00 Uhr geöffnet, 14 £).*

Gegenüber dem Hauptportal führt ein Weg dann noch zur **Church Lane**, an deren linker Seite Sie zum **Oliver Cromwell House** gelangen. Der englische Lordprotektor war Staatsoberhaupt in der einzigen kurzen republikanischen Phase Großbritanniens zwischen 1649 und 1659. Bis heute ist er höchst umstritten: Von vielen als Freiheitskämpfer verehrt, wird er von anderen eher als mordlüsterner Diktator gesehen. Für mehrere Jahre lebte er mit seiner Familie in einem einfachen Fachwerkhaus in Ely. Es ist heute zum Museum umgebaut und vermittelt die Geschichte zum Leben und Wirken Cromwells und der Zeit, in der er lebte, recht anschaulich *(29 St. Mary`s St., CB7 4HF, www.olivercromwellshouse.co.uk, Apr. – Okt. 10.00 – 17.00 Uhr, sonst 11.00 – 16.00 Uhr, 7,50 £, inkl. Audioführern).*

Gegenüber speisen Sie gut im ***Poets House*** *(St. Mary's St., CB7 4EY)* oder ***Old Fire Engine House*** *(St. Mary's St., CB7 4ER).* Für den Rückweg gehen Sie zur Kathedrale zurück, dann rechts und am Rondell links durch den Torbogen und Park bis zur **Broad Street**. Ihren Stellplatz erreichen Sie nach links oder Sie gehen durch die **Jubilee Gardens** noch ein paar Meter geradeaus zum Ufer des Flusses Ouze mit gemütlicher Promenade, Blick auf die Marina und dem beliebten ***Peackocks Tearoom*** *(65 Waterside, CB7 4AU).*

Einen weiteren Stopp in der Umgebung können Sie an der **Denny Abbey** einlegen. Die teils mehr als 850 Jahre alten Gemäuer blicken auf eine wechselhafte Geschichte zurück. Als Benediktinerkloster gegründet, wurde sie später ein Alterssitz für in die Jahre gekommene Tempelritter. Später zogen Franziskanernonnen ein und nach der Säkularisation wurde die Abtei zur Farm. Heute für die Allgemeinheit geöffnet, gehen Sie auf Spurensuche alter Zeiten oder sehen sich im benachbarten Bauernhofmuseum um *(N 52°17'40" E 0°11'09", CB25 9PQ, www.english-heritage.org.uk, Apr. – Okt. Mi. – So. 10.00 – 17.00 Uhr, März nur bis 16.00 Uhr, 8 £, English Heritage-Mitglieder frei).*

Ickworth und Bury St. Edmonds *(35.020 Einwohner)*

Zurück bei Cambridge führt die Tour Sie nun über Newmarket weiter nach Ickworth, einem weiteren beeindruckenden Herrenhaus und Landschaftsgarten. Das markante Rotunde-Haus gilt als ein Meisterwerk georgianischer Architektur, wurde im Auftrag der Hervey Familie erbaut du spiegelt baulich deren Passion für Italien wider. Das Gebäude beherbergt eine exquisite Sammlung von Kunstwerken und Antiquitäten. Die weitläufigen Gärten laden außerdem zu entspannten Spaziergängen und Radtouren

Ickworth, links Ely Cathedral

ein und bieten immer wieder schöne Blicke auf das malerische Anwesen *(N 52°13'32" E 0°40'20", The Street, IP29 5QE, Bury St. Edmunds, www.nationaltrust.org.uk, Garten meist 10.00 – 16.30 Uhr, Haus 11.00 – 15.00 Uhr, 12 £, National Trust-Mitglieder frei).*

Gleich um die Ecke stehen Sie dann auch schon in der charmanten Marktstadt Bury St. Edmunds. Es geht auf eine Klostergründung des Sachsenkönigs Sigeberts um 630 zurück. Davon ist heute nichts mehr zu sehen, aber die große Ortskirche und die hübschen Straßenzüge sind Anziehung genug, um eine für die Gegend recht ordentliche Zahl an Besuchern in die Gemeinde zu locken – wenn auch die am Stadtrand gelegene, weniger schöne Zuckerfabrik als bekanntestes »Wahrzeichen« gilt. Am **Abbey Gardens Car Park** können Sie parken, dort wurden Extrabuchten für Wohnmobile angelegt, sogar das Übernachten ist gestattet. Wenn Sie sich zu einem kleinen Rundgang aufmachen, schauen Sie auf jeden Fall an der Abteikirche **St. Edmundsbury** und den dahinter in einer Parkanlage verstreuten Überresten eines Klosterbaus, der um das Jahr 1020 geweiht wurde *(Abbey Gardens, IP33 1LS, www.english-heritage.co.uk, 7.00 – 18.00 Uhr, frei zugänglich)*. Schlendern Sie dann weiter durch die Gassen der Altstadt rund um die Fußgängerzone **Abbeygate Street** und besuchen Sie den dahinter am Butter Market zweimal wöchentlich, stattfindenden **Markt**, der seit über 1000 Jahren stattfindet, heute immer Mittwoch und Samstag. Wenn Sie dann noch Zeit und vor allem Durst haben, machen Sie einen Abstecher zum **Greene King Brewery Visitor Centre** etwas weiter südlich, um mehr über die lokale Bierbrautradition zu erfahren, die aus den 1930er Jahren stammende Turmbrauerei zu besichtigen und selbstverständlich auch um Bier zu probieren *(Westgate St., IP33 1QC, shop.greeneking.co.uk, wechselnde Führungszeiten meist* *mehrmals täglich, 20 £)*. Anderenfalls lassen Sie Ihren Besuch vielleicht bei einem gemütlichen Essen in einem der traditionellen Pubs der Stadt ausklingen lassen, wie der ***Edmundo Lounge*** *(28 Cornhill, IP33 1DY)*, dem ***Gastrono-me*** *(22 Abbeygate St. IP33 1UN)* oder dem ***One Bull*** *(28 Angel Hill, IP33 1UZ)*.

245 Bury St. Edmonds – *Ram Meadow Car Park*

GPS: N 52°14'52" E 0°43'10", 8 Cotton Ln., IP33 1XT. **Max. WOMOs**: 5. **Ausstattung**: Keine Einrichtungen. **Beschreibung**: Öffentlicher Asphaltparkplatz mit Wohnmobilbuchten, belebt, kein Schatten, sehr zentrale Lage. **Zufahrt**: Von Ickworth kommend in den Ort fahren, dann immer geradeaus, bis Sie knapp 300 m nach dem Kreisverkehr links in die Crown Street einbiegen müssen. Immer geradeaus bis die Straße einen Rechtsknick macht, dann links den Schildern zum Long Stay Parkplatz folgen. **Hinweis**: Einen sehr schönen Pub-Stellplatz bietet das etwas außerhalb gelegene ***Bennet Arms*** mit richtiger Campingwiese, N 52°13'18" E 0°48'19", 1 Kingshall St., IP30 9LH, Rougham, Tel. 01359 27 03 56, 10 £, die bei Einkehr erstattet werden, Bushalt vorhanden.

246 Thurston – *Bright Meadow Caravan Park*

GPS/Kontakt: N 52°14'26" E 0°49'29", Beyton Rd., IP31 3RB, Tel. 01359 27 01 21, www.brightmeadowcaravanpark.co.uk. **Öffnungszeiten**: Ganzjährig. **Ausstattung**: Waschmaschine / Trockner, WiFi. **Beschreibung**: Kleinerer Platz mit Stellflächen meist auf Schotter, teils schattig, eben, Hauptstraße etwas hörbar, rund 8 km außerhalb. **Preis**: 22 £. **Zufahrt**: Die A14 nach Osten nehmen, Ausfahrt Thurston, dort linker Hand. **Hinweis**: Camping- and Caravanning Club-Mitglieder finden eine versteckte, günstige Alternative im ***Pinewood Settlement***, N 52°11'46" E 0°49'46", Smallwood Green, IP30 0AJ, Tel. 01449 73 76 96, www.campingandcaravanningclub.co.uk, ganzjährig, 15 £, nur Ver- / Entsorgung und einfache Toilette.

Framlingham *(3.110 Einwohner)*
Bevor Sie Framilingham erreichen, kommen Sie am kleinen **Saxtead Green** mit seiner **Post Mill** vorbei. Das ist zwar bei Weitem keine tagesfüllende Sehenswürdigkeit. Doch lohnt die Maismühle, deren Körper sich auf der eigenen Basis dreht, aus historischen Gründen für einen Halt: sie eine der letzten gut erhaltenen Mühlen ihrer Art ist, die in Suffolk ab dem späten 13. Jahrhundert

gebaut wurden. Obwohl der gewerbliche Betrieb bereits 1947 eingestellt wurde, ist sie bis heute gut in Schuss und prinzipiell einsatzfähig. Erklimmen Sie die steilen Treppen zu den verschiedenen Etagen – wenn Sie sich trauen... eine sicher interessante Ergänzung des Tages *(N 52°13'56" E 1°17'57", Several Rd., IP13 9QQ, www.english-heritage.org.uk, Mitte März – Sep. Fr. / Sa. 10.00 – 17.00 Uhr, 5,90 £, English Heritage-Mitglieder frei).*

Nehmen Sie dann Kurs auf den anschließenden, etwas größeren Ort. Während Framlingham heute etwas unscheinbar mitten im Land liegt, verfügt es über eine reiche, mittelalterliche Geschichte. Imposantes Wahrzeichen ist dabei **Framlingham Castle**, das am nordöstlichen Ortsrand thront. Einst war es Trutzburg der Earls of Norfolk und von seinen begehbaren Mauern aus haben Sie einen schönen Blick über die umliegende Landschaft bietet. Im Sommer finden im Innenhof zahlreiche Veranstaltungen statt und mittels Audioführung werden Sie in die so wechselhafte wie bedeutsame Geschichte der Burganlage mitgenommen: zu ehrgeizigen Baronen, einer Tudor Königin, die mit der Burg eng verbunden war und der Zeit, als die Anlage als Armenhaus diente – eine recht kurzweilige und ansprechend gemachte Tour, die im kleinen Museum endet *(N 52°13'23" E 1°20'46", Church St., IP13 9BQ,*

Framlingham Castle, oben Saxtead Mill

www.english-heritage.org.uk, Apr. – Juni und Sep. / Okt. 10.00 – 17.00 Uhr, Juli / Aug. bis 18.00 Uhr, sonst meist nur Sa. / So. bis 16.00 Uhr, 12,70 £, English Heritage-Mitglieder frei). Bei der Weiterfahrt passieren Sie ein WOMO-Pub.

247 ***The Sweffling White Horse, N 52°13'37" E 1°25'54"***, Low Rd., IP17 2BB, Sweffling, Tel. 01728 66 41 78

Dunwich *(740 Einwohner)*
Ein kurzer Abstecher bringt Sie bis an die englische Ostküste bei Dunwich. Immer geradeaus der Hauptstraße in den Ort folgend, passieren Sie die Ruinen des einstigen Dunwich Klosters, das ausnahmsweise nicht der Säkularisation zu Opfer fiel, sondern 1286 bei einer Sturmflut zerstört wurde. Damals befand sich ringsum ein richtig großer Ort mit dem zehntgrößten Hafen Ostenglands. Er wurde nach der Zerstörung nie wieder aufgebaut und heute ist nur ein kleines Dorf an Ort und Stelle. Mehr dazu erfahren Sie im kleinen **Dunwich Museum** in der Ortshauptstraße St. James

Unten und oben: Dunwich Heath

Street *(wwww.dunwichmuseum.org.uk, wechselnde Öffnungszeiten)*. Schließlich gelangen Sie nach einem etwas schmalen Wegstück zum großen Parkplatz hinter dem langen Kieselstrand. Kein schlechter Platz, für einen Sprung ins Wasser oder um einfach die frische Meeresbrise für eine Weile zu genießen. Der große Tea Room vor Ort sorgt wenigstens tagsüber für das leibliche Wohl *(N 52°16'45" E 1°37'59", Beach Rd., IP17 3EN)*.

Wenn Sie sich am Zufahrtsweg zum Dorf dann noch ein Stück südlich bewegen und durch die oft lila leuchtende Heidelandschaft fahren, erreichen Sie am Ende das Naturschutzgebiet **Dunwich Heath**. Rund um ein Café mit schöner Aussicht erwarten Sie zahlreiche Spazierwege, Strand und viel Natur – einzig das nur drei Kilometer südlich gelegene Atomkraftwerk Sizewell könnte den Eindruck für den ein oder anderen stören *(N 52°15'09" E 1°37'36", Minsmere Rd., IP17 3DJ)*.

248 Dunwich Heath – *Cliff House Holiday Park*

GPS/Kontakt: N 52°15'44" E 1°37'32", Minsmere Rd., IP17 3DQ, Tel. 01728 64 82 82, www.cliffhouseholidays.co.uk. **Öffnungszeiten**: Ganzjährig. **Ausstattung**: Waschmaschine / Trockner, WiFi, Restaurant. **Beschreibung**: Großer, etwas wilder Platz direkt oberhalb von Strand und Klippen in toller Lage mit Touring- und Mobilheim-Teil, meist schattig, in der Hauptsaison teils ziemlich voll. **Preis**: 18 – 42 £. **Zufahrt**: Direkt an der Straße von Dunwich zu den Dunwich Heaths, linker Hand.

249 Theberton – *Jubilee Hall*

GPS: , Church Rd., IP16 4SA. **Max. WOMOs**: 2. **Öffnungszeiten**: Ganzjährig. **Ausstattung**: Ver- /Entsorgung, WiFi. **Beschreibung**: Asphaltierter Parkplatz vor dem Gemeindezentrum, der offiziell zur Übernachtung freigegeben wurde, meist recht ruhig, eben. **Preis**: 15 £, max. 2 Nächte. **Zufahrt**: In Theberton an der Kirche links fahren, dann gleich links. **Hinweis**: Camping- and Caravanning Club-Mitglieder haben in der Nähe noch eine Alternative, die ***Eastbridge Farm***, N 52°14'15" E 1°35'26", IP16 4SN, Eastbridge, Tel. 01728 83 07 29, www.campingandcaravanningclub.co.uk, ganzjährig, 8 – 9 £, nur Ver- / Entsorgung und einfache Toilette.

Sutton Hoo

Wenn Sie sich für Archäologie interessieren und zumindest eine einigermaßen gute Vorstellungskraft besitzen, lohnt nun ein Halt bei Sutton Hoo, um die Geheimnisse der angelsächsischen Königsgräber zu erkunden. Der Fundort hat internationale Bedeutung. Auf einem Rundgang erfahren Sie, wie die zahlreichen, teils rekonstruierten Grabhügel einst entdeckt wurde und welches

Sutton Hoo Hügelfeld und Kriegerhelm

faszinierende Erbe diese antike Stätte aufzeigt, die zu den wichtigsten des Landes gehört. Von einem 17 Meter hohen Aussichtsturm haben Sie einen ganz guten Überblick des Geländes. Zugegeben, auf den ersten Blick sieht das alles nicht allzu spektakulär aus. Wem das zu wenig plastisch ist, der kann sich aber im angeschlossenen Museum und im Tranmer House der ehemaligen Besitzerin des Grundstücks, Edith Pretty, handfester informieren lassen: anhand verschiedener Funde, wie der reich verzierten Replika eines angelsächsischen Helms, und Geschichten einstiger Bewohner der Umgebung. Noch mehr Fundstücke sind im Museum der nahen Stadt Ipswich ausgestellt *(N 52°05'43" E 1°20'33", Tranmer House, IP12 3DJ, www.nationaltrust.org.uk, Apr. – Okt. 10.00 – 17.00 Uhr, sonst meist nur Sa. / So. bis 16.00 Uhr, 16 £).*

250 Woodbridge – *Sutton Hoo Holiday Campsite*

GPS/Kontakt: N 52°05'45" E 1°20'52", Castle Farm, IP12 3DJ, Tel. 01394 38 90 13. **Öffnungszeiten**: Apr. – Okt. **Ausstattung**: WiFi, Spielplatz. **Beschreibung**: Direkt an der Zufahrt zum Ausgrabungsgelände platzierter einfacher Campground, ebene Wiese, nachts ruhig, kein Schatten, etwa 2 km bis Melton und Woodbridge, Bushalt vorhanden. **Preis**: 20 – 25 £. **Zufahrt**: An der Sutton Hoo Zufahrtsstraße rechts. **Hinweis 1**: Ganz in der Nähe kommen Sie auch am WOMO-Pub ***Unholy Pig*** unter, N 52°06'07" E 1°21'24", Orford Rd., IP12 2PU, Tel. 01394 46 03 10. **Hinweis 2**: Als Camping and Caravanning Club-Mitglied nutzen Sie sonst auch die ***Swans Nursery***, N 52°06'18" E 1°22'17", Eyke Rd., IP12 2PN, Tel. 01394 46 01 27, 10 – 14 £, nur Ver- /Entsorgung und Strom.

Ipswich *(136.910 Einwohner)*
Legen Sie auf Wunsch nun einen Zwischenstopp in Ipswich, einer historischen Hafenstadt ein. Sie war einst Heimat und Wirkungsstätte der bekannten Maler John Constable und Thomas Gainsborough, gehört heute aber nicht zu den allerschönsten Perle Englands. Nichtsdestotrotz gibt es einige schöne Straßenzüge rund um die Fußgängerzone, große, auch für WOMOs geeignete Parkplätze finden Sie am Stadion bei N 52°03'23" E 1°08'46" in der Portman Road, IP1 2BS. Theoretisch wäre hier das Übernachten an Nicht-Spieltagen möglich, eine Empfehlung wollen wir dafür aber nicht aussprechen. Von dort gehen Sie in nordöstliche Richtung ins Zentrum, dass sich rund um den Platz Cornhill und die daran angrenzende Fußgängerzone Westgate Street erstreckt. Ganz hübsch ist die von dort abgehende, kleine Ladenpassage The Walk. Doch auch sie kann nicht darüber wegtäuschen, dass die Stadt schon bessere Zeiten gesehen hat. Noch in fußläufiger Entfernung gelangen Sie etwas weiter nordwestlich zum schon zuvor erwähnten **Ipswich Museum**. Es zeigt neben vielen ausgestopften Tieren vor allem eine umfangreiche Sammlung von Artefakten aus der regionalen Geschichte *(High St., IP1 3QH, www.ipswich.cimuseums.org.uk, zuletzt wegen Neugestaltung bis mindestens 2025 geschlossen)*. Bei einem Abstecher in die Parkanlagen nordöstlich der Innenstadt können Sie **Wolsey Art Gallery and Christchurch Mansion**, ein prächtiges Tudor-Herrenhaus mit Kunstsammlung ansehen. Im Inneren erwarten Sie ein viktorianisch ausgestatteter Flügel, ein georgianischer Salon und Küchen aus der Tudorzeit. Die Galerie ist, natürlich, vor allem den vorgenannten beiden bekannten Malersöhnen der Stadt gewidmet *(Soane St., IP4 2BE, www.ipswich.cimuseums.org.uk, Di. – Sa. 10.00 – 17.00 Uhr, So. ab 11.00 Uhr, Winterhalbjahr nur bis 16.00 Uhr, Eintritt frei)*.

TOUR 8

Colchester *(121.860 Einwohner)*
Die historische Stadt ist eine der ältesten in England, ihre Wurzeln reichen bis in die Römerzeit zurück. Neben Colchester Castle bietet sie eine recht schöne Altstadt und ist einen Halt wert.

Unterwegs in Colchester

Um einen Spaziergang im Zentrum zu unternehmen, steuern Sie zunächst den großen, kostenpflichtigen Ortsparkplatz im **Britannia Way** hinter dem Bahnhof an, N 51°53'12" E 0°54'16", CO1 2JT. Von dort aus lernen Sie die Stadt besser kennen. Gehen Sie zunächst durch das kleine Tor am Nordwestende des Parkplatzes in die Grünanlage hinter der kleinen St. Botolph`s Church. Sie führt zu den Überresten von **St. Botolph`s Priory**. Das um 1100 entstandene Augustinerkloster zeigt bis heute seine massiven, runden Säulen des

Colchester Castle

Innenschiffs, der Rest wurde im Jahr 1648 während einer Stadtbelagerung weitgehend zerstört *(Church Walk, CO2 7EE, www.english-heritage.co.uk, frei zugänglich)*. Immer geradeaus durchschreiten Sie Ruinen gehen nach dem Tor links und dann wieder rechts in die **St. Botolph`s** und später **Queens Street**. Ein Stück weiter sehen Sie rechter Hand die modernen Umrisse von **Firstsite** herausragen, einem Zentrum für visuelle Künste. Wenn Sie Lust haben, werfen Sie ruhig einen Blick hinein. Das Angebot wechselt ständig und umfasst Ausstellungen, Workshops, ein Kino und andere Events *(Lewis Garden, CO1 1JH, www.firstsite.uk)*. Die Queens Street endet dann am **Cowdray Crescent**, mit den oft bunt bepflanzten Grünanlagen rund um das **Colchester Castle** und die daneben noch ersichtlichen Reste eines römischen Tempels zu Ehren des Kaisers Claudius. Das Gebäude ist das größte noch existierende normannischen Ursprungs in Europa. Die umfangreiche Kollektion zeigt Stücke aus der römischen Vergangenheit, keltische Münzen und Stücke, die bis auf die Bronzezeit zurückgehen. Auf einer geführten Tour können Sie im Kellergeschoss die noch existierenden Fundamente des Claudiustempels erleben *(Castle Park, CO1 1TJ, colchester.cimuseums.org.uk, Mo.–Sa. 10.00–17.00 Uhr, So. ab 11.00 Uhr, 12,50 £)*. Der Burg vorgelagert befindet sich rechts in einem Stadtpalais von 1718 das **Hollytrees Museum** mit verschiedenen Ausstellungen zu Kunst, Kleidung, Spielzeug und Standuhren. Besonders beleuchtet wird dabei der Unterschied zwischen dem, was Arm und Reich in damaligen Zeiten *besaßen (Castle Park, CO1 1UG, colchester.cimuseums.org.uk, Mo.–Sa. 10.00–17.00 Uhr, Eintritt frei)*. Im Park dahinter versteckt sich noch ein Spielplatz, eine Minigolfanlage und die Grundmauern einer ausgegrabenen römischen Villa.

Über die nach Westen führende, breite High Street schlendern Sie nun weiter, passieren die schöne **Town Hall** rechter Hand und können unmittelbar davor rechts einen kurzen Abstecher ins **Dutch Quarter** genannte Viertel mit vielen kleinen bunten Häusern machen, die schon dem Namen nach ein wenig an Holland erinnern. Biegen Sie am Ende der High Street links ab und dann gleich wieder, die erste oder zweite Straße **Culver Street** oder **Sir Isaac`s Walk** erneut nach links, um sich nun ein wenig durch die recht hübschen Gassen der Innenstadt treiben zu lassen. In dieser Ecke gibt es eine ganze Reihe schöner Cafés und anderer Gastronomie, suchen Sie sich selbst aus was Ihnen gefällt, ein besonderes Ambiente bietet das versteckte ***Tymperleys***, das in einem alten Gebäude eines üppig begrünten Hinterhofs liegt und vor allem im Inneren wie aus der Zeit gefallen wirkt *(Trinity St., CO1*

1JN). Unterbrochen wird das Ganze im nördlichen Teil nur von der Lion Walk Mall, die sich aber einigermaßen gut mit dem Rest der Gassen verbindet. Am Ende treffen Sie wieder auf die Queen Street von wo aus sie in südöstliche Richtung zurück zum Parkplatz gelangen.

Auch wenn Tiergärten nicht Jedermanns Sache sind, sei der am westlichen Ortsrand gelegene **Colchester Zoo** hier noch erwähnt. Die recht umfangreiche, moderne Anlage zeigt über 270 Spezies, ständig wird an neuen, zeitgemäßen Einhausungen gearbeitet und ein Schwerpunkt liegt auf Raubkatzen und Primaten. Der Zoo ist an 67 Zuchtprogrammen zur Erhaltung gefährdeter Arten beteiligt und gehört nicht umsonst zu den beliebtesten Besuchermagneten der weiteren Umgebung *(N 51°51'43" E 0°50'04", Maldon Rd., CO3 0SL, www.colchesterzoo.org, 9.30 Uhr – 16.00 / 17.00 / 18.00 Uhr, je nach Jahreszeit, 22,50 – 28,50 £, bei früher Onlinebuchung bis zu 30% Rabatt)*. Am Rand von Colchster befindet sich außerdem ein Campingplatz sowie ein WOMO-Pub.

251 Colchester – *Colchester Holiday Park*

GPS/Kontakt: N 51°53'34" E 0°51'43", Cymbeline Way, CO3 4AG, Tel. 01206 54 55 51, www.sellersleisure.com. **Öffnungszeiten**: Ganzjährig. **Ausstattung**: Waschmaschine / Trockner, WiFi, Spielplatz. **Beschreibung**: Teils schattige Stellplätze auf Schotter und Rasen in einem großen grünen Gelände am westlichen Ortsrand, teils Verkehrsgeräusche, Bushaltestelle rund 500 m entfernt, bis ins Zentrum rund 2,5 km. **Preis**: 35 – 40 £. **Zufahrt**: Von der nördlichen Umgehungsstraße die Ausfahrt Colchester A133 nehmen, dann im Kreisverkehr die letzte Ausfahrt zur Platzeinfahrt auf der rechten Seite. **Hinweis**: In der Hauptsaison mindestens 2 Nächte Aufenthalt.

252 ***The Cricketers*, N 51°54'03" E 0°49'34"**, Spring Ln., CO3 9TG, Tel. 01206 24 06 66

Mersea Island

Wenn Sie es mehr nach Ruhe verlangt, fahren Sie doch über kleine Landstraßen auf die idyllische kleine Insel Mersea, die mit der Küste von Essex verbunden ist. Im nicht zu trubeligen Ort West Mersea können Sie frische Meeresfrüchte essen, am Strand spazieren gehen und in einem der verstreuten, recht zahlreichen Campingparks unterkommen, wie gesagt, ein beliebtes Ziel für Naturliebhaber und Erholungssuchende. Wer möchte kann im kleinen **Mersea Island Museum** vorbeischauen, es lädt ein mehr über die Geschichte und Kultur der Insel zu erfahren *(Kleiner Parkplatz bei N 51°46'35" E 0°54'41", 12 High St., CO5 8QD, www.merseamuseum.org.uk, Mai – Sep. 14.00 – 17.00 Uhr, 2 £)*.

253 West Mersea – *West Mersea Holiday Park*

GPS/Kontakt: N 51°46'27" E 0°56'00", Seaview Avenue, CO5 8DA, Tel. 01206 48 94 77, www.parkholidays.com. **Öffnungszeiten**: März – Jan. **Ausstattung**: Waschmaschine / Trockner, WiFi, Restaurant und Bar. **Beschreibung**: Großer Mobilheimpark mit schönem Touringbereich direkt hinter dem Strand, Stellflächen auf Schotter, eben, gepflegt, nachts ruhig, Pub benachbart, 1,2 km in die Ortsmitte. **Preis**: 9 – 52 £. **Zufahrt**: In den Ort einfahren, dort links nach East Mersey abfahren und nach einem Minikreisverkehr rechts ab in die Zielstraße, dort gegen Ende links. **Hinweis 1**: Das WOMO-Pub ***Plough at Peldon*** liegt ein paar Kilometer entfernt, wieder am Festland, bei N 51°48'38" E 0°53'08", Lower Rd., CO5 7QR, Peldon, Tel. 01206 73 58 08. **Hinweis 2**: Camping and Caravanning Club-Mitglieder treffen dann noch ein Stück weiter auf den schönen kleinen Stellplatz ***Springfields***, N 51°46'01" E 0°48'24", Tollesbury Rd., CM9 8UA, Tel. 07753 63 38 84, Apr. – Sep., 20 £, nur Ver- / Entsorgung und Strom, »Adults only«.

Tiptree *(9.300 Einwohner)*
Sie passieren nun das kleine Tiptree, ein Name, der weit über die Grenzen Englands hinaus bekannt. Fragen Sie sich jetzt, für was nochmal gleich? Es geht um Marmelade und Konfitüren, die von hier aus auf die ganze Welt verschifft werden und in Regalen von Supermärkten und Feinkostgeschäften stehen oder als Miniabfüllung in gehobeneren Hotels zum morgendlichen Croissant gereicht werden. In der **Tiptree Jam Factory** informiert ein kleines Museum über die Geschichte des Betriebes, Sie können im wirklich guten Café frühstücken, brunchen oder zum Lunch einkehren und im angeschlossenen Shop weit mehr als »nur« Marmelade erstehen *(N 51°48'22" E 0°45'22", Factory Hill, CO5 0RF, www.tiptree.com, meist 9.30 – 16.30 Uhr, So. ab 10.00 Uhr, Eintritt frei)*.

Maldon *(23.380 Einwohner)*
Auch Maldon könnte als kleiner kulinarisch geprägter Zwischenstopp gelten. Das Städtchen am Ufer des Blackwater River ist nicht nur für seine salzige Seeluft bekannt, sondern auch für das gleichnamige Seesalz, das hier gewonnen wird und verarbeitet wird und als besonders wertvoll gilt. Doch abgesehen vom Salzwerk am Rand der Stadt bekommt man davon wenig mit. Sie können aber am Promenade Park Car Park halten *(N 51°43'29" E 0°41'34", Park Drive, CM9 5JQ)* und die verschiedenen Attraktionen, vom Adventure Mini Golf Parcours über den Kleintierzoo bis zum Schwimmbecken und Modellboot-Teich austesten. Oder einen Spaziergang, vorbei an Aussichtspunkten und immer am Ufer des schönen Marschlandes entlang unternehmen. Die Hauptgeschäftsstraße versteckt sich dagegen etwas weiter landeinwärts, nördlich des Parks rund um die High Street.

Chelmsford *(110.610 Einwohner)*

Letzter größerer Ort vor London ist auf dieser Tour die lebendige Stadt Chelmsford, die als die Hauptstadt von Essex bekannt ist und in ihrem verkehrsberuhigten Zentrum südlich der großen Kathedrale am River Chelmer eine Fülle an Einkaufsmöglichkeiten bietet. Ein naher Parkplatz ohne Höhenbarriere befindet sich bei N 51°44'01" E 0°28'49", Navigation Rd., CM2 6HE. Einen Blick wert ist außerdem das wirklich gut gemachte **Chelmsford Museum** mit seinen so umfangreich wie anschaulich gestalteten Abteilungen von Archäologie, Biologie und Kunst bis hin zu Industrie und Handel. Es befindet sich ein Stück außerhalb *(N 51°43'25" E 0°27'48", Oaklands Park, CM2 9AQ, www.chelmsford.gv.uk, Apr.–Okt. 10.00–17.00 Uhr, Eintritt frei)*.

254 Chelmsford – *Broomfield Village Hall*

TOUR 8

GPS: N 51°45'42" E 0°28'27", 158 Main Rd., CM1 7AH. **Max. WOMOs**: 3. **Öffnungszeiten**: Ganzjährig. **Ausstattung**: Wasser, Strom. **Beschreibung**: Asphaltierter Parkplatz neben dem Gemeindezentrum, der offiziell zur Übernachtung freigegeben ist, Sportplatz und Pub benachbart, meist recht ruhig, Bushalt mit Anschluss nach Chelmsford. **Preis**: 7–15 £. **Zufahrt**: In Chelmsford nördlich nach Broomfield halten, dort Einfahrt rechts vor dem Pubparkplatz.

Kelvedon Hatch Nuclear Bunker

Kurz bevor Sie die Londoner Peripherie erreichen, stoßen Sie bei Kelvedon Hatch auf eine beeindruckende Bunkeranlage, ein ehemals geheimes Relikt aus dem Kalten Krieg. Versteckt unter der Erde bietet das Bauwerk einen so bedrückenden wie faszinierenden Einblick in die Ära der nuklearen Bedrohung des letzten Jahrhunderts und die Maßnahmen, die damals ergriffen wurden, um die Bevölkerung zu schützen, vermeintlich wenigstens. Bei einer Besichtigung, die Sie samt Audioguide auf eigene Faust bestreiten können, erfahren Sie mehr über die Geschichte und Funktion und erkunden einige der unterirdischen Gänge und Räume, die einst vor allem als Zufluchts- und Arbeitsort für hochrangige Regierungsbeamte und wichtiges Personal aller Ministerien erbaut wurden.

Schlafsaal im Bunker

Der Bunker wurde in den späten 1950er Jahren gebaut und blieb bis in die 1990er Jahre funktionsfähig und geheim. Die engen Quartiere, die Kommandozentrale und anderen Einrichtungen, die im Falle eines Atomangriffs als Rückzugsort gedacht waren, werfen am Ende mehr Fragen als Antworten auf. Trotz der durchdachten technischen und logistischen Lösungen und dem einigermaßen guten Schutz bleibt die Frage–für wie lange? Sich ein Bild zu machen und diese in letzter Zeit wieder ein Stück realer gewordene Bedrohung auf sich wirken zu lassen, kann zumindest als warnendes Beispiel nicht schaden. Zum Gelände gehört auch noch ein Hochseilgarten, als Kontrastprogramm gar nicht so schlecht *(N 51°40'20" E 0°15'29", Ongar Rd., CM15 0LA, www.secretnuclearbunker.com, März–Okt. täglich 10.00–16.00 Uhr, sonst nur Do.–So., 12 £).*

TOUR 8

255 Kelvedon Hatch – *Camping and Caravanning Club Site Kelvedon*

GPS/Kontakt: N 51°39'18" E 0°16'42", Warren Ln., CM15 0JG, Tel. 01277 37 27 73, www.campingandcaravanningclub.co.uk. **Öffnungszeiten**: Apr.–Okt. **Ausstattung**: Waschmaschine / Trockner, WiFi, Spielplatz.

Beschreibung: Teils schattiger Platz auf Rasen und Schotter, recht eben, ruhige Lage. **Preis**: 18–24,90 £, Nicht-Mitglieder des Clubs zahlen rund 30% Aufpreis. **Zufahrt**: Von der A128 südlich von Kelvedon Hatch am Bentley Golf Club links in die Frog Street abfahren, durch die Siedlung, bis rechts der Platz angeschrieben ist. **Hinweis**: In der Hauptsaison mindestens zwei Nächte Aufenthalt.

Knebworth House

Im Herzen von Hertfordshire erhebt sich zuletzt noch das bekannte, majestätische Knebworth House, ein architektonisches Meisterwerk, das eine reiche Geschichte und eine Fülle von kulturellen Schätzen birgt. Zugegeben, ein kleiner Umweg, der sich aber lohnt. Die Geschichte reicht bis ins 15. Jahrhundert zurück und das Anwesen ist bis heute in Privatbesitz und wird bewohnt. Knebworth House wurde über die Jahrhunderte hinweg von verschiedenen Adelsfamilien erweitert, darunter von der bekannten Familie Lytton. Die Anlage beeindruckt mit ihrer eindrucksvollen Fassade im viktorianischen Stil und einer prächtigen Innenausstattung, die die opulente Lebensweise früherer Epochen widerspiegelt.Bei einer fachkundigen Führung werden ihnen viele der Stücke näher erklärt und Einblicke in das Leben im Haus, früher und heute, vermittelt,

Knebworth House

von der prunkvollen Großen Halle über die elegante Bibliothek bis hin zu den üppig dekorierten Schlafzimmern.

Das Anwesen ist noch immer ein lebendiges Zentrum für Kultur und Unterhaltung. So werden alljährlich verschiedenste Veranstaltungen durchgeführt, darunter große Open Air Konzerte und Theateraufführungen. International ist der Name Knebworth eng mit den seit Jahrzehnten stattfindenden Rockfestivals verknüpft, bei denen sich schon Bands von Pink Floyd über Rolling Stones bis zu Queen, Genesis und Metallica die Klinke in die Hand gaben. Die schönen Gärten und Parkanlagen bieten viel Raum, immer wieder neue Blickachsen und eine Ausstellung nahe dem im Vorhof gelegenen Watchtower, den Sie auch besteigen können. Für Kinder gibt es einen wirklich riesigen Abenteuerspielplatz und einen Dinosaurier-Trail *(N 51°53'00" W 0°12'19", SG1 2AX, www.knebworthhouse.com, Öffnungszeiten saisonal wechselnd, im Sommer meist 10.30–17.00 Uhr, Haus ab 11.30 Uhr, nur Garten und Park 14 £, mit Haus 20 £).*

256 Hertford – *Camping and Caravanning Club Site Hertford*

GPS/Kontakt: N 51°47'09" W 0°04'03", Mangrove Rd., SG13 8AJ, Tel. 01992 58 66 96, www.campingandcaravanningclub.co.uk.
Öffnungszeiten: Ganzjährig. **Ausstattung**: Waschmaschine / Trockner, WiFi, kleiner Shop, Spielplatz. **Beschreibung**: Ruhig gelegener, gepflegter, großer Platz südlich von Hertford, auf Schotter und Rasen, eben, rund 2 km in die Ortsmitte, dort auch Bahnanschluss nach London. **Preis**: 20, 30 – 29,30 £, Nicht-Mitglieder des Clubs zahlen rund 30% Aufpreis. **Zufahrt**: Ab der Hauptdurchgangsstraße in Hertford von Westen kommend am fünften Kreisverkehr rechts in Richtung Hertford Heath halten, dann bei erster Gelegenheit rechts abbiegen und der Beschilderung zum Platz folgen. **Hinweis**: Hauptsaison zwei Nächte Mindestaufenthalt.

Tour 9

10 km
London
Tour 7
Tour 8
M25
Watford
Hemel Hempstead
Saint Albans
St. Albans Cathedral
Hatfield
Welwyn G.
Hertford
Ware
Hoddesdon
Cheshunt
Harlow
Lee Valley
Sawbridgeworth
Bishop's Stortford
Stansted M.
Great Dunmow
Braintree
Sible H.
Witham
Hatfield P.
Tiptree
West Mersea
Chelmsford
Maldon
Danbury
South Woodham F.
Southminster
Burnham-on-Crouch
Ashingdon
Rochford
Reyleigh
Southend -on-Sea
Shoeburyness
Sheerness
Canvey Island
Basildon
Wickford
Billericay
Brentwood
Kelvedon Hatch
Chipping Ongar
North Weald Bassett
Epping
Waltham A.
Chigwell
Loughton
Romford
Barking
Stratford
Olympic Stadium
Enfield
Cuffley
Potters Bar
Barnet
Royal Air Force Museum
Borehamwood
L. Colney
Bushey
Edgware
Wembley Stadium
Wembley
Harrow
Highgate
Westfield Mall
Hammersmith
Osterley
Ealing
Kew
Richmond
Hampton Court
Hounslow
Sunbury
Kingston
Wimbledon
Brixton
Mitcham
Sutton
Croydon
Bromley
Lewisham
Greenwich
Woolwich
Eltham Palace
Themse
Chislehurst Caves
Orpington
Dartford
Swanley
Eynsford
Otford
Down House
Downe
Biggin Hill
Warlingham
N. Addington
Caterham
Banstead
Epsom
Redhill
Reigate
Esher
Weybridge
Leatherhead
Polesden Lacey
Dorking
Leith Hill
Wotton
E. Horsley
Wisely
RHS Wisely
Woking
Guildford
Godalming
Aldershot
Farnborough
Camberley
Chertsey
Staines
Bagshot
Sandhurst
Crowthorne
Bracknell
Binfield
Legoland
Ascot
Windsor
Windsor Castle
Slough
Gerrards C.
Chalfont
Beaconsfield
Amersham
K. Langley
Denham Green
Uxbridge
High Wycombe
Hughenden
West Wycombe
Marlow
Wooburn
Cookham
Maidenhead
Twydford
Henley
Wokingham
South Ockendon
Grays
Bluewater Mall
Stanford le Hope
Gravesend
Meopham
Rochester

London

380 km

London ist zweifelsohne eine Welt für sich. Nirgends ist England schneller, lauter, größer und kosmopolitischer als in der 8,5-Millionen-Einwohner-Metropole an der Themse. Sie erhalten in diesem Kapitel Hinweise zu citynahen Parkplätzen, wohnmobilfreundlichen Pubs und Campingplätzen sowie zu Sehenswürdigkeiten in und um die Stadt. Außerdem gibt es eine ganze Reihe von Vorschlägen zu Rundgängen durch das Zentrum und Attraktionen in der Peripherie:

- **Covent Garden and Soho**
- **City and Southwark**
- **Westminster**
- **Hyde Park and Kensington**
- **Regent`s Park and Camden**
- **Greenwich and Canary Wharf**
- **Hampton Court**

Autofahrten in Londons Zentrum zu unternehmen, macht keinen Sinn, schon gar nicht mit einem Wohnmobil. Selbst wenn Sie sich erfolgreich durch den dichten Verkehr gekämpft haben, Mautsysteme wie Busspuren beachtet wurden und Sie Big Ben schon sehen, scheitern Sie spätestens bei der Parkplatzsuche! Dafür ist das Netz öffentlicher Verkehrsmittel so gut ausgebaut, dass Sie Ihr Fahrzeug kaum vermissen werden und es während Ihres Aufenthaltes wirklich nur zum Wohnen und Schlafen brauchen. Wenn Sie für London mehr als nur eine kurze Stippvisite eingeplant haben, werden Sie sicherlich mehrere Tage benötigen. Zunächst erhalten Sie einen Überblick zu den wichtigsten Verkehrsbegebenheiten, zu den Übernachtungs- und Parkmöglichkeiten rund um die Stadt und danach Vorschläge zu lohnenswerten Spaziergängen quer durch London und zu den bekanntesten Sehenswürdigkeiten. Am Ende gibt es Hinweise zu Sehenswürdigkeiten etwas weiter außerhalb, die Sie öffentlich oder mit dem Wohnmobil ansteuern können.

Straßennutzungsgebühren in und um London

Achtung, in und um London können für Sie, je nach Fahrzeug und Route, verschiedene Straßenbenutzungsgebühren anfallen. Bei Nichtbeachtung drohen empfindliche Strafen! Daher machen wir Sie bei den Anfahrtsbeschreibungen zu Stellplätzen und Sehenswürdigkeiten auch gesondert darauf aufmerksam. Im Einzelnen handelt es sich um:

• ***Dartford Crossing Charge:*** *(6.00 bis 22.00 Uhr)*
Wenn Sie nicht die Ringautobahn M25 einmal ringsum nutzen wollen, sondern den Tunnel bzw. die Brücke zwischen Grays und Dartford als Abkürzung einplanen, wird diese Gebühr fällig (Wohnmobile zahlen zurzeit verträgliche 2,50 Pfund pro Überfahrt). Der Betrag kann nicht mehr an einer Mautstation gezahlt werden, sondern muss vorab oder spätestens bis Mitternacht des Folgetages online unter **www.gov.uk/pay-dartford-crossing-charge** oder per Telefonanruf unter 0300 300 0120 oder an einem Zahlterminal *(Übersicht unter www.payzone.co.uk/where)* beglichen werden.

• ***City Congestion Zone (CCZ)****(Mo. – Fr. 7.00–18.00 Uhr, Sa. / So. 12.00 –18.00 Uhr):*
Die kurz als »Citymaut« bezeichnete Tagesgebühr von zuletzt 15 Pfund betrifft nur die innerste Zone der Stadt, die Sie mit dem Wohnmobil ohnehin meiden sollten. Sie ist mit einem weißen C auf rotem Grund gekennzeichnet. Wenn Sie dennoch bis ins Zentrum vordringen wollen, können Sie sich online auf tfl.gov.uk/modes/driving/congestion-charge/congestion-charge-zone informieren.

• ***Ultra Low Emission Zone (ULEZ):***
Seit August 2023 umfasst die ULEZ die gleichen Grenzen wie zuvor die LEZ (Low Emission Zone). Diese Umweltgebühr umfasst den größten Teil des von der Ringautobahn M25 umschlossenen Bereichs, also Greater London. Sie betrifft nun alle Arten von Kraftfahrzeugen. Fahrzeuge bis 3,5 Tonnen müssen zurzeit mindestens die Abgasnorm »Euro 3« erfüllen (in etwa vergleichbar mit der gelben Plakette bei uns), sonst wird ein Tagessatz von 12,50 Pfund fällig. Für Fahrzeuge über 3,5 Tonnen ist sogar »Euro 6« (höhere Norm als die grüne Plakette in Deutschland), sonst muss ein Tagessatz von 100 Pfund im Rahmen der LEZ gezahlt werden, die für diese Gewichtsklasse weiter gilt. Die Zahlung erfolgt telefonisch mit Kreditkarte unter +44 (0)207 310 8998 oder online auf tfl.gov.uk/modes/driving und dann unter der jeweilig zutreffenden Zone.

Achtung, auch wenn Sie der Meinung sind, dass diese Gebühr nicht auf Ihr Fahrzeug zutrifft, müssen Sie sich mit einem außerhalb der Britischen Inseln zugelassenen Wohnmobil zwingend rechtzeitig, das bedeutet am besten schon einige Wochen vor Reiseantritt, bei der »Transport for London«-Behörde online registrieren lassen. Dies geschieht über die gleiche Internetadresse. Im Anschluss müssen Sie dann noch ein PDF-Dokument herunterladen, ausfüllen und dieses mit einer Kopie des Fahrzeugscheins an die darauf angegebene Adresse senden. Erst wenn Sie rund zwei bis drei Wochen später ein Schreiben der Behörde als Bestätigung erhalten, ist die Registrierung garantiert abgeschlossen. Anderenfalls werden Strafgebühren in jedem Fall erhoben.

Campingplätze rund um London

Die einzig sinnvolle Möglichkeit, sein Wohnmobil sicher für mehrere Aufenthaltstage abzustellen, sind die vielen Campingplätze am Rande der Stadt. Auswahl gibt es genug, hier einige Empfehlungen:

257 Walth Cross – *Theobalds Park Camping and Caravanning Club Site*

GPS/Kontakt: N 51°41'10" W 0°03'30", Bulls Cross Ride, EN7 5HS, www.campingandcaravanningclub.co.uk. **Öffnungszeiten**: Ganzjährig. **Ausstattung**: Waschmaschine / Trockner, WiFi, Shop, Spielplatz, Abspülgelegenheit. **Beschreibung**: Flacher, gepflegter Platz mit Stellflächen auf Schotter oder Wiese, recht nah an der Autobahn, sonst aber ganz schön gelegen, etwas schmale Zufahrt. In die City gelangen Sie per Overground Station Turkey Street, rund 1,9 Kilometern entfernt. Von dort etwa 14 Stationen bis in die Innenstadt. **Preis**: 23,60 – 34,10 £, 30% Aufschlag für Nicht-Mitglieder des Clubs. **Zufahrt**: Von der M25-Nordumfahrung die Ausfahrt auf die A10 Richtung Enfield/Hertford nehmen. Dann im Kreisverkehr die dritte Ausfahrt Richtung Hertford und gleich darauf im zweiten Rondell die erste Ausfahrt nach Cuffley nehmen. Gleich danach führt links eine kleine Straße zum Theobalds Park ab. Nach gut 1 km erreichen Sie den Platz auf der linken Seite.

258 London – *Lee Valley Edmonton*

Achtung: Der Platz befindet sich innerhalb der ULEZ.
GPS/Kontakt: N 51°37'57" W 0°02'06", Meridian Way, N9 0AR, www.visitleevalley.org.uk. **Öffnungszeiten**: Ganzjährig. **Ausstattung**: Spielplatz, Golfplatz, Kino. **Beschreibung**: Plätze auf Rasen oder Schotter, eben, kein Schatten. Etwa 1,4 km nördlich des Platzes nehmen Sie den Zug ab Station »Ponders End« um in die Stadt zu kommen. Von dort sind es etwa 5 Stationen bis ins Zentrum. **Preis**: 29,50 – 49 £, Strom 4 £. **Zufahrt**: Von der M25-Nordumfahrung die Ausfahrt auf die A10 Richtung London nehmen. Dann im Kreisverkehr gleich links abfahren bis zur Sudbury Lane (A110), erneut nach links. Nach der Bahnüberführung im Kreisverkehr links zum Riverside Industrial Estate weiterfahren, der Platz kommt dann nach ca. 1,6 km auf der linken Seite.

259 London – *Lee Valley Sewardstone*

GPS/Kontakt: N 51°39'18" W 0°00'21", Sewardstone Road, E4 7RA, Tel. 030 00 03 06 23 www.visitleevalley.org.uk. **Öffnungszeiten**: Waschmaschine / Trockner, WiFi, Spielplatz, Snack Bar, Fahrradverleih. **Ausstattung**: Campingplatzüblich. **Beschreibung**: Fast alle Plätze auf Schotter, teils mit Rasen und Büschen getrennt, teils schattig, eben, neben einem Mobilheimpark. Direkt am Campingplatz fährt der Bus 215 bis »Walthamstow Central«. Ab dort mit der U-Bahn-Linie Victoria in rund 6 Stationen ins Zentrum. **Preis**: 24 – 39,50 £. **Zufahrt**: Von der M25-Nordumfahrung die Ausfahrt auf die A121 Richtung Waltham Abbey/Loughton nehmen. Dann im Kreisverkehr zweite Ausfahrt Richtung Lee Valley Park wählen und am nächsten Kreisel die erste Abfahrt einschlagen. Der Campingplatz ist dann schon beschildert (noch ca. 2,8 km, dann rechts).

260 Hoddesdon – *Lee Valley Caravan Park Dobbs Weir*

GPS/Kontakt: N 51°45'21" E 0°00'14", Dobbs Weir Road, EN11 0AS, Tel. 030 00 03 06 19, www.visitleevalley.org.uk. **Öffnungszeiten**: Ganzjährig. **Ausstattung**: Minimarkt, Spielplatz, Fischteich, Grillplatz. **Beschreibung**: Schotter- und einige Rasenstellplätze als Teil eines Camping- und Mobilheimparks, kein Schatten, ganz schön am Flusskanal gelegen, eben. Rund 1,4 km nördlich befindet sich die Zugstation »Rye House«. Von dort sind es etwa 11 Stationen ins Zentrum. **Preis**: 24 – 39,50 £. **Zufahrt**: Von der M25-Nordumfahrung die Ausfahrt auf die A10 Richtung Enfield / Hertford nehmen. Dann im Kreisverkehr die dritte Ausfahrt Richtung Hertford wählen und immer auf der A10 auswärts bleiben, bis Sie Richtung Hoddesdon abfahren können. Nun am ersten Kreisverkehr geradeaus fahren, am zweiten links abzweigen und am dritten die dritte Ausfahrt »Essex Road« nehmen. Nach etwa 450 m sind Sie am Platz.

261 Seer Green – *Highclere Farm Country Touring Park*

GPS/Kontakt: N 51°37'32" W 0°35'27", Newbarn Lane, HP9 2QZ, Tel. 01494 21 72 91, www.highclerefarmpark.co.uk. **Öffnungszeiten**: März – Nov. **Ausstattung**: Minimarkt, Spielplatz. **Beschreibung**: Meist sonnige Stellflächen auf Schotter oder Rasen, wenig Schattenplätze, eben, ruhige Lage. Der Bus 580 fährt beim Campingplatz ab. Er bringt Sie bis Uxbridge. Dort können Sie die U-Bahnen Picadilly und Metropolitan in etwa 13 – 18 Stationen bis ins Zentrum nehmen. **Preis**: 25 – 30 £. **Zufahrt**: Von der M25-Westumfahrung die Ausfahrt auf die A412 Richtung Maple Cross nehmen. Dann im ersten Kreisverkehr die dritte Ausfahrt nach Heronsgate einschlagen und über die Long Lane und Heronsgate Road immer geradeaus bis zur Burtons Lane fahren. Dort links halten und bald darauf, links, über eine Single Track Road nach

Chalfont St. Giles fahren. Nach der Ortsdurchfahrt befindet sich der Campingplatz kurz nach dem Golfklub auf der rechten Seite. **Hinweis**: In der Saison 2024 hat der Platz vorübergehend nur Langzeitaufenthalte zugelassen. Bitte prüfen Sie vorab online, ob diese Regelung wieder aufgehoben wurde.

262 Chertsey – *Camping and Caravanning Club Site Chertsey*

GPS/Kontakt: N 51°23'22" W 0°29'23", 65–67 Bridge Road, KT16 8JX, Tel. 01932 56 24 05, www.campingandcaravanningclub.co.uk. **Öffnungszeiten**: Ganzjährig. **Ausstattung**: Waschmaschine / Trockner, WiFi, Spielplatz, Aufenthaltsraum, kleiner Shop, Abspülgelegenheit. **Beschreibung**: Direkt an der Themse gelegener Platz mit teils schattigen Stellflächen auf Rasen oder Schotter, mehrere Pubs in der Nähe, etwas nah an der Autobahn. Der Bus 556 fährt direkt ab dem Campingplatz bis zur Charles Street in Chertsey. Von dort sind es etwa 180 m zum Bahnhof. Der Zug bringt Sie, mit Umstieg in Weybridge, in rund 40 Min. ins Zentrum. **Preis**: 27,40 – 39,80 £, Nicht-Mitglieder zahlen 30 % Aufschlag. **Zufahrt**: Von der M25-Westumfahrung die Ausfahrt auf die A320 Richtung Chertsey wählen. An den nächsten beiden Kreisverkehren jeweils die erste Ausfahrt nehmen und dann die Straße immer geradeaus bis zum Ende durchfahren. Dann rechts in die Bridge Road abzweigen und bis zum Campingplatz nach rund 300 m links fahren.

TOUR 9

263 Laleham – *Laleham Camping Club*

GPS/Kontakt: N 51°24'00" W 0°29'26", Thames Side, TW18 1SS, Tel. 01932 56 41 49, www.lalehamcampingclub.co.uk. **Öffnungszeiten**: Apr. – Okt. **Ausstattung**: Waschmaschinen und Trockner, Spielplatz. **Beschreibung**: Recht ruhig gelegener Platz an der Themse, Stellflächen auf Rasen, wenig Schatten. Rund 1 km nördlich des Platzes nehmen Sie in Laleham an der All Saints Church den Bus 458, 656, 695 oder 813 zum Bahnhof Shapperton oder den Bus 656 oder 695 zum Bahnhof Staines. Von dort in rund 40 bzw. 35 Min. mit dem Zug ins Zentrum. **Preis**: 30 - 40 £. **Zufahrt**: Von der M25-Westumfahrung die Ausfahrt auf die A320 Richtung Chertsey wählen. An den nächsten beiden Kreisverkehren jeweils die erste Ausfahrt nehmen und dann die Straße immer geradeaus bis zum Ende durchfahren. Dann rechts in die Bridge Road abzweigen und nach der Themsebrücke links in die Thames Side einfahren. Nach etwa 1,4 km rechts.

264 Walton-on-Thames – *Apps Court Farm*

GPS/Kontakt: N 51°24'08" W 0°23'57", Hurst Rd., KT12 2 EG, Tel. 01932 24 48 22, www.appscourtfarm.com. **Öffnungszeiten**: Apr. – Okt.

Ausstattung: Campingplatzüblich. **Beschreibung**: Große ebene, schattenlose Campingwiese an der Themse. Gut organisiert, im Sommer aber teils etwas eng und wenn am benachbarten Veranstaltungsgrund Events abgehalten werden, kann es auch mal laut werden. Rund 1,2 km westlich des Platzes nehmen Sie den Bus 564 zum Bahnhof Hersham. Von dort in knapp 40 Min. mit dem Zug ins Zentrum. **Preis**: 24 – 36 £. **Zufahrt**: Von der M25-Westumfahrung die Ausfahrt auf die A320 Richtung Chertsey wählen. An den nächsten drei immer geradeaus der Hauptstraße folgen, dann am vierten vor dem Friedhof links halten. Wieder einen Kreisverkehr geradeaus fahren, dann am nächsten links Richtung Oatlands Park Hotel fahren. Nun gute 2 km geradeaus und am Ende weiter nach schräg rechts vorne bis Sie nach 3 km links zur Einfahrt gelangen.

265 (C265) Walton-on-Thames – *Camping and Caravanning Club Site Walton*

TOUR 9

GPS/Kontakt: N 51°23'18" W 0°22'32", Fieldcommon Ln., KT12 3QG, Tel. 01932 22 03 92, www.campingandcaravanningclub.co.uk. **Öffnungszeiten**: Apr. – Nov. **Ausstattung**: Ver- / Entsorgung, Strom, aber keine Toiletten / Duschen, teils WiFi, Spielplatz. **Beschreibung**: Sehr ruhig und abgeschieden gelegener Platz am River Mole. Großzügige, teils unbeschattete Plätze auf Rasen oder Schotter. Nicht immer ganz eben. Die Busse 514 und 663 fahren 800 m vom Platz entfernt an der Zufahrtsstraße zum Bahnhof Hersham. Von dort in knapp 40 Min. mit dem Zug ins Zentrum. **Preis**: 14,40 – 20,60 £, zuletzt nur für Mitglieder des Clubs, eine Mitgliedschaft kann aber vor Ort erworben werden. **Zufahrt**: Von der M25-Westumfahrung die Ausfahrt auf die A320 Richtung Chertsey wählen. An den nächsten drei immer geradeaus der Hauptstraße folgen, dann am vierten vor dem Friedhof links halten. Drei weitere Kreisverkehre geradeaus, dann nach der Bahnüberführung der Beschilderung links Richtung Hersham folgen. Einen Kreisverkehr weiter links, wieder über die Gleise und dann gleich rechts in die Station Ave. Abbiegen. Die Straße bis ganz zum Ende fahren, dort links und sofort wieder rechts in die Zielstraße abbiegen, ab hier beschildert.

266 East Horsley – *Camping and Carav. Club Site Horsley*

GPS/Kontakt: N 51°17'08" W 0°26'52", Ockham Road North, KT24 6PE, Tel. 01483 28 32 73, www.campingandcaravanningclub.co.uk. **Öffnungszeiten**: März – Okt. **Ausstattung**: Waschmaschine / Trockner,

WiFi, Shop, Aufenthaltsraum, Spielplatz. **Beschreibung**: Sehr gepflegter Platz, schön an einem kleinen See gelegen, teils schattige Stellflächen auf Rasen oder Schotter, meist eben, ruhige Lage. Rund 600 m südlich des Platzes fährt der Bus 478 ab Halt Ockham Road North zum Bahnhof Horsley (zu Fuß gut 1,1 km). Von dort mit dem Zug in etwa 40 Min. ins Zentrum. **Richtpreis**: 21,90 – 31,60 £, Nicht-Mitglieder des Clubs zahlen rund 30 % Aufpreis. **Zufahrt**: Von der M25-Südwestumfahrung die Ausfahrt auf die A3 Richtung London / Guildford wählen. Am nächsten Kreisverkehr die dritte Ausfahrt (Guildford / Portsmouth) nehmen und nach rund 2 km Richtung Ockham / Ripley abfahren. Am Kreisel weiter in Richtung Ockham halten und dann für etwa 4 km der B2039 bis zum Campingplatz rechts folgen.

267 Merstham – *Alderstead Heath Caravan Club Site*

GPS/Kontakt: N 51°16'52" W 0°08'30", Dean Lane, RH1 3AH, Tel. 01737 64 46 29, www.experiencefreedom.co.uk. **Öffnungszeiten**: Mitte März – Anfang Nov. **Ausstattung**: WiFi, Spielplatz, Abspülgelegenheit. **Beschreibung**: Großer, gepflegter, teils schattiger Platz mit Stellflächen auf Schotter und Rasen, ruhige Alleinlage. Südwestlich des Platzes fahren die Busse 411, 611, 657 und 658 zum Beispiel zum Bahnhof Caterham, Halt »Valley Shops«. Von dort mit dem Zug in rund 45 Min. in die Innenstadt. **Preis**: 22,90 – 28,90 £ für Caravan and Motorhome Club Mitglieder, sonst etwa 40% Aufschlag. **Zufahrt**: Von der M25 Südumfahrung die Abfahrt auf die M23, später A23 in Richtung Croydon nehmen. Beide Fahrbahnen trennen sich; kurz nachdem sie sich wieder vereinen, rechts neben einer Starbucks-Filiale in die Dean Lane einbiegen. Nach rund 1,5 km links.

268 London – *Crystal Palace Caravan Club Site*

***Achtung: Der Platz befindet sich innerhalb der ULE**Z.*

GPS/Kontakt: N 51°25'33" W 0°04'27", Old Cople Ln., SE19 1UF, Tel. 020 87 78 71 55, www.caravanclub.co.uk. **Öffnungszeiten**: Ganzjährig. **Ausstattung**: WiFi, sonst campingplatzüblich. **Beschreibung**: Zentrumsnächster Campingplatz in London, Stellflächen teils schattig auf Asphalt, Schotter oder Rasen, für die Lage rechts ruhig, eben. Entweder zur rund 500 Meter entfernt gelegenen Bahnstation Sydenham oder Crystal Palace gehen und von dort mit dem Zug bis Whitechapel fahren. Ab dort Anschluss an die U-Bahnen District sowie Hammersmith, gesamt etwa 9 Stationen ins Zentrum. Oder mit dem Bus Nr. 3 (Halt Crystal Palace Parade) zur U-Bahn-Station »Brixton« (Victoria-Linie) fahren und ab dort in rund 4 Stationen bis ins Zentrum. **Preis**: 23,30–37,20 £ für Caravan and Motorhome Club-Mitglieder, sonst rund 40% Aufpreis. **Zufahrt**: Von der M25 Südumfahrung die Abfahrt auf die M23, später A23 in Richtung Croydon nehmen. Bleiben Sie nun immer geradeaus, bis Sie nach einer ganzen Zeit in Croydon eine Schnellstraße unterfahren. Danach nehmen Sie die zweite Straße rechts (Katharine Street) und biegen erneut in die zweite (Park Lane/A212), diesmal nach links, ein. Mehr oder minder immer geradeaus folgen Sie der A212 bis zu ihrem Ende. Dort rechts und nach der Kirche sofort wieder links abbiegen (Church Road). Nach rund 2,5 km befindet sich die Old Cople Lane und damit die Abfahrt zum Platz rechts.

269 London – *Abbey Wood Caravan Club Site*

Achtung: Der Platz befindet sich innerhalb der ULEZ.

GPS: N 51°29'13" E 0°07'10", Federation Road, SE2 0LS, Tel. 020 83 11 77 08, www.caravanclub.co.uk. **Öffnungszeiten**: Ganzjährig. **Ausstattung**: WiFi, Spielplatz, sonst campingplatzüblich. **Beschreibung**: Stadtnaher Campingplatz im Osten Londons, Plätze teils schattig, auf Asphalt oder Rasen, nicht immer ganz eben, gepflegt und schön angelegt. Die Bahnstation »Abbey Wood« liegt nur rund 450 m entfernt. Von dort mit dem Zug in rund 9 Stationen ins Zentrum. **Preis**: 23,90–36,60 € für Caravan and Motorhome Club-Mitglieder, ansonsten rund 40% Aufpreis. **Zufahrt**: Von der M25 Ostumfahrung (bzw. dort als A282 bezeichnet) auf die A206 Richtung Erith abfahren. Nach Erith auch an den beiden folgenden Kreisverkehren geradeaus fahren, bis Sie am dritten Kreisel links Richtung Abbey Wood fahren. Es folgen zwei weitere Rondelle, an denen Sie sich geradeaus halten. Nach dem zweiten nehmen Sie rechts die mit einem Campingsymbol beschilderte Federation Road zum Campingplatz auf der linken Seite.

TOUR 9

Womo-Pubs im Raum London

Für die Durchreise oder wenn Sie nach / vor einem Tagesbesuch in London einmalig übernachten möchten. Das Angebot ist wie immer nur auf Anfrage und in Verbindung mit einer Einkehr gültig.

270 Coopersale – *The Garnon Bushes*

GPS/Kontakt: N 51°42'23" E 0°08'07", 13 Coopersale Common, CM16 7QS, Tel. 01992 56 02 11. **Max. WOMOs**: 1–2. **Ausstattung**: Keine Einrichtungen. **Beschreibung**: Mittelgroßer Asphaltparkplatz hinter dem Pub, kleiner Gastgarten, nettes Landpub. 200 m südlich befindet sich die Haltestelle des Busses 30, damit bis zum Bahnhof »Epping«. Von dort mit der Central U-Bahn ins Zentrum. **Zufahrt**: Von der M25-Nordumfahrung auf die M11 stadtauswärts wechseln, die Ausfahrt Harlow nehmen und in Richtung Epping fahren, gleich an der ersten Ampel des Ortes links halten und dann rechts nach Coopersale bis zum Pub linker Hand.

271 Wembley – *Windermere Pub*

Achtung: Der Platz befindet sich innerhalb der ULEZ.
GPS/Kontakt: N 51°34'15" W 0°18'27", Windermere Avenue, HA9 8QT, Tel. 07791 62 02 19. **Max. WOMOs**: 2–3. **Ausstattung**: WiFi, sonst keine Einrichtungen. **Beschreibung**: Kleiner Biergarten, Parkplatz hinter dem Pub neben der Bahnlinie, zweckmäßig. Direkt neben dem Pub befindet sich die London Underground Station »South Kenton« (Overground und Bakerloo). **Zufahrt**: Von der M25-Nordwestumfahrung auf die A405 und weiter auf die M1 South in Richtung London wechseln. Im Kreisverkehr am Autobahnende weiter Richtung Wembley fahren. Nach knapp 2 km links auf die A4088 Richtung Kingsbury abzweigen. Sie kommen bald darauf zu einer Bahnüberführung und halten sich an der zweiten Straße danach rechts (Carlton Avenue East). Über einen Kreisverkehr hinweg folgen Sie der Straße immer weiter. Sie knickt schließlich nach rechts ab und trifft nach weiteren 300 m links auf das Pub.

TOUR 9

272 Rickmansworth – *Miller and Carter*

GPS/Kontakt: N 51°38'43" W 0°27'46", Park Rd., WD3 1AT, Tel. 01923 77 83 77. **Max. WOMOs**: 3–4. **Ausstattung**: Keine Einrichtungen. **Beschreibung**: Schönes Gastro-Pub in Alleinlage neben einem Park, große Parkflächen auf Pflaster, teils schattig, ruhig. Bushalt gleich südlich (Linien 320, 322, 336, 951, R2, W1), von dort zum Beispiel zum U-Bahn Halt »Croxley« (Metropolitan). **Zufahrt**: Von der M25-Westumfahrung die Ausfahrt Rickmansworth nehmen. Links halten und am ersten Kreisverkehr erste Ausfahrt Richtung Watersmeet, am zweiten Kreisverkehr die zweite Ausfahrt nehmen, dann nach 400m linker Hand.

273 Colnbrook – *Ostrich Inn*

GPS/Kontakt: N 51°29'01" W 0°31'25", High St., SL3 0JZ, Tel. 01753 68 26 28. **Max. WOMOs**: 2–3. **Ausstattung**: Keine Einrichtungen. **Beschreibung**: Ortspub mit Hotel und größerem Asphaltparkplatz hinter dem Haus, eben, etwas belebter. Bushalt fast vor der Tür, mit Linie 81 bis Hounslow West, ab dort U-Bahn-Anschluss (Piccadilly Line). **Zufahrt**: Von der M25-Westumfahrung auf die M4 stadtauswärts wechseln, dann Ausfahrt Langley nehmen und links Richtung Colnbrook halten und dann der Wegweisung rechts nach Colnbrook Village folgen, durch die High Street bis zum Pub rechter Hand.

274 Wisley – *The Anchor Pub*

GPS/Kontakt: N 51°19'22" W 0°29'23", Wisley Ln., GU23 6QW, Tel. 01932 34 25 07. **Max. WOMOs**: 2–3. **Ausstattung**: Keine Einrichtungen. **Beschreibung**: Schönes Gastro-Pub direkt am River Wey mit Freiterrasse und größerem Asphaltparker gegenüber, eben und teils schattig. Gut 800 m südwestlich Bus 437 an der Pyrford Rd. bis West Byfleet, von dort mit der South Western Railway ins Zentrum. **Zufahrt**: Von der M25-Südwestumfahrung auf die A3 stadtauswärts wechseln, die Ausfahrt Ripley nehmen und in entgegengesetzter Richtung zurück auf die A3 und der Wegweisung RHS Wisley folgen. Nun auf der Wisley Ln bis zum Ziel fahren.

275 Leatherhead – *The Star*

GPS/Kontakt: N 51°19'36" W 0°19'39", Kingston Rd., KT22 ODP, Tel. 01372 84 24 16. **Max. WOMOs**: 2–3. **Ausstattung**: WiFi, sonst keine Einrichtungen. **Beschreibung**: Schönes Land-Pub mit großem Asphalt- und Schotterparkplatz, Gastgarten, etwas nahe an der Hauptstraße. London-Anbindung per Bus 465 direkt vor dem Pub, bis Station »Kingston«. Von dort mit der South Western Railway ins Zentrum. **Zufahrt**: Von der M25-Südwestumfahrung die Ausfahrt A243 nehmen und dann Richtung Kingston halten. Dort nach 1,5 km links.

TOUR 9

276 Westhumble – *The Stepping Stones*

GPS/Kontakt: N 51°15'11" W 0°19'29", Westhumble St., RH5 6BS, Tel. 01306 88 99 32. **Max. WOMOs**: 1–2. **Ausstattung**: Keine Einrichtungen. **Beschreibung**: Großer Parkplatz auf Schotter und Asphalt schräg hinter dem Haus, Biergarten, großes Essensangebot. Östlich an der A24 Haltestelle des Busses 465, bis Station »Kingston«. Von dort mit der South Western Railway ins Zentrum. **Zufahrt**: Von der M25-Südumfahrung auf die A243 und A24 in Richtung Dorking fahren. Der Beschilderung bis nach dem Burford Bridge-Kreisverkehr folgen, dann rechts zum Pub abbiegen.

277 Coulsdon – *The Fox*

GPS/Kontakt: N 51°17'44" W 0°06'37", Fox Ln., CR3 5QS, Tel. 01883 34 07 37. **Max. WOMOs**: 2–3. **Ausstattung**: Keine Einrichtungen. **Beschreibung**: Ruhig gelegenes, schönes Pub in Alleinlage mit Gastgarten und größerem Schotter- und Asphaltparkplatz neben dem Haus. Östlich an der Hauptstraße befindet sich die Bushaltestelle der Linien 404 und 466. Zum Beispiel bis Bahnhof Coulsdon Town, von dort mit der Southern Line ins Zentrum. Vorabanfrage beim Restaurantmanager erbeten. **Zufahrt**: Von der M25-Südumfahrung die Ausfahrt auf die M23 stadteinwärts wählen, die in die A23 übergeht. Rechts Richtung

Caterham abfahren und nun immer der Straße folgen, bis Sie nach einer Grünfläche rechts in die Fox Lane zum Pub fahren können.

278 Warlingham – *The Harrow*

GPS/Kontakt: N 51°19'09" W 0°02'33", Farleigh Rd., CR6 9EL, Tel. 01883 62 75 65. **Max. WOMOs**: 2 – 3. **Ausstattung**: Keine Einrichtungen. **Beschreibung**: Sehr schönes Gastropub mit großem Asphaltparkplatz und Gastgarten. Eben, etwas Schatten, nachts relativ ruhig. Bushaltestelle der Linie 409 und 411 vor der Tür. Bis Whyteleafe Station. Von dort mit der Southern Railway ins Zentrum. **Zufahrt**: Von der M25-Südumfahrung die Ausfahrt auf die A22 stadtauswärts Richtung Eastbourne wählen. Am nächsten Kreisverkehr links Richtung Westerham und dann länger geradeaus, bis es links Richtung Warlingham abgeht. Nun der B269 folgen, bis Sie an einem Kreisverkehr mit Sainsbury rechts die zweite Ausfahrt nehmen. Dann gleich wieder links halten und der Straße immer geradeaus bis zum Pub folgen.

279 Brasted – *The White Heart*

GPS: N 51°16'36" E 0°06'42", High St., TN16 1JE, Tel. 01959 56 94 57. **Max. WOMOs**: 1 – 2. **Ausstattung**: Keine Einrichtungen. **Beschreibung**: Großes Pub mit ebenso großem Asphaltparker und Biergarten, nicht ganz leise. Nach Ankunft unbedingt registrieren. Bushaltestelle vor der Tür, zum Beispiel mit Linie 1 bis Sevenoaks, dort Bahnanbindung mit den Linien Thameslink und Southeastern. **Zufahrt**: Von der M25-Südumfahrung die Ausfahrt auf die A22 stadtauswärts Richtung Eastbourne wählen. Am nächsten Kreisverkehr links Richtung Westerham und dann weiter geradeaus bis Brasted mit dem Pub rechts.

Offizielle Stellplätze des Camping- and Caravanning Clubs

280 (Epping – *The Merry Fiddlers*

GPS/Kontakt: N 51°41'19" E 0°07'48", 4 Fiddlers Hamlet, CM16 7PY, Tel. 07746 89 72 52, www.campingandcaravanningclub.co.uk. **Max. WOMOs**: 5. **Öffnungszeiten**: Ganzjährig. **Ausstattung**: Ver- / Entsorgung, Strom, Mülleimer, Toilette / Dusche, Waschmaschine / Trockner, WiFi, Spielplatz, klappstuhlgeeignet. **Beschreibung**: Einfaches Wiesengrundstück neben einem recht schönen Pub, nachts ruhig, nicht ganz eben, kaum Schatten. Bushalt (Linie 31) vor dem Pub, von dort nach Epping (The Orchards) und nach kurzem Fußmarsch zum U-Bahn-Halt (Central Line) mit direkter Anbindung ins Zentrum. **Richtpreis**: 17,50 – 19,50 £. **Zufahrt**: Von der M25-Nordumfahrung auf die M11 stadtauswärts wechseln, die Ausfahrt Harlow nehmen und in

Richtung Epping fahren, im Ort nach der Kirche am Kreisverkehr links in die Station Road und nun immer geradeaus bis zum Pub.
Hinweis: Nur für Clubmitglieder, Reservierung empfohlen.

TOUR 9

281 Dartford – *Braeside*

GPS/Kontakt: N 51°25'12" E 0°14'48", Romanvilla Rd., DA2 7QS, Tel. 01322 22 50 44, www.campingandcaravanningclub.co.uk. **Max. WOMOs**: 5. **Öffnungszeiten**: Ganzjährig. **Ausstattung**: Ver-/Entsorgung, Strom, einfache Toilette, Mülleimer, klappstuhlgeeignet. **Beschreibung**: Gut angelegter kleiner Platz mit teils parzellierten Buchten auf Schotter rings um eine Wiese, etwas Schatten, fast eben, nachts ruhig. Vom Platz dem Darenth Hill nach links folgen, am Ende nach gesamt 1,1 km befindet sich rechts der Bushalt (Linie 414), bis Dartford, von dort mit den Zügen der Thameslink oder Southeastern ins Zentrum. **Richtpreis**: 20 £. **Zufahrt**: Von der M25-Südostfahrung auf die A20 stadtauswärts wechseln, dort im Kreisverkehr die Ausfahrt Richtung-West Kingsdown nehmen. Am zweiten Kreisverkehr erste Ausfahrt nach Dartford wählen und ein Stück weiter an einem Minikreisverkehr rechts nach Darenth abfahren. Nach 900 m rechts. **Hinweis**: Nur für Clubmitglieder, Reservierung empfohlen.

Weitere Parkplätze:

282 Windsor – *Romney Lock*

GPS: N 51°29'18" W 0°36'16", Romney Lock Rd., SL4 6HX. **Max. WOMOs**: 3–4. **Ausstattung**: Toilette (120 m weiter nördlich). **Beschreibung**: Nachts ruhiger Parkplatz vor dem örtlichen Rugby Club neben der Themse, eben, auf Asphalt. London-Anbindung ab Bahnhof Windsor 250 m entfernt. **Preis**: Nachts frei, aber 9.00–21.00 Uhr kostenpflichtig, max. 11,10 £. **Zufahrt**: Von der M25-Ostumfahrung auf die M4 wechseln, Ausfahrt Windsor nehmen und auf der A332 einwärts und den Schildern zum Busparkplatz folgen. Nun immer ortseinwärts, am Ende der Straße Beschilderung zum Romney Lock Car Park folgen.

283 Windsor – *Alexandra Gardens Windsor*

GPS: N 51°29'02" W 0°36'53", Alma Rd., SL4 3HU. **Max. WOMOs**: 8–10. **Ausstattung**: Toilette, Mülleimer. **Beschreibung**: Großparkplatz im Ortszentrum von Windsor, beleuchtet, nahe Windsor Castle, 450 m in die Ortsmitte. London-Anbindung ab Bahnhof Windsor 300 m entfernt. **Preis**: Nachts frei, aber 9.00–21.00 Uhr kostenpflichtig, max. 18,60 £. **Zufahrt**: Von der M25-Ostumfahrung auf M4 wechseln, Ausfahrt Windsor nehmen und auf A332 einwärts fahren und den Schildern zum Busparkplatz folgen. Der für Pkws und Wohnmobile liegt direkt daneben.

284 Tattenham Corner – *Epsom Downs Tea Hut Car Park*

GPS: N 51°18'43" W 0°14'43", Old London Rd., KT18 5PP.
Max. WOMOs: 4 – 6. **Ausstattung**: Tagsüber Snackbar, sonst keine Einrichtungen. **Beschreibung**: Großer Schotterparkplatz in Ortsrandlage, etwas uneben, kein Schatten, nachts meist relativ ruhig, aber manchmal Jugendliche vor Ort, tags belebt. Der Bahnhof Tattenham Corner (Southern) ist nur 400 m entfernt. Von dort mit dem Zug ins Londoner Zentrum. **Zufahrt**: Von der M25-Südumfahrung die Ausfahrt Leatherhead nehmen, dann am Kreisverkehr Richtung Heathrow fahren, am nächsten in Richtung Dorking und am übernächsten links Richtung Ashtead. Den Ort durchfahren und nach den Geschäftszeilen rechts in die Park Lane abfahren und in der folgenden Rechtskurve links halten und weiter dieser Straße folgen. Am Ende rechts in die Farm Lane, dann gleich wieder links Richtung Epsom und am Ende wieder rechts abzweigen. Dann im Kreisverkehr die Ausfahrt nach Tadwort wählen, der Parkplatz kommt dann nach rund 650 m links.

285 Ranmore Common – *Greatlee Wood*

GPS: N 51°14'23" W 0°23'17", Ranmore Common Rd., RH5 6SY.
Max. WOMOs: 1 – 2. **Ausstattung**: Keine Einrichtungen.
Beschreibung: Wanderparkplatz im Wald neben der Hauptstraße. Durch Bäume getrennt, Erdboden, keine Einrichtungen, schattig. Rund 4 km bis Dorking, London-Anbindung vom dortigen Bahnhof. Parkplatz dort mit Höhenbarriere, daher nur Parken am Straßenrand im Umkreis möglich (evtl. Lincoln Road). **Zufahrt**: Von der M25-Südumfahrung in Richtung Dorking abfahren und der Beschilderung folgen. Im Ort dann rechts nach Guildford abzweigen und an der Gabelung am Ende rechts dem Wegweiser nach Ranmore folgen. Nach rund 2,9 km links.

286 Bexleyheath – *Station Carpark*

Achtung: Der Platz befindet sich innerhalb der ULEZ.
GPS: N 51°27'48" E 0°07'54", Avenue Rd., DA7 4EG.
Max. WOMOs: 3 – 4. **Ausstattung**: Keine Einrichtungen.
Beschreibung: Großer, recht sauberer und ebener Asphaltparkplatz neben dem Bahnhof, von dort per zug mit der Southeastern Train in die Stadt. **Preis**: Nachts frei, tags Gebühren laut Aushang **Zufahrt**: Von der M25-Ostumfahrung die A2 stadteinwärts nehmen, dann die Ausfahrt Bexleyheath nehmen und der Wegweisung weiter folgen, bis Sie an einem Asda link in die Avenue Rd. zum Parkplatz abfahren können.

Park & Ride-Einrichtungen in London als Tagesparkplätze

Alle angegebenen Parkplätze waren zum Recherchezeitpunkt für Wohnmobile zugänglich, also nicht mit Höhenbarrieren versehen, direkt neben einer U-Bahn-Haltestelle und kapazitätsmäßig in der Lage, auch etwas größere Fahrzeuge aufzunehmen. Allerdings sind die Ein- / Durchfahrtswege teils recht schmal. Wenn Sie nicht in eine Parklücke passen, sondern zwei belegen, müssen Sie fast immer auch zwei Tickets erwerben.

Nordwestlich der City:

PR1 **P&R 1 Harrow and Wealdstone** *(Bakerloo Line)*
Achtung: Innerhalb der ULEZ.
GPS: N 51°35'36" W 0°20'10", HA3 5AB, Elen Webb Drive.
Stellplätze: 115.

PR2 **P&R 2 Hillingdon** *(Metropolitan und Picadilly Line)*
Achtung: Innerhalb der ULEZ.
GPS: N 51°33'10" W 0°26'55", UB10 9NR, Long Lane.
Stellplätze: 283.

PR3 **P&R 3 Ickenham** *(Metropolitan und Picadilly Line)*
Achtung: Innerhalb der ULEZ.
GPS: N 51°33'41" W 0°26'26", UB10 8PD, Glebe Avenue.
Stellplätze: 176.

PR4 **P&R 4 Ruislip** *(Metropolitan und Picadilly Line)*
Achtung: Innerhalb der ULEZ.
GPS: N 51°34'18" W 0°25'16", HA4 8LD, Station Approach.
Stellplätze: 153.

PR5 **P&R 5 Stanmore** *(Jubilee Line)*
Achtung: Innerhalb der ULEZ.
GPS: N 51°37'12" W 0°18'07", HA7 4PD, London Road.
Stellplätze: 153.

Nördlich der City:

PR6 **P&R 6 Arnos Grove** *(Picadilly Line)*
Achtung: Innerhalb der ULEZ.
GPS: N 51°36'58" W 0°08'01", N11 1AN, Bowes Road.
Stellplätze: 312.

PR7 **P&R 7 Cockfosters** *(Picadilly Line)*
Achtung: Innerhalb der ULEZ.
GPS: N 51°39'07" W 0°09'00", EN4 0DZ, Cockfosters Road.
Stellplätze: 232.

PR8 **P&R 8 Finchley Central** *(Picadilly Line)*
Achtung: Innerhalb der ULEZ.
GPS: N 51°36'03" W 0°11'30", N3 2RY, Chaville Way.
Stellplätze: 232.

PR9 **P&R 9 Oakwood** *(Picadilly Line)*
Achtung: Innerhalb der ULEZ.
GPS: N 51°38'52" W 0°07'55", N14 4UT, Bramley Road.
Stellplätze: 150.

Nordöstlich der City:

PR10 **P&R 10 Epping** *(Central Line)*
GPS: N 51°41'37" E 0°06'49", CM16 4HW, Hillcrest Way.
Stellplätze: 519.

PR11 **P&R 11 Ilford** *(Central Line)*
Achtung: Innerhalb der ULEZ.
GPS: N 51°34'33" E 0°05'26", IG2 7RN, Eastern Avenue.
Stellplätze: 456.
Preis: Mo. – Fr. 5,30 £, Sa. 2 £, So. 1,50 £.
Hinweis: Weitere Parkplätze westlich der Bahntrasse in der King George Avenue bei N 51°34'37" E 0°05'22".

PR12 **P&R 12 Loughton** *(Central Line)*
GPS: N 51°38'31" E 0°03'15", IG10 4PD, Meadow Road.
Hinweis: Der Haupt-P&R-Parkplatz ist mit Höhenbarrieren versehen, der Pay and Display-Parkplatz am Sainsburys-Supermarkt ist für Wohnmobile zugänglich.
Stellplätze: 270.

PR13 **P&R 13 Redbridge** *(Central Line)*
Achtung: Innerhalb der ULEZ.
GPS: N 51°34'35" E 0°02'45", IG4 5BG, Eastern Avenue.
Stellplätze: 147.

PR14 **P&R 14 Woodford** *(Central Line)*
Achtung: Innerhalb der ULEZ.
GPS: N 51°36'25" E 0°02'02", IG8 7QE, Station Approach.
Stellplätze: 169.

Östlich der City:

PR15 **P&R 15 North Greenwich** *(Jubilee Line)*
Achtung: Innerhalb der ULEZ.
GPS: N 51°29'54" E 0°00'16", SE10 0PH, Edmund Halley Way.
Stellplätze: 567.

Westlich der City:

PR16 **P&R 16 Hounslow West** *(Metropolitan und Picadilly Line)*
Achtung: Innerhalb der ULEZ.
GPS: N 51°28'23" w 0°23'10", TW3 3DH, Bath Road.
Stellplätze: 425.

PR17 **P&R 17 Osterley** *(Picadilly Line)*
Achtung: Innerhalb der ULEZ.
GPS: N 51°28'51" W 0°21'06", TW7 4PU, Great West Road.
Stellplätze: 135.

London *(8.982.700 Einwohner)*

Geschichte

Vermutlich wurde die Stadt erstmals im Jahr 47 n.Chr. von den Römern gegründet. »Londinium« nannten sie die befestigte Siedlung, die 150 Jahre später von ihnen auch zur Hauptstadt Britanniens gekürt wurde. Dass sie es bis heute bleiben sollte, war da aber noch alles andere als gewiss. 410 zogen sich die Römer aus Britannien zurück und ständige Raubzüge der Germanen sowie die Eroberung des Landes durch die Angeln und Sachsen führten zu einer kompletten Entvölkerung. Ende des Fünften Jahrhunderts standen nur mehr Ruinen. Erst im späten Neunten Jahrhundert wurde das Areal innerhalb der alten, römischen Mauern neu besiedelt und erhielt den Namen Lundenburgh. Als 1066 die Normannen das Land eroberten, machten sie London erneut zur Hauptstadt und Richard Löwenherz ernannte 1189 einen ersten Lord Mayor. Die besondere Stellung der mit diesem Titel ausgestatteten Bürgermeister Londons dauert bis heute an. 1209 wurde mit der London Bridge eine erste Steinbrücke über die Themse errichtet – sie sollte bis 1750 die einzige bleiben. Zur führenden Handelsstadt des Landes stieg London dann endgültig ab 1535 auf: Die Reformation und Enteignung der Kirche führten zu starkem wirtschaftlichem Wachstum – zuvor hatte die Hälfte des Landes dem Klerus gehört.

Doch auch Rückschläge musste die Stadt verkraften. Zu den verheerendsten zählten sicher die Jahre 1664 bis 1666, als erst eine Pestepidemie über 70.000 Menschenleben forderte und danach der große Brand von London mehr als 13.000 Häuser zerstörte.

Danach spaltete sich die Bevölkerung auf: Im West End bauten die Reichen ihre neuen Paläste, das East End war dagegen ein riesiges Elendsviertel, in dem das Recht des Stärkeren galt. Daran änderte sich auch später nichts, als im 18. Jahrhundert die historischen Grenzen der Stadt gesprengt wurden und London immer schneller wuchs. Im 19. Jahrhundert schließlich wurde die U-Bahn gebaut, neue Bahnstrecken in Betrieb genommen und die Stadt zum Zentrum der Industrialisierung gemacht. 1851 lag die Einwohnerzahl bereits bei über 2,5 Millionen Menschen. Immer mehr Land wurde überbaut und 1939, kurz vor Ausbruch des Zweiten Weltkriegs, zählte man mehr als 8,9 Millionen Einwohner – eine

London City Skyscrapers

Zahl, die erst in neuester Zeit wieder erreicht wurde. Angriffe der deutschen Luftwaffe sorgten in den Jahren 40 / 41 und 44 / 45 für schwere Zerstörungen und mehr als 30.000 Tote. In der Folge sank die Bevölkerungszahl erheblich. Auch die Hafenanlagen verfielen immer mehr und die Stadt drohte ihre einst glorreiche weltpolitische und -wirtschaftliche Stellung einzubüßen. Erst in den 1980er-Jahren sorgten umfangreiche Entwicklungsprogramme für einen neuerlichen Aufschwung. Dass dieser bis heute anhält, merkt man als Besucher Londons sofort: Überall wird gebaut, verändert und verbessert, die Stadt pulsiert an allen Ecken und Enden und selbst, wem all das auf Dauer zu viel ist, der wird sich doch kaum der Vielfältigkeit und Faszination gänzlich entziehen können, und sei es nur für wenige Stunden. London ist eben eine echte Weltmetropole und wird es, selbst wenn der Brexit die Wirtschaftskraft etwas schwächt, wohl noch lange bleiben.

Verkehrsmittel

Mit dem Wohnmobil durch London zu fahren, macht aufgrund der Umweltzonen und des ständigen, starken Verkehrs weder Sinn noch Freude. Machen Sie sich daher mit den öffentlichen Verkehrsmitteln auf den Weg, die wirklich alle touristischen Attraktionen recht gut erschließen. Erste Wahl, um im Zentrum von A nach B zu kommen, ist sicher die Underground mit ihren zahlreichen Stationen und hoher Taktfrequenz. Was nicht durch die U-Bahn erschlossen wird, steuern die Unmengen roter Busse, meist Doppeldecker, an, auch die Themsefähren können Wege hier und da gut und sinnvoll abkürzen. Außerhalb gelegene Ziele erreichen Sie mit den Regionalzügen oder der Overground. Und sogar ein paar wenige Trambahnen mühen sich obendrein noch durch die City. Wer, vor allem zu den Rushhours, den Menschenmengen entgehen möchte, kann natürlich auch eines des

An der Themse

berühmten London Cabs, ein Taxi oder alternativ auch ein Uber nehmen. Viel schneller werden Sie damit aber auch nicht sein. Eine Alternative für Wagemutige wäre da noch das Fahrrad. Radwege sind allerdings die Ausnahme und man braucht schon gute Nerven, um unerschrocken im Verkehr mitzuschwimmen. Eine Übersicht finden Sie unter https://tfl.gov.uk/modes/cycling/santander-cycles/how-it-works *(Preise ab rund 3 £ / Tag)*.

Für die öffentlichen Verkehrsmittel müssen Sie vorab eine Fahrkarte lösen. Dazu stehen in allen Bahnhöfen Fahrkartenautomaten bereit, in Bussen können Einzelfahrscheine direkt beim Fahrer erworben werden. Zumindest wenn Sie mehrere Tage in London unterwegs sind, ist es günstiger und deutlich sinnvoller, sich eine Wertkarte zu kaufen, die London Oyster Card. Die Normalversion ist an Bahnhofsschaltern und einigen Automaten erhältlich, die für Sie sinnvollere Touristen Oyster Card musste zuletzt grundsätzlich vorab bestellt werden und wird zugeschickt. Die Karte wird mit verschieden hohen Guthabenbeträgen bestückt, wiederaufgeladen und man kann sich am Ende des Aufenthaltes Restguthaben auch zurückerstatten lassen. Für all das müssen Sie die Karte an einem Automaten zunächst über die markierte Stelle halten und dann den englischsprachigen Anweisungen auf dem Bildschirm folgen. Auch die Schranken an den Bahnhofszugängen öffnen sich, nachdem Sie die Oyster Card an die Kontaktstellen gehalten haben. Papiertickets dagegen müssen per Kartenschlitz eingeführt werden. Das alles klingt zunächst ganz einfach, ist aber, durch verschiedene Preismodelle, je nach genutzten Zonen, Tageszeiten, Alter und Wochentagen dann doch eine Wissenschaft für sich. Ob Sie am Ende tatsächlich mit der Oyster Card, einem Einzelticket oder einem Einzeltagesticket, der Day Travelcard, am besten fahren, ergründen Sie recht

Irving Street

übersichtlich auf der deutschsprachigen Website www.visitbritainshop.com/de/de unter der Rubrik »Verkehrsmittel und Fahrkarten«. Kinder bis 11 Jahre nutzen die Londoner Verkehrsmittel im Beisein eines Erwachsenen übrigens kostenlos.

London Pass

London ist nicht gerade als Schnäppchen-Metropole bekannt. Das merkt man spätestens bei den Eintrittspreisen. Abgesehen von den kostenlosen staatlichen Museen schlagen diese nämlich richtig heftig zu Buche. Eine ganz gute Möglichkeit, dabei zu sparen und bei den größten Highlights die teils viele Meter langen Schlangen zu umgehen, ist der London Pass. Mehr als 90 Attraktionen sind dem System angeschlossen, darunter fast alle Hochkaräter. Im Text zu den Londoner Sehenswürdigkeiten verweisen wir jeweils darauf. Bitte beachten Sie, dass diese Angaben ohne Gewähr sind, da sich Teilnehmer auch ändern können. Bei einigen anderen Stellen erhalten Sie zusätzliche Ermäßigungen; auch die Oyster Card können Sie in Kombination mit erwerben. Es gibt den Pass für ein bis sieben oder auch gleich zehn Tage, am einfachsten online, direkt auf Ihr Smartphone.. Über die Website lässt sich außerdem ein zugehöriger Reiseführer für London downloaden, eine Handy-App mit allen Attraktionen gibt es ebenfalls. Achtung: Mit dem Promo-Code »womo« erhielten Sie bei Drucklegung dieses Buches noch 10 Prozent Ermäßigung. Wie lange dieser Code funktioniert, können wir aber nicht garantieren *(www.londonpass.com, Preise regulär 90 – 202 £)*.

Stadtrundfahrten

Eine recht gute Variante einen Überblick über die städtischen Sehenswürdigkeiten zu erlangen, ist die Fahrt mit einem Doppeldecker-Sightseeingbus im Hop-on- / Hop-off-Service. Dabei kann man mit einem gültigen Ticket seine Fahrt an jeder angefahrenen Station unterbrechen, sich beliebig lang aufhalten und später die Fahrt mit dem folgenden Bus fortsetzen. In London gibt es drei Anbieter, die jeweils wieder verschiedene, wenn auch ähnliche Routen anbieten, zwischen denen Sie wählen können. Zusätzlich gibt es noch spezielle Themenfahrten. Sie haben die Wahl zwischen **Golden Tours** *(www.goldentours.com, 12-, 48- oder 72-h-Tickets, ab rund 36 £, inkl. Bootsfahrt auf der Themse und Stadtführungen, vier verschiedene Hauptrouten, über 70 Zustiegspunkte, etwa 10- bis 20-Min.-Takt, täglich ab rund 7.30 Uhr, je nach Jahreszeit und Route wechselnde Endzeiten, die man am Reisetag im Bus erfährt)*, **TooT Bus** *(www.tootbus.com, 24 h, 48 h oder 72 h-Tickets, ab rund 36 £, inkl. Bootsfahrt auf der Themse, drei Routen und Stadtführungen, online ermäßigte Preise, vier verschiedene Hauptrouten, über 80 Zustiegspunkte, rund 10- bis 20-Min.-Takt, täglich ab 8.30 Uhr, je nach Jahreszeit und Route bis 16.30 / 20.00 Uhr)* und **Big Bus London** *(www.bigbustours.com, 12-, 24- oder 48-h-Tickets, Onlinepreise ab etwa 40 £ , 3 Routen, inkl. Bootsfahrt auf der Themse und Stadtführungen, vor Ort etwas höhere Preise, über 50 Zustiegspunkte, etwa 10- bis 20-Min.-Takt, täglich ab ca. 8.20 Uhr, je nach Jahreszeit und Route wechselnde Endzeiten, die man am Reisetag im Bus erfährt, bei 48-h-Ticket inkl. kostenloser Abendtour, kostenloses Tagesticket mit London Pass)*.

Sehenswürdigkeiten

London ist nicht nur riesengroß, auch die Anzahl interessanter Orte, Museen, Parks und Gebäude scheint fast endlos. Auch wenn Sie mehrere Tage für die Stadt eingeplant haben, werden Sie eine Auswahl persönlicher Highlights treffen müssen. Wir haben für Sie sechs Touren zusammengestellt, die Sie zu Fuß oder aber in Kombination mit den öffentlichen Verkehrsmitteln bewältigen können. Das spart Zeit und Kilometer – unterschätzen Sie nicht die Entfernungen. Am Ende sind noch einige andere interessante Orte erwähnt, die weiter abseits liegen und einzeln erreicht werden können.

Bitte beachten Sie: Für London haben wir keine Gastrotipps angegeben. Das liegt einfach an der riesigen Zahl an Restaurants, Bars, Cafés und Imbissbuden, die selbst Einheimische kaum überschauen können. Schmackhafte Snacks auf die Hand finden Sie fast an allen Ecken. Wenn Sie ein gutes Restaurant suchen, können wir Ihnen die App **Open Table** empfehlen. Von günstigen Pubs bis hin zur Sternegastronomie listet sie eine große Auswahl an Lokalitäten. Sie können auch im jeweiligen Umkreis suchen und oftmals gleich einen Tisch reservieren.

Achtung: Führen Sie während Ihrer Stadtrundgänge keine zu großen Taschen oder Rucksäcke mit *(in der Regel max. 43 cm hoch*

Trafalgar Square

/ 37 cm breit / 24 cm tief). An vielen Sehenswürdigkeiten werden Sie aus Sicherheitsgründen durchleuchtet und müssen größere Gepäckstücke auspacken, meist kostenpflichtig abgeben oder werden ganz am Zugang gehindert!

Unterwegs in London

Route 1: Covent Garden und Soho

Diese Tour bringt Sie gleich ins Herz Londons, zu den am meisten von Besuchern frequentierten Ecken, durch die großen Einkaufsstraßen und zu einigen interessanten Museen.

Starten Sie die Tour möglichst gleich morgens am **Bahnhof Leicester Square** *(Picadilly oder Northern Line)* oder **Charing Cross** *(Bakerloo oder Northern Line)*. Um die Ecke befindet sich der bekannte **Trafalgar Square** mit der 51 Meter hohen Gedenksäule, die von Lord Nelson gekrönt wird. Sie erinnert an die siegreiche Schlacht gegen die Franzosen und Engländer, bei der Nelson 1805 zu Tode kam. Der Trafalgar Square ist der größte öffentliche, weitgehend verkehrsfreie Platz der Stadt und gilt vielen als eigentliches Zentrum. Einige der größten Straßen laufen ringsum zusammen, auf der Nordseite steigt eine große Treppe zur **National Gallery** an. Über 2300 Gemälde vom späten 13. Jahrhundert bis zum Ende des 19. Jahrhunderts lassen sich, verteilt auf ganze 64 Räume und zwei Stockwerke, betrachten. Zu den bekanntesten Werken zählen Bilder von Bruegel, Velázquez, da Vinci und Tizian, Rembrandt, van Gogh und Renoir. Audioguides in deutscher Sprache sind verfügbar *(www.nationalgallery.org.uk, Trafalgar Square, WC2N 5DN, Bahn- / U-Bahn-Halt Charing Cross, Bakerloo und Northern Line, 10.00 – 18.00 Uhr, Fr. bis 21.00 Uhr, Eintritt frei)*.

Gleich nebenan, auf der Ostseite des Platzes, steht eine der interessantesten Kirchen Londons, **St. Martin in the Fields**. Zwischen 1721 und 1726 nach den Plänen des Architekten James Gibbs erbaut, ist sie bis heute offizielle Kirche des Buckingham Palace und der britischen Admiralität. Auf-

Chinatown, rechts Picadilly Circus

fällig ist der direkt über dem Portikus aufragende Turm. Bekannte Persönlichkeiten wie der Kunsttischler Thomas Chippendale und die Maler Joshua Reynolds und William Hogarth sind hier begraben. Regelmäßig finden im Inneren klassische Konzerte statt *(www.stmartin-in-the-fields.org, Trafalgar Square, WC2N 4JJ, meist ab 10.00 Uhr, je nach Tag und Jahreszeit bis 17.00 / 18.00 / 19.00 Uhr, Eintritt frei).*

Sofern Sie eine Fahrt mit dem Sightseeingbus planen, finden Sie gleich südlich der Kirche in der **Duncannan Street** einen Haltepunkt von Golden Bus Tours, die anderen Anbieter unterhalten Abfahrtspunkte westlich bzw. südwestlich des Trafalgar Squares.

Am Weg zurück Richtung Leicester Square passieren Sie linker Hand noch den Zugang zur **National Portrait Gallery**. Wie der Name schon vermuten lässt, wird britische Geschichte anhand von Porträts wichtiger Persönlichkeiten der Geschichte erzählt, dazu zählen sowohl Gemälde als auch Fotografien. Mehr als 200.000 Werke umfasst die riesige Sammlung. Sie zeigt sowohl wichtige Persönlichkeiten der Geschichte als auch populäre Personen unserer Zeit, von Sängern über Fußballer bis zu Schauspielern *(St. Martin's Place, WC2H 0HE, Bahn- / U-Bahn-Halt Charing Cross, Bakerloo und Northern Line, www.npg.org.uk, 10.30 – 18.00 Uhr, Fr. / Sa. bis 21.00 Uhr, Eintritt frei).*

Erkunden Sie nun die nordöstlich gelegenen Straßen des einstigen Bohemien-Viertels **Soho**. Pubs, Budget-Restaurants und Nachtklubs säumen viele Ecken, am auffälligsten sind die Straßenzüge zwischen **Gerrard Street** und **Lisle Street**. Dort erstreckt sich die kleine, aber quirlige **Chinatown** Londons. Sie entstand ab den 1960er-Jahren und ist voller meist asiatischer Restaurants, nicht immer allerbester Qualität. Ein Gang durch die Gassen macht dennoch Spaß und mit ein bisschen Gespür findet sich dann doch eine gute Adresse zur Einkehr *(U-Bahn-Halt Leicester Square, Picadilly und Northern Line).*

Wenn Sie die breitere **Shaftesbury Road** im Norden erreicht haben, halten Sie sich nun links auf den berühmten **Picadilly Circus** zu. Tag und Nacht ist das Verkehrsaufkommen so dicht und die durchströmenden Menschenmassen so enorm, dass zarten Gemütern schnell mulmig werden kann. Die Zeit für ein Erinnerungsfoto zwischen den riesigen Leuchtreklamen, die natürlich vor allem abends gut zur Geltung kommen, sollten Sie sich dennoch nehmen.

Kunst gibt es dann nochmals in der **Picadilly Street**, ein Stück weiter westlich, zu sehen. Die **Royal Academy of Arts** im Stadtpalais Burlington House zeigt stets eindrucksvolle Wechselausstellungen, im Sommer schon seit über 200 Jahren Werke noch unbekannter Maler und Bildhauer *(Burlington House Picadilly, W1J 0BD, U-Bahn-Halt Picadilly Circus, Bakerloo und Picadilly Line, oder Green Park, Picadilly, Victoria und Jubilee Line, www.royalacademy.org.uk, Di.–So. 10.00–18.00 Uhr, Fr. bis 21.00 Uhr, Eintritt je nach Ausstellung)*. Gleich daneben befindet sich die **Burlington Arcade** mit vielen Geschäften, die sich bis zu den **Burlington Gardens** zieht.

Thema »Geschäfte«: Wer Lust auf Shoppen hat, kommt auf dem weiteren Weg Richtung **Oxford Circus** voll auf seine Kosten. Rund um **Regent Street** und **Oxford Street** reihen sich Hunderte kleiner und großer Geschäfte wie Perlen auf einer Schnur aneinander. Von internationalen Flagshipstores bis zu individuelleren Nobelboutiquen ist alles vertreten. Die Preise liegen allerdings meist nicht auf Schnäppchenniveau. Auch die parallel zur Regent Street verlaufende **Carnaby Street** ist einen Schlenker wert. Sie gilt als Geburtsort der 60er-Jahre-Mode. Ringsum finden sich besonders viele unabhängige Läden und kleine Lokale. **Duke Street** im Westen, **Dean Street**
im Osten und **Mortimer Street** im Norden begrenzen in etwa dieses riesige Gebiet, in dem Sie nach Herzenslust kaufen oder auch einfach nur stöbern können *(U-Bahn-Halt Oxford Circus, Bakerloo, Central und Victoria Line)*.

Die meistbesuchte Sehenswürdigkeit ganz Großbritanniens erreichen Sie dann mit dem **British Museum**. Das riesige Gebäude allein kann Besucher problemlos einen ganzen Tag beschäftigen. Schon 1753 gegründet, befinden sich darin Abteilungen zu allen Kontinenten mit über acht Millionen Stücken aus vielen Jahrtausenden. Zu den absoluten Highlights von internationalem Ruf zählen sicher die ägyptischen Mumien

Covent Garden, unten rechts Tower of London

und die gut erhaltene, über 2000 Jahre alte Moorleiche des Lindow-Mannes in der europäischen Sammlung. Teil des Museums ist auch der Great Court, Londons größter überdachter Platz mit weiteren Ausstellungsflächen und Cafés *(51 Great Russell Street, WC1B 3DG, U-Bahn-Halt Tottenham Court Round, Central und Northern Line, oder Holborn, Central und Picadilly Line, www.britishmuseum.org, 10.00–17.00 Uhr, Sa. bis 20.30 Uhr, Eintritt frei, Sonderausstellungen kostenpflichtig, freier Eintritt mit dem London Pass).*

Quer durch das einstige Intellektuellenviertel Bloomsbury spazieren Sie in südwestlicher Richtung weiter zur kleinen Parkanlage **Lincoln's Inn Fields**. Zwei interessante Ausstellungen befinden sich unmittelbar daneben. Nördlich liegt zunächst das **Sir John Soane's Museum**. Es gehört sicherlich zu den schrulligsten Besonderheiten, die London zu bieten hat. Schon 1837 stiftete sein namensgebender Begründer die Sammlung der Stadt, verknüpft an eine Auflage: Es dürfe nichts verändert werden. Und so kann man bis heute die höchst eigenwilligen Exponate von Gemälden über Sarkophage bis hin zu Illusionsspiegeln und Riesenpilzen erforschen, eine museale Erfahrung der besonderen Art *(13 Lincoln's Inn Fields, WC2A 3BP, U-Bahn-Halt Holborn, Central und Picadilly Line, www.soane.org, Mi.–Soa. 10.00 –17.00 Uhr, Eintritt frei).*

Direkt gegenüber, am südlichen Ende der Parkanlage, ist das nicht minder verstörende **Hunterian Museum** im Ersten Stock des etwas düster wirkenden Royal-College-of-Surgeons-Gebäudes eingerichtet worden. Es erzählt die Geschichte der Chirurgie und illustriert diese anhand allerlei teils martialisch anmutender Operationswerkzeuge früherer Zeiten und einer riesigen Menge an Präparaten – menschlichen wie tierischen Ursprungs. Einiges erinnert an einen Autounfall: Man möchte nicht hinsehen, kann es aber dennoch nicht lassen. Gerade deswegen ist es äußerst beliebt und man muss an manchen Tagen Schlange stehen, bevor man eingelassen wird *(35 –43 Lincoln's Inn Fields, WC2A 3PE, U-Bahn-Halt Holborn, Central und Picadilly Line, www.hunterianmuseum.org, Di.–Sa. 10.00–17.00 Uhr, Eintritt frei).*

Von der **Chancery Lane** ein kleines Stück in östliche Richtung führt ein Spaziergang nördlich zum **Charles-Dickens-Museum**, vor allem für literarisch Interessierte empfehlenswert. Darin sind einige Räume wie zu Lebzeiten des Schriftstellers rekonstruiert worden, auch über 10.000 Gegenstände aus seinem Leben und einige Erstausgaben wurden zusammengetragen *(48 Doughty Street, WC1N 2LX, U-Bahn-Halt Russell Square, Picadilly Line, www.dickensmuseum.com, Mi.–So. 10.00–17.00 Uhr, 12,50 £, mit London Pass Eintritt frei).*

Ansonsten verläuft die weitere Tour in südliche Richtung bis zur **Temple Church**. Die ehemalige Kirche der Tempelritter wurde schon im 13. Jahrhundert erbaut und war Ort geschichtsträchtiger Ereignisse. So wurde darin die Magna Charta unterzeichnet, die wichtigste Quelle der englischen Verfassung. Zwischenzeitlich als Anwaltsschule umfunktioniert, ist die Kirche heute wieder ein religiöser Ort und bietet, allein aufgrund ihrer runden Bauart, ein besonderes Flair, das einen Abstecher wert ist *(Temple, EC4Y 7BB, U-Bahn-Halt Temple oder Blackfriars inkl. Bahnstation, District und Circle Line, www.templechurch.com, meist Mo. – Fr. 10.00 – 16.00 Uhr, 5 £)*.

Entlang der Themse sind es nur wenige Meter, bevor die Tour erneut rechts zum **Somerset House** abknickt. In dem schönen Palast und im Innenhof finden das ganze Jahr über Kulturveranstaltungen jeder Art statt, Musik von Pop bis Klassik, Kunst von Film bis Fashion und allerlei Performances. Auch die **Courtauld Gallery** hat darin ihr Zuhause gefunden. Sie zeigt in Wechselausstellungen wichtige Kunstwerke des Landes sowie Gemälde verschiedener alter Meister. Auch impressionistische und postimpressionistische Gemälde und Skulpturen sowie Werke der angewandten Kunst werden präsentiert *(Somerset House Strand, WC2R 0RN, U-Bahn-Halt Temple, District und Circle Line, www.somersethouse.org.uk, Di. – So. 10.00 – 18.00 Uhr, Fr. / Sa. bis 21.00 Uhr, Eintritt frei)*.

TOUR 9

Nur mehr ein Katzensprung ist es hinüber bis ins quirlige Stadtquartier **Covent Garden**, in dem Sie die Route Eins beenden. Einst ein abgerissenes Viertel mit maroden Häusern, säumen nun szenige Cafés, Bars und Boutiquen die Straßen. Zu den Highlights zählen neben der Piazza mit dem **Central Market** sicher das **Royal Opera House** und das interessante **London Transport Museum**. Eine große Anzahl an Bussen, Straßen- und Untergrundbahnen wird gezeigt, in einigen darf man selbst Platz nehmen oder sich in eines der vielen interaktiven Displays vertiefen *(Covent Garden Piazza, WC2E 7BB, U-Bahn-Halt Covent Garden, Picadilly Line, www.ltmuseum.co.uk, 10.00 – 18.00 Uhr, 22 – 24 £, mit London Pass Eintritt frei)*.

Route 2: City of London und Southwark

Diese Runde lässt sich in einem Stück kaum zu Fuß bewältigen. Picken Sie sich einen Abschnitt heraus, teilen Sie die Route auf mehrere Tage auf oder nehmen Sie die U-Bahn zu den für Sie interessantesten Punkten zu Hilfe, dann erleben Sie rund um das Banken- und Hochhausquartier London City

eine interessante Zeit.

Erster Anlaufpunkt ist der **Tower of London**, einer der größten Touristenmagneten Londons. Schon 1066 ließ Wilhelm der Eroberer hier eine Festung zur Sicherung der Stadt errichten. Der düster-trutzige Komplex war mal Wohnsitz, mal Waffenkammer der Krone und die meiste Zeit das gefürchtetste Gefängnis des Reiches. Nur wenige, die in Ketten hineingingen, kamen jemals wieder hinaus. Heute kommen Besucher vor allem, um die unermesslich wertvollen Kronjuwelen zu sehen, die von den Beefeaters, den Wächtern des Towers, bewacht werden. Täglich werden außerdem kleine Geschichtspossen von Schauspielern erzählt und man kann die berühmten, wohlgehüteten Tower-Raben beobachten. Einer Sage nach wird das Königreich untergehen, wenn sie die Burg verlassen. Auch eine Waffenausstellung, die Royal Armouries, ist im zentralen White Tower untergebracht. Der Tower lässt sich auch sehr gut per Linienschiff von der Themse aus erreichen: Der Haltepunkt Tower Pier befindet sich unmittelbar vor dem Eingang *(Tower of London, EC3N 4AB, www.hrp.org.uk/tower-of-london, U-Bahn-Halt Tower Hill, Circle und District Line oder Tower Gateway, DLR Line, Di. – Sa. 9.00 – 17.30 Uhr, So. / Mo. ab 10.00 Uhr, letzter Einlass um 15.30 Uhr, 34,80 £, Audioguides auf Deutsch erhältlich, mit London Pass Eintritt frei)*. Besonderer Beliebtheit erfreut sich auch die seit 700 Jahren täglich abgehaltene Ceremony of the Keys. Dabei werden um 21.30 Uhr die Tore des Towers mit großem Tamtam verschlossen. Wer teilnehmen will, muss sich online Tickets reservieren. Aber man muss sehr früh dran sein: Oft sind alle Termine schon für sechs bis neun Monate im Voraus ausgebucht *(www.hrp.org.uk/tower-of-london/whats-on/ceremony-of-the-keys, 5 £)*.

Direkt an den Tower schließt sich die nicht minder berühmte **Tower Bridge** an. Mit ihren beiden markanten Türmen ist sie seit Jahrhunderten eines der wichtigsten Wahrzeichen Londons. Bis heute wird ihre Zugeinrichtung für die Durchfahrt großer Schiffe geöffnet. Fußgänger, die den Eintritt zur **Tower Bridge Exhibition** berappen, können den verglasten Übergang in 40 Meter Höhe zum anderen Themseufer hinübernehmen. Es ist das Highlight der Ausstellung, die ansonsten vor allem Infos zum Bau und Erhaltung der Brücke liefert *(Tower Bridge Road, SE1 2UP, U-Bahn-Halt Tower Hill, Circle und District Line, bzw. Tower Gateway, DLR Line, www.tower-*

Tower Bridge, rechts oben The Shard

bridge.org.uk, 9.30 – 18.00 Uhr, 12,30 £, mit London Pass Eintritt frei).

Wer sich für Bekleidung, Textilien und Schmuck interessiert, kann nun einen Abstecher ins etwas weiter südlich gelegene **Fashion and Textile Museum London** unternehmen. Die im Bermondsey Village untergebrachte Wechselausstellung beleuchtet immer wieder neue Bereiche zum Thema und setzt sich mit Trends und Kollektionen verschiedenster Epochen, vor allem aber mit viel Zeitgenössischem rund um die Modewelt auseinander *(83 Bermondsey Street, SE1 3XF, U-Bahn-Halt London Bridge, Northern und Jubilee Line, bzw. Zug-Halt Southern, Southeastern und Thameslink, www.ftmlondon.org, Di. – Sa. 11.00 – 18.00 Uhr, 12,65 £).*

Am südlichen Themseufer spazieren Sie am futuristischen Veranstaltungszentrum **The Scoop** vorbei. Vor allem im Sommer finden im Amphitheater davor immer wieder kostenlose Theater-, Konzert- und Musicalaufführungen statt *(mehr unter www.morelondon.com).* Direkt davor macht seit über 40 Jahren der Kreuzer **HMS Belfast** fest. Bis in die 1960er-Jahre dienten über 800 Mann auf dem Kriegsschiff der Royal Navy, das im Zweiten Weltkrieg am Nordkap und in der Normandie zum Einsatz kam, später dann im Koreakrieg. Alle Decks sind heute für Besucher geöffnet, die auf einem kurzweiligen Rundgang vom Maschinenraum über die Kombüse bis zur Brücke alle Bereiche erleben können *(The Queen Walk, SE1 2JH, U-Bahn-Halt London Bridge, Northern und Jubilee Line, bzw. Zug-Halt Southern, Southeastern und Thameslink, auch Linienschiff-Halt London Bridge City Pier, www.iwm.org.uk/visits/hms-belfast, 10.00 – 17.00 Uhr, 14,50 £).*

Eine ziemlich bekannte, aber etwas zweifelhafte Vergnügung stellt das **London Bridge Experience** ein paar Meter weiter dar. Im Bauch des Brückenpfeilers wird in einer Art Geisterbahn mit echten Darstellern die Geschichte der alten London Bridge erzählt, einst Schmelztiegel von Händlern, Gaunern, Dirnen und wichtigster Verkehrsknotenpunkt der Stadt. Dabei setzt man vor allem auf Effekthascherei und Kirmeszauber – das ist nur stellenweise informativ und gruselig, dafür oft etwas »too much«. Andere Besucher hatten aber durchaus ihren Spaß… *(2–4 Tooley Street, SE1 2SY, U-Bahn-Halt London Bridge, Northern und Jubilee Line bzw. Zug-Halt Southern, Southeastern und Thameslink, auch Linienschiff-Halt London Bridge City Pier, www.thelondonbridgeexperience.com, So. – Fr. 12.00 – 18.00 Uhr, Sa. ab 11.00*

Nachtsicht auf die City von The Shard

Uhr, 33 £ inkl. Audioguide auf Deutsch, mit London Pass Eintritt frei).

Nur drei Straßenzüge weiter südlich erwarten Sie dann ein paar andere interessante Anlaufstellen. Zunächst erreichen Sie das **Old Operating Theatre Museum**, eine besondere Londoner Einrichtung. Im 300 Jahre alten Dachboden der St. Thomas Church wurden nicht nur Kräuter getrocknet, sondern auch vor Publikum Operationen durchgeführt – natürlich ohne Betäubung und völlig unsteril. Auch die Sammlung teils schauriger Operationsutensilien und körperlicher Anomalien ist sehr speziell *(9a St. Thomas Street, SE1 9RY, U-Bahn-Halt London Bridge, Northern und Jubilee Line bzw. Zug-Halt Southern, Southeastern und Thameslink, www.oldoperatingtheatre.com, Do. – So. 10.30 – 17.00 Uhr, 9 £).*

Gleich daneben schließt sich mit dem höchsten Gebäude Londons eine völlig gegensätzliche Sehenswürdigkeit an. Das 310 Meter hohe, pyramidenförmige Bauwerk **The Shard** wurde 2012 fertiggestellt und ist auf 72 Stockwerken mit 11.000 Scheiben komplett verglast. Im Inneren befinden sich Wohnungen, Büros, ein Hotel und Restaurants. Finanziert wurde es von der Herrscherfamilie von Katar. Besucher werden vor allem von der fantastischen Aussichtsplattform im obersten Stockwerk angezogen, dem **View from the Shard**. Per Lift gelangt man in Windeseile zu den zwei Ebenen, die oberste mit offenem Dach. Dort genießt man einen gigantischen Blick auf ganz London und darüber hinaus. Besonders eindrucksvoll ist die Aussicht gegen Abend, wenn die Sonne erst langsam untergeht und dann Stück für Stück die Stadt von Millionen Lichtern erhellt wird. An interaktiven Displays und Ferngläsern erhält man zusätzliche Informationen zu markanten Punkten der Stadt, es gibt eine Skybar und es sind Audioguides in deutscher Sprache inklusive. Eine frühzeitige Vorabreservierung ist dringend empfohlen *(Railway Approach, SE1 9SG, U-Bahn-Halt London Bridge, Northern und Jubilee Line bzw. Zug-Halt Southern, Southeastern und Thameslink, www.theviewfromtheshard.com, ganzjährig wechselnde Öffnungszeiten siehe Website, 37 £, bei sehr schlechter Sicht ist ein zweiter Besuch innerhalb von 3 Monaten gratis, mit London Pass Eintritt frei).*

Auf dem weiteren Weg überqueren Sie nun die **Borough High Street** und stoßen direkt auf einen der schönen Londoner Märkte. Der **Borough Market** existiert seit dem Mittelalter. Heute werden großteils Lebensmittel gehandelt. Während rund um den Haupteil Three Crown Square vor allem

frische Früchte, Obst, Fleisch, Fisch und Käse angeboten werden, erhalten Sie in den Marktbereichen ringsum Essen und Lebensmittel aus aller Welt *(Southwark Street, SE1 1TL, U-Bahn-Halt London Bridge, Northern und Jubilee Line, bzw. Zug-Halt Southern, Southeastern und Thameslink, www.boroughmarket.co.uk, Mo. – Do. 10.00 – 17.00 Uhr, Fr. bis 18.00 Uhr, Sa. ab 8.00 Uhr, Mo. / Di. sind nicht alle Stände geöffnet).*

Halten Sie sich nun nördlich zum Themseufer. Dort treffen Sie auf die **Golden Hinde**. Die Rekonstruktion des Flagschiffs von Sir Frances Drake im Stil einer Galeone des 16. Jahrhunderts, die voll besichtigt werden kann *(St. Mary Overie`s Dock, SE1 9DE, Verbindung wie Borough Market, www.goldenhinde.co.uk, Apr. – Okt. 10.00 – 18.00 Uhr, sonst bis 17.00 Uhr, 6 £).*

Weiter nach Westen gelangen Sie als Nächstes zum **Shakespeare's**

Shakespeare`s Globe, oben Borough Market

St. Paul`s Cahedral, rechts Leadenhall Market

Globe. Fast am ursprünglichen Bauplatz des Original-Globes, in dem die meisten von Shakespeares Stücken uraufgeführt wurden, eröffnete 1997 diese originalgetreue Nachbildung. Auch wenn es nur eine Replika ist, wirkt sie täuschend echt: Das Gebäude ist reetgedeckt und die regelmäßigen Aufführungen finden, freilich nur bei gutem Wetter, unter freiem Himmel statt. Ganzjährig und wetterunabhängig ist dagegen die Globe Exhibition im Untergeschoss plus Theater-Rundgang zugänglich, in der die Geschichte des Bauwerks und von William Shakespeares Stücken erzählt wird *(21 New Globe Walk, SE1 9DT, U-Bahn-Halt Southwark, Jubilee Line, oder Blackfriars, Circle und District Line bzw. Zug-Halt Southeastern und Thameslink, auch Linienschiff bis Bankside Pier, www.shakespearesglobe.com, Ausstellung 9.00 – 17.00 Uhr, Führungen Di. – Sa. 10.00 – 12.00 Uhr, So. bis 11.00 Uhr, 24 £, Audioguides auf Deutsch inkl., mit London Pass Eintritt frei)*.

Gleich daneben liegt die **Tate Modern**. Die riesige Ausstellungshalle über mehrere Ebenen ist thematisch geordnet und vereint vielfältige Ausdrucksformen zeitgenössischer Kunst unter ihrem Dach. Raumkonzepte, Installationen, Skulpturen, Gemälde, Fotografien, aber auch Performances oder Filmprojekte zählen dazu und geben einen umfassenden Blick auf Kunstepochen wie Surrealismus, Kubismus, Futurismus oder Minimalismus. Wer noch dazu klassische Kunstwerke in der Tate Britain (siehe Route Drei) erleben möchte, kann mit dem Tate-to-Tate-Boot auf der Themse direkt von Galerie zu Galerie fahren *(Bankside, SE1 9TG, U-Bahn-Halt Southwark, Jubilee Line, oder Blackfriars, Circle und District Line bzw. Zug-Halt Southeastern und Thameslink, auch Linienschiff bis Bankside Pier, www.tate.org.uk, 10.00 – 18.00 Uhr, Fr. / Sa. bis 22.00 Uhr, Eintritt frei, Sonderausstellungen gegen Gebühr, Multimediaguides auf Deutsch 3,50 £)*.

Über die **Millennium Bridge** wechseln Sie nun erneut zum Themse-Nordufer. Die Fußgängerbrücke wurde im Jahr 2000 eröffnet – für genau zwei Tage. Da das als »Wobbly Bridge« bekannte Bauwerk zu stark schwankte, musste nachgebessert werden. Zwei Jahre später war es dann soweit. Die neue Achse von der Tate Modern hinüber zur **St. Paul's Cathedral** war nutzbar. Und ebendiese bekannteste aller Londoner Kirchen ist Ihr nächstes Ziel. Schon im Mittelalter stand an dort eine Kathedrale, die jedoch dem großen Brand von 1666 zum Opfer fiel. Der Wissenschaftler und Architekt William Wren wurde danach mit einem Neubau beauftragt, der alle bisherigen klerikalen Bauwerke Londons in den Schatten stellen sollte. Nach 35-jähriger Bauzeit wurden 1710 die Pforten geöffnet. Gleich mehrere Orte im und am Bauwerk sollten Sie nicht versäumen. Dazu zählt neben der besonders imposanten Westfassade mit Säulenwerk und Türmen die Whispering Gallery, auf der man dank einer außergewöhnlichen Akustik selbst geflüsterte Worte von der gegenüberliegenden Seite noch verstehen kann. Außerdem die gewaltige, begehbare Kuppel, von der man sowohl einen guten Blick auf London als auch in das Kircheninnere werfen kann *(St. Paul's Churchyard, EC4M 8AD, U-Bahn-Halt St. Paul's, Central Line, oder Mansion House, Circle und District Line, oder Zug-Halt City der Thameslink, www.stpauls.co.uk, meist Do. – Sa. und Mo. / Di. 8.30 – 16.30 Uhr, Mi. ab 10.00 Uhr, 23 £, mit Onlinetickets rund 2 £ Ermäßigung, Multimediaguides auf Deutsch inkl., mit London Pass Eintritt frei)*.

Das das etwas weiter nördlich gelegene Museum of London seit 2023 geschlossen ist und erst 2026 oder 2027 an neuem Ort wiedereröffnen soll, folgt die Route von der St.-Pauls-Kathedrale nun direkt in östliche Richtung der **Watling Street** oder **Cannon Street** bis zum auffälligen **Mansion House**. Es ist der Sitz des Lord Mayor, also des Bürgermeisters der Stadt. Für Einzelbesucher ist leider nur die Säulenfassade zu sehen, der Zugang ist nur für Gruppen möglich. Doch rund um die Bank-Bahnstation *(Central, Northern, Waterloo & City sowie DLR Line)* gibt es noch zwei weitere interessante Bauwerke zu besichtigen. Gleich nordöstlich schließt sich das Gebäude der **Bank of England** an. Auch ein **Museum** zum Thema ist darin eingerichtet, es zeigt Banknoten, Goldbarren und klärt über den Finanzmarkt vom 17. Jahrhundert bis in die Neuzeit auf, außerdem gibt es ein interaktives Spiel sowie Wechselausstellungen in der Rotunde *(Bartholomew Lane, EC2R 8AH, www.bankofengland.co.uk, Mo. – Fr. 10.00 – 17.00 Uhr, Do. bis 20.00 Uhr, Eintritt frei)* Wer sich für Kirchenarchitektur interessiert, kann außerdem noch in **St. Stephen Walbrook** schauen. Etwas versteckt hinter dem Mansion House steht die Kuppelkirche mit aufwendigem Schnitzwerk an Kanzel und Taufbecken *(39 Walbrook, EC4N 8BN, www.ststephenwalbrook.net, Di. / Mi. 10.30 – 15.00 Uhr, Do. / Fr. ab 9.00 Uhr, Eintritt frei)*.

Als einer der schönsten Londoner Märkte darf auch **Leadenhall Market** gelten. Mit sei-

TOUR 9

War of the World Experience-Startpunkt im futuristischen Pub

nen hohen, kuppel- und hallenförmig überbauten Gängen zählt er zu den Schmuckstücken der Stadt, in denen man die »good old times« hochleben lässt. Neben Lebensmittelgeschäften aller Art gibt es Cafés und Restaurants in dem Komplex. Schauen Sie mal, ob Sie den Gedenkstein für Old Tom finden. Dabei handelte es sich um eine Gans, die es schaffte, ihrer Schlachtung gleich mehrfach zu entkommen, bis sie zur lokalen Berühmtheit wurde und schließlich von den Standbetreibern bis zu ihrem natürlichen Ableben mit stattlichen 38 Jahren im Jahr 1835 ungeschoren durchgefüttert wurde *(Gracechurch Street und Lime Street, EC3V 1LT, U-Bahn-Halt Monument, Circle und District Line, Mo.–Fr. 10.00–18.00 Uhr)*.

Gleich um die Ecke erwartet Sie nun eine Attraktion der besonderen Art: **Jeff Wayne`s The War of the Worlds: The Immersive Experience**. Basierend auf dem gleichnamigen, berühmten Science-Fiction-Roman von H.G. Wells bietet diese einzigartige Attraktion ein wirklich atemberaubendes Abenteuer, bei dem die Grenzen zwischen Realität und Fiktion verwischen. Das Erlebnis beginnt in einem futuristischen Gastro-Pub, indem Sie vor oder nach der Tour auch einkehren können. In kleinen Gruppen tauchen Sie dann in die Welt des viktorianischen Londons ab, das schon bald von außerirdischen Invasoren heimgesucht wird. Mit gut gemachten visuellen Effekten, beeindruckenden Kulissen und geleitet von Schauspielern werden Sie direkt in die Schlacht zwischen Menschheit und Außerirdischen katapultiert. Während Sie durch die Szenen wandern, begegnen Sie einer Vielzahl von Charakteren, die alle Teil der epischen Geschichte sind, mal unterstützend, mal bedrohlich. Die immersive Erfahrung erstreckt sich während beinahe zwei Stunden über mehrere Ebenen und umfasst interaktive Rätsel, Aufgaben und spannende Handlungsbögen, die es ermöglichen, aktiv am Geschehen teilzunehmen und die Geschichte gemeinsam mit Ihrer Gruppe voranzutreiben.

Die aufwendige, mehrfach ausgezeichnete Inszenierung ist ein wirklich tolles Erlebnis, das die Sinne anspricht und die Fantasie anregt. Egal, ob Sie ein Fan des Romans sind und die Handlung gut kennen oder einfach nur auf der Suche nach einem einzigartigen Abenteuer sind. Wichtig ist nur, dass Sie sich wirklich auf das Geschehen einlassen, um tatsächlich Teil davon zu werden. Der einzige Wermutstropfen ist, dass Sie über ausreichende Englischkenntnisse verfügen müssen, um den Geschichten und Anweisungen zu folgen, ansonsten eine klare Empfehlung, wenn Sie Lust auf etwas ganz Besonderes haben *(56 Leadenhall St., EC3A 2BJ, , Verbindung wie Leadenhall Market oder U-Bahn-Halt Aldgate, Circle und Metropolitan Line, www.waroftheworldsimmersive.com, wechselnde Zeiten je nach Jahreszeit und Tag, meist ab 12.00 oder 14.00 und bis 19.00 Uhr, ab 40 £, Buchung im Voraus empfohlen).*

Great Fire Monument

Wenn Sie von hier aus noch einen Abstecher zum weiter nördlich gelegenen **Old Spitalfields Market** einschieben möchten, müssen Sie einen etwas weiteren Fußweg einplanen oder aber die Bahn nehmen. Das geht am schnellsten mit der Circle Line bis Liverpool Street *(dort auch U-Bahn, City, Metropolitan und Hammersmith & City Line, sowie Overground, TfL- und Greater-Anglia-Züge)*. Eine große Anzahl an Ess-Ständen und Foodtrucks tummelt sich an den modernen Markthallen, dazwischen gibt es fest eingerichtete Geschäfte aller Art und wechselnde Marktstände, vor allem aus dem Bereich »Mode und Accessoires«. Je nach Tag kann man außerdem Schallplatten oder Antiquitäten erstehen *(109 Commercial Street, E1 6EW, www.oldspitalfieldsmarket.com, täglich etwa 10.00–17.00 Uhr)*.

Kaum zu übersehen ist das wenige Meter weiter südlich weit aufragende 20 Fenchurch Street Building, das seiner Form wegen von den Londonern schlicht »The Walkie Talkie« getauft wurde. Nicht alle sind sich darin einig, dass der Bau sonderlich gelungen ist. So wurde das 2014 fertiggestellte Gebäude im Jahr darauf mit dem Carbuncle Cup, einem Preis für das hässlichste neue Gebäude im Königreich, »ausgezeichnet«. Besucher können das 160 Metern hohe Haus entweder als Gäste eines der Restaurants im Inneren besuchen oder tagsüber dem dreistöckigen Botanischen Garten **Sky Garden** in den obersten Etagen einen Besuch abstatten, der streng genommen mehr ein teilbegrüntes Aussichtsstockwerk. Das Ganze ist kostenfrei, eine Voranmeldung ist aber nötig und Sie sollten rechtzeitig dran sein, die Plätze sind oft schon für zwei bis drei Wochen ausgebucht *(1 Sky Garden Walk, EC3M 8AF, U-Bahn-Halt Monument, Circle und District Line, Anmeldung unter www.skygarden.london, Mo.–Fr. 10.00–18.00 Uhr, Sa./So. 11.00–21.00 Uhr, max. eine Stunde Aufenthalt, Eintritt frei)*.

Letzter Stopp auf Ihrem Rundgang durch die City ist das **Monument of the Great Fire**. Das Denkmal wurde, wie der Name schon sagt, in Erinnerung an das große Feuer von London 1666 vom Architekten Wren entworfen. Es misst ganze 62 Meter und war damit zu seiner Zeit die größte freistehende Steinsäule der Welt. Die Höhe soll exakt die Entfernung zur Pudding Lane widerspiegeln, in der das Feuer mutmaßlich in einer Bäckerei ausgebrochen war. Ein enger, gewundener Gang mit 311 Stufen führt auf eine kleine Aussichtskanzel nach oben. Der Blick ist toll, aber nichts für Klaustrophobiker *(Fish St. Hill, EC3R 8AH, U-Bahn-Halt Monument, Circle und District Line, www.themonument.info, Apr.–Sept. 9.30–13.00 Uhr und 14.00–18.00 Uhr, sonst bis 17.30 Uhr, 6 £, mit London Pass freier Eintritt)*.

Am Weg zurück in Richtung Tower passieren Sie zuletzt noch die Ruinen von **St. Dunstan-in-the-East**. Die Ruinen der im Zweiten Weltkrieg zerstör-

St. Dunstan-in-the-East, unten Buckingham Palace

ten Kirche dienen heute als stiller und schattiger kleiner Park und grüne Oase zwischen den Häuserschluchten – vielleicht genau das Richtige, um zum Ende etwas auszuspannen *(St. Dunstan`s Hill, EC3R 5DD, U-Bahn-Verbindung wie zuvor)*. Mit dem **Gunpowder Plot** gibt es dann ganz am Ende noch ein zweites immersives Erlebnis, ähnlich dem Krieg der Welten zuvor, ganz in der Nähe des Towers neben der Kirche All Hallows *(8-12 Tower Hill, EC3N 4EE, mehr unter www.gunpowderimmersive.com)*.

Route 3: Westminster

Den westlichsten Teil von »Kern-London« bildet die Gegend um Westminster mit so bekannten Sehenswürdigkeiten wie Big Ben und der Buckingham-Palast. Steigen Sie ein, wo Sie möchten; wir wählen als ersten Punkt den **Wellington Arch**, ganz am linken oberen Ende der Übersichtskarte gelegen. Das Tor steht am südöstlichen Ende des Hyde Parks (siehe Route Vier) und wurde in der ersten Hälfte des 19. Jahrhunderts im Auftrag von King George IV. als Erinnerung an die napoleonischen Kriege erbaut. Erst 2016 wurde es vom English Heritage restauriert und nun sind Aussichtsplattform und die Ausstellung im Inneren wieder für Besucher voll zugänglich *(Apsley Way, W1J 7JZ, U-Bahn-Halt Hyde Park Corner, Picadilly Line, www.english-heritage.org.uk, Apr. – Okt. 10.00 – 17.00 Uhr, sonst bis 16.00 Uhr, 7,50 £, als English Heritage-Mitglied oder mit London Pass freier Eintritt)*.

Schlendern Sie nun durch den **Green Park** in südöstliche Richtung. Die ruhige Grünfläche wird nur von wenigen Denkmälern geprägt, unter anderem dem Lady-Diana-Brunnen. Heute kann man sich kaum vorstellen, welch gefährliche Vorgeschichte das Areal hat. Einst lag an dieser Stelle ein Begräbnisort für Leprakranke und auch später, bis ins 19. Jahrhundert, galt der Park am Stadtrand als Treffpunkt zwielichtiger Gestalten und war für regelmäßige Raubüberfälle berüchtigt.

Ihr nächstes Ziel ist **Buckingham Palace**, der Hauptwohnsitz des Königs. Der schön begrünte Platz vor dem Schloss ist ein Muss für fast alle Touristen, die nach London kommen, und seit 1837 erste Adresse im Staat, als Königin Victoria einzog. Erst seit 1993 können Teile des Palastes, die State Rooms, besichtigt werden, allerdings nur für wenige Wochen im Jahr. Grund für die Öffnung war einst der Brand in Windsor Castle vor den Toren Londons und die hohen finanziellen Aufwendungen, die mit der Restaurierung einhergingen. Um lange Wartezeiten oder gar gänzlich ausgebuchte Tageszeiten zu vermeiden, sollten Sie Tickets am besten über die Website vorab erwerben *(SW1A 1AA, U-Bahn-Halt Hyde Park Corner, Picadilly Line, Green Park, Picadilly, Jubilee oder Victoria Line, St. James's Park, District oder Circle Line, oder Victoria Station mit District, Circle und Victoria Line sowie den Zügen Gatwick Express, Southern, Southeastern und Thameslink, www.royalcollection.org.uk, Mitte Juli – Aug. 9.30 – 19.30 Uhr, Sep. bis 18.30 Uhr, 32 £ inkl. Multimediaführer auf Deutsch)*.

Auch wer nicht in den Palast möchte, wird vielleicht das berühmte **Changing of the Guards**, den Wachwechsel am Schloss, nicht versäumen wollen. Meist findet das Spektakel gegen 11.30 Uhr vormittags statt. Genaue Zeiten und weitere Informationen erhalten Sie auf der Website www.changing-the-guard.com.

An der Südseite des Palastes schließen sich noch zwei weitere Ausstellungen an, für diese gibt es auch Kombitickets in Verbindung mit dem Palast. Zum einen die **Kings Gallery** mit einer wechselweise gezeigten Vielzahl an hochkarätigen Gemälden von Künstlern wie Rembrandt, Rubens oder da Vinci aus dem Privatbesitz der königlichen Familie *(Buckingham Palace Road, SW1A 1AA, Verbindungen wie Buckingham Palace, www.royalcollection.org.uk, 10.00 – 17.30 Uhr, 19 £, inkl. Multimediaführer auf Deutsch, freier Eintritt mit London Pass)*.

Big Ben mit Telefonzelle, rechts Westminster Abbey

Zum anderen die **Royal Mews**, die königlichen Stallungen mit dem Marstallmuseum. Wer Pferde und Kutschen liebt, kommt dabei sicher voll auf seine Kosten *(Buckingham Palace Road, SW1A 1AA, www.royalcollection.org.uk, Verbindungen wie Buckingham Palace, State Rooms, März – Okt. 10.00 – 17.00 Uhr, 19 £ inkl. Multimediaführer auf Deutsch, freier Eintritt mit London Pass).*

Gehen Sie nun durch den **St. James's Park** in Richtung Themse. Der belebte Park ist bei Londonern und Touristen gleichermaßen beliebt und für seine vielen Wasservögel bekannt. Selbst eine Kolonie Pelikane lebt im Teich des Parks. Wenn Sie den eingezeichneten Weg südlich des Sees wählen, steuern Sie direkt auf das **Imperial War Museum** mit den **Churchill War Rooms** zu. Zu besichtigen sind die Kellerkatakomben, in denen im Zweiten Weltkrieg strategische Entscheidungen gefällt wurden und erst Chamberlain, später Winston Churchill seine Einsatzzentrale unterhielt. Räume und Ausstattung sind im Originalzustand belassen, wie er sich nach dem Krieg darbot. Außerdem gibt es eine Abteilung zum Leben und Wirken des bekannten Politikers *(Clive Steps, King Charles Street, SW1A 2AQ, U-Bahn-Halt Westminster, Circle, District und Jubilee Line, www.iwm.org.uk/visits/churchill-war-rooms, 9.30 – 18.00 Uhr, 32 £).*

Nur wenige Schritte weiter südöstlich liegt der begrünte **Parliament Square Garden**. Obwohl er nicht mehr als eine größere Verkehrsinsel ist und ganztags von dichtem Verkehr umtost wird, lassen sich viele Besucher nicht daran hindern, eine Decke auszubreiten und auf dem kleinen Rasenquadrat eine Pause einzulegen. Immerhin, zu sehen gibt es ringsum einiges. Am auffälligsten dürfte **Big Ben** sein. Der Glockenturm am Durchgang zur Themse ist, neben der Tower Bridge, das Wahrzeichen der Stadt. Offiziell heißt der Turm **Elizabeth Tower** und ist Teil der **Houses of Parliament**, des neogotisch verschnörkelten Sitzes der britischen Regierung, der sich direkt anschließt. Big Ben ist genau genommen nur die mit 13,5 Tonnen schwerste von fünf Glocken im Turm, die zu allen Stunden weithin hörbar die Zeit schlagen. Als ausländischer Besucher können Sie eine Tour durch Teile des Parlamentsgebäudes, im Rahmen einer Führung oder auf eigene Faust, mit Audioguides ausgestattet, machen *(Palace of Westminster, Parliament Square, SW1A 2PW, U-Bahn-Halt Westminster, Circle, District und Jubilee Line, aktuelle Führungsarten, -zeiten und Preise unter www.parliament.uk).*

Gleich neben dem Parlamentsgebäude sehen Sie auch **Westminster**

Abbey in den Himmel ragen. Halb Gotteshaus, halb Museum ist die riesige Abtei als Beisetzungsort der britischen Monarchen bekannt; doch auch viele Krönungen und Hochzeiten fanden hier statt. Kreuzgang, Mittelschiff und Kapitelsaal sind allesamt von beeindruckender Größe und Ausstattung, viele Denkmäler von Politikern und wichtigen britischen Persönlichkeiten zieren die Laufwege im Inneren *(20 Deans Yard, SW1P 3PA, U-Bahn-Halt Westminster, Circle, District und Jubilee Line, www.westminster-abbey.org, meist Mo. – Sa. 9.30 – 15.30 Uhr, Mi. bis 18.00 Uhr, 27 £, freier Eintritt mit London Pass).*

Londons bekannte Kunstgalerie **Tate Britain** liegt mit etwa 1,2 Kilometern einen kleinen Fußmarsch entfernt, ein Stück weiter südlich. Die Sammlung ist so umfangreich, dass ein Großteil der Gemälde jährlich gewechselt wird, und umfasst eine Menge Hochkaräter. Den Schwerpunkt bilden Werke des 16. bis 18. Jahrhunderts, aber auch neuzeitliche Bilder gibt es zu sehen. Moderne Kunst wird dagegen in der Tate Modern ausgestellt *(siehe Route Drei)*. Ein Schiff verbindet beide Galerien miteinander *(Millbank, SW1P 4RG, U-Bahn-Halt Pimlico, Victoria Line, www.tate.org.uk, 10.00 – 18.00 Uhr, Eintritt frei, Smartphone-App als Führungshilfe downloadbar).*

Schließlich überqueren Sie die Westminster Bridge, hinüber zum Südostufer der Themse. Falls Sie eine Bootstour machen wollen, können Sie die Anleger auf beiden Seiten des Flusses an dieser Stelle aufsuchen, von hier starten mehrmals stündlich die meisten Ausflugsboote verschiedener Anbieter; auch die Linienschiffe legen an. Wenn Sie einen London Pass haben, ist die Fahrt mit den Uber-Booten kostenlos.

Drüben angekommen führt Sie der erste Weg vielleicht zum **Florence-Nightingale-Museum** vor dem St. Thomas Hospital. Die Krankenschwester aus dem viktorianischen England gilt als eine Art Lichtgestalt ihrer Zeit. Sie gilt bis heute als maßgebliche Bereiterin der modernen Gesundheits- und Krankenpflege. Die Ausstellung beleuchtet auf recht anschauliche, teils interaktive Weise ihr Leben und Wirken und die bis heute relevanten Auswirkungen ihres Schaffens *(2 Lambeth Palace Road, SE1 7EW, U-Bahn-Halt*

Lambeth North, Bakerloo Line oder Westminster, Circle, District und Jubilee Line, www.florence-nightingale.co.uk, Mi. – So. 10.00 – 17.00 Uhr, 12 £ mit London Pass Eintritt frei).

Wer die Tour noch ein wenig ausweiten möchte, findet ein Stück weiter südlich noch zwei weitere interessante Anlaufpunkte. Der **Lambeth Palace** ist schon seit dem 13. Jahrhundert und bis heute Londoner Sitz des Bischofs von Canterbury, kann aber teilweise auf einer Führung besichtigt werden, genauso wie die Gärten *(2 Lambeth Palace Road, SE1 7JU, U-Bahn-Halt Lambeth North, Bakerloo Line, www.archbishopofcanterbury.org/pages/visit-lambeth-palace.html, aktuelle Öffnungszeiten und Preise über die Website).*

Das **Imperial War Museum London** nicht weit entfernt widmet sich weltweiten Kriegen und Konflikten vom Ersten Weltkrieg bis in die heutige Zeit, ihrer Entstehung, Dynamik und dem Verlauf. Das Ganze wird mit Dauer- und Wechselausstellungen näher beleuchtet *(Lambeth Road, SE1 6HZ, www.iwm.org.uk/visits/iwm-london, U-Bahn-Halt Lambeth North, 10.00 – 18.00 Uhr, Eintritt frei).*

Direkt am Themseufer und gleich nebeneinander aufgereiht warten dann noch vier weitere Attraktionen auf Besucher, bei denen der Spaßfaktor im Vordergrund steht und für die auch Kombitickets verfügbar sind. Als Erstes kommen Sie zum Londoner Ableger der international agierenden Aquarienkette **Sealife**. Zu sehen gibt es, wie in allen Unterwasserzoos dieses Anbieters, modern aufbereitete, gut gemachte Unterhaltung zwischen den Fischen und anderen Meeresbewohnern. Highlights in London sind der Gang über das Haifischbecken, die atlantische Tiefseeabteilung mit über 5000 Bewohnern, die Gezeitenzonen, die Rochenlagune und das »Seedrachen-Königreich« *(County Hall, Westminster Bridge Road, SE1 7PB, U-Bahn-Halt*

Lambeth North, Bakerloo Line, oder Westminster, Circle, District und Jubilee Line, www.visitsealife.com/london, meist Mo. – Fr. 10.00 – 17.00 Uhr, Sa. / So. bis 18.00 Uhr, Aug. bis 19.00 Uhr, 40 £, deutlich günstiger bei frühzeitiger Onlinebuchung).

Gleich anschließend folgt **Shrek's Adventure**, ein Spaßcenter für Liebhaber des grünen Riesen aus den gleichnamigen Dreamworks-Filmen. Auf einer 4-D-Busreise geht es ins Märchenland, wo es diverse Charaktere aus den Filmen zu entdecken gilt und mit viel Computeranimation und Brimborium versucht wird, Shrek und Konsorten Leben einzuhauchen. Ihren Spaß werden vor allem Kinder haben *(County Hall, Riverside Building, SE1 7PB, www.shreksadventure.com, Verbindung wie Sealife, wechselnde Zeiten, 10.00 / 11.00 Uhr bis 15.00 / 16.00 / 17.00 Uhr, 32 £, deutlich günstiger bei frühzeitiger Onlinebuchung).*

Weniger kindertauglich kommt das nebenan platzierte **London Dungeon** daher. In 18 interaktiven Shows mit 20 Schauspielern werden 1000 Jahre Londoner Geschichte zusammengefasst, auch zwei Fahrgeschäfte sind integriert. Während des Aufenthaltes trifft man so auf dunkle Gestalten wie Guy Fawkes, Sweeney Todd oder Jack the Ripper, erlebt das große Feuer, eine mörderische Bootsfahrt und muss das Straßenlabyrinth des alten Whitechapel-Stadtteils hinter sich lassen. Nett, aber hier und da vielleicht ein wenig zu dick aufgetragen *(County Hall, Riverside Building, SE1 7PB, www.thedungeons.com/London, Verbindung wie Sealife, wechselnde Öffnungszeiten von 10.00 / 11.00 Uhr bis 16.00 / 18.00 / 19.00 Uhr, ab 35 £, empfohlen ab 16 J., 35 £, deutlich günstiger bei frühzeitiger Onlinebuchung).*

Die letzte Sehenswürdigkeit an dieser Stelle ist gleichzeitig die bekannteste und mittlerweile zu einem der ikonischsten Wahrzeichen Londons geworden. **London Eye** ist schon von Weitem sichtbar. Dieses 135 Meter hohe Riesenrad mit seinen großen, ovalen Aussichtskabinen wurde zur Olympiade 2012 errichtet, ist das zweitgrößte Europas und sollte eigentlich nur für wenige Monate stehen. Wegen des großen Erfolges sind mittlerweile Jahre daraus geworden und es ist kein Ende absehbar. In jede der 32 bodentief verglasten Gondeln passen etwa 25 Personen, eine Fahrt dauert rund 30 Minuten und bietet einen der besten Blicke auf London, die Themse und vor allem auf Big Ben mit Brücke und Parlamentsgebäude. Bei guter Sicht

Blick vom Riesenrad auf die Houses of Parliament, links London Eye

reicht der Blick ganze 40 Kilometer weit, manchmal bis zu Windsor Castle. Ein Erlebnis ist das allemal und gehört sicher zu den unvergesslichsten Eindrücken der Stadt, sofern Sie die Kosten nicht scheuen *(SE1 7PB, www.londoneye.com, Verbindung wie Sealife, wechselnde Öffnungszeiten ab 10.00 / 11.00 Uhr und bis 18.00 / 20.30 Uhr, saisonal auch Nachtöffnungszeiten, ab 42 £, bei rechtzeitiger Onlinebuchung ab 30 £, auf der Website sind mehrere interessante Kombiangebote erhältlich).*

Über die Golden Jubilee Bridges und die Whitehall Gardens schlendern Sie nun zurück in Richtung Westminster und St. James's Gardens. Zu sehen gibt es dort noch das **Banketting House**. Es ist der letzte noch bestehende Teil des Whitehall Palace, der sich einst weit größer an dieser Stelle bis zum Flussufer hinzog. Als Highlight gilt die von Peter Paul Rubens bemalte Decke, eines seiner absoluten Meisterwerke. Außerdem sehen Sie den großen Saal, das Gewölbe, die Hinrichtungsstätte Charles' I. sowie die digital aufbereitete Geschichte des Lost Palace, des verschwundenen Palasts *(Whitehall, SW1A 2ER, U-Bahn-Halt Embankment, Bakerloo, Circle, District und Northern Line, oder Charing Cross, Bakerloo und Northern Line, sowie Zuglinie Southeastern, www.hrp.org.uk/banqueting-house, zuletzt nur mit Führung bei wechselnden Öffnungszeiten siehe Website, 12,50 £ frei).*

TOUR 9

Wenn Sie noch ein paar Meter in südliche Richtung gehen, kommen Sie zur **Downing Street**. Nur einen Blick kann man hinein erhaschen, denn der bekannte Dienstsitz Nummer zehn des jeweils aktuellen Premiers ist weiträumig abgesperrt und gut bewacht.

Wer sich für die berittene Truppe Ihrer Majestät interessiert, bekommt zu guter Letzt noch die Gelegenheit, das **Household Cavalery Museum** in Augenschein zu nehmen. Es bietet einen guten Einblick hinter die Kulissen, in die zeremoniellen Pflichten und Funktionen der Hofreiterei. Durch eine Glaswand kann man auch den Arbeitsalltag in den Stallungen der königlichen Leibgarde beobachten *(Whitehall, SW1A 2AX, U-Bahn-Halt Embankment, Bakerloo, Circle, District und Northern Line, oder Charing Cross, Bakerloo und Northern Line, sowie Zuglinie Southeastern, www.householdcavalrymuseum.co.uk, Mi.–So. 10.00–17.00 Uhr, 10 £, inkl. Audioguides auf Deutsch, mit London Pass freier Eintritt).*

Sofern Sie nun nicht die nächste U-Bahn besteigen und zum Ausgangspunkt zurücklaufen möchten, wandern Sie durch den anschließenden St. James's Park und die Sonntags autofreie Prachtstraße **The Mall**. Rechter Hand können Sie dann noch dem **St. James's Palace** einen Besuch abstatten, auf dem Papier bis heute der offizielle Wohnsitz der britischen Monarchen, auch wenn diese schon seit fast 200 Jahren nebenan im Buckingham Palace residieren. Als ältester noch existierender Stadtpalast kommen ihm aber bis heute repräsentative Aufgaben zu. In seinen vielen Trakten wohnen weniger hochrangige Mitglieder der königlichen Familie. Lediglich die Kapelle können auch Normalsterbliche betreten, der Rest des Bauwerks ist nicht für die Öffentlichkeit zugänglich.

Route 4: Rund um Hyde Park und Kensington Park

Die mehrere Kilometer langen zusammenhängenden Parks im Westen der Stadt sind die grüne Lunge Londons. Rundherum gibt es eine ganze Reihe interessanter Anlaufpunkte, die wir ihnen vorstellen möchten.

Schlendern Sie doch zunächst ein wenig durch den Hyde Park selbst.

Albert Memorial

Als Ausgangsort eignet sich entweder die U-Bahn-Station Hyde Park Corner (Picadilly Line), von dort aus gehen Sie gleich zu Beginn durch den Rosengarten und an zwei schönen Springbrunnen vorbei. Oder Sie starten im nordöstlichen Eck am **Marble Arch** (Central Line). Das ist vor allem an Sonntagen interessant, wenn an der Speakers' Corner richtig was los ist und selbst ernannte Heilsbringer, Prediger, Politologen und Apokalyptiker zu allen möglichen Themen Reden halten – außer über die britische Monarchie, das ist streng verboten.

Südöstlich des Sees The Serpentine, der die Parkanlage in zwei Teile zerschneidet, verlassen Sie den Park vorerst wieder und kommen so entlang der geschäftigen **Brompton Road** zu Londons berühmtestem Kaufhaus. **Harrods** existiert bereits seit 1849 an dieser Stelle, wenn auch nicht in gleicher Größenordnung. Aus dem einstigen Gemischtwarenladen ist heute ein Luxus-Shoppingtempel der Superlative mit über 90.000 Quadratmetern Verkaufsfläche geworden. Es gibt ganze 330 Abteilungen, in denen mehr als 5000 Menschen arbeiten, 32 Restaurants sorgen für das leibliche Wohl der umherbummelnden, gut betuchten Einheimischen und neugierigen Touristen. An Spitzentagen kommen bis zu 300.000 Menschen zum Einkaufen *(87–135 Brompton Road, SW1X 7XL, U-Bahn-Halt Knightsbridge, Picadilly Line, www.harrods.com, Mo. – Sa. 10.00 – 21.00 Uhr, So. 11.30 – 18.00 Uhr)*.

Etwas abseits der Route befindet sich weiter südlich die **Saatchi Gallery**, die Sie auf einem Abstecher erreichen. Erst 1985 gegründet, ist die Ausstellung für zeitgenössische Kunst aller Couleur nach ihrem Gründer, dem Kunstsammler und Werbemagnaten Charles Saatchi, benannt. Zu sehen gibt es Werke von Künstlern wie Damien Hirst, Jonathan Meese oder Jörg Immendorff, aber auch interessante Wechselausstellungen, die zu den meistbesuchten der ganzen Stadt gehören *(Duke of Yorks HQ, King's Road, SW3 4RY, U-Bahn-Halt Sloane Square, Circle und District Line, www.saatchigallery.com, 10.00 – 18.00 Uhr, Eintritt frei)*.

Überhaupt ist diese Gegend Londons, der Stadtteil Kensington, für zwei Dinge, die Sie nun schon beide erlebt haben, bekannt: Ausstellungen und Luxus. Eine stattliche Anzahl repräsentativer Stadtvillen, der Großteil von Londons Botschaften und Konsularen und das Museumsquartier zählen zu den prägenden Fixpunkten. Zunächst sollten Sie nun noch einen Blick in die reich verzierte Kirche **Brompton Oratory** werfen. Der barocke Bau ist eines der wenigen katholischen Gemeindehäuser im anglikanisch geprägten Großbritannien und wurde im 19. Jahrhundert von der Oratorianer-Bewe-

Dopamine Land

gung errichtet. Die Kirchenkunst im Inneren, Figuren und Altar, stammen zu großen Teilen aus Italien *(Brompton Road, SW7 2RP, U-Bahn-Halt South Kensington, Circle, District und Picadilly Line, www.bromptonoratory.co.uk, meist 7.00 – 19.00 Uhr, außer bei Messen und Veranstaltungen, Eintritt frei).*

Direkt daneben befinden sich gleich drei Museen unmittelbar nebeneinander entlang der **Exhibition Road** und jedes ist einen mehrstündigen Aufenthalt wert. Zuerst erreichen Sie das **Victoria and Albert Museum**. Auf ganzen sechs Stockwerken zeigt es Kunstgegenstände aus aller Welt. Wollten Sie alles ablaufen, müssten Sie ganze 11 km einkalkulieren. Zu den bekanntesten Abteilungen zählen die Ausstellungsbereiche »Asien«, »Britannien« und die Fashion Gallery *(Cromwell Road, SW7 2RL, U-Bahn-Halt South Kensington, Circle, District und Picadilly Line, www.vam.ac.uk, 10.00 – 17.45 Uhr, freitags bis 22.00 Uhr, Eintritt frei, bis auf Sonderausstellungen).*

Bevor Sie nun nur einmal die Straßenseite wechseln müssen Sie, um zum nächsten bekannten Museum zu gelangen, machen Sie doch noch einen kleinen Abstecher nach Süden zum **Dopamine Land**. Ideal, um außergewöhnliche Fotos für Instagram und Co. Zu generieren, erwartet Besucher eine multisensorische Erfahrungswelt, die Medien, Technologie und Spiel an einem Ort kombiniert. Als immersive, multisensorische Erlebnisausstellung konzipiert, wollen die verschiedenen Räume »das innere Kindes in die Realität lenken«. Tatsächlich machen die bunten Bereiche viel Spaß und bieten eine willkommende Pause vom Besichtigungsalltag. Vor allem mit Kindern und Jugendlichen im Gepäck werden Sie auf großen Anklang stoßen (85 Old Brompton Rd., SW7 3LD, www.dopaminelandexperience.com, meist 10.00 – 20.00 Uhr, etwa 13 – 20 £).

Ansonsten erreichen Sie entlang der Hauptroute das **National History Museum**. Auch hier kommen jüngere Besucher voll auf ihre Kosten. In der blauen Zone kommt man Dinosauriern und riesigen Urzeit-Säugetieren ganz nahe. Die rote Zone nimmt einen auf eine Reise zur Entstehung unseres Planeten mit und erklärt dessen Entwicklung. Die grüne Zone erklärt die Evolution und zeigt das faszinierende Zusammenspiel von Leben und Lebensräumen auf. In der orangen Zone schließlich wandelt man auf Darwins Spuren und beobachtet Wissenschaftler bei der Arbeit oder entspannt im angrenzenden Gartenbereich. Eigene Rundwege und eine Besucher-App für das Smartphone sorgen dafür, dass man keine für einen interessante Ecke verpasst. Beliebt sind auch die Sonderausstellungen wie die alljährlich im Sommer stattfindende Schmetterlingsschau mit ihren vielen umherflatternden, exotischen Arten *(Cromwell Road, SW7 5BD, U-Bahn-Halt South Kensington, Circle, District und Picadilly Line, www.nhm.ac.uk, 10.00 – 17.45 Uhr, freitags bis 22.00 Uhr, Eintritt frei, bis auf Sonderausstellungen)*.

Letztes Haus im Reigen ist das wissenschaftlich ausgerichtete **Science Museum**. Sieben Etagen voller teils geschichtlicher Exponate zur Nutzung von Energie, Flugkörper von der Anfangszeit bis zum Raumzeitalter, Hightech, interaktiver Bereiche speziell für Kinder und vieles mehr können Besucher lange Zeit fesseln. Auch hier gibt es Sonderausstellungen und ein kostenpflichtiges IMAX-Kino mit wechselnden Programmen *(Exhibition Road, SW7 2DD, U-Bahn-Halt South Kensington, Circle, District und Picadilly Line, www.sciencemuseum.org.uk, 10.00 – 19.00 Uhr, freitags bis 22.00 Uhr, Eintritt*

Royal Albert Hall, oben Natural History Museum

Kensington Palace, unten Straße im noblen Kensington

frei, bis auf Sonderausstellungen, IMAX 12 £, mit London Pass frei).

Bevor Sie zurück in den Park gelangen, passieren Sie zuletzt noch die **Royal Albert Hall**. Bekannt ist sie unter anderem für die jährlich stattfindende klassische Konzertreihe »The BBC Proms« jeden Sommer. Aber auch Popkonzerte und sogar Boxkämpfe oder Tennisturniere werden von Zeit zu Zeit ausgetragen. Einem Amphitheater nachempfunden, finden im Besucherrund etwa 9.500 Zuschauer Platz. Tagsüber können Interessierte auf verschiedenen thematisch unterteilten, geführten Touren das Gebäude erkunden *(Kensington Gore, SW7 2AP, U-Bahn-Halt South Kensington, Circle, District und Picadilly Line, www.royalalberthall.com, genaue Zeiten und Tourarten siehe Website, Preise bei Onlinebuchung ab 18,50 £).*

Vorbei am auffälligen, rund 60 Meter hohen **Albert Memorial** erreichen Sie die Kensington Gardens. Der an einen asiatischen Tempel erinnernde, im neugotischen Stil 1875 fertiggestellte Baldachin mit der Albert-Statue darunter wurde von Königin Victoria im Gedenken an ihren 1861 an Typhus verstorbenen Ehemann in Auftrag gegeben.

Das westliche Ende des Gartens wird vom **Kensington Palace** abgeschlossen. Er ist bis auf Weiteres die Wohnstätte des Thronfolgerpaars Prince William und Kate mit ihren Kindern. Auch Lady Diana lebte bis zu ihrem Unfalltod 1997 im Alter von nur 36 Jahren darin. Die hinteren Teile sind daher nicht zugänglich und privat. Die vorderen Räume dürfen allerdings besucht werden. Darin sind, thematisch nach Epochen aufgebaut, mehrere Räume im Stil ihrer Zeit nachempfunden worden. Auch Sonderausstellungen, wie zum Kleidungsstil Prinzessin Dianas, werden abgehalten. Alles in allem ist das ganz interessant, es gibt aber beeindruckendere Schlösser und Herrenhäuser in Südengland zu sehen *(Kensington Gardens, W8 4PX, U-Bahn-Halt High Street Kensington, Circle und District Line, oder Queensway, Central Line, www.hrp.org.uk/kensington-palace, meist Mi. – So. 10.00 – 16.00 Uhr, 24 £, freier Eintritt mit London Pass)*.

TOUR 9

Nach dem Schloss müssen Sie sich entscheiden, welche Richtung Sie weiter einschlagen wollen. Entweder Sie beenden die Route südlich in der **High Street Kensington**. Dort erwartet Sie, neben einer der beliebtesten städtischen Einkaufsstraßen, das **Designmuseum**. In dem modernen Gebäude werden vor allem viele Wechselausstellungen gezeigt, die fast immer für fast jeden Geschmack Interessantes bieten *(224–238 High Street Kensington, W8 6SG, U-Bahn-Halt High Street Kensington, Circle und District Line, www.designmuseum.org, Mo. – Do. 10.00 – 17.00 Uhr, Fr. – So. bis 18.00 Uhr, Eintritt je nach Ausstellung)*.

Nordwestlich des Kensington Parks können Sie alternativ die Route am bekannten **Portobello Road Market** im Stadtteil Notting Hill abschließen. Spätestens seit dem gleichnamigen Film mit Julia Roberts und Hugh Grant ist die Gegend international zu einem Begriff geworden. Bekannt ist heute vor allem der alljährlich Ende August ausgetragene große Straßenkarneval. Der samstägliche Markt entlang der mit bunten Häusern gezierten Portobello Street gilt als weltgrößter Antikmarkt mit über 1000 Verkäufern, die so ziemlich alles, was alt oder sammelbar ist, anbieten. Fast genauso viel ist inzwischen am etwas abgespeckten Freitagsmarkt los. An den restlichen Tagen werden überwiegend Lebensmittel, Haushaltsgüter und Kleidung vertrieben, das Geschehen zieht sich dabei bis in die Straßen **Elgin Crescent**, **Golbirne Road** oder **Portobello Green** *(Portobello Road, W10 5TA, U-Bahn-Halt Notting Hill Gate, Circle, District und Central Line, oder Ladbroke*

Grove, Circle und Hammersmith & City Line, mehr unter www.portobelloroad.co.uk, Infos und genaue Zeiten des Straßenkarnevals unter www.nhcarnival.org).

Route 5: Über Regent's Park nach Camden

Auch nördlich des innersten Londoner Zentrums gibt es eine Menge zu entdecken. Ein guter Ausgangspunkt ist der U-Bahn-Knotenpunkt **Baker Street** *(Bakerloo, Circle, Hammersmith & City, Jubilee und Metropolitan Line)* oder, falls Sie die **Wallace Collection** besuchen möchten, **Bond Street** *(Central und Jubilee Line)*. Nicht zu Unrecht gilt sie als eine der schönsten privaten Kunstsammlungen überhaupt und wurde über vier Generationen von der Marquess of Hertford zusammengetragen. 1897 ging sie als Geschenk an den Staat über – unter den Auflagen, nichts an der Sammlung zu verändern und sie stets der Öffentlichkeit zugänglich zu machen. Neben Werken französischer Maler des 17. und 18. Jahrhunderts gehören auch Gemälde von Rembrandt, van Dyck, Tizian oder Canaletto zur Ausstellung *(Hertford House, Manchester Square, W1U 3BN, www.wallacecollection.org, 10.00–17.00 Uhr, Eintritt frei, außer Sonderausstellungen)*.

Entlang der belebten **Marylebone High Street** spazieren Sie dann weiter bis zu **Madame Tussauds London**. Ableger des bekannten Wachsfigurenkabinetts gibt es inzwischen in der ganzen Welt, in London steht jedoch das Stammhaus. Es geht auf die in Straßburg geborene Maria Grosholtz zurück, die zunächst über 30 Jahre mit ihren Modellen durch ganz England und Irland tourte, bevor sie sich 1835 in London niederließ. Längst ist das Museum keine bloße Ausstellung mehr, sondern präsentiert die lebensgroßen Figuren in entsprechendem Ambiente. So können Sie mit den Beckhams, Kardashians oder Clooneys am Red Carpet posieren, Teil der Fashion Week werden, sich in Filmsets einschmuggeln oder die Royal Family hautnah erleben. Auch eine Taxifahrt durch das historische London ist Teil der Erlebniswelt *(Marylebone Road, NW1 5LR, U-Bahn-Halt Baker Street, www.madametussauds.com/london, wechselnde Öffnungszeiten zwischen 10.00/11.00 Uhr–15.00/16.00/17.00 Uhr, ab 42 £, Online bis zu 25 % Nachlass)*. Gleich um die Ecke befindet sich ein weiteres bekanntes Museum, das man unweigerlich mit dem Namen der Baker Street, die hier verläuft, gleichsetzt. Zunächst passieren Sie die Statue des berühmtesten Detektivs der Welt, dann stehen sie vor dem **Sherlock Holmes Museum**. Ihm, seinem treuen Begleiter Dr. Watson und natürlich ihrem geistigen Vater, Sir Arthur Conan Doyle, ist es gewidmet, stilgerecht wie Holmes in all seinen Geschichten in Hausnummer 221b residierend. Alle, die sich in die Zeit um die Jahrhundertwende zurückversetzen möchten und selbst einige der Krimis gelesen haben, werden sich im Museum wohlfühlen und, auch ganz ohne detektivischen Spürsinn, die ein oder andere Entdeckung machen können. Die Einrichtung ent-

Camden, links Camden Market, unten Boote in Little Venice

spricht, so nah am Original wie möglich, Doyles Schilderungen zum Haus seines Meisterdetektivs (*Baker Street, NW1 6XE, U-Bahn-Halt Baker Street, www.sherlock-holmes.co.uk, 9.30–18.00 Uhr, 16 £*).

Umgeben von den klassizistischen Villen des Londoner Architekten John Nash (besonders schön sind sie rund um den Park Square West), zieht sich nahe dem Museum der ebenfalls von ihm angelegte **Regent's Park** rund zwei Kilometer nach Norden. Sie können, der eingezeichneten Route folgend, am See vorbei in Richtung Zoo wandern und unterwegs ein Ruderboot mieten, um gemütlich über den See mit seinen vielen Wasservögeln zu schippern. Alternativ halten Sie sich über die Brücke nach rechts zum Inner Circle hin. Dort können Sie durch die besonders gepflegten Teile der Anlage **Queens Mary's Garden** mit über 12.000 Rosen, dem Obst- und Gemüsegarten **Allotment Garden**, dem privaten, aber zugänglichen **St. John's Lodge Garden** und vorbei am Open Air Theatre spazieren. So oder so stoßen Sie unterwegs auf verschiedene Denkmäler, Brunnen, Spielplätze und

Essensstände.

Wenn Sie den Weg Richtung **ZSL Zoo London** eingeschlagen haben, sollten Sie diesem auch einen Besuch abstatten. Der seit 1828 bestehende Tiergarten gilt als ältester wissenschaftlicher Zoo der Welt und beherbergt mehr als 12.000 Tiere aus über 650 Arten. Die teils begehbaren Gehege sind thematisch in mehrere Erlebniswelten unterteilt. So können Sie sich beispielsweise nach Afrika aufmachen, den Affen ganz nahekommen, Schmetterlinge oder Pinguine besuchen und ins Land der Löwen eintauchen *(Outer Circle, NW1 4RY, www.zsl.org/zsl-london-zoo, U-Bahn-Halt Camden Town, Northern Line, und vielleicht Bus 274 zum Zoo, Apr.–Okt 10.00–17.00 Uhr, sonst nur bis 15.00 oder 16.00 Uhr, 27–33 £, mit London Pass freier Eintritt).*

Schließlich verlassen Sie den Regent's Park an seinem nordöstlichen Ende und schlendern entlang eines Fußwegs am Kanal bis nach Camden hinüber. **Camden Lock** an der Flussschleuse und **Camden Market** erwarten Sie mit vielen Essensständen aus aller Welt, einem großen Mode- und Kleidermarkt und vielen skurrilen Geschäften. Das bunt-alternative Viertel zieht Punks, Goths, Mods und Hipster, aber auch Touristen und Normalos an. Alle mischen sich hier bunt und fühlen sich in der entspannt-alternativen Atmosphäre sichtlich wohl. Zurück Richtung Zentrum geht es dann vom U-Bahn-Halt Camden Town (Northern Line) aus. Oder Sie entschließen sich zu einer kommentierten Fahrt über Londons Kanäle bis nach Little Venice. Die Trips mit **Jason's Boats** starten am Camden Lock und lassen Sie das Viertel Primrose Hill, den Zoo, Regent's Park, John Nashs Architektur und den fast 100 Meter langen Maida-Hill-Kanaltunnel vom Wasser aus erleben. Interessant sind auch die vielen Hausboote, die Ihnen unterwegs begegnen werden und die einen teils krassen Kontrast zu den Luxusvillen ringsum bilden – immerhin gelten sie als eine der günstigsten Möglichkeiten, im Londoner Zentrum zu wohnen *(ab Camden Lock, U-Bahn-Halt Camden Town, Northern Line, in die andere Richtung bzw. Ankunft bei 42 Blomfield Road in Little Venice, U-Bahn-Halt Warwick Avenue, Bakerloo Line, ab Camden 11.15 / 13.15 / 15.15 Uhr, www.jasons.co.uk, etwa Mitte Apr. bis Mitte Okt, einfache Strecke 15 £ mit London Pass freie Mitfahrt).*

TOUR 9

Route 6: Ausflug nach Greenwich und zur Canary Wharf

Der Londoner Stadtteil Greenwich ist untrennbar mit Geografie und Zeit verbunden – denn hier verläuft der Nullmeridian und damit auch der Scheitelpunkt aller Zeitzonen. Daneben gibt es aber auch noch einige andere Dinge zu entdecken.

Sie gelangen entweder mit der Londoner DLR-Linie (Halt Cutty Sark) oder per Themse-Linienschiff (Halt Greenwich Pier) nach Greenwich beziehungsweise zum Beginn unserer Rundtour.

Gleich zu Beginn gehen Sie zur **Cutty Sark**. Das schnellste Segelschiff seiner Zeit wurde im 19. Jahrhundert für die Beförderung von Tee aus China eingesetzt und ist das letzte erhaltene Boot seiner Art. Längst steht es auf dem Trockenen, wurde umfangreich renoviert und gibt heute Besuchern von innen und außen Einblick in die Zeit, als Tee ein Luxusgut war und eine Ladung kaum weniger wert war als Gold und andere Schätze *(King William Walk, SE10 9HT, www.rmg.co.uk/cutty-sark, 10.00–17.00 Uhr, 18 £, mit London Pass frei).*

Nur wenige Meter weiter westlich befindet sich das **Royal Naval College**. Zusammen mit der **Greenwich University** bildet es einen ganzen, mit

Grünflächen durchsetzten Komplex, den Sie Stück für Stück erforschen können. Bis heute findet vor allem universitärer Betrieb statt und es werden Vorlesungen gehalten. Doch auch Besucher kommen auf ihre Kosten. Gleich im ersten Gebäude erfahren Sie in »Discover Greenwich« mehr über die Geschichte des Stadtteils. Interessant sind auch die beiden weiter südöstlich gelegenen Bauten am King William Court und Queen Mary Court. Dort befindet sich die schöne Universitätskapelle und die außergewöhnliche **Painted Hall**. Der Maler und Dekorateur Sir James Thornhill schuf mit dem riesigen Ganzraum-Fresko zwischen 1708 und 1727 sein Meisterwerk. Weitere Wechselausstellungen sind vor Ort angeschrieben und können bei Interesse zusätzlich besucht werden *(King William Walk, SE10 9NN, www.ornc.org, Mo.–Sa. 10.00–17.00 Uhr, Eintritt frei)*.

Schließlich queren Sie die **Nelson Road** und kommen, wenige Meter nach Westen versetzt, zum **National Maritime Museum**. Es ist das größte Seefahrts- und Meeresmuseum der Welt und umfasst ganze zehn Abteilungen – darunter Kunst, Atlanten und Karten, Memorabilien und »Seemannsgarn« sowie unzählige historisch bedeutende Objekte wie Lord Nelsons Uniform aus der Schlacht von Trafalgar – samt Einschussloch der Kugel, die ihm das Leben kostete *(Park Row, SE10 9NF, www.rmg.co.uk/national-maritime-museum, täglich 10.00–17.00 Uhr, Eintritt frei)*.

TOUR 9

Nur einen Katzensprung entfernt, am Eingang zum Greenwich Park, befindet sich dann noch **Queen's House**. Die ehemals royale Villa wurde im 17. Jahrhundert erbaut und war das erste von Indigo Jones, dem berühmtesten Architekten seiner Zeit, geschaffene Gebäude im Königreich. Außerdem zählt sie, zusammen mit dem dahinterliegenden Park samt allen darin befindlichen Gebäuden, seit 1997 zum Weltkulturerbe. Heute ist im Inneren eine Kunstausstellung untergebracht, die bedeutende Werke alter Meister wie Gainsborough, Hogarth und van de Velde vereint *(Romney Road, SE10 9NF, Umbau bis Ende 2016, danach voraussichtlich wieder täglich 10.00–17.00 Uhr, Eintritt frei)*.

Quer durch den Park geht es nun in südöstliche Richtung weiter bis zu den Gebäuden rund um das **Royal Observatory**. Vergessen Sie vorab nicht, am **Greenwich Hill**, einer der höchsten Erhebungen im Park, anzuhalten und sich einmal umzudrehen: So erleben Sie einen weiteren tollen Blick auf Londons City. Beim Observatorium selbst sind Sie am Nullmeridian angekommen und damit auch am Nullpunkt der Greenwich Mean Time (GMT). Es bietet Besuchern einen lehrreichen Rundgang und gilt als eines der wichtigsten wissenschaftlichen Forschungszentren. Sie erfahren, wie unsere

Royal Observatory, Greenwich

TOUR 9

Cabot Square, Canary Wharf

allgemeingültige Zeit erst im 19. Jahrhundert entstand, das erste Teleskop errichtet wurde und wie sich Wissenschaft im Wandel der Zeit verändert hat. Entdecken Sie die Wunder der Astronomie an einem Ort, an dem die Zeit im Mittelpunkt steht. Erforschen Sie auch das alte Observatorium **Flamsteed House** mit dem Nachbau einer Astronomen-Wohnung und dem roten Timeball am Dach. Und natürlich die Nulllinie, an der Sie gleichzeitig in zwei Zeitzonen stehen, oder berühren Sie einen 4,5 Milliarden Jahre alten Asteroiden. Im Planetarium können Sie schließlich noch eine mit großem technischem Aufwand initiierte Show über das Universum ansehen *(Blackheath Avenue, SE10 8XJ, www.rmg.co.uk/royal-observatory, täglich 10.00–17.00 Uhr, 12 £, mit London Pass Eintritt frei, inkl. Show im Planetarium 18 £).*

Über **Crooms Hill** und **Great Church Street** gelangen Sie schließlich zur Bahnstation zurück. Lohnend ist vorher noch ein Abstecher zum **Greenwich Market**. Vor allem Secondhand-Klamotten, nostalgische Möbel, Tinnef zum Aufstellen, Bücher, CDs und Platten zu meist fairen Preisen werden an rund 180 Ständen verkauft. Auch für das leibliche Wohl ist gesorgt *(5b Greenwich Market, SE10 9HZ, www.greenwichmarketlondon.com, Di. – So., Hauptsaison auch täglich, 10.00–17.30 Uhr).*

Am Rückweg in die Stadt sollten Sie nun mit der Themsefähre noch einen Zwischenstopp an Londons neuestem Innenstadtquartier einlegen. **Canary Wharf**. Auf und rund um die Isle of Dogs und das ehemalige, zwischenzeitlich arg heruntergekommene Hafen- und Lagerhausviertel ist hier vor allem während der letzten 30 Jahren eine ultramoderne Stadt in der Stadt entstanden, mit Wohn- und Geschäftstürmen, Einkaufs- und Veranstaltungsflächen. Schlendern Sie wenigstens einmal vom Anleger über den runden Westferry Circus bis zu Cabot Square, direkt östlich von Ihnen, dort einmal durch die Mall und ins nördlich angrenzende Crossrail-Gebäude mit dem kostenlosen, überdachten Botanischen **Roof Garden**. Vom Cabot Square können Sie außerdem über die Fußgängerbrücke gleich nördlich davon zum **Museum of London Docklands** gelangen. In den neu gestalteten Londoner Docks auf der Isle of Dogs wurde in einem alten Lagerhaus dieses interessante Museum zur Geschichte des Quartiers, der Londoner Dockarbeiter, des Sklavenhandels und der Kolonialzeit eingerichtet. Anschaulich und zeitgemäß aufbereitet wird die Materie den Besuchern vermittelt. Auch ein ganzer Straßenzug des alten Hafenviertels samt Pubs und Geschäften wurde für das Museum nachempfunden *(West India Dock Road, E14 4AL, auch Bahn-Halt West India Quay, DLR Line, www.museumoflondon.org.uk/museum-london-dockyards, täglich 10.00–18.00 Uhr, Eintritt frei).*

Weitere interessante Orte in und um London

Olympic Stadium and Queen Elizabeth Olympic Park
Pünktlich zu den Olympischen Spielen 2012 wurde das neue Stadion eröffnet und stand die kommenden Wochen im Mittelpunkt des sportlichen Weltinteresses. Seitdem wurde einiges umgestaltet und -gebaut. Mit über 30 Großevents im Jahr, von Konzerten bis zu Rugbymeisterschaften, bleibt es ein interessanter Anlaufpunkt der Stadt. Auch an Tagen ohne Veranstaltung lohnt ein Besuch. So kann man das Stadion auf einer Führung erkunden oder den umliegenden Park durchstreifen. Zu den Highlights zählen dort ein Besuch der 178 Meter hohen Aussichtsskulptur **ArcelorMittal Orbit**, ein Rundgang auf dem Olympic Trail oder eine entspannte Runde mit dem Tretboot. Auch in Sachen Shopping ist einiges geboten: Europas größtes Citykaufhaus **Westfield Stratford City** befindet sich gleich um die Ecke beim U-Bahnhof *(Queen Elizabeth Olympic Park, E20 2ST, Bahn-Halt Stratford, Central und Jubilee Line, außerdem DLR Line, und Overground, Stadion, www.london-stadium.com, Führungen zuletzt 11.00 / 13.00 / 15.00 Uhr, 25 £, Arcelor Mittal Orbit: www.arcelormittalorbit.com, zuletzt 10.00 – 18.00 Uhr, ab 2024 vorübergehend Umbauarbeiten in Gang, Westfield Stratford City: Mo. – Fr. 10.00 – 21.00 Uhr, Sa. 9.00 – 21.00 Uhr, So. 12.00 – 18.00 Uhr).*

Highgate Cemetery
Dieser 1839 eröffnete Friedhof ist romantisch und verwunschen zugleich. Nachdem er in den 70er-Jahren als nicht mehr profitabel von seinen Betreibern geschlossen wurde, verfiel das Gelände zusehends, die Natur holte sich große Teile des Geländes zurück. Erst Jahre später übernahm ein Trust die Leitung, richtete die Wege teilweise wieder her und verlangt seitdem Eintritt für den Besuch. Während man umherschlendert, kann man Gräber bekannter Persönlichkeiten wie Karl Marx, Douglas Adams, Philip Gould oder Claudia Jones entdecken. Allgemein zugänglich ist nur der Ostteil, im Westteil muss eine geführte Tour gebucht werden *(Swain's Lane, N6 6PJ, U-Bahn-Halt Archway Station, Northern Line, www.highgatecemetery.org, März – Okt. Mo. – Fr. 10.00 – 17.00 Uhr, sonst bis 16.00 Uhr, 10 £, geführte Touren möglich).*

Royal Air Force Museum
Dieses Flugzeugmuseum ist vor allem, aber längst nicht nur, für Luftfahrtenthusiasten ein lohnendes Ziel. Es befindet sich am Flugplatz Hendon im Norden von London und zeigt in fünf großen Hallen über 100 Flugzeuge deutscher, französischer, japanischer und natürlich britischer Fertigung. Auch ein 4-D-Theater, ein Flugsimulator und eine World War I Experience gehören zum

TOUR 9

Umfang des Museums *(Grahame Park Way, NW9 5LL, U-Bahn-Halt Colindale Station, Northern Line, www.rafmuseum.org.uk, Mo. – Fr. 10.00 – 18.00 Uhr, in den Ferien und Sa. / So. bis 17.00 Uhr, Eintritt frei).*

Wembley Stadium

Nicht einfach irgendein Stadion, sondern eine Legende ist zweifelsohne das Wembleystadion. Wann immer ein Fußballspiel von internationalem Format ansteht oder ein bedeutendes Musikevent für London aufgerufen wird, ist Wembley erste Wahl. Wenn Sie selbst einmal dem heiligen Rasen ganz nahekommen möchten und in die Geschichte des Stadions eintauchen wollen, ist eine Stadiontour die richtige Wahl für Sie *(HA9 0WS, U-Bahn-Halt Wembley Park, Jubilee und Metropolitan Line, www.wembley-stadium.com; Touren 75 Min., mindestens stündlich von 10.00 bis 17.00 Uhr, 26 £, mit London Pass Eintritt frei).*

Westfield London

Über 340 Geschäfte und Cafés, ein Multiplexkino, regelmäßige Events und eine eigene Spielstadt für Kinder sind nur ein paar Eckdaten der Mall westlich der Londoner City. Wenn Sie nach dem Besuch der Innenstadt vom Shoppen noch nicht genug haben – hier können Sie nochmals ausgiebig zuschlagen, zumindest wenn Sie sich nicht daran stören, dass fast ausschließlich große, internationale Modeketten vor Ort sind *(Ariel Way, W12 7GF, U-Bahn-Halt Shepherd's Bush, District Line, oder Shepherd's Bush Market, Circle und Hammersmith & City Line, www.uk.westfield.com/london, Mo. – Sa. 10.00 – 22.00 Uhr, So. 12.00 – 18.00 Uhr).*

Windsor Castle

Seit ganzen 900 Jahren ist Windsor Castle offizieller Sitz der britischen Monarchen und, neben dem Buckingham Palace in London, das am meisten genutzte Anwesen der Queen. Im und um das größte und älteste noch bewohnte Schloss der Welt können Sie die Repräsentationsräume und Staatsgemächer besuchen, die mit Stücken aus der Royal Collection geschmückt sind, darunter Gemälde von Rubens und van Dyck. Zum öffentlich begehbaren Teil des Schlosses gehört auch die **St.-Georgs-Kapelle**, die eine der prachtvollsten Außenfassaden ganz Englands besitzt. Zum Windsor-Er-

Windsor Castle, unten links »Changing of the Guards«, rechts Kew Gardens

lebnis gehört auch der berühmte Wachwechsel »Changing of the Guards«, die aktuellen Zeiten finden Sie unter www.changing-guard.com. Wenn Sie noch Zeit während Ihres London-Aufenthaltes haben, ein wirklich lohnenswerter Ausflug *(Achtung: Bei offiziellen Empfängen oder anderen zeremoniellen Veranstaltungen kann der Zugang kurzfristig gesperrt werden)*. Auch der Ort selbst mit kleinem **Museum in der Guildhall**, Fußgängerzone und dem nahen **Legoland Windsor** mögen weitere Gründe für den Ausflug sein. Neben der öffentlichen Verkehrsanbindung ab London können Sie auch mit dem Wohnmobil nach Windsor fahren, ideal ist Stellplatz 293, Alexandra Gardens, direkt im Ort *(Castle Hill, SL4 1NJ, ab Bahnhof London Paddington mit der Bahn nach Slough und von dort mit dem Pendelzug nach Windsor, www.royalcollection.org.uk, März – Okt. 9.30 – 17.30 Uhr, 9.45 – 16.15 Uhr, 33 £ mit London Pass Nachmittags-Eintritt ab 13.00 Uhr frei)*.

Royal Botanic Gardens Kew

Als einer der größten und besten botanischen Gärten der Welt gelten die im Londoner Stadtteil Richmond gelegenen Kew Gar-

Riesenseerosen in den Kew Gardens, unten Eltham Palace

dens. Gepflegte Rabattenpflanzungen gehören genauso zum Park wie tropische Dschungellandschaften, ein riesiger, futuristischer Bienenstock und ein Baumwipfelpfad. Weltbekannt ist das markante viktorianische Gewächshaus und die großen, alten Rhododendronbäume, die vor allem im Frühling und Frühsommer herrlich blühend anzutreffen sind. Auch der Kew Palace und eine chinesische Pagode gehören zum Gelände und können besichtigt werden *(Kew Road, TW9 3AB, U-Bahn-Halt Kew Gardens, District Line, www.kew.org, täglich 10.00 – 18.00 Uhr, 14 – 16 £, mit London Pass Eintritt frei).*

Eltham Palace

Dieses außergewöhnliche Haus, um 1300 erbaut, war bis zum englischen Bürgerkrieg jahrhundertelang eine Hauptresidenz des Königshauses, geriet danach fast in Vergessenheit und erwachte erst Anfang des 20. Jahrhunderts zu neuem Leben, als das exzentrische Ehepaar Courtauld die Überreste zu einem beeindruckenden Art-Déco-Haus umbaute. Bei einem Besuch werden Sie zum Gast einer der regelmäßig stattfindenden

Hampton Court Palace

luxuriös-dekadenten Partys. Sie können Eltham Palace sowohl öffentlich als auch mit dem Wohnmobil gut erreichen *(Court Yard, SE9 5QE, ab Bahnhof Waterloo mit Southeastern Trains nach Mottingham und von dort zu Fuß in nördliche Richtung, rund 700 m, Parkplatzzufahrt ab der Court Road bei N 51°26'40" E 0°03'07", www.english-heritage.org.uk, März – Okt. 9.30 – 17.30 Uhr, Apr. – Okt. 10.00 – 17.00 Uhr, Mitte Feb. – März So. – Do. 10.00 – 16.00 Uhr, Nov. – Mitte Feb. nur Sa. / So., 18 £, mit London Pass und als English Heritage-Mitglied Eintritt frei).*

Hampton Court Palace

Der Hampton Court Palace ist einer der interessantesten unter allen Londoner Palästen – mit seinen beeindruckenden Gärten und hochkarätigen Kunstwerken ist der Palast Heinrichs VIII. ein echter London-Höhepunkt und erzählt die Geschichte des wohl bekanntesten englischen Königs. Umgerechnet 18 Millionen Pfund kostete ihn der Umbau des ursprünglich von Kardinal Wolsey erbauten Schlosses. Das Ziel war klar – es sollte der prächtigste Palast seiner Zeit werden. Die Gärten sind ebenfalls einen Blick wert, die angebotene Kutschfahrt dagegen ist ziemlich unspektakulär *(East Molesey, KT8 9AU, Bakerloo, Jubilee, Northern oder Waterloo Line bis Waterloo Station, ab dort mit South West Trains bis Kingston Station, www.hrp.org.uk/hampton-court-palace, von dort Bus 216 bis Park House, 10.00 – 18.00 Uhr, 27,20 £ inkl. deutschsprachigem Audioführer, mit London Pass Eintritt frei).*

Chislehurst Caves

Wer hätte gedacht, dass London sogar eigene Höhlen besitzt – wenn auch nicht natürlichen Ursprungs! Die handgegrabenen Kalksteintunnel mit über 30 Kilometer Länge wurden über ganze

Darwins Down House

8000 Jahre erbaut und Stück für Stück erweitert. Im Lauf der Zeit dienten sie als Mine, Munitionslager, Kultstätte, Tanzsaal – und heute als Touristenattraktion und interessante Abwechslung zum üblichen Besichtigungsprogramm der Stadt *(Caveside Cl., BR7 5NL, Chislehurst, ab Bahnhof Waterloo mit Southeastern Trains bis Chislehurst, www.chislehurst-caves.co.uk, die Höhlen sind beschildert und nur 150 m entfernt, Parkplatzzufahrt ab Forest Close bei N 51°24'25" E 0°03'24", 10.00 – 16.00 Uhr mindestens stündlich, Dauer rund 45 Min., Nov. – Mitte Feb. nur Sa. / So., 8 £)*

Down House

Versteckt in einem grünen, verwinkelten Außenbezirk von London versteckt sich Down House, das ehemalige Zuhause von Charles Darwin. Bei einem Besuch sehen Sie im Erdgeschoss die privaten Wohnräume des berühmten Wissenschaftlers. Darunter auch das Arbeitszimmer, in dem er seine Evolutionstheorie, die unser gesamtes Denken bis heute prägt, verfasste. Im Obergeschoss befindet sich ein Ausstellungsbereich zu Darwins Leben und Wirken, im Garten können Sie auf Spurensuche gehen und sehen, wo und wie er seine Forschungen, z.B. mit Bohnenpflanzen, manifestierte. Audioführer (auch auf Deutsch) unterstützen Sie dabei *(Luxted Rd., BR6 7JT, Downe, ab Bahnhof Waterloo mit Thameslink oder Southeastern Trains bis Orpington, dann mit R8 bis Down House, schmale Zufahrtsstraße, Parkplätze vorhanden, aber begrenzt, www.english-heritage.org.uk, N 51°19'55" E 0°03'09", 10.00 – 16.00 Uhr mindestens stündlich, Dauer etwa 45 Min., Nov. – Mitte Feb. nur Sa. / So., 14,50 £, English Heritage-Mitglieder frei).*

Osterley House

Das Osterley House, ein verborgener Schatz aus dem 18. Jahrhundert in den Londoner Vororten, ist definitiv einen Besuch wert.

Osterley House, unten Hughenden

Das elegante Herrenhaus mit seinen üppigen Gärten und prächtigen Kunstwerken erzählt die Geschichte einer reichen Familie, die im Laufe der Jahrhunderte eine beeindruckende Sammlung angesammelt hat. Ursprünglich erbaut im Auftrag des Bankiers Sir Francis Child, wurde Osterley House später von Robert Adam, einem der führenden Architekten des georgianischen Zeitalters, prächtig umgestaltet. Die opulenten Innenräume, mit ihren kunstvollen Deckenmalereien und eleganten Möbeln, vermitteln einen Einblick in das Leben der reichen Oberschicht des 18. Jahrhunderts. Bemerkenswert ist, dass niemals Jemand in dem Gebäude wohnte, es diente jeher nur zu repräsentativen Zwecken *(Jersey Road, TW7 4RB, www.national-trust.org.uk, Piccadilly Line bis Osterley Station oder Parkplatz bei N 51°29'18" W 0°20'52", meist 10.00 – 18.00 Uhr, Eintritt 12 £, National Trust-Mitglieder frei).*

West Wycombe, unten rechts Polesdan Lacy

Kurzübersicht weiterer interessanter Sehenswürdigkeiten rund um London, die Sie am besten mit dem Wohnmobil ansteuern können

Lee Valley Regional Park: Über 40 Quadratkilometer großes Freizeit- und Erholungsgebiet nördlich von London voller Fuß- und Radwege durch Naturschutzgebiete, Möglichkeiten zum Fischen, Reiten und Angeln, mit Farmen, Gärten und Gutshäusern *(N 51°40'29" W 0°03'35", Bulls Cross, EN2 9HG, Enfield, Infocentre im Bowles Museum, Myddelton House Gardens, www.visitleevalley.org.uk).*

St. Albans Cathedral: Riesige, interessante Kathedrale aus frühnormannischer Zeit, erbaut zu Ehren des hl. Alban. Auch Verulamium Museum zur drittgrößten römischen Stadt Englands, die hier einst stand *(Parken bei N 51°44'46" W 0°20'47", Westminster Court, AL1 2DX, www.stalbanscathedral.org.uk).*

Hughenden House: Faszinierendes Anwesen mit reicher Geschichte und einst Zuhause des britischen Premierministers Benjamin Disraeli. Besucher können die prächtigen Räume erkunden, in denen politische Entscheidungen getroffen wurden, geheime Militäroperationen koordiniert wurden und bedeutende Persönlichkeiten ein- und ausgingen *(N 51°39'14" W 0°45'32", Naphill, HP14 4LA, National Trust-Mitglieder frei, www.nationaltrust.org.uk).*

West Wycombe und Hell Fire Caves: Elegantes, palladianisches Haus mit Landschaftspark, am Rand eines historischen Dorfes gelegen. Dort befinden sich auch die Hell Fire Caves, Kalksteintunnel, die einst von einem Geheimbund genutzt wurden. In der Nähe steht auch noch das Herrenhaus Hughenden Manor *(Parken bei N 51°38'41" W 0°48'18", High St., HP14 3AJ, www.westwycombeestate.co.uk, im Haus sind National Trust-Mitglieder frei).*

Legoland Windsor Resort: Einer der größten Freizeitparks des Landes, in dem sich alles um die bunten Stecksteinchen aus Dänemark dreht. Viele Fahrgeschäfte und Erlebniswelten *(Parken bei N 51°27'49" W 0°38'46", Winfield Rd., SL4 4UT, www.legoland.co.uk).*

RHS Gardens Wisley: Tolle, seit 1903 existierende Gartenanlage voller bunter Blumen, seltener Gewächse und Treibhäuser, thematisch geordnet und das ganze Jahr über sehenswert *(Parken bei N 51°18'55" W 0°28'13", Wisley Ln., GU23 6UB, Woking, www.rhs.org.uk/gardens/wisley, mit London Pass frei).*

Polesdan Lacey: Interessantes, edwardianisches »Partyhaus« der Gesellschaftsdame Margaret Greville, in dem schon die Queen Mum und King George VI. einst ihre Honeymoon-Woche verbrachten. Tolle Gartenanlage samt Liegestühlen mit Aussicht *(Parken bei N 51°15'34" W 0°22'19", Dorking Rd., RH5 6BB, Great Bookham, National Trust-Mitglieder frei, www.nationaltrust.org.uk).*

Leith Hill: Wanderwege durch Wald, Farm- und Heideland. Darin der höchste Punkt Kents, der frei begehbare Leith Tower. Auch das Anwesen Leith Manor kann besichtigt werden. Am Weg dorthin befindet sich ein beeindruckender Rhododendronwald – besonders schön im Frühsommer *(Parken etwa bei N 51°10'24" W 0°22'59", Tanhurst Ln., RH5 6LU, Leith Hill, Haus: National Trust-Mitglieder frei, www.nationaltrust.org.uk).*

Bluewater Mall: Riesiger Einkaufskomplex mit ebenso großen Parkflächen ringsum. Nahe der Themse, in eine ehemalige Tagebaumine gebaut, samt Naturtrail ringsum für mitreisende Shoppingmuffel *(Parken ab N 51°26'33" E 0°16'08", Bluewater Parkway, DA9 9ST, Greenhithe, www.bluewater.co.uk).*

10

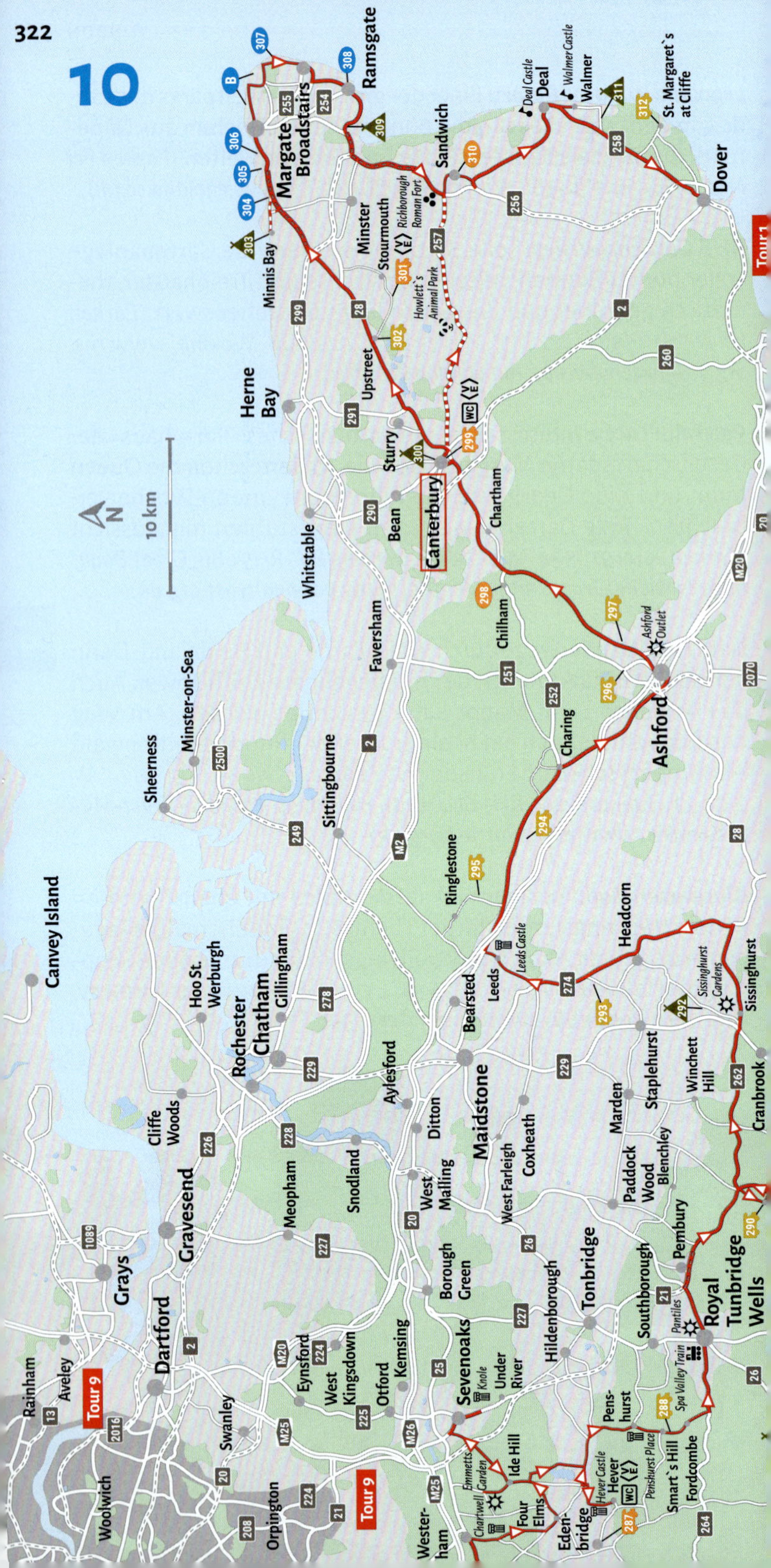
10 km
N
Canvey Island
Rainham
Aveley
Tour 9
Grays
Dartford
Gravesend
Cliffe Woods
Hoo St. Werburgh
Rochester
Chatham
Gillingham
Sheerness
Minister-on-Sea
Sittingbourne
Faversham
Whitstable
Herne Bay
Minnis Bay
Margate
Broadstairs
Ramsgate
Minster
Stourmouth
Richborough Roman Fort
Sandwich
Deal Castle
Deal
Walmer Castle
Walmer
St. Margaret`s at Cliffe
Dover
Tour 1
Upstreet
Howlett`s Animal Park
Sturry
Bean
Canterbury
Chartham
Chilham
Ashford Outlet
Ashford
Charing
Ringlestone
Headcorn
Leeds Castle
Leeds
Bearsted
Sissinghurst Gardens
Sissinghurst
Aylesford
Ditton
Maidstone
Staplehurst
Winchett Hill
Cranbrook
Marden
Coxheath
West Farleigh
Paddock Wood
Blenchley
Pembury
Snodland
West Malling
Meopham
Borough Green
Tonbridge
Hildenborough
Southborough
Royal Tunbridge Wells
Pantiles
Spa Valley Train
Eynsford
West Kingsdown
Kemsing
Otford
Swanley
Sevenoaks
Knole
Under River
Woolwich
Orpington
Westerham
Chartwell
Emmetts Garden
Ide Hill
Four Elms
Hever Castle
Hever
Edenbridge
Penshurst
Penshurst Place
Smart`s Hill
Fordcombe
Tour 9
M20
M25
M26
M2
B

Kent

260 km

Auf dieser letzten Tour durch Südengland lernen Sie das County Kent besser kennen. Der »Garden of England« besticht durch seine Vielzahl großartiger Herrenhäuser und Schlösser mit üppigen Parkanlagen und langer Geschichte. Im südöstlichsten Winkel bei Margate gibt es dann ein letztes Mal Gelegenheit, an warmen Sommertagen Meer und Strand zu genießen. Erkunden Sie:

- **Knole**
- **Scotney Castle**
- **Leeds Castle**
- **Canterbury**
- **Strände von Margate**

Chartwell House

Südlich des M25-Autobahnrings um London wählen Sie zur Weiterfahrt die Ausfahrt Godstone / Caterham und orientieren sich auf der parallel verlaufenden **A25** über Oxted und Westerham an den Schildern nach **Chartwell** zu. Das Haus war ab 1922 und bis zu seinem Tod der Familiensitz des britischen Premiers Winston Churchill. Da er noch zu Lebzeiten darüber verfügte, das Gebäude einmal für die Allgemeinheit zu öffnen, konnten, seinem Wunsch entsprechend, besonders viele persönliche Dinge verbleiben. Besucher erfahren sowohl etwas über den Staatsmann als auch über seine Passionen, das Schreiben und Malen. Im Außengelände wandern Sie durch den von ihm selbst beauftragten Garten samt Teichen, Küchengarten und Spielhaus für seine Tochter Mary (*N 51°14'51" E 0°04'54", Mapleton Rd., TN16 1PS, Westerham, www.nationaltrust.org.uk, März–Okt. 10.00–17.00 Uhr, restliches Jahr wechselnd, Haus nur März–Okt. 11.30–15.40 Uhr, Sa. / So. ab 11.00 Uhr, 20 £, nur Gärten 14 £ National Trust-Mitglieder frei*).

Chartwell House

Emmetts Garden und Knole Park

Viele Blühpflanzen sowie ausreichend Platz für Picknicks, zum Ausruhen oder Spielen finden Sie nur einen Steinwurf entfernt im Emmetts Garden. Er wurde am höchsten Punkt Kents errichtet und bietet dadurch einen guten Panoramablick. Die Außenanlage des edwardianischen Anwesens wurde Ende des 19. Jahrhunderts angelegt und enthält jede Menge exotischer Bäume und Sträucher, es gibt auch einen Stein- und Rosengarten *(N 51°15'15" E 0°07'05", Emmetts Ln., TN15 0RP, www.nationaltrust.org.uk, März – Okt. 10.00 – 17.00 Uhr, Nov. / Dez. bis 16.00 Uhr, je nach Saison 10 – 13 £, National Trust-Mitglieder frei).*

Um danach zu Knole Park zu kommen, müssen Sie einen kleinen Abstecher über **Sevenoaks** Richtung Osten machen. Die äußerst sehenswerte Anlage wird von Kents letztem mittelalterlichen Wildpark umgeben. Ursprünglich als Residenz des Erzbischofs erbaut, gelangte Knole später im Besitz der Familie Sackville zu größerer Bekanntheit und der noch immer enthaltenen, opulenten Ausstattung, darunter Werke von Gainsborough und Van Dyk. Im Torhaus können Sie außerdem etwas über die Geschichte von Eddy Sackville-West und sein bewegtes Leben erfahren *(N 51°16'05" E 0°12'17", Knole Ln., TN14 6BA, Ide Hill, www.nationaltrust.org.uk, März – Okt. 10.00 – 17.00 Uhr, Haus 11.00 – 16.00 Uhr, Nov. / Dez. bis 16.00 Uhr, 16 £, nur Gatehouse und Außenanlagen 6 £, National Trust-Mitglieder frei).*

Knole, oben Emmetts Garden, rechts Hever Castle

Hever Castle

Das über 700 Jahre alte Schloss mit seinen großen, wunderschön angelegten Außenanlagen ist Ihre nächste Station und gehört sicher zu Kents absoluten Highlights. Seine bekannteste Bewohnerin war Anne Boleyn. Lange Jahre umworben, ereilte sie als zweite von insgesamt sechs Ehefrauen des berüchtigten Königs Heinrich VIII., nur drei Jahre nach der Heirat, das Schicksal der Enthauptung – schlussendlich weil sie ihm keinen Sohn geboren hatte. Später zog dann Heinrichs vierte Ehefrau Anna von Kleve nach erfolgter Scheidung in Hever Castle ein. Die ganze Geschichte Annes, zu Heinrichs Ehen und seinem Leben erfahren Sie bei einem Rundgang durch das Schloss. Die Ausstattung ist der entsprechenden Zeit, dem 16. Jahrhundert, nachempfunden und nimmt Sie so besonders anschaulich mit auf die Reise in die Vergangenheit. Zu den schönsten Ecken im Park gehören der Tudorgarten mit einem in die Hecke geschnittenen Schachspiel, der elegante italienische Garten und der große See, auf dem Sie auch Boot fahren können. Außerdem können Sie einen Blick in die Modellhaus-Ausstellung und das KSY-Militärmuseum werfen. Kinder haben im Sommer den größten Spaß im lustigen Wasserlabyrinth und auf dem Abenteuerspielplatz *(N51°11'02" E 0°06'38", Hever Rd., TN8 7NH, www.hevercastle.co.uk, Apr. – Okt. 10.30 – 18.00 Uhr, Haus ab 12.00 Uhr, sonst meist nur bis 16.30 Uhr, Eintritt ohne / mit Schloss 20,40 – 24,45 £, Online etwa 10 % Ermäßigung)*

TOUR 10

287 Edenbridge – *Gabriels Fishery and Farm*

GPS: N 51°10'57" E 0°03'44", Marsh Green Rd., TN8 5PP, Tel. 01732 86 53 55, www.campingandcaravanningclub.co.uk. **Max. WOMOs**: 5. **Öffnungszeiten**: Apr – Sep. **Ausstattung**: Ver- / Entsorgung, Toilette / Dusche, Spielplatz, Abspülgelegenheit, Angelteich, klappstuhlgeeignet. **Beschreibung**: Kleine geschützt gelegene Rasenfläche mit ein paar Schotterparkern, ruhig hinter einer Farm gelegen, mitten im Grünen, nicht ganz eben, teils schattig. **Preis**: 24 £. **Zufahrt**: Von Hever Castle westlich bis Edenbridge fahren, dort südlich auf den Mill Hill und etwa 400 m außerorts rechts in die Zielstraße nach Marsh Green einbiegen, dort befindet sich die Einfahrt rechter Hand. **Hinweis**: Nur für Camping and Caravanning Club-Mitglieder, tel. Reservierung empfohlen.

Penshurst Place

Ein weiteres Anwesen, in dem einst Könige ein und aus gingen, darunter auch der eben erst erwähnte Heinrich VIII., ist Penshurst Place. Innerhalb des riesigen, bis heute in Privatbesitz befindlichen Grundstücks können Sie auf einem Waldwanderweg bis zu einem der herausforderndsten Maislabyrinthe des ganzen Landes wandern. Man bekommt sogar eine Fahne mit, die man schwenken kann. Nur für alle Fälle – falls Sie, heillos verirrt, Hilfe benötigen. Im anderen Teil des Anwesens gelangen Sie zum gepflegten Walled Garden, der seit dem 13. Jahrhundert besteht und in seiner Erscheinung möglichst originalgetreu die vergangenen Zeiten abbildet. Beliebte Fotomotive sind die zu Tieren gestutzten Bäume und der aus Blumen geformte Union Jack, Großbritanniens Fahne. Das schlossähnliche Gebäude ist voller mittelalterlicher Gemälde, Möbel und Dekorationsgegenstände. Herzstück einer Besichtigung ist die gewaltige Baron's Hall von 1341 – eine beeindruckende Demonstration von Status und Macht dieser Zeit. Auf dem Grundstück gibt es außerdem noch einen großen Spielplatz und ein Spielzeugmuseum *(N 51°10'31" E 0°11'18", TN11 8DG, www.penshurstplace.com, Ende März – Anfang Nov. und Mitte Feb. – Ende März nur Sa. / So., 10.00 – 17.00 Uhr, Haus / Museum 11.30 – 16.00 Uhr, Labyrinth nur saisonal im Sommer, Eintritt nur Garten / inkl. Haus 13 – 15 £).*

Noch vor Royal Tunbridge Wells haben Sie dann am Dorfpub ***The Spotted Dog*** in einem Gebäude aus dem 15. Jahrhundert Gelegenheit, über Nacht zu bleiben.

288 **N 51°09'24" E 0°10'30"**, Smarts Hill, TN11 8EP, Penshurst, Tel. 01892 87 02 53.

TOUR 10

Penshurst Place

Royal Tunbridge Wells *(51.230 Einwohner)*
Die Stadt bietet Gelegenheit zu einem schönen Spaziergang entlang der historischen **Pantiles**, ein Fußgängerbereich mit weiß getünchten Säulengängen am Südende des Zentrums. Ringsum befindet sich eine gute Auswahl an Geschäften und Cafés. Die im Ort an die Oberfläche tretende Chalybeats-Quelle wird bis heute im Sommer von einem in traditionelle Kleidung gehüllten Schöpfer überwacht, der zur Verkostung gerne ein paar Schlucke des angeblich heilbringenden, stark eisenhaltigen Wassers reicht. Diesem »Wunderelixier« war der Aufstieg zum Kurort während des 18. Jahrhunderts zu verdanken. Einen Parkplatz, der auch für Autos mit Überhöhe frei zugänglich ist, gibt es einige Hundert Meter nach Westen versetzt zwischen den Handelshäusern Homebase und Sainsbury's. Vom nahen Bahnhof kann man mit dem **Spa Valley Train** eine Dampflokfahrt durch die Umgebung unternehmen *(N 51°07'25" E 0°15'14", Neville Terrace, TN2 5QY, mehr zu den Zugfahrten unter www.spavalleyrailway.co.uk)*. Auch kulinarisch ist im Ort Einiges geboten, zum Beispiel ***Fine Grind Espresso Bar*** *(90 High St., TN1 1YF)*, ***Casa Da Claudia*** *(5 Castle St., TN1 1XJ)*, ***Juliet's Café*** *(54 High St., TN1 1XF)*, ***Barn Pub and Grill*** *(1 Mount Pleasant Rd., TN1 1NU)* *und* ***The Ivy*** *(46 High St., TN1 1XF)*.

TOUR 10

Im Ort gibt es keine guten Nachtplätze, aber sie finden Campingplatz und Pub einige Kilometer südlich in Crowborough.

289 Crowborough – *Camping and Caravanning Club Site*

GPS: N 51°03'46" E 0°10'05", Eridge Rd., TN6 2TN, Tel. 01892 66 48 27, www.campingandcaravanningclub.co.uk. **Öffnungszeiten**: Ostern – Okt. **Ausstattung**: Waschmaschine / Trockner, WiFi, kleiner Shop, Abspülgelegenheit, Aufenthaltsraum. **Beschreibung**: Mittelgroßer gepflegter Platz hinter dem Sportpark, teils ebene Plätze auf Schotter, teils schräge Plätze auf Rasen, etwas Schatten, ruhige Lage, Busverbindung nach Tunbridge Wells. **Preis**: 20,30 £ – 29,30 £, Nicht-Mitglieder des Clubs 30 % Aufschlag. **Zufahrt**: Der A26 nach Süden folgen, etwa 1,2 km nach dem Kreisverkehr rechts in den Recreation Park einfahren, dort rechter Hand. **Hinweis**: Ein Pubstellplatz befindet sich schon rund 2 km zuvor an der Hauptstraße mit dem ***Boar Head Inn***, N 51°04'18" E 0°11'19", Boars Head Rd., TN6 3GR, Tel. 01892 66 04 47.

Lamberhurst *(1.640 Einwohner)*
Scotney Castle ist die wahrlich herausragende Hauptattraktion des kleinen Ortes Lamberhurst und liegt nur rund einen Kilometer davon entfernt. Während eines Spaziergangs durch die romantischen Gärten und die Parkanlagen schlendern Sie durch einen kleinen, ehemaligen Steinbruch zur Ruine des märchenhaften Wasserschlosses aus dem 14. Jahrhundert. Außerdem können

Sie das interessante viktorianische Herrenhaus besuchen. Seine Zimmer sind thematisch ganz unterschiedlich eingerichtet. Bemerkenswert ist beispielsweise das Bambus-Schlafzimmer *(N 51°05'32" E 0°23'37", B2469, TN3 8JN, Lamberhurst, www.nationaltrust.org.uk, 10.00–17.00 Uhr, Haus 11.00–16.30 Uhr, 17 £, National Trust-Mitglieder frei).*

Am gemütlichen Orts-Pub ***The Vineyard*** können Sie übernachten. Es besitzt einen schönen Biergarten und WiFi. Auch eine weitere, gut ausgestattete Camping and Caravanning Club-Certificated Site für Mitglieder liegt um die Ecke.

290 **N 51°05'41" E 0°23'09"**, Furnance Ln., TN3 8EU, Lamberhurst, Tel. 01892 89 02 22.

291 **Cedar Gables, N 51°04'36" E 0°25'06"**, Hastings Rd., TN5

Links Scotney House und Castle, oben rechts Sissinghurst Gardens

7QA, Flimwell, Tel. 07764 48 79 68, www.campingandcaravanning-cub.co.uk, ganzjährig, 15 – 35 £.

Sissinghurst Gardens
Gegründet wurde dieses Landgut einst als Schweinefarm. Im Lauf der Jahre war es Herrensitz, Gefängnis, dann eine Art Obdachlosenasyl. Erst später wurde es zu einem Privathaus und hat sein Aussehen nachvollziehbarerweise in all der Zeit immer wieder stark verändert. Von der Gartengestalterin Vita Sackville-West haben Sie vielleicht schon beim Besuch von Knole zuvor auf dieser Tour gehört. Gemeinsam mit ihrem Mann Harold Nicolson plante und formte sie diese Anlagen rund um den alten Turm. Durch kleine Hecken unterteilt, überwuchern die üppig wachsenden Pflanzen an manchen Stellen die Wege durch die Castle Gardens heute beinahe. Beschreiben lässt sich das vielleicht am besten mit »geplanter Urwüchsigkeit«. Richtig schön ist der Blick von der obersten Turmebene hinab auf Grundstück und Umgebung *(N 51°06'59" E 0°34'45", Sissinghurst Rd., TN17 2AB, Sissinghurst, www.nationaltrust.org.uk, Apr – Okt. 11.00 – 17.30 Uhr, sonst nur bis 16.00 Uhr, 13 £ zzgl. Parkgebühr, National Trust-Mitglieder frei).*

292 Cranbrook – *Frittenden Orchard*

GPS: N 51°08'09" E 0°35'01", Cranbrook Rd., TN17 2DB, Tel. 01580 85 23 75. **Öffnungszeiten**: Etwa Mitte Apr. – Sep. **Ausstattung**: Ver- / Entsorgung, Toilette, Waschmaschine / Trockner, WiFi. **Beschreibung**: Obstplantage mit Wiesengrund, auf dem Gäste freistehen können. Wenig Schatten, nicht ganz eben, sehr ruhige, friedliche Lage, nette Atmosphäre. **Preis**: 20 – 25 £. **Zufahrt**: In Sissinghurst rechts auf die Frittenden Rd. abbiegen, dann links nach knapp 4 km. **Hinweis**: Ein Pubstellplatz befindet sich schon rund 2 km zuvor an der Hauptstraße mit dem ***Boar Head Inn,*** N 51°04'18" E 0°11'19", Boars Head Rd., TN6 3GR, Tel. 01892 66 04 47.

293 Tonbridge – *The Hawkenbury*

GPS: N 51°10'35" E 0°34'52", Boarden Ln., TN12 0DZ, Tel. 01580 89 05 67. **Max. WOMOs**: 5. **Öffnungszeiten**: Apr. – Okt. **Ausstattung**: WiFi, Spielplatz. **Beschreibung**: Landpub mit großem ebenem Schotterparkplatz, nachts ruhig, teils schattig. **Preis**: Bei Einkehr und auf Anfrage kostenfrei. **Zufahrt**: Auf der A229 nach Staplehurst fahren, dort an der Ampel rechts nach Hawkenbury abbiegen und bis zum Pub nach etwa 2,5 km. **Hinweis**: Camping and Caravanning Club-Mitglieder finden in der Nähe als Alternative die ***School House Farm***, N 51°10'40" E 0°35'10", Hawkenbury Rd., TN12 0EB, Tel. 01580 89 38 50, www.campingandcaravanningclub.co.uk, Apr. – Okt., 20 £.

Leeds Castle

Für ein weiteres, außergewöhnliches Anwesen müssen Sie noch ein paar Kilometer weiter in Richtung **Maidstone** fahren: **Leeds Castle** gehört zweifelsohne zu den bekanntesten und schönsten Schlossanlagen Englands. Gleich eine ganze Reihe an Einzelattraktionen gibt es zu entdecken. Nachdem Sie das Visitor Centre nahe den Parkplätzen verlassen haben, wandern Sie durch die Cascade Gardens mit See, Fluss und einer Vielzahl an Wasservögeln, die Sie begleiten und auf Futter hoffen. Schließlich erreichen Sie die kleine Anhöhe, auf der Leeds Castle erbaut wurde. Wie eine Insel wirkt die einst aus dem Sumpfland emporragende Kuppe durch den wassergefüllten, seeähnlichen Graben. Per Puntingboot kann man sich für eine geruhsame Runde hindurchschippern lassen. Nachdem Sie die Brücke passiert haben, sehen Sie zuerst im Torhaus eine Ausstellung zur Entstehung von Leeds Castle und seinen Veränderungen im Wandel der Zeit. Dann gelangen Sie zum Hauptgebäude. Der Großteil seiner Einrichtung stammt von einer beinahe kompletten Umgestaltung in den 1920er- und 1930er-Jahren. Die damalige, letzte private Besitzerin von Leeds, Lady Baillie, hatte

TOUR 10

diese bei den größten Innenarchitekten ihrer Zeit beauftragt. Im weiteren Verlauf des Rundweges streifen Sie den ehemaligen Wirtschaftshof mit Gastronomie und einer Ausstellung standesgemäßer Hundehalsbänder. Danach folgt ein besonders üppig bepflanzter Teil des Parks, die Lady Baillie Gardens. Im hintersten Teil des Anwesens werden dann zunächst Kinder leuchtende Augen bekommen: Eine riesige Holzburg für Größere und ein Spielburghof für die Jüngeren bieten ausreichend Abwechslung zum Toben. Die Erwachsenen können derweil im Zelt nebenan wechselnde Filme und Tonbildschauen zu meist geschichtlichen Themen ansehen. Auch ein schön gestaltetes, kniffeliges Labyrinth gibt es noch, welches am Ende durch eine Grotte zurück zum Ausgang führt. Außerdem eine Falknerei, die in den Sommermonaten tägliche Flugvorführungen mit Eulen, Falken und anderen Raubvögeln bietet. Wenn Sie müde geworden sind, haben Sie die Möglichkeit, alternativ zum Fußweg per Boot und Bummelbahn zurück zum Parkplatz zu gelangen *(N 51°15'25" E 0°37'28", Ashford Rd., ME17 1PL, Leeds, www.leeds-castle.com, Apr. – Sep. 10.00 – 18.00 Uhr, Schloss 10.30 – 17.30 Uhr, sonst eine Stunde kürzer, 35 £, 15% Onlinerabatt).*

294 ***Red Lion*, N 51°12'34" E 0°45'36"**, Charing Heath Rd., TN27 0AU, Charing, Tel. 01233 71 49 49

295 ***The Swan Inn*, N 51°16'13" E 0°41'32"**, Swan Ln., TN27 0QB, Little Chart, Tel. 01233 84 00 11

Ashford *(129.280 Einwohner)*
Ab Charing machen Sie auf Wunsch einen Abstecher nach **Ashford**. Die Innenstadt ist ganz nett, kann aber trotz der Ortsgröße mit dem folgenden Canterbury nicht ganz mithalten. Angezogen fühlen Sie sich aber vielleicht von der letzten Gelegenheit, in einem Einkaufszentrum ausführlich stöbern zu gehen – in diesem Fall sind die Wege kurz und Sie haben Ihr Fahrzeug immer im Blick: Die rund 80 Läden des **Ashford Outlet Centres** sind in einer Ellipse rund um den Parkplatz angelegt. Praktisch, um etwaige Einkäufe zwischendurch jederzeit verstauen zu können *(N 51°08'06" E 0°52'37", Kimberley Way, TN24 0SD, www.mcarthurglen.com/uk/ashford-designer-outlet, Ashford, Mo. – Do. 10.00 – 21.00 Uhr, Fr. / Sa. ab 8.00 Uhr, So. bis 18.00 Uhr)*. Am Weg nach Canterbury folgen zwei weitere WOMO-Pubs und ein einfacher freigegebener Ortsparkplatz in **Chilham**. Am adretten Dorfplatz gleich neben gibt es sowohl Pub als auch Tea Room.

296 ***The Flying Horse Inn*, N 51°11'21" E 0°53'34"**, Wye Rd., TN25 4HH, Boughtin Lees, Tel. 01233 62 09 14.

297 *The Tickled Trout*, **N 51°11'05" E 0°55'50"**, 2 Bridge St., TN25 5EB, Wye, Tel. 01233 81 22 27

298 **N 51°14'40" E 0°57'34"**, Taylors Hill, CT4 8BZ, Chilham, Toilette am Platz

Canterbury *(69.290 Einwohner)*
Wann genau die Stadt entstanden ist, liegt heute im Dunklen. Gesichert ist aber die römische Siedlung »Durovernum Cantiacorum«, die ab rund 40 n.Chr. verbreift ist und sich zu einem wichtigen Verwaltungszentrum entwickelte. Als die später nachfolgenden Angelsachsen zu Christen geworden waren, wurde ein erster Bischofssitz gegründet. Seinen Kirchen, der großen Kathedrale und dem bis heute bestehenden Erzbischofssitz verdankt Canterbury einen Großteil seiner Bekanntheit. Die Innenstadt bewahrte sich ihren mittelalterlichen Charakter und gehört zu den schönsten im Land. Für ausreichende Lebendigkeit neben Kirche und Kultur sorgt die Universität mit ihren rund 17.000 Studenten. Eine ganze Menge, wenn man bedenkt, dass dies etwa einem Viertel der Bevölkerung entspricht.

Die Stadt ist für englische Verhältnisse äußerst wohnmobilfreundlich. Denn es ist die bislang einzige Stadt weit und breit, die für Gäste einen echten, offiziellen Stellplatz eingerichtet hat! Da es sich dabei um einen Teil der Park & Ride-Anlage handelt, ist auch eine optimale Busverbindung gewährleistet. Alternative Tagesparkplätze für Wohnmobile gibt es zwar auch im hinteren Teil des Busparkplatzes direkt im Zentrum, allerdings nur zu stolzen Sätzen um die 15 £ *(N 51°17'07" E 1°05'04", Saint John's Pl., CT1 1BD, Toilette)*.

299 **(O299) Canterbury – *New Dover Road Canterbury***

GPS: N 51°15'41" E 1°06'01", Old Dover Rd., CT1 3EL. **Max. WOMOs**: 15+. **Ausstattung**: Ver- / Entsorgung, Mülleimer, Toilette bis 18 Uhr. **Beschreibung**: Offizieller, abgetrennter Bereich des Parkplatzes als Wohnmobilstellplatz mit Busverbindung, eben, auf Asphalt und Pflaster, nachts relativ ruhig, tags entsprechend belebt, rund 2,5 km in den Ort, Pub benachbart. **Preis**: Tags 4 £ inkl. Busticket, 8 £ nachts. **Zufahrt**: An der südöstlichen Ortsausfahrt A2050 rechter Hand. **Hinweis**: Die maximale

Aufenthaltszeit am Stück ist auf 48 Stunden begrenzt. Wenn die ausgewiesenen Plätze besetzt sind, ist das Parken alternativ nur noch am Overflow Car Park gestattet.

300 Canterbury – *Camping and Caravanning Club Site*

GPS: N 51°16'39" E 1°06'46", Bekesbourne Ln., CT3 4AB, Tel. 01227 46 32 16, www.campingandcaravanningclub.co.uk. **Öffnungszeiten**: Ganzjährig. **Ausstattung**: Waschmaschine / Trockner, WiFi, kleiner Shop, Abspülgelegenheit, Spielplatz. **Beschreibung**: Mittelgroßer, sauberer Platz am Ortsrand. Stellflächen vor allem auf Schotter, einige auf Rasen, mehrere mit Hecken und Bäumen unterteilte Felder, eben, Bushaltestelle 150 m entfernt, gut 2 km ins Zentrum. **Preis**: 20,30 £ – 29,30 £, Nicht-Mitglieder des Clubs 30 % Aufschlag. **Zufahrt**: Auf der Hauptstraße nach Canterbury einfahren, dann in der Ortsmitte am Kreiverkehr rechts den Schildern zum Golf Course folgen, hier ist bereits das Campingsymbol zu sehen. Am Waitrose links und am nächsten Kreisel rechts auf die A257, nach etwa 1,6 km rechts.

TOUR 10

Unterwegs in Canterbury

Per Bus kommen Sie von allen Stellplätzen gut in die Ortsmitte, der Busbahnhof liegt zentral hinter dem Whitefriars Einkaufszentrummit einer offenen Fußgängerpassage. Sie geht dann in einen älteren Bebauungsteil über und öffnet sich schließlich nach beiden Seiten hin zur Hauptachse und Fußgängerzone **The Parade** und **High Street**, die Sie in Höhe der ***Cote Brasserie*** erreichen *(2 Longmarket, CT1 2JS)*. Spazieren Sie einfach nach links und dann immer geradeaus. Links ab können Sie einen Blick in die **St. Margaret's Street** werfen. Dort liegen unterwegs ***Tiny Tim's Tearoom*** *(34 St. Margaret's St., CT1 2TG)* und die ***City Fish Bar*** *(30 St. Margaret's St., CT1 2TG)*. Zurück an der High Street folgt rechts ein schönes altes Gebäude mit der Aufschrift »Royal Museum and Free Library« über der Tür. Es beherbergt ein **Touristeninformationszentrum** und die **Beaney-Kunstgalerie**. Neben Gemälden und Wechselausstellungen werden auch Abteilungen mit Tierpräparaten und geschichtlich orientierte Sammlungen gezeigt *(18 High St., CT1 2RA, www.canterburymuseums.org.uk, 9.00 / 10.00 – 17.00 / 18.00 Uhr, Mo. Teils geschlossen, Eintritt frei)*.

Sie queren dann den River Stour mit schönen alten Weberhäusern rechter Hand. Dort werden im Sommer alle 15 bis 20 Minuten Flussfahrten angeboten, die einen anderen optischen Eindruck von der Stadt vermitteln, als man ihn nur zu Fuß erhält *(www.canterburyrivertours.co.uk)*. Auch kulinarisch ist in diesem Bereich und weiter entlang der Fußgängerzone etwas geboten. Sie haben die Wahl zwischen ***The Old Weavers Restaurant*** *(1 St. Peter's St., CT1 2AT)*, dem ***Kitch Café*** *(4 St. Peter's St., CT1 2AT)*, ***The Cricketers*** *(14 St. Peter's St., CT1 2BQ)*, ***The Lady Luck*** *(18 St. Peter's St., CT1 2BQ)* und dem ***Black Griffin*** *(40 St. Peter's St., CT1 2BG)*.

Noch rund 200 Meter weiter zieht sich die Fußgängerzone, bis sie schließlich am **West Gate**, dem letzten verbliebenen Stadttor, endet. Im 18 Meter hohen Bau ist ein Museum untergebracht. Es informiert über die Stadtbe-

Cathedral View, unten Weberhaus am River Stour

festigungen und führt unter anderem durch den ehemaligen Zellentrakt einer Polizeistation. Auch die zinnengekrönte Aussichtsplattform am Dach gehört dazu *(1 Pound Ln., CT1 2BZ, www.onepoundlane.co.uk/westgate-towers, Sommer 11.00 – 15.45 Uhr, sonst meist nur So. – Fr. 12.00 – 15.45 Uhr, 4 £).*

Links befindet sich die **Guildhall**, auf der anderen Straßenseite das **Kent Museum of Freemasonry**. Wenn Sie sich für Geheimbünde, insbesondere die Freimaurerei, interessieren, vielleicht genau das Richtige *(St. Peter's Pl., CT1 2DA, www.kentmuseumoffreemasonry.org.uk, 10.00 – 16.00 Uhr, Eintritt frei).*

Viel weiter müssen Sie nicht gehen; nur wenn Sie ein wenig in den schönen Parkanlagen der **Westgate Gardens** ausspannen möchten, finden Sie den Zugang nach dem West Gate gleich links am Flussufer.Spazieren Sie dann ein Stück entlang der Hauptstraße zurück und biegen Sie links in **The Friars** ein. Sie passieren das in diesem Bereich fast etwas zu modern wirkende **Marlowe Theatre** und dann erneut den Fluss. Immer weiter geradeaus erreichen Sie schließlich einen der attraktivsten Plätze Canterburys, den alten **Butter Market**. Empfehlenswerte Gaststätten am Weg sind ***The Shakespeare Restaurant*** *(5 Butchery Ln., CT1 2JR)* und das ***Burgate Coffee House*** *(43 Burgate, CT1 2HW).* Linker Hand befindet sich der Eingang zur bekanntesten Sehenswürdigkeit der Stadt. Die als Weltkulturerbe gelistete **Kathedrale** ist Mittelpunkt der anglikanischen Kirche und beinahe hermetisch abgeriegelt. Selbst die Außenhöfe gehören zum Besichtigungsbereich und sind nur nach dem Lösen eines Tickets begehbar. Falls Sie sich für Tickets entscheiden, bekommen Sie beispielsweise die ältesten mittelalterlichen Glasmalereien des Landes, den Märtyrerdom, wo einst Thomas Beckett ermordet wurde, Kreuzgang und Domkapitel sowie das Grab des Schwarzen Prinzen, Edward of Woodstock zu sehen *(The Precincts, CT1 2EH, www.canterbury-cathedral.org, Mo. – Sa. 9.00 – 17.30 Uhr, Winterhalbjahr bis 17.00 Uhr, So. ab 11.30 Uhr, Winter nur bis 14.30 Uhr, 17 £).* Noch ein Stück gehen Sie am Ende entlang der Straße **Burgate**, bis Sie rechts durch den schönen **Longmarket** oder die **Iron Bar Lane** zum Ausgangspunkt zurückkehren können.

Butter Market

Wenn Sie nicht vorhaben, noch einen Badeabstecher zur Landspitze zu machen, fahren Sie anschließend entlang der A257 Richtung Sandwich weiter. Ein möglicher Stopp unterwegs wäre dort noch der **Howletts Wild Animal Park**. Neben vielen anderen exotischen Tieren ist der Zoo vor allem für die Nachzuchtgruppen an Tiefland-Gorillas, Afrikanischen Elefanten und Makaken bekannt, die zu den größten weltweit gehören *(N 51°16'11" E1°09'25", Bekesbourne Ln., CT4 5EL, aspinallfoundation.org/howletts, März – Okt. 9.30 – 18.00 Uhr, sonst bis 17.00 Uhr, 18 – 25 £, Onlineermäßigung)*. Sowohl von hier als auch von der Hauptroute in Richtung Margate aus ist der Camping and Caravanning Club-Mitgliedern vorbehaltene Platz am Orchard House recht gut erreichbar.

301 **N 51°17'50" E1°14'39"**, Sheerwater Rd., CT3 1HJ, Elmstone, Tel. 01227 72 23 36, www.campingandcaravanningclub.co.uk, Mitte Apr. – Okt., 16 £

Margate *(63.320 Einwohner)*
Nur wenn Sie noch einmal baden möchten, lohnt der Abstecher zur südöstlichen Landspitze Englands zwischen den zusammengewachsenen Ortsmassen von Birchington, Margate und Ramsgate. Am Weg dorthin passieren Sie zunächst ein weiteres, wohnmobilfreundliches Gasthaus. Am Ortsrand liegt ein als Basis gut geeigneter Campingplatz direkt an der Küste. Außerdem ist an mehreren Buchten das einmalige Übernachten möglich, wie wir an der jeweiligen Stelle vermerken.

302 *Grove Ferry Riverside Pub, N 51°19'23" E 1°12'29"*, Grove Ferry Rd., CT3 4BP, Upstreet, www.thegroveferry.co.uk

303 Birchington – *Hawk Place Campsite*

GPS: N 51°22'33" E 1°15'59", Dane Rd., CT7 9QS, Tel. 01843 84 71 42, www.eastkentcamping.co.uk. **Öffnungszeiten**: Ganzjährig. **Ausstattung**: Waschmaschine / Trockner, sonst campingplatzüblich. **Beschreibung**: Einfacher Rasencamping hinter der Uferpromenade. Recht eben, kein Schatten, ruhig, teils windig, mit dem Fahrrad können Sie gut an der Küste radeln, rund 1000 m zum Minis Bay Beach. **Preis**: 21 – 30 £. **Zufahrt**: Am ersten Kreisverkehr in Birchington links halten, dann immer geradeaus. Nach einer kleinen Unterführung folgt links eine Ladenzeile, dort links in die Dane Rd. abbiegen und am Ende die Zufahrt zum Platz nehmen.

TOUR 10

Einen ersten Badespot bietet die **Minnis Bay**. Der Strand ist guter Durchschnitt, hat einen großen Parkplatz mit ein paar extragroßen Buchten am Rand und es herrscht meist weniger Rummel als in Margate. Laut Beschilderung ist das Übernachten erlaubt. In **Westgate** bieten dann die Parkplätze an der **St. Mildreds Bay** und am **Barnes Car Park** nahe dem Hauptstrand die gleiche Möglichkeit. Alle drei liegen direkt an der Küste und sind nur knapp zwei Kilometer vom Zentrum Margates entfernt, welches entlang der Promenade gut erreichbar ist.

304 **N 51°22'40" E 1°16'49"**, The Parade, CT7 9PS, Übernachtung 11 £

305 **N 51°23'05" E 1°20'44"**, Old Boundary Rd., CT8 8PR, Übernachtung 6 £, max. 24h.

306 **N 51°23'12" E 1°21'15"**, Royal Esplanade, CT9 5EG, Übernachtung 11 £

Botany Bay

Der breite Margate-Hauptstrand mitten im Ort ist bei sonnigem, warmem Wetter stets sehr gut besucht, von einer Promenade und der Hauptstraße eingerahmt und hat einen großen Volksfestplatz, auf dem der Freizeitpark ***Dreamland*** als Dauereinrichtung besteht. Sofern Sie einen Parkplatz ergattern, ist das Ganze nur sinnvoll, wenn Sie auch ein wenig durch den Ort spazieren wollen oder »beachlife made in England« ganz hautnah erleben möchten *(N 51°23'11" E 1°22'45", Parken bei Belgrave Rd., CT9 1XG)*.

Die schönsten Strände der Gegend liegen etwas versteckt am Ostende Margates; der Ortsteil gehört bereits zu **Broadstairs**. Mit der Steilküste im Rücken, einer Felsformation und feinem Sand ist die **Botany Bay** zwar erste Wahl. Die engen Zufahrtsstraßen und wenigen Parkmöglichkeiten entlang der Anliegerstraßen können einem den Spaß aber leicht verderben *(N 51°23'17" E 1°26'10", parken rund um den Marine Dr., CT10 3LG, Broadstairs)*.

Nicht viel besser schaut es einige Hundert Meter weiter in der **Kingsgate Bay** aus. Es gibt zwar einen Parkplatz, der ist aber eindeutig auf Pkw-Maße ausgelegt und nicht allzu groß *(N 51°23'04" E 1°26'25", Whiteness Rd., CT10 3QH, Broadstairs)*. Somit bleibt noch die **Joss Bay** als dritter Versuch mit einem großen Parkplatz, der oft noch ausreichend Kapazitäten bietet, wenn sonst schon nichts mehr geht. Auch das Übernachten ist hier möglich.

TOUR 10

307 **N 51°22'44" E 1°26'44"**, Joss Cap Rd., CT10 3PG, 11 £.

Da es von hier bis ganz zurück zur ersten Bucht aber nur rund 1,1 Kilometer entlang des Küstenpfades sind, wäre es durchaus denkbar, sich zu Fuß auf den Weg zu Ihrer Lieblingsbucht zu machen, falls Sie mit letzterer nicht glücklich sind.

Auch in Richtung **Ramsgate** gibt es noch weitere Buchten, die aber nicht schöner werden. Ein letzter Küstenparkplatz liegt dort unterhalb der Klippen 600 Meter vom Strand entfernt.

308 **N 51°20'13" E 1°25'51"**, Marina Esplanade, CT11 8NB, 10 £.

309 Ramsgate – *Nethercourt Touring Park*

GPS: N 51°20'04" E 1°23'51", Nethercourt Hill, CT11 0RX, Tel. 07981 02 95 17, www.nethercourt.com. **Öffnungszeiten**: Ganzjährig. **Ausstattung**: Spülgelegenheit, Waschmaschine / Trockner. **Beschreibung**: Rasencampingplatz mitten im Ort, einige Schattenplätze, für die Lage nachts recht ruhig, gute Busverbindung, rund 2 km ins Zentrum, etwa 1 km bis an die Küste. **Preis**: 24 – 38 £. **Zufahrt**: Von Margate in südliche Richtung auf Dover zufahren (A256). Dann über A299 und A255 Richtung Ramsgate. Der Campingplatz kommt nach dem zweiten Kreisverkehr links.

Sandwich *(20.230 Einwohner)*
Am **Richborough Roman Fort** gehen Sie noch einmal auf römische Spurensuche. Die große Ausgrabungs-Anlage symbolisiert gleichermaßen den Anfang und das Ende römischer Besiedelung, denn genau in dieser Gegend begann und endete Roms »britisches Abenteuer«. Die folgenden Angelsachsen bauten später ein eigenes Fort auf den Ruinen, von dem heute auch nur mehr spärliche Reste vorhanden sind. Das zugehörige Museum informiert näher über die archäologischen Bereiche ringsum *(N 51°17'25" E 1°19'46", Richborough Rd., CT13 9JW, Sandwich, www.english-heritage.org.uk, Apr. – Okt. 10.00 – 17.00 Uhr, sonst nur Sa. / So. bis 16.00 Uhr, 8,60 £, English Heritage-Mitglieder frei).*

In Sandwich können Sie einen letzten Bummel einlegen. Den schönen alten Fachwerkhäusern des Zentrums und den historischen Kirchen **St. Mary's** und **St. Clement's** kann man durchaus ein wenig Zeit widmen. Gastrotipps in Sandwich sind ***The Crispin Inn*** *(4 High St., CT13 9EA)*, ***Papas Fish and Chips*** *(The Quay, CT13 9EN)*, ***The Toll Bridge*** *(7 Fisherman`s Wharf, CT13 9RU)* und ***George and Dragon*** *(24 Fisher St., CT13 9EJ)*. Und schließlich können Sie am Gazen Salts Car Park Tag wie Nacht parken, am Quay Car Park zuletzt nur noch zwischen 18.00 und 9.00 Uhr, dafür ganz offiziell.

TOUR 10

310 **N 51°16'42" E 1°20'18"**, St. Mary`s, CT13 9HN, tags ab 1,60 £, 18.00 – 8.00 Uhr frei

310a **N 51°16'30" E 1°20'39"**, The Quay, CT13 9EW, 11 £

Deal *(28.990 Einwohner)* **und Walmer** *(7.840 Einwohner)*
Man glaubt kaum, dass die recht modern wirkende, trutzige Anlage von **Deal Castle** tatsächlich aus der Zeit Heinrichs VIII. und damit aus dem 16. Jahrhundert stammt. Es gehört zu einer ganzen Kette an Verteidigungsbollwerken, die damals die englische Südküste schützten. Heute können Sie das gesamte Kastell an der Promenade von Deal erforschen, von den Lagerräumen bis zum Quartier des Kommandanten im ersten Stock. Bei einem Rundgang entlang der Verteidigungsmauern haben Sie den gleichen Blick wie Soldaten Hunderte Jahre vor Ihnen und stehen an den Geschützen vergangener Tage *(N 51°13'08" E 1°24'11", Marine Rd., CT14 7BA, www.english-heritage.org.uk, Apr. – Okt. 10.00 – 17.00 Uhr, sonst meist nur Sa. / So. bis 16.00 Uhr, 9,50 £, English Heritage-Mitglieder frei).*

Unterhalb von Deal Castle gibt es einen langen Kiesstrand und eine Promenade, die sich in südliche Richtung bis zum **Walmer Castle** zieht. Wenn Sie Fahrräder dabeihaben, ein schöner Ausflug, statt mit dem Wohnmobil weiterzufahren. Einfach beträgt die Strecke nur rund 1,8 Kilometer. Ansonsten wählen Sie die Küstenstraße bis zur letzten Burg, sollten aber auch wieder über

Walmer Castle

Deal zurückfahren, denn die weiterführende Schleife über den Ort Walmer ist unangenehm steil und eng.

Auch wenn Walmer Castle aus der gleichen Zeit wie Deal Castle zuvor stammt, wirkt es aufgrund seiner in sehenswerte Gärten und Parkanlagen eingebetteten Lage und seiner späteren zivilen Nutzung als Wohnstätte Lord Wardens weit weniger archaisch. Winston Churchill und die Queen-Mutter waren nur zwei der namhaften Gäste, die öfters in Walmer vorbeischauten. Der Duke of Wellington blieb sogar ganze 23 Jahre. Viele Anekdoten werden Ihnen auf einer Audioführung nähergebracht *(N 51°12'05" E 1°24'08", Kingsdown Rd., CT14 7LJ, www.english-heritage.org.uk, Apr. – Okt. 10.00 – 17.00 Uhr, sonst meist nur Sa. / So. bis 16.00 Uhr, 14,50 £, English Heritage-Mitglieder frei).*

Bei der Fahrt zurück nach Dover streifen Sie dann letzte Schlafplätze, die sich auch gut für die letzte Übernachtung vor der Überfahrt zurück ans Festland anbieten.

311 Kingsdown – *Kingsdown International Camping*

GPS: N 51°00'56" E 1°24'00", The Avenue, CT14 8DU, Tel. 01304 37 37 13, www.kingsdowncamping.co.uk. **Öffnungszeiten**: Ende März – Anfang Okt. **Ausstattung**: Campingplatzüblich, keine Hunde erlaubt. **Beschreibung**: Schöner und gepflegter Rasencampingplatz direkt am Strand im kleinen Ort, ruhig, recht eben, durch Hecken geschützt. **Preis**: 20 – 40 £. **Zufahrt**: Ab Walmer Richtung Dover fahren, dann links nach Kingsdown abbiegen und im Ort links den kleinen Schildern nach in The Avenue abbiegen. Dort nach gut 200 m Einfahrt rechts.

312 ***The Coastguard*, N 51°09'01" E 1°23'05"**, Bay Hill, CT15 6DY, St. Margarets Bay, Tel. 01304 85 30 51, WiFi, Achtung, etwas steile, schmale Abfahrt ganz am Ende

Tipps und Infos

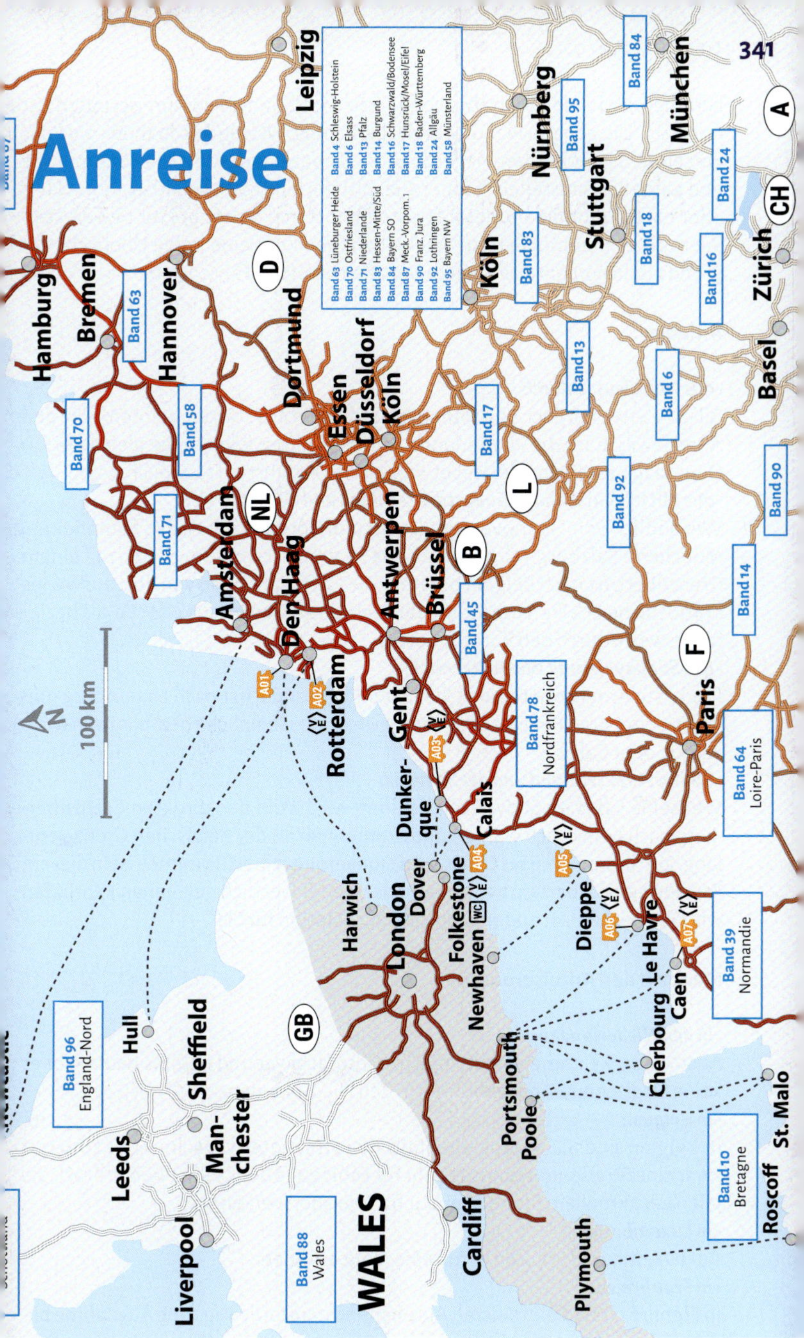

Anreise

Wenn Sie sich für England als Reiseziel entschieden haben, steht vor dem Urlaub die Anreise. Je nachdem, aus welchem Land und welcher Region Sie starten, liegen zwischen rund 300 (ab Aachen) und 1300 Kilometer(ab Wien) vor Ihnen. Die gute Nachricht: Sie können durchgängig auf Autobahnen oder Schnellstraßen ordentlich Boden gutmachen und die Dauer der Reise hält sich somit in mehr oder minder überschaubaren Grenzen. Je nachdem von wo Sie kommen, steht eine Vielzahl an möglichen und sinnvollen Anreiserouten zur Auswahl. Die genaue Planung und Überlegung, welche Autobahnen Sie konkret einschlagen werden, vielleicht unter Einbeziehung möglicher Staupunkte und aktueller Baustellen, können Sie mithilfe eines Straßenatlas, Ihres Navis oder einer Routenplanungssoftware im Internet sicher besser bewerkstelligen, als es hier möglich ist. Wir wollen Ihnen nur eine kurze Übersicht der grundsätzlichen Anreiseansätze, vor allem aber der Fähren geben.

Anfahrt

• ***aus Norddeutschland:***
Alle, die etwa nördlich von Hannover und Berlin aus starten, werden wohl den Anreiseweg über die Niederlande wählen. Fähren können Sie gleich dort in Den Haag besteigen oder mit etwa weiterer Anfahrt in Frankreich.
• ***aus Mitteldeutschland, Südostdeutschland und Ostösterreich:***
Wer südlich von Hannover und Berlin und nördlich der Achse Mannheim – München – Salzburg – Graz seine Fahrt beginnt, ist wohl am besten mit einem Grenzübertritt nach Belgien beraten. Die Fahrt geht dann von dort aus bis ins nordöstliche Eck Frankreichs mit den Fähren ab Dunkerque oder Calais beziehungsweise durch den Eurotunnel.
• ***aus Südbayern und Westösterreich:***
Die beste Anreiseroute führt Sie in der Regel zunächst nach Luxemburg und dann weiter über Belgien und Frankreich, wahrscheinlich ebenfalls nach Dunkerque oder Calais.
• ***Südwestdeutschland und der Schweiz:***
Wer seine Fahrt im Südwesten beginnt, wird wohl den direkten Grenzübergang nach Frankreich wählen und, immer nah an der belgischen Grenze entlang, auf diesem Weg bis Calais oder Dunkerque fahren. Eventuell ist in diesem Fall auch eine Überfahrt von einem der weiter westlich gelegenen Fährhäfen wie Dieppe, Le Havre oder Caen eine gute Option für Sie.

Maut auf den Anreiserouten

• ***in den Niederlanden:***
Auch wenn Sie immer wieder mal im Gespräch war und ist – bis heute gibt es keine Straßennutzungsgebühren in den Niederlanden.
• ***in Belgien:***
In Belgien sind Sie bislang ebenfalls mautfrei unterwegs. Im April 2016 trat zwar eine Straßennutzungsgebühr für Fahrzeuge über 3,5 Tonnen in Kraft. Sie gilt nach aktuellem Stand aber nur für Transportverkehr.
• ***in Luxemburg:***
Auf Luxemburgs Straßen wird keine Maut erhoben.
• ***in Frankreich:***
In Frankreich sind die meisten Autobahnen mautpflichtig. Eine Ausnahme bilden einige Stadtautobahnen sowie die grenznahen Strecken zu Belgien. Wer also über Belgien und die Stadt Lille weiter nach Norden zu den Fährhafen in Dunkerque und Calais anreist, kommt in der Regel kostenlos davon.
Auf anderen Strecken erfolgt die Abrechnung nach gefahrenen Kilometern; es sind Zahlstationen eingerichtet. Die meisten Wohnmobile fallen in die Kategorie 2 (bis 3,5 Tonnen und bis drei Meter Höhe) oder 3 (über 3,5 Tonnen und / oder mehr als drei Meter Höhe), was leider einen gehörigen Preisunterschied ausmacht. Mehr unter www.autoroutes.fr.

• *in Großbritannien:*
In Großbritannien besteht keine allgemeine Straßennutzungsgebühr. Ausnahme können wenige Straßenabschnitte und Brücken sein, die in privater Hand sind. Dabei handelt es sich meist nur um geringe Beträge, im unteren einstelligen Pfundbereich. Beachten Sie aber die mit einer Umweltzone verbundene Registrierung und mögliche Mautpflicht um die Stadt London, je nach gewählter Anreiseroute. Mehr unter www.tfl.co.uk.

Verbindungen nach Südengland *(Stand: 12/23)*:

• ab den Niederlanden:
Fähren von Hoek van Holland (Den Haag) nach Harwich
Zweimal täglich, mit Stena Line rund 500 Euro (hin und zurück), Überfahrt etwa 7 Stunden, mehr unter www.stenaline.com.

A01 Hoek van Holland – *Camperplaats Hoed van Holland*

GPS: N 51°59'23" E 4°07'12", Strandboulevard. **Max. WOMOs**: 12. **Ausstattung**: Mülleimer. **Beschreibung**: Einfacher Asphaltparkplatz hinter dem Strand, kein Schatten, rund 2,6 km vom Hafen entfernt. **Preis**: kostenfrei. **Zufahrt**: Der N223 bis zum Fährhafen folgen, das Gelände aber passieren und nach dem Rechtsknick der Straße links der beschilderten Parkplatz-Route folgen. Nach dem Großparkplatz rechter Hand.

Fähren von Rotterdam nach Hull
Einmal täglich, mit P&O Ferries ab etwa 580 Euro (hin und zurück), Überfahrt rund 11 Stunden, mehr unter www.poferries.com.

A02 Maassluis

GPS: N 51°54'54" E 4°15'00", Burgermeester van der Lelykade 15. **Max. WOMOs**: 12. **Öffnungszeiten**: Ganzjährig. **Ausstattung**: Ver- / Entsorgung, Strom, Mülleimer. **Beschreibung**: Asphaltparker direkt am Wasser neben der Flussfähre, eben, kein Schatten, rund 10 km bis zur Hull Fähre und 15 km zur Harwichfähre. **Preis**: 15 €. **Zufahrt**: Der A20 in Richtung Hoek van Holland folgen, dann die Ausfahrt Maassluis nehmen, dann links über die Autobahn halten und nach dem Straßenknick links abbiegen. Der Platz kommt nun nach etwa 300 m links.

Ferner besteht eine Fährverbindung mit DFDS von Amsterdam nach Newcastle kurz unterhalb der schottischen Grenze, die für Ihre Walesreise aber weniger relevant sein wird, www.dfds.com.

• ab Frankreich:
Fähren von Dunkerque (Dünkirchen) nach Dover
Zehnmal täglich, mit DFDS Seaways ab etwa 170 Euro (hin und zurück), Überfahrt etwa zwei Stunden, mehr unter www.dfds.com.

A03 Dunkerque – *Aire de Camping Car de Dunkerque*

GPS: N 51°02'42" E 2°22'56", Rue de Chantiers de France. **Max. WOMOs**: 30.

Öffnungszeiten: Ganzjährig. **Ausstattung**: Ver- / Entsorgung, Mülleimer. **Beschreibung**: Durch Bäume beschattete Asphaltfläche nördlich des Ortszentrums. Gut 1000 m ins Zentrum, rund 400 m zum Strand und 14 km vom Hafen entfernt. **Preis**: 10 €. **Zufahrt**: Der A16 bis zur Ausfahrt 62 zum Zentrum folgen. Bei erster Gelegenheit rechts und dann gleich wieder links auf die Rue Célestine Malo halten. Immer geradeaus bis Sie links der Beschilderung zum Parkplatz Plage Ouest folgen. Nach der Brücke rechts und bei dritter Gelegenheit links beschildert nach Grand Large. Die Parkplatzeinfahrt folgt nun nach wenigen Metern rechts. **Hinweis**: Auch direkt vor der Abfertigung am Hafen gibt es einen einfachen Parkplatz, auf dem Sie über Nacht stehen können, N 51°00'59" E 2°11'50", Toiletten im Hafengebäude.

Fähren von Calais nach Dover
14 mal täglich, mit DFDS Seaways ab rund 180 Euro (hin und zurück), Überfahrt rund 1.40 Stunden, mehr unter www.dfds.com.
14 mal täglich, mit Irish Ferries ab rund 190 Euro (hin und zurück), Überfahrt rund 1.30 Stunden, mehr unter www.irishferries.com.
13 mal täglich, mit P&O Ferries ab rund 190 Euro (hin und zurück), Überfahrt rund 1.30 Stunden, mehr unter www.poferries.com.
Von Calais nach Folkestone mit dem Zug durch den Eurotunnel:
Rund 48 mal täglich mit dem Eurotunnelzug Le Shuttle ab etwa 300 Euro (hin und zurück), Durchfahrt etwa 35 Minuten, mehr unter www.eurotunnel.com.

A04 Calais – *Aire de Camping Car Calais*

GPS: N 50°57'33" E 1°49'58", Rue D`Asfeld. **Max. WOMOs**: 100. **Öffnungszeiten**: Ganzjährig. **Ausstattung**: Ver- / Entsorgung, Toilette / Dusche, Mülleimer. **Beschreibung**: Sehr großer Asphalt- und Schotterplatz neben dem Campingplatz Le Grand Gravelot, relativ ruhig, eben, 200 m zum Strand, etwa 4 km bis zum Fähranleger, 5 km bis zum Eurotunnel. **Preis**: 12 €. **Zufahrt**: Der A16 um Calais bis zur Ausfahrt 43 nach Guines folgen, dann am Kreisverkehr erste Ausfahrt wählen und nun immer geradeaus. Am vierten folgenden Kreisverkehr erste rechts und dann wieder rechts bis zur Einfahrt rechter Hand. **Hinweis**: Auch direkt vor der Abfertigung am Hafen gibt es einen Parkplatz, auf dem Sie über Nacht stehen können, er ist allerdings nur für etwa fünf Fahrzeuge geeignet und Sie erreichen ihn indem Sie einfach der Beschilderung zur Ticketoffice an der Fähre folgen, Toiletten im Hafengebäude.

Fähren von Dieppe nach Newhaven
Dreimal täglich mit DFDS Seaways ab rund 300 Euro (hin und zurück inklusive. Kabine), Überfahrt etwa 4.30 Stunden, mehr unter www.dfds.com.

A05 Dieppe – *Aire de Dieppe N1*

GPS: N 49°55'48" E 1°05'11", Quai de la Marne. **Max. WOMOs**: 45. **Öffnungszeiten**: Ganzjährig. **Ausstattung**: Ver- / Entsorgung, Strom, Mülleimer. **Beschreibung**: Großer, ebener, geteerter Parkplatz direkt am Hafen, wenige hundert Meters ins Zentrum, gute Lage aber teils etwas laut. **Preis**: 15 € / 24 h. **Zufahrt**: Zum Hafen fahren, dann aber im Kreisverkehr links am Gelände vorbeifahren. Nach dem Straßenknick auf der linken Seite. **Hinweis**: Ein zweiter Platz, der zusätzlich Toiletten bietet liegt etwa 2 km entfernt auf der anderen Hafenseite bei N 49°55'55" E 1°05'02", Boulevard de Verdun 67.

Fähren von Le Havre nach Portsmouth
Fünfmal wöchentlich mit Brittany Ferries ab etwa 350 € (hin und zurück), Überfahrt rund 5.30 Stunden, mehr unter www.brittanyferries.com.

A06 Le Havre – *Aire Camping Car*

GPS: N 49°30'17" E 0°10'18", Rue Andrei Sakharov 61. **Max. WOMOs**: 13. **Öffnungszeiten**: Ganzjährig. **Ausstattung**: Ver- / Entsorgung, Mülleimer. **Beschreibung**: Ebener, geteerter Parkplatz zwischen einem Friedhof und der Durchgangsstraße. Teils etwas laut, nachts durchgehend beleuchtet, rund 5 km zum Hafen. **Preis**: Kostenfrei. **Zufahrt**: Vom Verkehrsknoten in Le Havre kommend die Abfahrt in Richtung Caucriauville nehmen und kurz danach vor der Brücke rechts aufwärts fahren und bis zum Platz nach rund 1,2 km links.

Fähren von Caen nach Portsmouth
Dreimal täglich mit Brittany Ferries ab etwa 580 € (hin und zurück), Überfahrt rund sechs Stunden, mehr unter www.brittanyferries.com.

A07 Caen Ouistreham – *Aire de Camping-Car Riva-Bella*

GPS: N 49°17'15" W 0°14'59", Boulevard Maritime. **Max. WOMOs**: 20. **Öffnungszeiten**: Ganzjährig. **Ausstattung**: Ver- / Entsorgung, Strom, Mülleimer. **Beschreibung**: Ebener, geteerter Parkplatz in nächster Nähe zum Fähranleger, rund 250 m zum Strand. Teils belebt. **Preis**: 13 €. **Zufahrt**: Den Schildern zu Fähre folgen, dann links an der Hafeneinfahrt vorbei, bis zum Ende der Straße und nach dem Linksknick rechter Hand.

Außerdem bestehen von den noch weiter westlich gelegenen Häfen Cherbourg (mit Brittany Ferries und Condor Ferries nach Poole und mit Brittany Ferries nach Porthsmouth), Saint-Malo (mit Condor Ferries nach Poole und mit Brittany Ferries nach Portsmouth) und Roscoff (mit Brittany Ferries nach Plymouth) weitere Verbindungen nach England.

Einreisebestimmungen
Um auf die Britische Insel zu gelangen, müssen Sie eine Passkontrolle überwinden. Diese findet in der Regel schon bei der Einfahrt ins Hafengelände im Ausgangsland und nicht erst in Großbritannien statt. **Achtung**: Da das Land nicht mehr Teil der EU ist, benötigen Sie einen Reisepass mit einer Gültigkeit die mindestens der des Aufenthaltes entspricht und voraussichtlich wird im Lauf des Jahres 2024 zusätzlich ein ETA-System (Electronic Travel Authorisation) eingeführt. Dort müssen Sie sich rechtzeitig vor dem Reiseantritt online registrieren. Dies soll dann über die entsprechende Sektion auf der Website www.gov.uk funktionieren oder über eine eigene UK ETA App für das Mobiltelefon. Für diese Registrierung werden ein paar Pfund fällig und soll mit Ihrem Pass verknüpft werden, gilt dann also genauso lang wie dieser. Diese

Regelung soll sowohl für Erwachsene als auch für Kinder gelten.

Bei der Abfertigung im Hafen wird man dann möglicherweise auch einen kurzen Blick ins Innere Ihres Wohnmobils werfen. Sofern Sie keine Schmuggelware, Waffen oder illegale Mitfahrer an Bord haben, werden Sie diese Formalitäten aber relativ schnell und problemlos erledigt haben.

Für Ihr Fahrzeug müssen Sie neben dem Kfz Schein noch eine grüne Versicherungskarte mitführen und als Fahrer natürlich einen Führerschein vorweisen können. Spezielle Zollbestimmungen zur Einfuhr von Waren entnehmen Sie bitte den Online-Informationen des Auswärtigen Amtes oder der britischen Regierung. Es bestehen zur Zeit der Drucklegung dieses Buches keine speziellen Impfvorschriften.

Allgemeine Landeskunde

Geografie:

Hauptstadt: London. Landesfläche England: 130.279 Quadratkilometer.
England ist Teil des Vereinigten Königreichs und bildet den größten Landesteil der Britischen Inseln. Flächenmäßig reiht es sich im europäischen Vergleich zwischen Bulgarien und Griechenland ein. Westlich grenzt es mittig an Wales, nördlich an Schottland, die anderen Himmelsrichtungen werden von der 5500 km langen Küstenlinie umgeben. Sie besteht im Süden vornehmlich aus Stränden und Steilküsten. Südlich befindet sich der Ärmelkanal, im Westen der Atlantik und der Bristol-Kanal und im Osten die Nordsee.

Das Land wird heute in 83 Bezirke (Countys) aufgeteilt, die größten im Süden sind Devon, Somerset und Hampshire.

Die Landschaft wird durch landwirtschaftlich genutzte Wiesen-, Weide- und Ackerflächen, Hügel und Moore geprägt. Größere Teile stehen unter Naturschutz, besondere Protektion genießen im Süden die vier Nationalparks South Downs, New Forest, Exmoor und Dartmoor. In letzterem befindet sich mit dem High Willhays auch die höchste Erhebung der Region (621 Meter).

Bevölkerung:

Einwohnerzahl England gesamt: rund 56 Millionen.
Die größte Bevölkerungsdichte weist mit fast neun Millionen die Metropolregion London auf. Vor allem in den städtischen Regionen ist das Land multiethnisch geprägt. Neben vielen Menschen, deren ursprüngliche Herkunft in einer der ehemaligen englischen Kolonien oder dem Commonwealth liegt (zum Beispiel indisch- oder pakistanischstämmig), sind in den letzten Jahren auch viele Osteuropäer, vor allem Polen, zugezogen. Rund 60 Prozent der Engländer sind Christen und in der anglikanischen Kirche oder einer der Freikirchen (zum Beispiel Baptisten, Methodisten oder Presbyterianer) organisiert. Den zweitgrößten Anteil machen Konfessionslose aus (rund 13 Millionen), gefolgt von Moslems (rund drei Millionen) und Hindus (rund eine Millionen).

Politik:

England ist seit jeher eine Monarchie. Neben dem Königshaus, das heute nur mehr repräsentative Zwecke erfüllt, wird es von der Regierung Großbritanniens geleitet, als einziger Landesteil ohne eigenes Regionalparlament. Die englische Fahne zeigt das rote St.-Georgs-Kreuz auf weißem Grund, andere öfters auftauchende Symbole sind das »Three Lions«-Wappen Richard Löwenherz' und die Rose aus Tudorzeiten. Mit »God save the king« sind die englische und britische Nationalhymne identisch.

Städte:
Städte werden in England meist in Verbindung mit ihren Metropolregionen, also dem Einzugsgebiet, erfasst. Geht man rein nach der Größe der Städte selbst, sind die »Top Ten« im Süden Englands:
London (8,9 Millionen Einwohner), Bristol (587.000), Southampton (267.000), Portsmouth (242.000), Plymouth (241.000), Luton (233.000), Swindon (202.000), Bournemouth (201.000), Milton Keynes (193.000) und Southend-on-Sea (183.000).

Wirtschaft:
England macht, allein aufgrund seiner Bevölkerungsübermacht und der Region London, den größten Teil der britischen Wirtschaft aus. Es galt als eine der wirtschaftlich stärksten Regionen der Europäischen Union und gehört in den Bereichen »Chemie«, „Technik«, „Rüstung«, »Software« und »Bankenwesen« auch nach dem Austritt zu den weltweit führenden Nationen. Ob und inwieweit sich das langfristig ändern wird, ist noch nicht absehbar.

Kultur:
Historisch gesehen ist die Kunst des Landes von Architektur, aber auch Malerei und bildender Kunst geprägt. Auch in der Lyrik/Dichtung gibt es große, prägende Namen, allen voran William Shakespeare, die heute aus keinem Kulturbetrieb mehr wegzudenken sind. Bekannte Maler sind John Constable, Thomas Gainsborough und Francis Bacon, in der jüngsten Zeit hat sich der Streetart-Künstler Banksy aus Bristol einen Namen gemacht. In der Musik ist England vor allem im populärmusikalischen Bereich weltbekannt. Die größten europäischen Bands und Künstler kommen fast immer von der Insel, allen voran Namen wie die Beatles, Rolling Stones, Queen, Pink Floyd, David Bowie, Elton John, Oasis oder Coldplay .

Sport:
England gilt als das Mutterland des Fußballs. Noch immer gilt die Premier League als lukrativste der Welt. Doch auch andere Sportarten wie Kricket und Rugby sind äußerst populär. In Kneipen, Pubs und Bars spielt man gerne Snooker, Billard und Darts.

Baden

England ist nicht das klassische Reiseland wenn man an einen Badeurlaub denkt. Zu unrecht. Denn vor allem im Südwesten gibt es wunderschöne, mal liebliche, mal schroffe und wilde Sandbuchten. Einige sind klein und zwischen Felswänden eingeklemmt, andere kilometerlang und vor geschwungenen grünen Hügeln gelegen. Die Wasser- und Lufttemperaturen sind dabei mit der deutschen Nord- und Ostseeküste vergleichbar. Mal ist es beinahe windstill, mal liegt oder sitzt man »hart im Wind«, die Wassertemperaturen sind im Hochsommer erträglich, für »Badewannenkapitäne« aber stets recht frisch.
Machen Sie es daher am besten wie die Einheimischen: zuerst wird oft ein Wind- und Sichtschutz errichtet. Diese Holzpfosten / Kunststoffgewebe-Konstruktionen erhalten Sie an vielen Stränden für wenig Geld. Dann schlüpft man flux in einen Shorty (kurzärmeliger Neoprenanzug) und schmeißt sich samt Bodyboard in die Wellen oder watet stattdessen nur für eine Runde durchs kühle Nass.

Beachten Sie unbedingt die Warnflaggen an den Stränden:
Rot: Gefahr, Badeverbot
Rot / Gelb: Starker Seegang, Baden nur zwischen den Markierungen unter Aufsicht von Lifeguards
Schwarz / Weiß: Dieser Bereich ist für Surfer reserviert, dort nicht baden
Oranger Windsack: Hier wehen starke Winde von der Küste weg. Es dürfen keine aufblasbaren Boote und Ähnliches ins Wasser eingesetzt werden.

Für FKK-Fans gibt es in England nicht allzu viele Strandabschnitte in denen man ungeniert die Hüllen fallen lassen kann, an entsprechender Stelle weisen wir auf solche Möglichkeiten in den Tourbeschreibungen hin. »Topless« ist an den normalen Stränden zwar nicht verboten aber eher eine Seltenheit.

Campingplätze / Campingclubs / Stellplätze / Parkplätze

Zur Übernachtung im Wohnmobil bieten sich in England verschiedene Möglichkeiten an. Grundsätzlich muss aber ehrlicherweise vorab gesagt werden, dass Großbritannien, vor allem wenn Sie frei übernachten möchten, nicht zu den ersten Adressen zählt. Es gibt so gut wie keine offiziellen Stellplätze im bekannten Sinn, viele schöne, teils auch abgelegene Park- und Übernachtungsmöglichkeiten sind mit Verbotsschildern oder Einfahrtsbeschränkungen versehen. Campingplätze gibt es dagegen zuhauf und auch einige Plätze auf denen frei gestanden werden kann haben wir für Sie entdeckt. Helfen Sie mit dass das so bleibt: hinterlassen Sie keinen Dreck und Müll, verhalten Sie sich umsichtig und höflich und fahren Sie weiter wenn die angegebene Höchstzahl an Wohnmobilen schon erreicht ist.

Campingplätze:
Die gängigste Möglichkeit ist die Nutzung von Campingplätzen. Von denen gibt es eine schier unüberblickbare Zahl. Darunter ist alles vom Luxusplatz mit allem erdenklichen Komfort bis hin zu Einfachplätzen auf einer Kuhweide mit nicht mehr als einem improvisierten Wasseranschluss. Genauso breit gefächert ist das Preisangebot. Von 10 bis 100 Pfund für eine Nacht ist aller möglich. Interessanterweise sind die einfachen Plätze nicht immer die günstigsten und umgekehrt. Einige Plätze nehmen auch keine Wohnmobile auf, sondern haben sich ganz dem Zelten oder der Vermietung von Mobilheimen gewidmet (diese heißen dann meist Holiday Park, manchmal deuten aber auch Camping-Schilder in diese Richtung). Unter »Glamping« versteht man luxuriöses Campen in einem gestellten, komfortabel ausgestattetem Zelt oder einer anderen Behausung, auch an solchen Plätzen sind WOMOs in der Regel nicht willkommen.
Wenn Sie aber nach einem Platz suchen, werden Sie kaum allzu weit fahren müssen, um einen zu finden. Solche, die uns preislich interessant erschienen, die gepflegt sind oder zumindest waren und an der Route liegen, haben wir für Sie erwähnt und teils auch getestet. Preisangaben beziehen sich immer auf den Richtpreis (zwei Erwachsene mit Fahrzeug ohne Strom in der Nebensaison bis hin zum Hauptsaisonpreis mit Strom).

Eine etwas merkwürdige Regel vieler schöner Plätze, gerade an Farmen, die wohl auf feierwütig über die Stränge schlagende, britische Kegelgruppen und Junggesellen/-innen-Ausflügler zurückzuführen ist, besagt, dass nur Paare und Familien als Gäste akzeptiert werden. So kann es zwei oder mehr einzelnen Männern oder Frauen schon mal passieren, dass sie an einem Campingplatz abgewiesen werden. Als ausländischer Tourist haben Sie da allerdings Vorteile, mit ein bisschen Glück drücken Platzbesitzer mit solchen Regelungen dann doch mal ein Auge zu. Für Festlandeuropäer ist auch die Regelung ungewöhnlich, das teils ein höherer Preis aufgerufen wird, wenn man seine Markise (Awning) ausfahren möchte.

Tipp: Unbedingt erwähnenswert sind die beiden englischen Campingclubs. Nicht nur wegen dem eigenen Campingplatznetz sondern vor allem wegen der vielen tollen Minicampingplätze nur für Mitglieder. Diese beinhalten immer mindestens Ver- / Entsorgung und Mülleimer, manchmal sind sie wie ein kompletter Campingplatz ausgestattet, doch werden in der Regel viel geringere Preise aufgerufen. Maximal sind dort immer nur fünf Fahrzeuge auf einmal erlaubt und diese Plätze entsprechen am ehestem dem, was man sich sonst unter einem »Offiziellen Stellplatz« vorstellt. Daher haben wir sie auch entsprechend eingruppiert. ***Eine Jahresmitgliedschaft macht für den Gegenwert wirklich Sinn***.

Camping and Caravaning Club (www.campingandcaravaningclob.co.uk)
Der Club betreibt eigene Campingplätze auf denen Sie als Mitglied eine schöne Ermäßigung erhalten. Außerdem gibt es eine große Anzahl vorgenannter, assoziierter Mini-Plätze im ganzen Land, die »Certificated Sites«. Meist werden dann in idyllischer Lage nahe einem Bauerhof oder Ähnlichem ein paar Plätze nur für Mitglieder des Clubs zur Verfügung gestellt. Die Preise liegen dann pro Nacht ab nur acht Pfund pro Einheit mit Insassen, je nach Ausstattung. Eine Jahresmitgliedschaft kostete zuletzt rund 48 Pfund. Mehr Informationen online. ***Auch wenn die Plätze etwas einfacher als im nächsten Club sind, ist er unsere Empfehlung***. Er ist fast immer etwas günstiger und weniger steif, als die Konkurrenz, diese Plätze schlagen wir daher auch vielfach im Tourenteil des Buches vor.

The Caravan and Motorhome Club (www.caravanclub.co.uk)
Auch dieser Club betreibt eine recht große Zahl eigener Plätze und bietet diverse Vergünstigungen. Auf allen Clubsites zahlen Mitglieder 10 – 12 Pfund weniger. Die sogenannten »Certified Locations« sind ausschließlich Clubmitgliedern vorbehaltene Mini-Campgrounds mit nur 5 Plätzen. Eine Mitgliedschaft kostet rund 63 Pfund. Mehr Informationen online.

Pubs und Bauernhöfe:
Neben dem offiziellen Campingplätzen gibt es an einigen Orten die Möglichkeit, auf den großen Parkplätzen von Pubs zu stehen. Einige getestete Pub-Plätze haben wir in unserer Stellplatzliste aufgenommen. Immer gilt: erst fragen, am bestens schon vorab telefonisch reservieren und darauf hinweisen, dass man natürlich auch einkehrt. Eine eigene Organisation die vor allem solche Plätze sammelt, verwaltet und ihren Mitgliedern anbietet ist »BritStop«. Für rund 44 Pfund werden Sie Mitglied und erhalten das Büchlein mit den notwendigen Informationen zu Plätzen und Bedingungen. Mehr unter www.britstops.com.

Freie Stellplätze:
Ist das freie Übernachten in England gestattet oder nicht? Darüber gibt es unterschiedliche Ansichten, auch im Land selbst. Manch einheimische Camper halten es mit dem »Wo kein Kläger da kein Richter« Grundsatz und stehen sogar an Plätzen mit »No Camping« Schild. Diese gelten, so deren Meinung, nur für Scharen an Travellern die damit vertrieben werden sollen. Tun Sie es ihnen aber nicht gleich. Verbot ist Verbot. Offiziell konnten wir erfahren, dass, ähnlich wie in Deutschland, das dauerhafte Campen zwar verboten ist, das Wiederherstellen der Fahrtüchtigkeit durch eine unauffällige Übernachtung im Fahrzeug, egal welcher Art, außerhalb von Verbotszonen meist geduldet wird.

Versorgung/Entsorgung
Wo es keine offiziellen Stellplätze gibt, wird es auch mit der Ver-/Entsorgen schwierig, zumindest wenn Sie sich nicht regelmäßig auf Campingplätzen bewegen. Öffentliche Wasserstellen sind rar, am besten können Sie Wasser an Tankstellen erhalten, ein »Tap« (Wasserhahn) ist fast immer vorhanden. Gegen eine kleine Spende wird man Ihnen das Fassen einiger Liter nicht verwehren, zumindest nicht nachdem Sie eben gerade getankt haben, manchmal gibt es Automaten, die gegen Pfundeinwurf ein paar Dutzend Liter ausspucken.
Die Toilette kann im Notfall in öffentlichen Toiletten geleert werden, die an vielen Parkplätzen vorhanden sind. Damit sich dadurch niemand behelligt fühlt, macht es Sinn die Kassette in einer großen blauen Tüte eines schwedischen Einrichtungshauses oder einer ebenso bekannten Großmarktkette zum Lokus zu befördern und diesen am Ende bitte sauber zu hinterlassen. Denken Sie auch daran keine harte Chemie zu nutzen. Es ist nicht immer gewährleistet, dass Toiletten an die Kanalisation angeschlossen sind. Verzichten Sie ganz darauf oder stellen Sie auf Öko-Zusätze um. Der Fachhandel berät Sie dazu.
Am schwierigsten ist die Entsorgung des Grauwassers. Nur Campingplätze haben entsprechende Abflüsse und auch die sind mancherorts mit dem Fahrzeug kaum erreichbar. Wir behelfen uns mit einem großen Baueimer den wir ab und an mal unter den Auslass stellen, um das Brauchwasser dann über Toiletten/Ausgüsse oder Ähnliches abzukippen. Die Entsorgung in Gullis oder auf Ödland wäre ökologisch an sich unbedenklich (vor allem dann, wenn Sie mit Spülzusätzen schonend umgehen und keine Chemiehämmer verwenden) aber natürlich nicht erlaubt! Auch hier sind die vorerwähnten Miniplätze der Campingclubs eine tolle Zwischenlösung, da sie immer mindestens Ver- und Entsorgung bieten, selbst wenn diese hier und da ein wenig improvisiert ist. Doch wird dadurch dieses Problem für Sie gut und günstig ad acta legen.

Gas / Elektrizität

Wenn Sie zwei gefüllte elf Kilogramm-Gasflaschen im Wagen dabei haben, werden Sie kaum in die Verlegenheit kommen, unterwegs Gas zu benötigen. Da deutsche Flaschen ansonsten nicht vor Ort befüllt werden, müssen Sie notfalls auf einen Kunstgriff ausweichen: die Firma Calorgas verkauft 6 Kilogramm und 13 Kilogramm Flaschen samt Adapter die damit an das deutsche System passen. Eine Händlerübersicht finden Sie unter www.calor.co.uk – ein Vorabanruf schadet aber nicht, Adapter sind nicht immer und überall verfügbar, können aber auch zur Sicherheit vorab im deutschen Fachhandel erworben werden. Wenn Sie mit einem fest eingebauten Tank ausgestattet sind haben Sie keinerlei Problem, er lässt sich an Autogas-Tankstellen befüllen. Eine Übersicht finden Sie zum Beispiel auf www.boostlpg.co.uk. Auch Gaslieferanten und -füllbetriebe sind einen Versuch wert, viele können deutsche Flaschen befüllen und es lohnt sich bei Bedarf zu fragen, wenn sie an einem vorbeikommen. Ob dies getan wird, war in der Vergangenheit aber immer wieder etwas inkosistent, daher verzichten wir an dieser Stelle auf bestimmte Empfehlungen.

Die Stromstärke/-spannung im Land beträgt 230V / 50Hz. Damit kommen die meisten Geräte gut klar. Allerdings werden andere Steckdosen verwendet. UK-Adapter erhalten Sie problemlos in Elektrofachgeschäften, auf den Fähren und auch im Land selbst. Allzu oft werden Sie diese als WOMO-Urlauber am Ende aber nicht brauchen. Die meisten Campingplätze sind mit den auch bei uns üblichen CEE-Stromanschlüssen ausgerüstet.

Geld

Die im gesamten britischen Raum gültige Währung ist das Britische Pfund (auch Pound Sterling). Es unterteil sich in 100 Cent. Der Umrechnungskurs zum Euro war in den letzten Jahren einigermaßen konstant, für einen Euro erhalten Sie zuletzt 0,85 Pfund (Stand 03/24). Die Münzen unterteilen sich in 1, 2, 5, 10, 20. 50 Pence- und 1, 2 Pfund-Münzen sowie 5, 10, 20, 50 Pfund-Scheine. Ein kleiner Vorrat an 50 Pence und 1 Pfund Münzen empfiehlt sich für Parkautomaten etc. die an vielen Parkplätzen obligatorisch sind.

Geld umzutauschen ist nicht ganz so einfach wie man meinen mag. Daheim oder auf der Fähre macht es wenig Sinn, da Sie meist einen schlechteren Kurs erhalten werden. In Banken werden meist keine Euro-Noten über 100 Euro pro Tag getauscht, außer Sie haben ein englisches Konto beim jeweiligen Institut, was bei den wenigsten der Fall sein dürfte (deutsche Konten einer englischen Bank wie etwa Barcleys zählen nicht).

Für den Bargeldtausch bleiben somit nur private Wechselstuben und Reiseagenturen wie Thomas Cook bei denen der Kurs auch nicht gerade toll ist. Am Besten fahren Sie daher mit den gängigen Kredit- und Debitkarten, die an praktisch allen Bank-Automaten akzeptiert werden. Visa- und Mastercard sind dabei am unproblematischsten. Beachten Sie aber, dass das Tageslimit pro Karte unseren Erfahrungen nach bei unter 500 Euro liegt, was zum Beispiel bei Reparaturen oder Ähnlichem ins Gewicht fallen kann.

Das allgemeine Preisniveau unterscheidet sich nicht exorbitant, liegt aber etwas über dem deutschen. Lebensmittelpreise werden hier unter der entsprechenden Überschrift erörtert. Ein Restaurantbesuch schlägt mit mindestens 25 Euro pro Person zu Buche, im Pub kommen Sie oft schon mit 15 bis 20 Euro weg, für ein Pint Bier müssen Sie mit vier bis sieben Euro rechnen. Campingplätze kosten, je nach Ausstattung und Lage, ab etwa 25 Euro pro Nacht für zwei Personen.

Sollte Ihnen Ihre Kredit-/Bankkarte abhanden kommen oder gar gestohlen werden, sollten Sie diese dringend schnellstmöglich sperren lassen. Dafür gibt es in Deutschland eine zentrale Sperrrufnummer an der aber leider nicht alle Geldinstitute partizipieren. Für Österreich und die Schweiz gibt es verschiedene Nummern. Informieren Sie sich daher unbedingt vor Reiseantritt bei Ihrem Kreditinstitut darüber und notieren Sie sich die Rufnummern am Besten mehrfach.

Zentrale Sperrrufnummer für Deutschland
(viele Bankkarten und Kreditkarten):
+49 116 116 oder +49 30 4050 4050
Zentrale Sperrrufnummer für Mastercard:
+1 636 72 27 111 (R-Gespräch)
Zentrale Sperrrufnummer für Visa im Vereinigten Königreich:
0800 89 17 25

Geschichte

Die gleichermaßen bewegte wie interessante Geschichte Englands in nur wenigen Sätzen zu erfassen, ist beinahe ein Ding der Unmöglichkeit und somit ist hier nur Platz für einen kurzen und oberflächlichen Abriss der wichtigsten Ereignisse.

Die Insel entstand etwa 8500 Jahre v.Chr. durch Ansteigen des Meeresspiegels nach der letzten Eiszeit. Woher die ersten Siedler stammten, ist unbekannt, sie betrieben aber schon während der Jungsteinzeit Ackerbau und Viehzucht. Als Kelten bildeten sie später eine erste Hochkultur, in der Megalithanlagen und Wallfestungen errichtet wurden.

Ab 55 v.Chr. gelangten die Römer nach Britannien. Sie besetzten die Insel und nahmen das heutige England vollständig ein. Ihre Herrschaft dauerte bis ca. ins Jahr 410, als sie sich, ständiger Angriffe von innen wie außen müde, zurückzogen, um ihre zentraleuropäischen Kerngebiete besser schützen zu können. Danach zog das als Dark Age bekannte »dunkle Zeitalter« herauf. Im Machtvakuum der folgenden Jahrhunderte rangen einheimische Stämme, zersplitterte Königreiche und fremde Mächte um die Vorherrschaft. Aufzeichnungen aus diesen Jahren gibt es kaum. Schließlich setzten sich die zu Hilfe gegen den schottischen Stamm der Pikten gerufenen Sachsen, Angeln und Jüten durch. Mit ihnen zog auch der christliche Glaube ein. Bis zum 10. Jahrhundert war die Missionierung des Landes weitgehend abgeschlossen. Gleichzeitig fielen regelmäßig Wikinger in Ostengland ein und nahmen dabei ganze Landstriche und Dörfer ein, die sie lange Jahre verteidigten und unter ihrer Kontrolle behielten. Besiegen ließen sie sich nur unter Einigung der vielen Kleinreiche, was schließlich unter den Königen Aethelstan und Aethelred gelang. Eine Zeit lang gab es sogar ein englisch-dänisches Königreich, dem auch weiter Teile Skandinaviens angehörten.

Eine große Zeitenwende gab es im Jahr 1066. Wilhelm der Eroberer landete mit seinen Normannen im Süden und besiegte in der Schlacht von Hastings das Heer der Angeln und Sachsen unter König Harold. Er führte eine neue Lehnsordnung, Regierungssystem und die Erfassung aller Steuern, Ländereien und Besitztümer im Doomsday-Buch ein.

Durch Verbindungen mit dem französischen Haus Plantagenet entstand unter Heinrich II. ein Reich, das bis nach Frankreich und Spanien reichte. Doch ständige Streitereien um Land und Einfluss führten bald zu Zerwürfnissen und einer ersten schweren Krise mit der Kirche in Rom. In diese Zeit fallen die Ermordung des Kanzlers Thomas Becket auf Geheiß des Königs und die Zeit Richard Löwenherz. Der Ackerbau wurde vorangetrieben und bis ins 14. Jahrhundert verdreifachte sich die Bevölkerung auf rund 6 Millionen Menschen. Auch die geistige Entwicklung sollte Schritt halten. Die Universitäten von Oxford und Cambridge entstanden.

Im Streit um das bis dato englische Gebiet Gascogne auf französischem Boden und die französische Unterstützung der Schotten kam es zu fortwährenden militärischen Auseinandersetzungen, die in den Hundertjährigen Krieg mündeten. Viele Errungenschaften und Wohlstand wurden dafür geopfert. Dazu kam die Pest, die vor allem 1348 und 1361 extrem wütete und die Bevölkerung um beinahe die Hälfte dezimierte.

Kaum waren diese Krisen ausgestanden, folgten mit den Rosenkriegen zwischen den Adelshäusern York und Lancaster die nächsten Schlachten, diesmal um die Thronfolge. Zunächst setzte sich mit Eduard IV. das Haus York durch, doch nur 25 Jahre später gelang es dem letzten Erben der Lancasters, Heinrich Tudor VII., nach erbitterten Kämpfen, die Krone zu erringen.

Sein Enkel, Heinrich VIII., war die nächste schillernde Figur auf dem Thron. Unter ihm kam es zum endgültigen Bruch mit Rom, woraufhin alle Klöster des Landes aufgelöst wurden. Grund dafür war nicht zuletzt sein unsteter Lebenswandel, für dessen Legitimation durch Scheidung und Verheiratung nach eigenem Gutdünken der Vatikan nicht seinen Segen geben wollte. Nach der gescheiterten Rekatholisierung des Landes unter seiner Nachfolgerin Maria I. bestieg Elisabeth I. den Thron und sollte ganze 45 Jahre an der Macht bleiben. Ihr folgte mit Jakob, dem Sohn der 1589 enthaupteten Maria Stuart, ein Schotte nach, der das Haus Stuart auf den englischen Thron brachte. Während seiner Herrschaft und der seines Sohnes flammte der Parlamentarismus und die Auflehnung gegen das absolutistische Herrschaftsdenken des Adels immer mehr auf. Sie gipfelten in der Hinrichtung Karls I. und der vorübergehenden Machtergreifung des Parlaments als Commonwealth unter Oliver Cromwell. Nach dessen Tod besann man sich nur 11 Jahre später anders und setzte die Monarchie unter Karl II. wieder in Kraft. Als auch er starb, drohte unter dessen katholischem Bruder Jakob II. ein erneuter Glaubenskrieg. Am Ende flüchtete er jedoch kampflos nach Frankreich und überließ seinem Schwiegersohn Wilhelm von Oranien den Thron. Dieser bestieg ihn unter Zugeständnissen an das parallel existierende Parlament, der Bill of Rights. Dadurch wurde die moderne, parlamentarische Monarchie gegründet, die bis heute zur Trennung von (parlamentarischem) Amt und (königlichen) Würden geführt hat.

1707 erfolgte durch das Act of Union die endgültige Zusammenführung der britischen Reiche England, Schottland und Wales zu Großbritannien. Trotz weiterer schottischer Aufstände, der internationalen Auswirkungen der Erbfolgekriege und mehrerer Epidemien begannen für die Britischen Inseln im langfristigen Kontext nun ruhigere Jahre. Auch der nicht zuletzt auf die Ausbeutung der erworbenen Kolonien zurückzuführende Wohlstandsschub trug dazu einiges bei. Ein großer Dämpfer war dann die Unabhängigkeit der Vereinigten Staaten 1783 und der in der Folge damit einhergehende Einflussverlust auch in anderen Gebieten. Die Umstürze in der europäischen Monarchie und die Französische Revolution trugen ebenfalls ihr Übriges bei und eine Wirtschaftskrise weitete sich immer mehr aus. Erst die Beilegung weiterer religiöser Auseinandersetzungen, vor allem in Irland, und dessen Eingliederung ins Königreich sowie die Abwanderung der von der Leibeigenschaft befreiten Landbevölkerung in die Städte führte dann im frühen 19. Jahrhundert zu einem Aufschwung, der industriellen Revolution. Führend war dabei die Textilindustrie. Auch Napoleon konnte, nachdem er bei Trafalgar geschlagen worden war, keinen dauerhaften Einfluss darauf nehmen.

Das goldene, viktorianische Zeitalter begann. Es war zumindest innenpolitisch stabil. Im Außen dagegen verlor Großbritannien seine Macht und Gebiete in Zentralasien, nachdem es mehrfach vernichtend geschlagen wurde. Man versuchte dies später durch die »Aufteilung Afrikas« zu kompensieren.

Im 20. Jahrhundert folgten weitere Kriege, in die das Königreich involviert war. Der Erste Weltkrieg aufseiten der Alliierten verlief trotz großer Verluste am Ende erfolgreich, der irische Unabhängigkeitskrieg dagegen führte 1921 zum Verlust eines Großteils von Irland. Als am 3. September 1939 das Deutsche Reich in Polen einmarschierte, erklärte Großbritannien den Nazis den Krieg und trat somit in den Zweiten Weltkrieg ein. Die große Zeit Winston Churchills begann. Durch die Landung in der Normandie setzte er gemeinsam mit den USA die Zeichen auf Sieg für Großbritannien, nachdem es zwischenzeitlich beinahe isoliert in Europa stand.

In den Nachkriegsjahren ging es mit der Wirtschaft zunächst wieder steil bergauf, es herrschte vorübergehend nahezu Vollbeschäftigung. 1952 wurde Elisabeth II. zur Königin gekrönt, ein Titel, den sie bis zu ihrem Tod 2022 inne hatte. Ihr Sohn Charles ist nun König, doch mit ihrem Enkel William und dessen Familie stehen die künftigen Thronfolger schon in den Startlöchern. Es folgten erneute Krisen und ökonomische Hochs, die Ära Thatcher und die Regierungen Blair und Cameron. Unter Letzterem wurde ein Ausstiegsreferendum aus der Europäischen Union abgehalten, bei dem die Briten mehrheitlich für »Leave« votierten. Auf die unglücklich agierende neue Premierministerin Theresa May folgte das Polit-Enfant Terrible Boris Johnson und eine Zeit politscher Wirren, die zuletzt unter Rishi Sunak wieder etwas abzuebben schienen.

GPS/Navigation/Landkarten

Um sich auch auf den vielen kleinen Nebenstraßen gut zu recht zu finden, empfiehlt sich eine gute Karte des Landes mit entsprechendem Maßstab. Wir haben uns viele angeschaut, konkurrenzlos ist für uns der

- ***AA Big Road Atlas Britainim A3 Format***

Alle Übernachtungs- und Parkplätze, vor allem in Innenstädten oder wenn sie nicht offensichtlich durch die Tourenbeschreibungen zu finden sind, haben wir Ihnen mit exakten GPS Daten angegeben, dazu auch eine ganze Reihe an Campingplätzen. Jedes moderne, einigermaßen brauchbare Navigationsgerät bietet dafür die Möglichkeit, eigene Koordinaten einzugeben.
Wählen Sie unter Optionen die von uns gewählte Darstellungsvariante mit Grad, Minuten und Sekunden aus und geben Sie die jeweiligen Koordinaten händisch ein oder besorgen Sie sich über das Online-Angebot des WOMO-Verlags unter www.womo.de die GPS-Daten in elektronischer Form im gpx oder kml-Format. Natürlich sollte Ihr Navigationsgerät über entsprechendes Kartenmaterial von Großbritannien verfügen, damit das alles klappt, das ist leider nicht zwingend bei allen Geräten der Fall. Für die bekanntesten Systeme wie Garmin sind solche Karten jedoch problemlos erhältlich, wenn nicht sogar schon vorinstalliert. In jedem Fall sollten Sie Ihre Karten vor Reiseantritt upgraden, um auf dem neuesten Stand zu sein. Wenn Sie mit Google Maps oder ähnlichen onlinebasierten Programmen navigieren, entfällt dieses mögliche Problem.

Zusätzlich zu den Koordinaten haben wir, sofern ersichtlich oder benennbar, auch Straßennamen und Hausnummern oder englische Postleitzahlen angegeben. Diese könne ebenfalls in fast jedes Navi eingegeben werden und führen Sie meist auch zuverlässig zum Ziel.

Wir haben uns bemüht, Ihnen viele Informationen zu den Sehenswürdigkeiten entlang der Routen und ein klein wenig Kultur näherzubringen. Trotzdem bleibt dieser Reiseführer auf Wissenswertes rund ums Wohnmobil ausgelegt. Für noch tiefer gehende Informationen empfehlen wir Ihnen, je nach Interessenlage, Reiseführer aus dem Lonely-Planet-, dem Michael-Müller- oder Reise-Know-How-Verlag. Auch Wanderführer (z.B. von Rother) sind gegebenenfalls eine sinnvolle Ergänzung.

Hunde

Lange Zeit war eine Mitnahme von Haustieren nach Großbritannien strikten Quarantänebestimmungen unterworfen. Erst 2000 wurden diese gelockert, im Jahr 2012 noch weiter angepasst. In den folgenden Ausführungen beziehen wir uns auf Hunde, wenn Sie andere Tiere mitnehmen möchten, informieren Sie sich bitte bei Ihrem Tierarzt.
Ihr Hund benötigt einen Mikrochip, eine Tollwutimpfung (mindestens 21 Tage

vor Reiseantritt), einen Heimtierausweis vom Tierarzt und eine Bandwurmbehandlung (mindestens einen und höchstens fünf Tage vor Einreise), alles mit Eintrag in den Heimtierausweis. Maximal dürfen fünf Hunde mitgeführt werden, keine Welpen die jünger als 15 Wochen sind und nicht erlaubt ist die Einreise mit Kampfhunden der Rassen Pitbull, Boerbull / Mastiff, (Japanese) Tosa, Dogo Argentino und Fila Brasileiro sowie Mischlinge dieser Rassen. Auch Bulldoggen und Rottweiler stehen zur Zeit auf der Beobachtungsliste.

Kriminalität

England ist ein relativ sicheres Reiseland. Wie überall anders auch kann es vor allem auf abgelegenen Parkplätzen oder in den großen Städten zu Autoaufbrüchen, Diebstählen und Vandalismus kommen. Lassen Sie keine Wertsachen offen im Fahrzeug liegen – das hilft schon viel. Grundsätzlich müssen Sie sich aber keine allzu großen Gedanken machen. Vor allem außerhalb der Ballungsräume, die Sie mit dem Wohnmobil eher selten direkt ansteuern wewerden, sind solche Vorkommnisse eher traurige Einzelfälle.

Lebensmittel / Getränke

Das Warenangebot in England steht dem heimischen in nichts nach. In den Dörfern gibt es oftmals nur kleine, ziemlich teure Märkte (wie Spar oder Co-Operative). Die riesigen Supermärkte an den Ausfallstraßen der Städte dagegen bieten ein sehr breites Sortiment, liegen aber auch preislich über dem heimatlichen Niveau (wie Tesco, Waitrose, Sainsbury, Morrison).

Wenn Sie auf Nummer sicher gehen wollen oder die Urlaubskasse nicht überstrapazieren möchten, finden Sie auch eine ganze Reihe von Aldi- und Lidl-Filialen, die neben britischen Produkten auch viel Bekanntes führen. Günstiger können Sie Grundeinkäufe in keinem anderen Markt tätigen. Eine Filialübersicht erhalten Sie unter www.aldi.co.uk und www.lidl.co.uk, jeweils unter »Stores« beziehungsweise »Store Finder«. In einigen größeren Städten gibt es Markthallen, die Sie unbedingt einmal besuchen sollten. Viele einheimische Spezialitäten wie fleischhaltige oder vegetarische Pies erhalten Sie dort besonders gut, genauso wie frisches Obst und Gemüse, süße Küchlein, Fleisch- und Fischwaren.

Zu den süßen Spezialitäten zählen allen voran Scones. Die in verschiedenen Varianten erhältlichen Gebäckstücke werden meist mit Clotted Cream und Erdbeermarmelade serviert; es gibt auch andere, darunter herzhafte Varianten mit Käse und Zwiebel-Chutney. Achtung: Suchtgefahr!

Maße und Gewichte

Schon seit längerem gilt, offiziell, das metrische System. Doch bis auf die Zapfsäulen an den Tankstellen hat es sich bislang im realen Leben kaum durchgesetzt. Noch immer wird im Pub ein Pint bestellt, Höhenangaben werden in Fuß berechnet und Entfernungen im Meilen. Hier eine kurze Umrechnungshilfe:

Längenmaße:

1 Inch (in) = 2,54cm	1 Foot (ft) = 30,5cm
1 Yard (yd) = 0,91cm	1 Mile (m) = 1,61 km

Gewicht:

1 Ounce (oz) = 28,35gr	1 Pound (lb) = 0,45kg

Andere Maße:

1 Acre (ac) = 4047qm	1 Pint (pt) = 0,57l

Notfälle

Ärztliche Versorgung und Medikamente

Sollten Sie wirklich einmal auf medizinische Hilfe angewiesen sein, so sind Sie in England in relativ guten Händen. Der Ausbildungsstand der Ärzte ist dem heimischen gleichzusetzen, mit Deutsch werden Sie allerdings in der Regel nicht weiter kommen. Für kleinere Verletzungen stehen vielerorts Ambulanzen und Ärztenotdienste zur Verfügung. Größere Krankenhäuser befinden sich in den Städten. Oft wird allerdings nur die Grundversorgung abgedeckt, was darüber hinaus geht wird privat abgerechnet.

Auch wenn Großbritannien kein Mitglied der EU ist, gilt die europäische Versicherungskarte EHIC Ihrer Krankenkasse oder eine entsprechende Ersatzbescheinigung, die Ihnen Ihre Kasse ausstellt weiter. Der kostenlose NHS (National Health Service) steht Ihnen damit zur Verfügung.

In jedem Fall kann es aufgrund von Abrechnungs- und Leistungsunterschieden vorkommen, dass Sie einen Teil der Kosten vorstrecken müssen. Dies gilt auch für alle Behandlungen und Extras (wie ein Zimmerupgrade im Krankenhaus oder einen Heimtransport) die nicht durch das britische System abgedeckt werden. Um am Ende nicht mit hohen, unkalkulierbaren Kosten konfrontiert zu werden, macht sich daher ein zusätzlicher Auslandskrankenschutz bezahlt. Viele Versicherer bieten so etwas für verhältnismäßig wenig Geld an, teils lässt sich so etwas auch über Ihre Kreditkartenfirma oder einen Schutzbrief Ihres Automobilclubs abdecken.

Ansonsten ist eine flächendeckende Versorgung mit Apotheken gegeben. Große, beleuchtete Kreuze kündigen diese meist gut sichtbar an. Einige Medikamente haben allerdings abweichende Namen und auch in der Apotheke gilt, dass Sie englische Sprachkenntnisse benötigen werden. Im Zweifelsfall schadet es also nicht, wenn Sie wichtige Medikamente auf die Sie angewiesen sind, als Vorrat mitführen.

Gesundheit

Für die gesamte Britische Insel bestehen keinerlei gesundheitlichen Einschränkungen. Ansteckungsgefahren entsprechen denen in der Heimat. Als Impfempfehlungen gelten, wie bei uns, nur Tetanus und Diphterie, eventuell bei längeren Aufenthalten Hepatitis B und Masern / Mumps, vor allem bei Kindern.

Konsularische Hilfe und Notrufnummern

Wir drücken Ihnen die Daumen, dass Sie keine der hier aufgeführten Nummern benötigen, denn in jedem Fall wäre das wohl mit einem mehr oder minder unerfreulichen Anlass verbunden. Nichts desto trotz ist im Notfall jede dieser Nummern goldwert. Egal Sie den Reisepass oder andere wichtige Dokumente verloren haben, bestohlen wurden oder, aus welchen Gründen auch immer, festsitzen, hier wird Ihnen geholfen:

Deutsche Botschaft und Konsulate:
Deutsche Botschaft London:
zuständig für ganz England
Embassy of the Federal Republic of Germany, M. Berger
23 Belgrave Square / Chesham Place, London SW1X 8PZ
Telefon: +44 20 78 24 13 00
Email: info@london.diplo.de, Internet: www.uk.diplo.de
Termine nach Vereinbarung

Deutsches Honorarkonsulat Southampton:
Zuständig für die Regionen Dorset, Hampshire, Isle of Wight und Wiltshire
Richard Cutler
Totton & Eling Tennis Centre, Aikman Lane, Totton, SO40 8FT
Telefon: +44 23 81 55 00 65
E-Mail: southampton@hk-diplo.de
Termine nach Vereinbarung

Deutsches Honorarkonsulat Plymouth:
Zuständig für Devon und Cornwall
Angela Spatz
6 Lanveoc Way, Modbury, PL21 0FW
Telefon: +44 75 82 22 89 76
E-Mail: plymouth@hk-diplo.de
Termine nach Vereinbarung

Deutsches Honorarkonsulat Bristol:
Zuständig für Bristol, Gloucestershire und Somerset
Kai von Pahlen
c/o DACB, Portwall Place, Portwall Lane, BS1 9HS
Telefon: +44 7823 66 81 47
E-Mail: bristol@hk-diplo.de
Termine nach Vereinbarung

Deutsches Honorarkonsulat Canterbury:
Zuständig für die Regionen Essex, Kent, East und West Sussex
Stephanie Barwick
9 Western Esplanade, Herne Bay, CT6 8RL
Telefon: +44 7812 45 73 67
E-Mail: canterbury@hk-diplo.de
Termine nach Vereinbarung

Österreichische Botschaft:
Österreichische Botschaft London:
zuständig für ganz England
Embassy of Austria, Mag. Phil. B. Wrabetz
18 Belgrave Mews West, London SW1X 8HU
Telefon: +44 20 73 44 32 50, Fax +44 20 73 44 02 92
Notfallrufnummer Mo. – Fr. 17.00 – 9.00 Uhr und WE +44 7906 15 99 31

Schweizer Botschaft und Konsulat:
Schweizerische Botschaft London:
zuständig für ganz England
Embassy of Switzerland
16-18 Montagu Place, London W1H 2BQ
Telefon: +44 20 76 16 60 00, Fax +44 20 77 24 70 01
Email: london@eda.admin.ch

Weitere wichtige Notrufnummern in Wales sind:
Polizei / Rettungsdienst / Feuerwehr: 999 und 112

Reisezeit

Feiertage

Die gesetzlichen Feiertage in England sind bei Ihrer Reiseplanung zu beachten, diese lauten:

· New Years Day (Neujahr, 01.01. oder darauffolgender Werktag:)
· Good Friday (Karfreitag, wechselnde Daten des Kirchenkalenders)
· Easter Monday (Ostermontag, wechselnde Daten des Kirchenkalenders)
· Early May Bank Holiday (Erster Montag im Mai)
· Spring Bank Holiday (Letzter Montag im Mai)
· August Bank Holiday: Letzter Montag im August
· Christmas Day (1. Weihnachtsfeiertag, 25.12 oder darauffolgender Dienstag)
· Boxing Day (2. Weihnachtsfeiertag, 26.12. oder darauffolgender Montag)

Denken Sie auch an die Ferientermine, während derer viele Briten im Land unterwegs sind und es in Restaurants, auf Campingplätzen und an Stränden ein Stück voller wird als sonst. Sie sind ähnlich den deutschen Ferien mit wechselnden Daten angelegt, die Sommerferien dauern von Mitte oder Ende Juli bis Anfang September.

Wetter

Das englische Wetter ist stark durch den Atlantischen Ozean und den Golfstrom geprägt. Es ist etwas wärmer als in Schottland und im Winter im Süden und Westen milder als im Osten des Landes. Es herrscht allgemein ein gemäßigtes, feuchtes und windiges Seeklima ohne extreme Temperaturschwankungen vor. Ausnahmen bestätigen allerdings die Regel: So wurden 2003 schon 38,5 Grad in Faversham, Kent und 1982 –26,1 Grad in Newport, Shropshire gemessen. Tatsächlich können Sie sich in den Sommermonaten von Juni bis August auf Tageshöchsttemperaturen zwischen 18 und 28 Grad einstellen, nachts fallen die Temperaturen auf 12–17 Grad. Dann ist auch der ein oder andere warme Badetag am Meer drin. In dieser Zeit ist es aber auch am vollsten. Viele, meist britische Touristen verbringen ihre Ferien dann im eigenen Land. Lassen Sie sich aber nicht täuschen – das ist immer noch moderat im Vergleich zu den Urlaubsströmen im Hochsommer zwischen Spanien, Italien und Kroatien. Wenn Sie es mehr auf einen Natur- und Wanderurlaub anlegen, sind auch die Monate April / Mai und September / Oktober interessant. Die Temperaturen liegen dann tags bei 12 – 21 Grad, nachts zwischen 6 und 14 Grad. Die Winter sind mit 2 – 12 Grad zwar mild, aber auch regnerisch und windig und somit weniger ideal. Mit Regen müssen Sie im Übrigen das ganze Jahr über rechnen. 13 – 15 »schauerliche« Tage sind auch im Hochsommer durchaus möglich. Allerdings sind diese dann meistens nur von eher kurzer Dauer.

Restaurants

Essen gehen ist allerorts möglich, allerdings zu meist recht gehobenen Preisen. Günstiger kommen Sie in einem der vielen schönen Pubs weg. Denn zu »Local Ales«, Bitter, Lager-Bieren oder Cider werden oft allerlei Speisen feil geboten. Die Namen der Biere stehen immer auf dem Zapfhahn. Auch Komplettangebote für ein Pint plus »Dish of the Day« (Tagesgericht) oder »Two for one« (Zwei für eins) Angebote finden sich regelmäßig. Entgegen der verbreiteten Meinung, dass nur Erwachsene in Pubs dürfen, ist das nur noch selten der Fall. Es gibt heute eine große Zahl an Family-Pubs in denen Sie mit Kind und Kegel einkehren können. Teils im ganzen Pub, teils in speziellen Familienräumen, manchmal aber nur bis zu einer bestimmten Uhrzeit. Rauchverbot gilt übrigens überall in den geschlossenen Räumen.

Pubs,Restaurants und Hotels, die Übernachtungen auf ihren großen Parkplätzen dulden oder besonders empfohlen werden haben wir, in den Tourentexten und Stellplatzerwähnungen aufgenommen.

Am günstigsten essen Sie in einem der vielen Fish an Chips- und Fast Food Lokale und Buden, qualitativ darf man da allerdings nichts kulinarisch Herausragendes erwarten, solides Essen im Rahmen des Angebotenen aber schon.

Grundsätzlich gilt, dass insgesamt die Qualität des britischen Essens oft besser und vielfältiger ist als ihr Ruf. Bitte haben Sie Verständnis dafür, dass wir nur Pubs, Restaurants, Cafés und Tea Rooms die vornehmlich einheimische oder internationale Kost anbieten im Text erwähnen. Es gibt zweifelsohne auch eine große Anzahl guter indischer, chinesischer, italienischer usw. Restaurants im Land, doch das sprengt den Rahmen.

Trinkgeld

Trinkgelder (englisch »tips«) sind in den Rechnungen von Restaurants in der Regel enthalten. Ein etwa zehn prozentiger Aufschlag ist dennoch üblich. Im Pub dagegen wird kein Trinkgeld gegeben und erwartet. Nur ganz vereinzelt findet man eine Tipbox an der Theke in die man ein paar Pence des Change (Wechselgeldes) werfen kann, zum Beispiel wenn Ihnen das Essen an den Tisch gebracht wurde oder auch Getränke dorthin serviert wurden.

Vielleicht kommen Sie sonst mit Taxifahrern (Kurzstrecke rund 10 Prozent, sonst auch weniger) oder Fremdenführern (je nach Tour und Zufriedenheit meist zwei bis fünf Pfund) in Kontakt, die bei Zufriedenheit ebenfalls Trinkgeld erhalten.

Sehenswürdigkeiten / Öffnungszeiten

England bietet eine riesige Anzahl an oft noch üppig ausgestatteten Herrenhäusern, Schlössern und Burgen, die teils erst seit wenigen Jahren der Öffentlichkeit zugänglich sind und mancherorts wirken, als wären die Hausherren nur mal kurz weggefahren. Meist werden sie durch eine recht große Anzahl an Volunteers (Ehrenamtliche / Freiwillige) betreut, die sich immer freuen, Ihnen Details zu Bauwerk und Historie preisgeben zu dürfen – natürlich auf Englisch. Eine zweite große Gruppe an Sehenswürdigkeiten stellen die berühmten, makellos gepflegten britischen Gärten dar. Teils gehören sie zu Schloss- und Burganlagen, teils stellen sie ein eigenes Ausflugsziel dar. Auch hiervon sollten Sie sich einige dieser wirklich schönen Anlagen nicht entgehen lassen. Neben der für sich schon sehenswerten Natur, vor allem in den küstennahen Gegenden und schönen Stränden, finden Sie außerdem Höhlen und Minen, Zoos und Farmen, Museen und Naturparkhäuser sowie einige sehr interessante Städte vor. Für die meisten Sehenswürdigkeiten werden Eintritte verlangt, die sehr verschieden ausfallen können. So erhalten Sie mancherorts schon für 4–5 £ Zutritt, anderswo erst für happige 30 oder 35 £ pro Person. Eintritt frei gilt dagegen für staatliche Museen, von denen es in England, allen voran London, eine ganze Menge gibt.

An Kassen von Sehenswürdigkeiten sind oft zwei Beträge angegeben. Der höhere ist mit zusätzlicher »Gift Aid«, die Briten über die Steuer zurückbekommen. Für Sie als Tourist ist das unnötig – weisen Sie an Kassen ruhig darauf hin, falls man Ihnen den höheren Betrag gewohnheitsmäßig berechnet.

Tipp: Vor allem wenn Sie vor haben, einige der Schlösser und Herrenhäuser zu besuchen, lohnt eine Mitgliedschaft in einer der beiden mit der Pflege und Verwaltung betrauten Organisationen unbedingt. Sie verschafft Ihnen dann freien Eintritt zu den vielen, von der jeweiligen Institution betreuten Objekten und spart in vielen Fällen richtig Geld. In den Beschreibungstexten ist angegeben, wenn eine Sehenswürdigkeit zu einer der beiden Einrichtungen gehört und damit für Mitglieder kostenfrei ist (National Trust oder English Heritage). Bei den meisten Sehenswürdigkeiten haben wir Ihnen die Internetadressen angegeben, wenn sie zu einer der beiden unten genannten Organisationen gehören finden Sie weiterführende Informationen auf diesen beiden Websites. Eine dritte Organisation, auf die wir in diesem Buch nicht weiter eingehen, sind die »Historic Houses«. Vielleicht interessant für Sie, wenn Sie noch lieber einen Blick in unabhängige, oftmals noch immer bewohnte Anwesen werden wollen (mehr unter www.historichouses.org).

National Trust:
Der National Trust betreut in ganz Großbritannien Herrenhäuser, Schlösser, Burgen und Gärten, aber auch Strände, Naturreservate und andere Kulturgüter. Auch eine stattliche Anzahl an Parkplätzen in schönen Lagen (fast immer mit Übernachtungsverbot) werden durch den Verband gehostet, nicht ganz uninteressant wenn man zum Beispiel an der Küste unterwegs ist und nicht jedes Mal Extrageld berappen möchte. Eine Mitgliedschaft schließen Sie entweder über das Internet oder, fast noch besser, vor Ort bei bekannteren Sehenswürdigkeiten ab, es ist leider nicht überall möglich. Denn dann gibt es zeitweise spezielle Angebote die nochmals ein paar Pfund sparen. Eine Übersicht und weitere Informationen erhalten Sie unter ***www.nationaltrust.org.uk***.
Für eine Jahresmitgliedschaft werden pro Person / Jahr rund 84 Pfund fällig, Paare zahlen 139 Pfund und Familien (2 Erwachsene, bis zu 5 Kinder) zahlen 146 Pfund für ein Jahr. Für Touristen die nur ein paar Tage in Wales sind gibt es außerdem als günstigere Alternative die Möglichkeit einen Touring-Pass zu erwerben. Dieser gilt dann nur für 7 Tage (ab 41 Pfund) oder 14 Tage (ab 47 Pfund). Selbstverständlich können Sie auch ganz normal einzeln zahlen, die Preise haben wir Ihnen angegeben. Der zweite an Kassen ausgeschriebene Betrag mit zusätzlicher Gift Aid (Spende) ist für Sie als Tourist dabei unerheblich.

English Heritage:
Der English Heritage ist eine rein englische Organisation, die vor allem alte, für das Land wichtige Kulturgüter betreut. Darunter fällt eine große Anzahl Festungen, Burgruinen, aber auch uralte Steinkreis- und Steingrabanlagen wie Stonehenge. Auch einige interessante Herrenhäuser gehören allerdings zum EH.

Auch in diesem Fall kann eine Mitgliedschaft online unter ***www.english-heritage.org.uk*** oder an einer der größeren Sehenswürdigkeiten vor Ort (teils wiederum mit Nachlässen) abgeschlossen werden. Die reguläre Jahresmitgliedschaft beläuft sich für Erwachsene auf 69 £ / Jahr oder rund 120 £ für Paare und Familien.

Auch hier gibt es Kurzzeitpässe (Oversea Visitor Passes), die für die meisten Sehenswürdigkeiten gültig sind. Sie können online erworben werden. Mit dem Quittungsausdruck, Ihrem Ausweis und der Kreditkarte, über die der Kauf getätigt wurde, erhalten Sie dann an der ersten English Heritage-Attraktion Ihren Pass. Sie gewähren Eintritt an 9 oder 16 aufeinanderfolgenden Tagen (Erw. 45 / 53 £, Paare 79 / 90 £, Familien 90 / 100 £).

Sie können Sie aber auch einzeln zahlen, die Preise haben wir angegeben.

Nationalparks
Immerhin vier Nationalparks befinden sich in Südengland. Dazu zählen

• ***South-Downs-Nationalpark*** (1627 Quadratkilometer, seit 2011)
Der drittgrößte Nationalpark Englands ist erst vor recht kurzer Zeit entstanden. Er umfasst sanftes Hügelland, betriebsame Marktgemeinden und viele stille Winkel mit weiten Landschaften und Naturräumen. Beginnend am Birling Gap nach Eastbourne, zieht er sich über das Inland nördlich von Brighton und die Region nördlich von Arundel bis nach Winchester. Große Teile von Tour Eins und ZWei verlaufen durch den Nationalpark. Mehr unter www.southdowns.gov.uk.

• ***New-Forest-Nationalpark*** (571 Quadratkilometer, seit 2005)
Das einstige Waldgebiet in Hampshire wurde nach seiner Teilrodung schon früh landwirtschaftlich genutzt. Die kargen Böden führten aber dazu, dass sich die Fläche mit der Zeit in eine weite Heidelandschaft verwandelte. Seit dem 11. Jahrhundert größtenteils in königlichem Besitztum, diente sie eine Zeit lang zur Hirschjagd, später als Holzlieferant während der Weltkriege. Heute ist das dünn besiedelte Land eine beliebte Freizeitfläche mit herrlichen Camping- und Picknickplätzen unter alten Baumriesen und ein Refugium für die mehreren Tausend in halbwilden Herden lebenden New-Forest-Ponys, Hirsche und Muntjaks sowie einige Natternarten. Sie fahren auf Tour Zwei durch dieses Gebiet. Mehr unter www.thenewforest.co.uk.

• ***Dartmoor-Nationalpark*** (953 Quadratkilometer, seit 1951)
Das Dartmoor ist eine vornehmlich mit Moor und Heide bewachsene Landschaft, die sich über ein hügeliges Granitmassiv erstreckt. Außergewöhnlich viele prähistorische Funde belegen die einst rege Besiedelung, heute sind dagegen weite Teile nur zu Fuß zugänglich. Als letzte echte Wildnis Englands beschrieben, kann man wirklich stundenlang umherwandern, ohne einer Menschenseele zu begegnen. Dafür lebt eine ganze Reihe Dartmoor-Ponys auf den weiten, kargen Flächen. Eine beliebte Zusatzbeschäftigung auf Wanderungen ist das Letterboxing. Ähnlich dem Geocaching werden dabei Behältnisse mit Stempeln, Briefen und Hinweisen geborgen, die Koordinaten werden nur in einem in der Gegend erhältlichen Buch veröffentlicht. Sie gelangen auf Tour Drei in den Nationalpark. Mehr unter www.dartmoor.gov.uk.

• ***Exmoor-Nationalpark*** (692 Quadratkilometer, seit 1954)
Auch dieser Nationalpark an der Nordwestküste Südenglands besteht in weiten Teilen aus hügeliger Heidelandschaft. Dazu kommen mehrere Waldgebiete und die Küstenlinie. Er ist nicht ganz so dünn besiedelt wie das Dartmoor, doch die kleinen Dörfer innerhalb seiner Grenzen bringen es insgesamt auch nur auf rund 10.500 Menschen. Natürlich können Sie auch hier wandern, die älteste Ponyrasse Englands beobachten oder die meist ökotouristisch ausgelegte Infrastruktur der Ortschaften genießen. Sie durchfahren diesen Park auf Tour Fünf. Mehr unter www.exmoor-nationalpark.gov.uk.

Hinzu kommen noch 17 als »Gebiete von außerordentlicher Naturschönheit« gekennzeichnete Gegenden und unzählige lokale sowie regionale Naturschutzgebiete, die wir auch immer wieder mal auf den einzelnen Touren angesteuert und erwähnt haben.

Öffnungszeiten
Öffnungszeiten lassen sich nicht grundsätzlich verallgemeinern, in Etwa kann Ihnen diese Übersicht aber als Leitfaden dienen. Es handelt sich um die gängigen Maximalöffnungszeiten, vor allem in ländlichen Regionen müssen Sie mit Einschränkungen rechnen.
Banken und Postämter: oft Mo.–Fr. 9.00–17.00 Uhr, in kleinen Orten auch kürzer, Sa. 9.00–12.30 Uhr
Ärzte: oft Mo. – Fr 8.30 – 18.00 Uhr, davon sind jedoch gewisse Zeiten fest für bereits bestehende Termine vorgesehen
Geschäfte: Oft Mo.–Sa. 10.00–18.30 Uhr, teils auch So. 11.00–17.00 Uhr
Supermärkte: Mo.–Sa. 9.00–22.00 Uhr, teils auch So. geöffnet
Gastronomie: Restaurants meist 18.00–01.00 Uhr, Pubs 11.00–23.00 Uhr, teils auch länger
Museen: Meist nur an 5 Tagen zwischen Mo.–Sa. 10.00–17.30 Uhr, Sonntags ab 12.00 Uhr oder geschlossen
Touristeninformationen: Mo.–Fr. 9.00–18.00 Uhr, Sa. / So. bis 17.00 Uhr

Telefonieren und Internet

Mit Ihrem heimischen Handy samt Providerkarte oder einem Surfstick kommen Sie auch in England weiter, da Großbritannien nach wie vor im europäischen Roamingverbund inkludiert ist. Informieren Sie sich aber vorher über Ihren aktuellen Tarif. Zwar gehören horrende Roaming-Gebühren in der EU der Vergangenheit an, dennoch gibt es Preisschwankungen und Sie fahren mit einem speziellen Urlaubstarif und zusätzlichem Datenvolumen wohl möglich besser, ganz nach Nutzungsart und -dauer. Öffentliche Fernsprecher findet man, wie daheim, nur mehr vereinzelt. Die typisch britische, rote Telefonzelle wird auch dort wo sie nicht ersatzlos gestrichen wird nach und nach durch moderne, farblich neutraler gehaltene Apparate ersetzt. Sie sind für den Gebrauch von Telefonkarten und/oder Münzbetrieb (20 Pence bis 1 Pfund) gemacht. Einige Campingplätze und Pubs bieten WLAN, auch in den Filialen von McDonalds, Starbucks anderen ketten und einigen Supermärkten haben Sie Zugang zu freiem Internet sowie in einigen Innenstädten.

Tourismus

Deutsche, Österreichische und Schweizer Wohnmobile bilden eine verhältnismäßig kleine Gruppe unter den Campern im Königreis. Etwas häufiger sieht man französische Fahrzeuge, die mit Abstand größte Gruppe sind natürlich die Briten selbst. Entsprechend sind auch die touristischen Informationen aufgebaut. Es gibt allerorts Infopunkte, Touristische Infostellen und–büros sowie große Mengen an Informationsbroschüren und–flyern. Allesamt auf Englisch.

Im Hochsommer ist der touristische Andrang selbstverständlich am größten, doch werden Sie nur äußerst selten keinen Platz auf einem Campingplatz mehr bekommen oder keinen Parkplatz vor einer Sehenswürdigkeit. Rechtzeitig buchen müssen Sie dagegen Fährpassagen wenn Sie auf einen bestimmten Tag angewiesen. Diese können frühzeitig ausverkauft sein.
Weiterführende Informationen zu Ihrer Reise, auch auf deutsch, erhalten Sie im Vorfeld am besten online, wie unter www.visitbritain.com/de.

Unfall

Wenn Sie eine Panne haben und Hilfe benötigen, erhalten Sie diese über die britischen Partnervereine Ihres heimischen Automobilclubs:

Deutschland
ADAC: +49 89 22 22 22 (Schaden) bzw. +49 89 76 76 76 Medizinische Notfälle
ACE: +49 711 53 03 43 536
AvD: +49 69 66 06 600
Österreich
ÖAMTC: +43 1 25 12 000 bzw. +43 1 25 120 20 Medizinische Notfälle
ARBÖ: +43 50 123 100
Schweiz
TCS: +41 58 285 96 00
ACS: +41 44 283 33 77

Falls Sie einen Unfall haben, empfiehlt sich ein Europäischer Unfallbericht den Sie gemeinsam mit dem Unfallgegner vor Ort ausfüllen. Solche Vorlagen können Sie beispielsweise im Internet kostenfrei downloaden und ausdrucken. Auf alle Fälle müssen Sie auch die Polizei verständigen (unter 999 oder 112, siehe auch Adressen der Konsulate), schon um etwaigen Problemen durch einen sichtbaren Schaden bei der Ausreise vorzubeugen.

Verkehr / Straßen / Tankstellen

England ist grundsätzlich ein tolles Land, um es mit dem Wohnmobil zu erkunden. Ganz klar muss man aber sagen, dass Sie mit einem eher kleinen Fahrzeug besser beraten sind. Die schönsten Plätze liegen oft an sehr schmalen und von tief hängenden Bäumen gesäumten Nebenstraßen die sich mit einem sechs Meter langen Kastenwagen recht gut vertragen, die Durchfahrt mit einem fünf Tonnen schweren, acht Meter langen und 3,40 Meter hohen Luxusliner aber schnell zur Tortur für Mensch und Maschine werden lassen. Wir selbst haben alle beschriebenen Wege mit einem etwa sieben Meter langen und 3,20 Meter hohen Alkovenmobil bezwungen. Dort, wo es für uns eng und schmal wurde haben wir im Text darauf hingewiesen.

Was englische Verkehrsregeln angeht die Wichtigste gleich zuerst: in ganz Großbritannien herrscht Linksverkehr. Für viele klingt das erst einmal erschreckend und nach großer Herausforderung. Wenn man nach den ersten paar Kilometern aber den Dreh raus hat ist es halb so wild. Wer auf Nummer sicher gehen möchte klebt sich zum Beispieleinen roten Pfeil an die Schreibe der nach links zeigt oder ähnliches. Auch ein aufmerksamer Beifahrer ist im Zweifelsfall goldwert. Den benötigen Sie im Übrigen öfters mal. Die Straßeneinmündungen sind verständlicherweise auf Fahrzeuge ausgerichtet, die das Steuer auf der rechten Seite haben. Wenn Sie nun an eine schräg von rechts hinten einmündende Straße zufahren sehen Sie aus Ihrem Wohnmobil heraus... erst einmal gar nichts. Da hilft es nur den Mitfahrer zum Schauen und Einweisen zu verpflichten. Notfalls kann evtl. auch eine um 90 Grad gedreht angebrachte Weitwinkellinse an der Beifahrerscheibe –zumindest leidlich – für Abhilfe sorgen.

Besonders kritisch ist, wenn überhaupt, das rechts abbiegen. Widerstehen Sie dem Drang auf die erste Fahrbahn ganz rechts einzuscheren sondern holen Sie weit aus und bleiben Sie immer links!

Noch ein Thema sind die mitteleuropäischen, für Rechtsverkehr eingestellten Scheinwerfer. Streng genommen müssen diese mit einer Schablone abgeklebt werden wenn Sie auf die Insel fahren. Der Gegenverkehr könnte sonst geblendet werden. Auch wenn es diese Vorschrift tatsächlich gibt, halten sich längst nicht alle daran. Nur in einem Fall haben wir davon gehört, dass bei einer Kontrolle auch eine Strafe verhängt wurde. Entscheiden Sie selbst ob Sie auf Nummer sicher gehen oder nicht, die Klebeschablonen gibt es im Internet oder den Bordshops der Fähren.

Auf was Sie noch achten sollten:
· Geschwindigkeiten werden in Meilen angegeben (= km x 1,61)
· Überholt wird immer links
· Kreisverkehre sind sehr beliebt und drehen natürlich auch links herum, also im Uhrzeigersinn. Bleiben Sie bei mehreren Spuren ganz links wenn Sie die erste Ausfahrt nehmen wollen, die zweite Spur für die mittlere Ausfahrt und die rechte Spur für eine späte Ausfahrt.
· Es gibt keine Links-vor-Rechts-Regelung analog zu unserer. Die Vorfahrt wird normalerweise durch »Give Way« (Vorfahrt achten) Schilder oder entsprechende Markierungen auf der Straße geregelt. Wenn Sie unsicher sind bleiben Sie defensiv und arbeiten Sie mit Handzeichen.
· Defensiv ist allgemein ein wichtiges Stichwort: die Nebenstraßen sind, wie schon erwähnt, häufig recht schmal oder gleich nur »Single Track Roads« (einspurige Straßen) mit Ausweichstellen die von Zeit zu Zeit das Passieren von Gegenverkehr ermöglichen. Die Briten sind fast immer äußerst höflich und lassen Sie durch oder achten defensiv auf andere Verkehrsteilnehmer. Nehmen Sie sich das zu Herzen und verhalten Sie sich auch entsprechend.

Hier noch einige wichtige Verkehrsregeln und -gegebenheiten:
· Erlaubte Geschwindigkeit in Orten: 30 mph (etwa 48 km/h) oder entsprechend der Beschilderung
· Erlaubte Geschwindigkeit außerhalb von Ortschaften: 40 mph (rund 64km/h) bis 70 mph (rund 113 km/h)
· Erlaubte Geschwindigkeit auf Autobahnen: WOMOs bis 3,5 Tonnen meist 70 mph (rund 113 km/h), über 3,5 Tonnen meist 60mph (rund 97 km/h)
· Es gilt eine 0,8 Promille Grenze
· Alle Fahrzeuginsassen müssen angeschnallt sein, Warnweste, Warndreieck und Verbandskasten gehören zum Pflichtinventar.
· Kinder unter 12 Jahren oder unter 135 cm Körpergröße müssen in Kindersitzen befördert werden.
· Parken ist in gelb gestrichelten Kurzparkzonen, meist zwischen 30 Minuten und 120 Minuten kostenfrei oder mit Automat erlaubt. Eine durchgezogene gelbe Linie weist auf ein Parkverbot hin, eine durchgezogenen Doppellinie auf ein Halteverbot. Auf Parkplätzen gilt fast immer »pay and display« (zahlen und Parkzettel hinter die Windschutzscheibe legen). Achten Sie auch darauf, ob Sie, beispielsweise durch den Überhang Ihres Fahrzeugs, einen zweiten Parkplatz blockieren. In dem Fall müssen vielerorts zwei Parktickets gekauft werden.
· Beim Parken oder Übernachten an der Küste sollten Sie die Gezeitenstände (engl.: »tides«) des Meeres im Hinterkopf haben. Einige Parkplätze können bei besonders hoher Flut teils oder auch ganz überschwemmt werden. Eine Überraschung die Sie sicher nicht brauchen. Gezeitenkalender erhalten Sie in küstennahen Touristeninformationsstellen, sie hängen an manchen Stränden aus oder sind online einsehbar, etwa auf www.tidetimes.org.uk.

Tanken
Das Netz an Tankstellen ist dicht und Sie werden kaum Probleme haben, Sprit zu bekommen: Lediglich in einigen abgeschiedeneren Gegenden kann es, vor

allem an Sonn- und Feiertagen, mal etwas eng werden. Tanken Sie daher sicherheitshalber nicht zu spät, dann werden Sie keine Probleme haben. Das Mitführen von gefüllten Reservekanistern während der Fährüberfahrt ist verboten. Die Preise für Sprit sind leider relativ hoch, sie müssen meist mit noch ein paar Cent Aufschlag im Vergleich zu den heimischen Preisen rechnen.

Wanderungen

Wandern und überhaupt Outdooraktivitäten sind zumindest außerhalb der Städte und in den Tourismusgegenden ein großes Thema. Shops in denen entsprechender Bedarf und Ausrüstung erstanden werden kann, gibt es in jedem mittelgroßen Ort. Die Briten lassen sich dabei auch nicht vom Wetter und regelmäßigen Schauern beirren. Es gibt kein falsches Wetter, nur falsche Kleidung. Das Regencape ist immer dabei und wird halt in Notfall kurz übergezogen, jeder Schauer geht schließlich auch wieder vorbei. Selbst wenn Sie kein sonderlicher Wanderfan sind, sollten Sie sich zu einem Stück Küstenpfad hinreißen lassen, der zwischen Dorset und Cornwall einige besonders schöne Abschnitte vorzuweisen hat.

Zeit

Auch wenn wir Ihnen da vermutlich nichts Neues sagen noch sicherheitshalber ein wichtiger Hinweis zum Schluss: In Großbritannien gehen die Uhren anders: mit Betreten der Fähre herrscht britische Zeit, Ihre Uhren müssen Sie im Vergleich zur bei uns üblichen mitteleuropäischen Zeitzone um eine Stunde zurück drehen (12.00 Uhr ist dann 11.00 Uhr), egal ob im Sommer oder im Winter.

Bildnachweis

Stichwortverzeichnis

Der WOMO® Online-Service

Nutzen Sie auch das Angebot unseres Online-Shops!
Unter **www.womo.de** finden Sie nicht nur sämtliche Reiseführer, sondern weitere wertvolle Anregungen und Zusatzinformationen – von der Gesamtübersicht aller Touren eines WOMO-Reiseführers bis zu weiterführendem Material. Dazu gehören:

- die **besten Autokarten**, die garantiert die komplette Reiseroute abdecken
- und die **passenden Rother-Wanderführer** mit den schönsten Wanderregionen Ihres Reiselandes.

Einfach sicher unterwegs.

Sichern Sie Ihr Wohnmobil ab: mit unserer **exklusiven**, universellen und **sofort sichtbaren** Einbruchssperre. Sie wird **ganz einfach** in die beiden Tür-Armlehnen eingehängt, zusammengeschoben und abgeschlossen.

Der WOMO® Knackerschreck

- Passend für Ducato, Peugeot, Renault Master, MB Sprinter bis 2018 und VW (alle Typen)
- Krallen aus **10 mm massivem**, einbrennlackiertem, also nahezu unverwüstlichem Stahl

Nur 64,90 €

und nur bei **www.womo.de**

Alle WOMO® Reiseführer auf einen Blick

Albanien, Ulrike und Frank Staub
Allgäu, Heiner Newe
Andalusien, Christina und Christian Winkler
Baden-Württemberg, Heiner Newe
Baltikum, Stefanie Holtkamp und Andrea Bergmann Neu 2024
Bayern Der Nordosten, Heiner Newe
Bayern Der Südosten, Christina und Christian Winkler
Bayern Der Nordwesten, Heiner Newe
Belgien/Luxemburg, Ulrike und Frank Staub
Bretagne, Anette Scharla-Dey und Franz Peter Tschauner
Burgund, Ralf Gréus Neu 2024
Dänemark, Anke Globi
Elsass, Ralf Gréus
England Der Süden, Christina und Christian Winkler Neu 2024
England Der Norden, Christina und Christian Winkler
Finnland, Uwe und Annegret Rohland
Französische Alpen, Heiner Newe
Französischer Jura, Heiner Newe
Griechenland, Waltraud Roth-Schulz und Reinhard Schulz
Harz, Heiner Newe
Hessen Der Norden, Anette Scharla-Dey und Franz Peter Tschauner
Hessen Mitte und Süden, Anette Scharla-Dey und Franz Peter Tschauner
Hunsrück/Mosel/Eifel, Anette Scharla-Dey und Franz Peter Tschauner
Irland, Uwe und Annegret Rohland
Island, Jutta und Alexander Ramin
Katalonien, Ulrike und Frank Staub Neu 2024
Korsika, Stefanie Holtkamp und Andrea Bergmann Neu 2024
Kroatien und Montenegro, Anne und Michael Lindner Neu 2024
Languedoc-Roussillon, Ralf Gréus Neu 2024
Ligurien, Ralf Gréus
Lothringen, Friedrich Riehl
Lüneburger Heide, Heiner Newe
Marokko, Ulrike und Frank Staub
Mecklenburg-Vorpommern Teil 1, Stefanie Holtkamp und Andrea Bergmann
Mecklenburg-Vorpommern Teil 2, Stefanie Holtkamp und Andrea Bergmann
Münsterland, Regina Stockmann
Namibia, Ute Nast-Linke und Frank Linke
Neuseeland Nordinsel, Andrea Lossen und Dieter Giesen
Neuseeland Südinsel, Andrea Lossen und Dieter Giesen Neu 2024
Niederlande, Friedrich Riehl
Normandie, Anette Scharla-Dey und Franz Peter Tschauner Neu 2024
Norwegen Der Süden, Waltraud Roth-Schulz und Reinhard Schulz
Norwegen Der Norden, Waltraud Roth-Schulz und Reinhard Schulz
Österreich Der Osten, Christina und Christian Winkler
Österreich Der Westen, Christina und Christian Winkler
Ostfriesland, Heiner Newe

Weitere Infos unter **www.womo.de**

Pfalz, Ralf Gréus
Piemont und Aostatal, Ralf Gréus
Peloponnes, Waltraud Roth-Schulz und Reinhard Schulz
Polen Der Norden, Nicola Kluftinger
Portugal Der Norden, Stephanie Seufert Neu 2024
Portugal Der Süden, Stephanie Seufert Neu 2024
Provence Der Westen, Ralf Gréus
Provence Der Osten, Ralf Gréus
Pyrenäen, Stefanie Holtkamp und Andrea Bergmann
Rumänien, Christina und Christian Winkler
Sachsen, Anette Scharla-Dey und Franz Peter Tschauner
Sardinien, Waltraud Roth-Schulz und Reinhard Schulz
Schleswig-Holstein und Hamburg, Heiner Newe
Schottland, Anke Globi Neu 2024
Schwarzwald, Ralf Gréus
Schweden Der Norden, Uwe und Annegret Rohland
Schweden Der Süden, Anke Globi Neu 2024
Schweiz Der Osten, Stefanie Holtkamp und Andrea Bergmann
Schweiz Der Westen, Stefanie Holtkamp und Andrea Bergmann
Sizilien, Christina und Christian Winkler Neu 2024
Slowakei, Ulrike und Frank Staub
Slowenien, Silvia Sussmann und Peter Simm
Spanien Der Norden, Waltraud Roth-Schulz und Reinhard Schulz
Süditalien Der Osten, Waltraud Roth-Schulz und Reinhard Schulz
Süditalien Der Westen, Waltraud Roth-Schulz und Reinhard Schulz
Südafrika Krügernationalpark, Ute Nast-Linke und Frank Linke
Südwestfrankreich, Stefanie Holtkamp und Andrea Bergmann
Südtirol, Waltraud Roth-Schulz und Reinhard Schulz
Tal der Loire und Paris, Anette Scharla-Dey und Franz Peter Tschauner
Thüringen, Katja Eisenschmidt
Toskana und Elba, Ralf Gréus
Trentino und Gardasee, Angela Misslbeck Neu 2024
Umbrien und Marken, Ralf Gréus
Ungarn, Silvia Sussmann und Peter Simm
USA Südwesten mit Yellowstone, Regina Stockmann Neu 2024
Venetien und Friaul, Christina und Christian Winkler
Wales, Christina und Christian Winkler Neu 2024
Zentralspanien Der Osten, Ulrike und Frank Staub
Zentralspanien Der Westen, Ulrike und Frank Staub

Außerdem im Programm:
Die gordische Lüge – Reiseroman, Ralf Gréus
Allgemeines Wohnmobil Handbuch, Reinhard Schulz
Allgemeines Wohnmobil Kochbuch, Waltraud Roth-Schulz
Heitere Wohnmobil Geschichten, Silvia Sussmann und Peter Simm

Ihr WOMO® Stellplatz-Dienst

Wir führen Sie zu den **schönsten Orten**, die unsere erfahrenen Autoren **selbst besucht und getestet** haben. Die GPS-Daten ihrer Stell- und Campingplatz-Empfehlungen finden Sie im Online-Shop unter **www.womo.de**

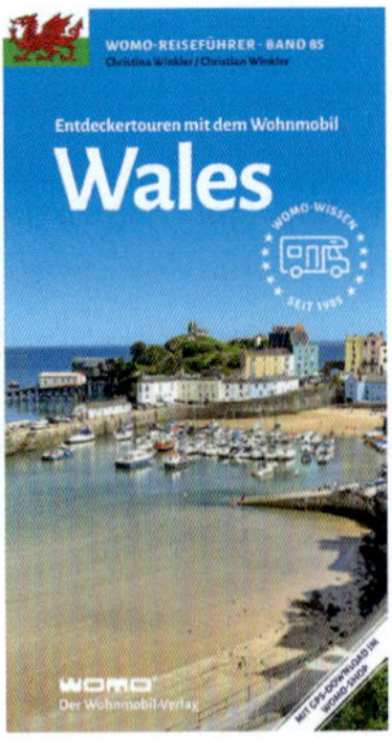

Mehr erfahren. Mehr erleben.

womo.de ist der **Spezialist** für Ihren entspannten **Erlebnisurlaub auf vier Rädern**. Profitieren Sie für Ihre Reisevorbereitung und -planung von unserer **jahrzehntelangen Erfahrung**. Seit 2022 arbeiten wir daran, Bewährtes noch besser zu machen: Dazu gehört die **moderne Optik** unserer neu gestalteten und **neu aufgelegten** Reiseführer.

Selbstverständlich werden unsere WOMO-Reiseführer permanent auf einen **aktuellen inhaltlichen Stand** gebracht. Jeder einzelne bietet eine Fülle an Ideen, Inspiration und Information **für Ihren Erlebnisurlaub**.

Wenn Sie persönliche Anregungen oder **konkrete Fragen zu Ihrer Reiseplanung haben**, dann schreiben Sie uns gern unter: **verlag@womo.de**

Den kostenlosen Download-Link für die **GPS-Daten** zu diesem WOMO-Reiseführer finden Sie im Shop unter: **www.womo.de** Ihr Passwort lautet: **Eg9cwk**

WOMO®
Der Wohnmobil-Verlag
An der Liethe 4
36452 Kaltennordheim
Telefon: 036946 20691
www.womo.de